WOLFHART PANNENBERG

Ethik und Ekklesiologie

WOLFHART PANNENBERG

Ethik und Ekklesiologie

Gesammelte Aufsätze

VANDENHOECK & RUPRECHT
IN GÖTTINGEN

CIP-Kurztitelaufnahme der Deutschen Bibliothek

Pannenberg, Wolfhart
[Sammlung]
Ethik und Ekklesiologie. - 1. Aufl. - Göttingen:
Vandenhoeck und Ruprecht, 1977.
ISBN 3-525-56139-3

Umschlag: Karlgeorg Hoefer
© Vandenhoeck & Ruprecht, Göttingen 1977 – Printed in Germany.
Ohne ausdrückliche Genehmigung des Verlages ist es nicht gestattet,
das Buch oder Teile daraus auf foto- und akustomechanischem Wege
zu vervielfältigen. Satz und Druck: Gulde-Druck, Tübingen.
Bindearbeit: Hubert & Co, Göttingen

Vorwort

Die Verbindung der beiden in diesem Band vereinigten Themenkreise bringt die Annahme zum Ausdruck, daß die Institutionalisierung der religiösen Thematik in der Kirche einen bedeutsamen Platz im Zusammenhang der allgemeinen Probleme der Ethik beanspruchen. darf. Aber auch umgekehrt ist damit angedeutet, daß eine sachlich angemessene Erörterung und Darstellung der Lehre von der Kirche sich in den weiteren Zusammenhang der ethischen Fragen nach Gesellschaft, Staat und Recht einordnen sollte. Diese Auffassung ist in meinen „Thesen zur Theologie der Kirche" (1970, 2. Aufl. 1974) in einer vorläufigen Gestalt skizziert worden. Entsprechend beginnt der vorliegende Band mit einem Beitrag zur Theologie des Rechtes, einer meiner frühesten Arbeiten zur Ethik überhaupt. Geschrieben zu einer Zeit, als die Diskussion von der christologischen Rechtsbegründung auf der einen, naturrechtlichen Ansätzen in der Rechtsphilosophie auf der andern Seite bestimmt wurde, sucht dieser Beitrag im Rückgriff auf Hegels Rechtsphilosophie ein christliches Prinzip der geschichtlichen Wandelbarkeit des Rechtes zu gewinnen, wobei dann aber auch schon im Horizont der Zukunft der Gottesherrschaft die Zusammengehörigkeit und Unterscheidung von Kirche und Gesellschaft in den Blick kommt.

Bei den beiden folgenden Beiträgen zur Auseinandersetzung mit G. Ebelings These einer unmittelbaren „Evidenz des Ethischen" geht es um die Angewiesenheit der Ethik auf die Fundierung in einem vorgängigen Wirklichkeitsverständnis, anders gesagt: um das Verhältnis von Ethik und Dogmatik. Dieses Thema bildet auch den Horizont der erst für diesen Band fertiggestellten, bisher unveröffentlichten Studie über die Begründung der Ethik bei Ernst Troeltsch. Sie vermag zugleich den theologiegeschichtlichen Zusammenhang meiner eigenen Bemühungen um die Grundlagenproblematik der Ethik (Theologie und Reich Gottes, 1971, S. 63 ff.) zu verdeutlichen. Für eine solche Grundlegung theologischer Ethik heute — und vielleicht auch der Ethik überhaupt — scheint es mir unerläßlich, auf die zu Beginn unseres Jahrhunderts zwischen W. Herrmann und E. Troeltsch geführte Debatte über dieses Thema zurückzugehen. Die im Gegenüber dieser beiden Konzeptionen zum Ausdruck gekommene Differenziertheit der Problemlage ist vom späteren Problembewußtsein der theologischen Ethik nicht mehr erreicht und sicherlich nicht mehr überboten worden. Dabei ist es nach meinem Urteil doch weniger die als christliche Theorie der Subjektivität faszinierende Ethik Herrmanns, als vielmehr die an Schleiermachers Ethik des höchsten Gutes anknüpfende Konzeption Troeltschs, die die fruchtbarsten Perspektiven für eine Neubegründung christlicher Ethik eröffnet. Sie wird in kritischer Anknüpfung an die Argumentation von Troeltsch — eingedenk der Umkehrung des Verhältnisses von Ethik und Dogmatik durch Barth — am Gedanken der Gottesherrschaft als der Individuum und Gesellschaft konfrontierenden Zukunft Gottes orientiert sein, aber diesen Ausgangspunkt nicht als postulierte Theozentrik, sondern durch Vermittlung einer Kritik der verschiedenen philosophischen Expositionen der ethischen Frage nach dem Guten gewinnen müssen. In der Ausführung einer solchen Ethik wird im Sinne der Argumentation von Troeltsch der „objektiven" Ethik der sozialen Institutionen ein Vorrang gebühren gegenüber den sonst abstrakt bleibenden Themen einer individualistischen Persönlichkeitsethik.

Die weiteren Beiträge im ersten Teil des Bandes behandeln in Übereinstimmung mit der im Anschluß an Troeltsch entwickelten Perspektive durchweg Fragen der politischen Ethik. Die ekklesiologischen Themen des zweiten Teils konzentrieren sich auf im ökumenischen Dialog, besonders zwischen Katholiken und Protestanten, relevant gewordene Aspekte der Lehre von der Kirche. Darin schlägt sich die Verbindung meiner theologischen Arbeit mit verschiedenen ökumenischen Institutionen, besonders mit der langjährigen Arbeitsgemeinschaft der katholischen und evangelischen Institute für ökumenische Theologie in München nieder. Es kommt aber darin auch zum Ausdruck, in welchem Sinne das Thema Kirche im Rahmen dieses Bandes mit einer „objektiven" Ethik der sozialen Institutionen verknüpft ist. Die Funktion der Religion für die Gesellschaft, deren Bedeutung Troeltsch bereits im Ansatz ähnlich wie die moderne Religionssoziologie herausgearbeitet hat, kann von konfessionell getrennten Kirchen nur so lange wahrgenommen werden, wie eine die Einheit der Gesellschaft begründende religiöse Tradition unabhängig von den Gegensätzen der Kirchen wirksam ist. Von einer homogenen christlichen Kultur in Differenz zur Pluralität der Kirchen kann aber heute immer weniger die Rede sein. Darum stellt sich die Frage, ob die für die Gesamtgesellschaft so oder so unumgängliche religiöse Grundlage noch aus dem christlichen Erbe gewonnen werden kann, immer entschiedener als Frage nach einer neuen Selbstdarstellung der Kirche in der Gesellschaft.

Aber diese Frage ist sinnvoll nur in Verbindung mit der andern Frage nach einer neuen ökumenischen Einheit der Christen voranzutreiben, weil die Spaltung der Christenheit mit der Privatisierung der religiösen Bekenntnisse eben diejenige Problematik im Verhältnis von Religion und Gesellschaft heraufgeführt hat, die sich gegenwärtig in neuer Zuspitzung bemerkbar macht.

Einzelne Beiträge lassen deutlicher als andere die politische und theologische Diskussionslage ihrer Entstehungszeit erkennen. Insbesondere gilt das für den Vortrag „Nation und Menschheit", dessen Schlußabschnitt zur deutschen Ostpolitik 1965, noch vor der Ostdenkschrift der EKD, heftige Reaktionen auslöste. Doch auch in dem Vortrag zum Friedensbegriff von 1967 treten solche Bezüge hervor, während der New Yorker Vortrag über Zukunft und Einheit der Menschheit von 1972 deutlich auf das Gespräch mit den Anhängern von Teilhard de Chardin und A. N. Whitehead bezogen ist, das im Mittelpunkt jener Konferenz stand. Ähnlich zeigen die Beiträge über Ökumenisches Amtsverständnis und über das Abendmahl als Sakrament der Einheit Beziehungen zur aktuellen ökumenischen Diskussionslage in Deutschland. Die Argumentation in den Sachfragen wird, so denke ich, durch solche Bezugnahmen gerade in Fragen der Ethik und der Ekklesiologie nicht beeinträchtigt, sondern konkret. Ich habe mich daher nicht bemüht, solche Spuren nachträglich zu tilgen, und bitte den Leser nur, bei der Lektüre die Diskussionslage des jeweiligen Entstehungsjahres mit zu berücksichtigen.

Wolfhart Pannenberg

Inhalt

Zur Theologie des Rechts[1]

I.

Die Frage nach dem Verhältnis des christlichen Glaubens zum Recht, genauer nach den Konsequenzen des Christusglaubens für die Wahrung und Herstellung des Rechts, hat sich in den Jahren des Dritten Reichs mit einer in der Geschichte der Kirche unerhörten Dringlichkeit gestellt. Das Recht hatte offensichtlich keinen Schwerpunkt mehr in sich selbst. Damit wurde ein Zustand offenkundig, der durch den Zerfall des naturrechtlichen Denkens im 19. Jahrhundert vorbereitet war. Nun erwies sich das positivistische Rechtsverständnis als wehrlos gegen Mißbrauch und Verfälschung des Rechtes, die von der gesetzgebenden und der Staatsgewalt selbst ausgingen. Damals richtete sich so mancher Blick auf die christlichen Kirchen, die durch ihr Verhalten bekundeten, daß in ihnen noch letzte Maßstäbe wirksam waren. Auch in den Kirchen selbst wurde die Notwendigkeit empfunden, nicht nur das kirchliche Leben und seine Grundlagen intakt zu halten, sondern aus christlicher Verantwortung auch für das Recht außerhalb der Kirchentür einzutreten.

Die Auseinandersetzungen um eine theologische Begründung des Rechts, die damals eine kräftige Belebung erfuhren, haben jedoch

---

[1] Die folgenden Ausführungen, die gleichzeitig in der Deutschen Richterzeitung erscheinen, geben einen Vortrag wieder, der am 17. Juni 1962 bei einer Tagung der Evangelischen Akademie Berlin gehalten wurde. Eine frühere Gestalt wurde im Oktober 1959 bei einer Arbeitstagung der Studienstiftung in Bad Liebenzell vorgetragen. Der damalige zweite Teil, der in konzentrierter Form in den Abschnitt „Recht durch Liebe" in meinen Rundfunkvorträgen „Was ist der Mensch" (Göttingen 1962, S. 67–76) Aufnahme fand, wurde in der Neufassung erheblich umgestaltet. In Auseinandersetzung mit der „Theologie der Ordnungen" hat inzwischen J. Moltmann (Die Wahrnehmung der Geschichte in der christlichen Sozialethik, Ev. Theol. 1960, S. 263–287, bes. S. 274–280) ähnliche Gedankengänge entwickelt, wie sie hier im ersten Teil dargelegt werden. — Soeben hat auch W. Dantine: Die Geschichtlichkeit des Rechtes als ethisches Problem, ZEE 1962, S. 321 ff., die Bedeutung der Geschichte als entscheidendes Kriterium für das Verständnis des Rechtes hervorgehoben. Sie wird freilich nur im Hinblick auf die Verantwortlichkeit der Rechtsgestaltung entfaltet.

bis heute zu keiner durchgreifenden Klärung geführt. Die in der evangelischen Theologie vorgetragenen Lösungsversuche lassen sich in zwei Gruppen zusammenfassen, die in mehr oder weniger scharfem Gegensatz zueinander stehen.

Auf der einen Seite wird die von Gott gesetzte Ordnung des Menschenlebens, sei es Schöpfungsordnung oder Erhaltungsordnung, als Grundlage richtigen Rechtes angesehen. Auf der andern Seite wird eine Begründung des Rechtes aus der Christusoffenbarung angestrebt.

Die Lehre von den Schöpfungsordnungen geht zurück auf *Luthers* Unterscheidung dreier Stände: des geistlichen, ökonomischen, politischen Standes — Kirche, Ehe und Familie, Staat. Die spätere lutherische Theologie faßte diese Stände als Schöpfungsordnungen Gottes, in denen jeder Christ lebt, auf. Dieser Gedanke findet im 19. Jahrhundert bei *Harleß*, dem Begründer der Erlanger lutherischen Ethik, seine Fortsetzung und wird heute von *Elert, Althaus* und andern lutherischen Theologen vertreten. Er begegnet auch auf reformiertem Boden, bei *Emil Brunner*, der jedoch den Gedanken der Schöpfungsordnung eng mit naturrechtlichen Vorstellungen verbindet.

Gegenüber der Ordnungstheologie sind die Ansätze zu einer christologischen Rechtsbegründung vergleichsweise jung. Der Anstoß ging von *Barths* Schrift „Rechtfertigung und Recht", 1938, aus. In der Nachkriegszeit wurde die christologische Begründung des Rechts dann besonders von *Ernst Wolf*, sowie auf juristischer Seite von *Erik Wolf* und *Jacques Ellul* weitergeführt.

Mir scheinen beide Wege das Ziel zu verfehlen. Weder eine Theologie der Ordnungen, noch Deduktionen aus christologischen Prinzipien können den Rechtspositivismus in überzeugender Weise überwinden. Das hängt damit zusammen, daß die geistigen Kräfte, die den modernen geisteswissenschaftlichen Positivismus entbunden haben, in der Theologie noch nicht bewältigt werden konnten. Es handelt sich hier vor allem um das im 19. Jahrhundert entwickelte historische Bewußtsein, die Entdeckung der Zeitbedingtheit aller menschlichen Gestaltungen. Das historische Denken schien jeden absoluten Maßstab aufzulösen. Die überlieferten Gehalte der Metaphysik und ebenso des Naturrechts wurden ihres absoluten Wahrheitsanspruches entkleidet und konnten nur noch als Ausdruck des Menschentums eines bestimmten Zeitalters gelten. So eignet dem historischen Bewußtsein, sofern es alle zeitüberlegenen Maßstäbe relativiert, eine starke Tendenz zum Positivismus. Der geisteswissenschaftliche Positivismus des endenden 19. Jahrhunderts ist daher nicht nur als eine Modeerscheinung, als Angleichung an das naturwissenschaftliche Methodenideal der Zeit zu beurteilen. Das ist er zwar auch, aber sein Erfolg ist nur durch die Ausbreitung des historischen Bewußtseins bei gleichzeitigem Verfall der geschichtsphilosophischen Kraft recht verständlich. Wenn also Positivismus und historisches Bewußtsein in den Geisteswissenschaften so eng miteinander zusammenhängen, so kann man die Auseinandersetzung mit dem Positivismus hier nur führen, wenn man die Problematik des historischen Bewußtseins schon im Ansatz des eigenen Dekens mitaufgenommen hat. Und da der Historismus durch seine Einzelforschungen eine Fülle von Sachverhalten aufgewiesen hat, die — einmal entdeckt — unübersehbar geworden sind, so ist weiter zu sagen: Der geisteswissenschaftliche Positivismus kann nur dadurch überwunden werden, daß die Geschichtlichkeit des Menschen und der durch ihn hervorgebrachten Gebilde des objektiven Geistes tiefer erfaßt wird als im Historismus selbst. Jedenfalls wird man mit dem geisteswissenschaftlichen Positivismus solange nicht fertig, als man den Problemen, die mit der Heraufkunft des historischen Bewußtseins aufgeworfen worden sind, ausweicht. Solange nämlich wird das Bewußtsein der alles durchdringenden historischen Relativität immer wieder gegen alle künstlich errichteten Dämme auf positivistische bzw. dezisionistische[2] Gewaltlösungen hindrängen. In der gegenwärtigen Theologie ist nun aber der Geschichtscharakter aller menschlichen Wirklichkeit, obwohl er gerade vom biblischen Gottesverständnis her erschlossen worden ist, noch keineswegs in seiner alles durchdringenden Bedeutung zur Geltung gekommen. Die evangelische Dogmatik nach *Troeltsch*, besonders im Einflußbereich der dialektischen Theologie, hat sich bekanntlich weithin in einer Abwendung vom historischen Denken entwickelt. Sie hat die Probleme des Historismus nicht etwa gelöst, sondern übergangen. Solange die Theologie aber auf ihrem eigenen Felde das historische Bewußtsein nicht in den Ansatz ihres Denkens aufzunehmen vermag, kann sie natürlich auch keine Konzeption des Rechts entwickeln, die der Geschichtlichkeit der Rechtsbildungen gerecht wird. Dabei dürfte gerade an diesem Punkt, in der geschichtlichen Variabilität der Rechtsformen und ihrer Inhalte, die Hauptschwierigkeit jeder umfassenden Rechtsbegründung liegen. Sie vor allem ist es, die jedem erneuten Rückgriff auf das Naturrecht im Wege steht. Eine Überwindung des Rechtspositivismus ist nur durch eine Theorie möglich, die die radikale Geschichtlichkeit der Rechtsbildungen in ihrer konkreten Mannigfaltigkeit verständlich macht und so den Anstoß beseitigt, der immer wieder zu einer positivistischen Haltung drängen muß.

[2] Dazu siehe Chr. Graf v. Krockow: Die Entscheidung, 1958.

Diese Fragestellung soll nun an den beiden Lösungsversuchen, die in der Frage einer theologischen Begründung des Rechts einander in der evangelischen Theologie gegenüberstehen, wenn man auch in den letzten Jahren, besonders durch die Arbeit der Rechtskommission der EKD, um eine Überwindung dieses Gegensatzes bemüht ist[3], näher dargelegt werden.

Die Theologie der Ordnungen ist, wie ich schon andeutete, im Zusammenhang der lutherischen Anschauungen von der ständischen Gliederung der Gesellschaft erwachsen. Sie ist trotz einer gewissen Verwandtschaft mit der Naturrechtstradition nicht notwendig mit ihr verbunden. Der Begriff der Schöpfungsordnung drückt zwar eine der Menschheit wesenhaft eignende, wenigstens im Kern unveränderliche Ordnung der menschlichen Beziehungen aus. Der Unterschied zum Naturrecht liegt jedoch darin, daß es sich bei den Schöpfungsordnungen von Ehe und Familie, Staat und Kirche nicht um Implikationen einer abstrakt-allgemeinen Menschennatur, auch nicht um ideale Vernunftnormen im Sinne des Naturrechts der Aufklärung, sondern um reale Lebensformen jeder konkreten Gesellschaft handelt. Insofern könnte man hier von einem institutionellen Naturrecht im Gegensatz zu einem normativen sprechen. Emil Brunner[4] hat das normative Naturrecht mit dem institutionellen der Schöpfungsordnungen verbunden. Dagegen ist von lutherischen Ordnungstheologen das Naturrecht scharf abgelehnt worden, so schon von Paul Althaus und neuerdings auch von Helmut Thielicke und Walter Künneth[5]. Künneth und besonders Thielicke beanstanden den Formalismus des Naturrechts, seine Bindung an die abstrakte Wesenheit des Menschen, die von aller geschichtlichen Besonderung absieht. Das Prinzip suum cuique z. B. bleibt vieldeutig, solange nicht entschieden ist, was denn das suum, das Zukommende, für einen jeden Menschen ist. Die Theologie der Ordnungen scheint durch den Bezug auf institutionelle gesellschaftliche Gegebenheiten dem abstrakten Naturrecht überlegen.

Aber gibt es denn Ordnungen, die allen geschichtlich gewachsenen Gesellschaftsformen gleichmäßig zugrunde liegen und von den geschichtlichen Gestaltungen nur zu variieren wären? Ist nicht jede konkrete Gesellschaftsform durch und durch geschichtlich geprägt? Ist aber dann nicht jede Vorstellung von wenigstens im Kern iden-

---

[3] Vgl. hierzu das inhaltsreiche Referat über die Arbeit der Rechtskommission bei W.-D. Marsch: Evangelische Theologie vor der Frage nach dem Recht. Ev. Theol. 20, 1960, S. 481 ff.

[4] E. Brunner: Das Gebot und die Ordnungen, 1932.

[5] P. Althaus: Theologie der Ordnungen, 1935; H. Thielicke: Theologische Ethik II/1955; W. Künneth: Evangelische Ethik des Politischen, 1954.

tisch sich durchhaltenden, weil mit der Natur des Menschen gegebenen Ordnungen des Zusammenlebens selbst eine bloße Abstraktion? *Althaus* hat sich freilich ausdrücklich dagegen verwahrt, daß man die Ordnungen als unverständliche, statische Schemata versteht. Sie seien zugleich gegeben und aufgegeben[6]. Ihre konkrete Prägung soll jeweils aus der geschichtlichen Situation erwachsen. Damit ist im Grunde zugegeben, daß der Ordnungsbegriff die je besondere, geschichtlich gewordene Rechtsgestalt der gesellschaftlichen Lebensform nicht erklären kann und schon gar nicht ihren Wandel verständlich macht. Dagegen entsteht die Gefahr, daß die jeweilige geschichtliche Konkretion der Ordnungen den zufällig herrschenden Mächten der Zeit überlassen bleibt. Der Positivismus ist hier gar nicht so fern. Er könnte geradezu als die gebotene Ergänzung des Ordnungsbegriffs erscheinen. Die hier den Ordnungsbegriff belastende Schwierigkeit eignet auch noch *Bonhoeffers* Mandatsbegriff und dem heute gern verwendeten Begriff der Institution[7]. Bereits die Aufzählung der einzelnen Mandate oder Institutionen zeigt ihre Verwandtschaft mit den Schöpfungsordnungen: Neben Ehe und Staat erscheint bei Bonhoeffer die Arbeit, bei Althaus und Elert auch das Volk als besonderes Mandat bzw. Ordnung. Andererseits ist neuerdings, aber auch schon bei Althaus, ein gewisses Schwanken spürbar hinsichtlich der Einbeziehung der Kirche in den Bereich der Ordnungen oder Institutionen, die doch dem Menschen auch abgesehen von der geschichtlichen Offenbarung in Christus eingestiftet sein sollen. Zur Bezeichnung des ganzen Bereiches wählt Bonhoeffer den Begriff des Mandates statt der Ordnung, weil dadurch das Mißverständnis einer unveränderlich vorhandenen Struktur vermieden und, wie auch Althaus beabsichtigt, die Beanspruchung der menschlichen Verantwortung durch Ehe, Wirtschaft, Staat und Kirche — ihr Aufgegebensein — deutlicher wird. Wiederum liegt beim Begriff des Mandates das Mißverständnis nahe, als ob es sich um ein bloß Gesolltes, nicht um immer schon realisierte Lebensformen handle. Diese auch von Bonhoeffer abgelehnte Vorstellung vermeidet *Dombois* durch den Begriff Institution. Er soll den dynamischen Charakter der Rechtsformen zum Ausdruck bringen, die Einheit von Gabe und Verpflichtung im Rechtsstatus. Doch gewinnt man auch bei Dombois wie bei Bonhoeffer noch keine rechte Klarheit darüber, wie es eigentlich zu der

---

[6] Theologie der Ordnungen, S. 9.

[7] Zu Bonhoeffers Mandatsbegriff siehe J. Moltmann: Herrschaft Christi und soziale Wirklichkeit nach Dietrich Bonhoeffer, 1959. Die bisherige Diskussion über den Institutionsbegriff ist bei Marsch, a.a.O. S. 491—497, zusammengefaßt worden.

begrenzten Zahl von Ordnungen, Mandaten oder Institutionen kommt. Findet man sie empirisch eindeutig in dieser Anzahl und Besonderheit vor oder läßt sie sich anderweitig begründen? Bonhoeffer lehnte eine Herleitung der Mandate ab, während Dombois dazu neigt, die Institutionen als Ausdruck der zwischenmenschlichen Grundbezüge zu verstehen. Damit kommt Dombois der naturrechtlichen Konzeption doch wieder recht nahe. Sofern er die Institutionen als Ausdruck der typischen sozialen Beziehungsformen versteht, führt das freilich auf ein Naturrecht, das nicht von einem abstrakten individualistischen Menschenbegriff, sondern vom Menschen als Gemeinschaftswesen ausgeht.

Ob man nun von Mandaten, Institutionen oder Ordnungen spricht: Die Hauptschwierigkeit bleibt, wie aus dem sozialen Prozeß bestimmte Grundstrukturen, die von allem geschichtlichen Wandel unberührt bleiben, herausgeschält werden können. Ist das beständig Zugrundeliegende nicht vielmehr bloß die biologisch bedingte Naturgrundlage menschlichen Daseins, die den Stoff aller gesellschaftlichen Gestaltung bildet, von ihr aber ohne feste Grenze transformiert werden kann? Dann würden wir mit der Suche nach dem allem geschichtlichen Wandel Zugrundeliegenden den Bereich der gesellschaftlichen Lebensformen noch gar nicht in den Blick bekommen haben! So gewiß menschliches Dasein seine Naturgrundlage wesentlich transzendiert, durch schöpferische Gestaltung einer Lebenswelt, so gewiß ist dasjenige, was etwa im geschichtlichen Wandel beharrt, was sich als gleichbleibende Gegebenheit aufweisen läßt, gerade nicht, *noch* nicht die jeweilige Gestalt der Bestimmung des Menschen in seinem konkreten Lebensvollzug. Darum ist an die Ordnungstheologie und ihre˙ modernen Modifikationen die weitere Frage zu richten: Wie ist das Verhältnis etwa gleichbleibender Grundstrukturen menschlichen Zusammenlebens zu ihren geschichtlich wechselnden Ausprägungen zu beurteilen? Man hat vielfach den Eindruck, daß die Frage nach solchen gleichbleibenden Grundstrukturen wie selbstverständlich voraussetzt, daß man so auf das eigentlich Wesentliche stoße. Damit aber wäre den wechselnden geschichtlichen Gestaltungen, die den Bereich des positiven Rechtes bilden, von vornherein ein untergeordneter Rang zugewiesen. Wie weitgehend hier eine ideologische Bevorzugung des „Natürlichen" gegenüber den vom Menschen geschaffenen Lebensformen eine Rolle spielen kann, hat kürzlich *Jürgen Moltmann* gezeigt[8].

Die ungeschichtliche Vorstellung, daß die Strukturen der zwischenmenschlichen Bezüge wenigstens im Kern immer gleichblei-

---

[8] Art. cit. Ev. Theol. 1960, S. 271 ff.

ben, weil sie mit der geschöpflichen Natur des Menschen gegeben sind, veranlaßt den wichtigsten *theologischen Einwand* gegen die Konzeption der Schöpfungsordnungen: Die Sünde kann nicht in ihrer Radikalität verstanden werden, wenn man meint, unverfälschte Grundformen der geschöpflichen Natur des Menschen empirisch aufweisen zu können. Wenn der Mensch als ganzer Sünder ist, dann läßt sich die geschöpfliche Natur in keinem Restbestand intakt vorfinden, sondern ist ganz in die Verkehrung des Lebens durch die Sünde hineingezogen. Die Verfechter der Ordnungstheologie haben daher den Begriff Schöpfungsordnung heute weithin aufgegeben. Statt dessen spricht man von Erhaltungsordnungen, die bereits unter Voraussetzung der Sünde von Gott gegeben wurden, um die gefallene Menschheit vor den zerstörenden Wirkungen der Sünde zu bewahren. Den Terminus hat Bonhoeffer bereits 1932 geprägt. Er ist dann zögernd von Elert, entschieden und unter Zurückweisung der Bezeichnung Schöpfungsordnung von Künneth, auch von *Schlink* und dem Sinne nach von Thielicke aufgenommen worden. Thielicke spricht von „Ordnungen der göttlichen Geduld", Schlink von Tat und „Gebot Gottes des Erhalters". Dabei ist man sich weithin darüber einig, daß diese Erhaltungsordnungen erst von Jesus Christus her, weil um der Erlösung willen gesetzt, recht erkennbar werden. So hatte es Emil Brunner auch schon von der Schöpfungsordnung behauptet, während Althaus deren natürliche Erkennbarkeit annahm. Wenn man für die Erkenntnis der Ordnungen nur eine Begründung aus der Schrift und letztlich durch die Christusoffenbarung zuläßt, findet eine deutliche Annäherung an die christologische Rechtsbegründung statt. Solange man jedoch auch auf empirisch sich durchhaltende Strukturformen menschlichen Zusammenlebens verweist, bleibt ein undeutlicher Rest der Vorstellung einer natürlichen, mit dem Wesen des Menschen gegebenen Ordnung der Gesellschaft zurück — undeutlich dadurch, daß der Terminus Schöpfungsordnung und also die Verbindung mit der geschöpflichen Natur des Menschen inkriminiert wird.

Dabei ist das theologische Mißtrauen gegen die Konzeption der Ordnungen durchaus berechtigt. Die Frage nach unveränderlichen Ordnungen und Strukturen ist nämlich ihrer Zielrichtung nach auf dem Boden des griechischen Denkens beheimatet. Sie entspricht wohl auch weithin dem Wirklichkeitsverständnis anderer antiker Religionen, sofern ihnen das Zeitliche nur als Abbild ewiger Urbilder sinnvoll war. Das israelitisch-biblische Denken aber ist nicht wie das griechische an der Vorstellung eines unveränderlichen Kosmos orientiert, noch findet es seinen Halt an mythischen Urbildern: Es ist vielmehr durchdrungen von der Wirklichkeit eines Gottes, der

immer Neues, bislang Unerhörtes schafft. Die Rücksicht auf die
Freiheit Gottes befähigte Israel, der *Kontingenz* im Weltgeschehen
standzuhalten, gerade im Zufälligen, Unerwarteten das Wirken
Gottes zu finden, statt wie die Völker ringsum vor der Unüberseh-
barkeit des als sinnlos, chaotisch empfundenen Zufälligen in die
Anschauung ewiger Ordnungen zu flüchten. Daher hat Israel die
Wirklichkeit nicht als Abschattung urbildlicher Verhältnisse, von
denen der Mythos berichtet, verstanden, sondern als *Geschichte*. In
der Geschichte geschieht nicht nur Wiederholung uranfänglicher
Archetypen, sondern immer Neues auf eine überschwängliche und
unerhörte Erfüllung hin. Diese Übermacht der Kontingenz und der
Geschichte hat freilich nicht jegliche Kontinuität aus dem Wirklichkeitsbewußtsein der Israeliten verdrängt. Sonst wäre ja nicht nur
das Recht, sondern auch die Geschichte selbst nicht möglich. Doch
auch das Bleibende, Dauernde im Geschehen hat für israelitisches
Denken einen kontingenten Ursprung: Es geht auf die *Treue* zurück, die immer wieder neu bekräftigt werden muß. Nur Treue begründet Dauer und Verläßlichkeit. Darum hat das Hebräische für
Treue und Wahrheit nur ein Wort. Und auch Gerechtigkeit ist
nicht nur in Treue fundiert, sondern als Gemeinschaftstreue defi-
niert. Die in freier Treue begründete Dauer ist nun aber ganz anderer Art als die Vorstellung unveränderlicher Strukturen. Genauer
gesagt: Die Vorstellung unveränderlicher Strukturen erfaßt nur die
Oberfläche im Phänomen des Dauerhaften; sie abstrahiert von seiner Tiefendimension, von der Verwurzelung des Dauernden selbst
in kontingentem Geschehen — ein Zusammenhang, der im Wesen
der Treue hervortritt. Die abstrakte Vorstellung gleichbleibender
Ordnungen gerät zwangsläufig in jenen unaufhebbaren Gegensatz
zum Zufälligen, Geschichtlichen, der für den Dualismus griechischen Denkens so charakteristisch ist. Die Treue hingegen ist selbst
kontingent geschichtlicher Art. In ihr ist der Gegensatz zwischen
Akt und zuständlich Seiendem aufgehoben.

Auf den ersten Blick macht sich die geschichtliche Eigenart des
biblischen Denkens, die sich aus dem biblischen Gottesverständnis
ergibt, bei *Karl Barth* stärker geltend als in der Ordnungstheologie[9]. Bei Barth ist von einer „Stetigkeit und Kontinuität des göttli-

---

[9] J. Moltmann hat mit Recht auf die Bedeutung der Geschichte für die
Grundlegung der speziellen Ethik Barths und auf die darin beschlossene Überwindung des Dezisionismus der frühen dialektischen Theologie hingewiesen (art.
cit. S. 281 ff.). Daß damit ein Fortschritt auch über die Ordnungstheologie hinaus erzielt ist (S. 283), muß anerkannt werden. Aber auch Moltmanns Bedenken,
ob „die Geschichte im Bilde von vertikalem Einbruch und horizontalem Zusammenhang recht begriffen werden" könne (ebd.), ist zu unterstreichen. Fragt
Moltmann, ob Barth nicht in der Nähe des Aktualismus bleibe, so soll hier ge-

chen Gebietens" die Rede (KD III/4, S. 18), die als solche ebenso
wie auch das menschliche Handeln den Charakter einer Geschichte
hat (ebd. S. 16 ff.). Barth erblickt geradezu das eigentliche Feld der
Ethik in diesem horizontalen Zusammenhang, in welchem die Vertikale des ethischen Ereignisses, der „Begegnung des konkreten
Gottes mit dem konkreten Menschen" ihren Ort hat (S. 28). Trotzdem entwickelt Barth jedoch seine Ethik aus der Vertikale des Christusgeschehens, indem er den Menschen begreift als „das Wesen,
das uns im Spiegel der in Jesus Christus dem Menschen zugewende-
ten Gnade Gottes sichtbar ist" (S. 48), in vierfacher Analogie zu
dem Menschsein Gottes in Jesus Christus, statt umgekehrt zunächst
Jesus Christus aus dem Zusammenhang der Geschichte Gottes mit
der Menschheit, von der das Alte Testament Zeugnis ablegt, zu verstehen. Durch diese Umkehrung zu einer christologischen Begründung der Ethik gerät der Horizont der Geschichte wieder aus dem
Blick, und in den Vordergrund rücken Analogieschlüsse, die vom
Menschsein Jesu Christi her das Menschsein des Menschen überhaupt erhellen sollen, statt daß zunächst nach der Verwandlung des
immer schon mitgebrachten Vorverständnisses vom Menschen
durch die Wahrnehmung des Menschseins Jesu Christi gefragt
wird. Die einzelnen Analogieschlüsse Barths haben bekanntlich
nicht sehr überzeugend gewirkt, da man — je nach dem Ausgangspunkt — zu sehr verschiedenen Ergebnissen kommen kann. Darüber hinaus muß jedoch schon die *Form* des Analogieschlusses,
wenn sie eine derart tragende Rolle gewinnt wie bei Barth, zu einer
Verfehlung der Geschichtshaftigkeit der Rechtsinhalte führen. Ich
deutete bereits an, daß die Abspiegelung urbildlicher Verhältnisse
der göttlichen Sphäre im irdischen Bereich zwar in der Welt der Religionen weit verbreitet ist, daß aber biblisches Denken über solches
Urbild-Abbild-Schema gerade prinzipiell hinausgeht. Vom biblischen Gott her geschieht in der irdischen Wirklichkeit immerfort
Neues, Unerhörtes, nicht nur Abschattung eines uranfänglich Vollendeten. Schon darum kann in der christlichen Theologie der Ana-
logieschluß nie zur grundlegenden Denkform gemacht werden. Das
Verfahren des Analogisierens vom Christusgeschehen her ist darüber hinaus noch durch die besondere Schwierigkeit belastet, daß
die christologischen Aussagen selbst weitgehend symbolische[10]
Struktur haben.

---

fragt werden, ob das Denken vom vertikalen Einbruch des Christusgeschehens
her nicht die Horizontale der Geschichte aus dem Blick verliert.
[10] Genauer muß es heißen: proleptische und doxologische Struktur. Vgl. dazu
meinen Artikel „Was ist eine dogmatische Aussage?" Kerygma und Dogma 8,
1962, S. 81—99, bes. S. 94 ff.

2*

Die Mängel des Barthschen Verfahrens sind nicht etwa eine für Barths Methode belanglose und grundsätzlich vermeidbare Kuriosität, sondern sie hängen wesentlich mit seinem Ansatz zusammen. Wie sonst in seiner Dogmatik, so bemüht sich Barth auch in seiner Anthropologie und ihr genau entsprechend in seiner speziellen Ethik und so auch in seiner Rechtstheologie, alle Aussagen einzig und allein aus der Christusoffenbarung zu begründen, und zwar aus ihrem formalisierten Begriff als Einigung Gottes mit dem Menschen. Wo anderweitige Sachverhalte maßgebend werden, da ist für Barth immer schon „natürliche Theologie" im Spiele. Darum wendet er sich so scharf gegen die Theologie der Ordnungen, selbst noch in der Bonhoefferschen Form der Mandate. So ist es im methodischen Ansatz Barths begründet, daß er auf die sachlogischen oder umfassender: auf die phänomenalen Strukturen der Rechtsvorgänge nicht in methodischer Weise Rücksicht nehmen kann. Das würde ja „natürliche Theologie" implizieren. Darum kann Barth nur auf dem Wege von Analogieschlüssen aus der Christologie den Zugang zur Rechtswirklichkeit finden. Dabei werden jedoch oft die faktischen geschichtlichen und sachlogischen Voraussetzungen der erschlossenen Rechtsvorstellungen verdeckt.

Diese Bemerkungen wenden sich nicht gegen die Grundtendenz Barths, neben andern Bereichen der Daseinswirklichkeit auch den des Rechtes von Jesus Christus her neu zu verstehen. Diese *Intention* muß vielmehr als *wegweisend* gelten. Aber daß von Jesus Christus her das Verständnis der Wirklichkeit neu erschlossen wird, bedeutet nicht, daß abgesehen davon überhaupt kein Verständnis der Wirklichkeit, zum Beispiel des Rechts, da wäre, sondern es bedeutet, daß jenes vorangehende Wirklichkeitsverständnis verwandelt wird. Und solche Verwandlung betrifft nicht nur das theoretische Verständnis des schon Vorhandenen, sondern kann auch zum Impuls seiner Umgestaltung werden. Um diese Verwandlung als solche in den Blick zu bringen, müssen jedoch die phänomenalen Gegebenheiten in den Ansatz der theologischen Frage aufgenommen werden. Erst so können die Vorgänge der Rechtsbildung in ihrer geschichtlichen Konkretheit zugänglich werden.

Unsere Kritik an Barth bedeutet also keine Rückkehr zur Theologie der Ordnungen. Ihr gegenüber ist die christologische Rechtsbegründung insofern im Recht, als die Theologie niemals zeitlos allgemeine Auffassungen von der Natur der Sachen kritiklos übernehmen kann. Die Frage nach der Natur des Seienden ist eben eine griechische Frage, die freilich nicht allein griechisch ist, sondern im Kern etwas allgemein Menschliches zur Sprache bringt, darum auch über den griechischen Kulturkreis hinaus gültig ist. Die Frage nach dem Wesen des Seienden, nach der natürlichen Ordnung der Erscheinungen setzt jedoch den Gedanken eines in den Grundzügen unveränderlichen Kosmos voraus und verschwiegenerweise auch die olympischen Götter. Wie schon angedeutet, ist hier für eine Würdigung der Kontingenz des Geschehens kein Raum. Von der allmächtigen Freiheit des biblischen Gottes her erscheint dagegen die Welt durchweg als Geschichte, alle Natur der Geschöpfe in kontingenter Bewegung, die ihnen nicht nur äußerlich, akzidentell, sondern für ihr Wesen konstitutiv ist und sie in das Licht eschatologischer Zukunft rückt. Aus diesem Grunde kann die christliche Theologie die vielleicht philosophisch sachgemäße Frage nach der Natur der Erscheinungen nicht ohne tiefgehende kritische Umformung übernehmen, nämlich nur im Zuge einer durchgreifenden Vergeschichtlichung. Die biblische Gotteserfahrung eröffnet den Horizont für die Wahrnehmung der Geschichtlichkeit alles Seienden.

Die Geschichte, auf deren umgreifenden Zusammenhang die Natur der Erscheinungen bezogen und so verflüssigt wird, hat nun allerdings ihre Einheit nur in Gestalt der Gottesgeschichte, als Offenbarungsgeschichte. Die Geschichte ist nicht säkularisierbar, ohne sich zu zersetzen, ihre Einheit zu verlieren[11]. Die christologische Rechtsbegründung ist also insoweit auf dem rechten Wege, als die Phänomene des Daseins nicht in irgendwelchen festen Ordnungen, sondern nur im Zusammenhang der Offenbarungsgeschichte angemessen verstanden werden können. Aber dadurch ist die griechische Fragestellung nach der Natur des Seienden nicht einfach ausgeschlossen, sondern aufgenommen in der Weise einer Umformung, einer Vergeschichtlichung. Der Stoff der theologischen Anthropologie ist kein anderer als der der philosophischen, nämlich die Phänomenalität des menschlichen Daseins. Die Theologie nährt sich nicht aus einer übernatürlichen Materialzufuhr. Sie legt aber die Phänomene des Daseins auf einen andern und weiteren Horizont hin aus als alle griechisch fragende Philosophie. Dabei muß die Theologie in Anspruch nehmen, selbst die „wahre Philosophie" zu sein, ein umfassenderes Verständnis der jedem zugänglichen Wirklichkeit zu entwerfen als es der Philosophie von ihrem griechischen Ursprung her möglich ist: Die Kontingenz des Geschehens kann eben der griechisch orientierten philosophischen Fragestellung nicht in ihrer vollen Tragweite in den Blick kommen.

Es soll gewiß nicht verkannt werden, daß eine philosophische Rechtsbegründung sich vom griechischen Ursprung der Philosophie auch lösen kann. In dem Maße wie das geschieht, wird sie sich

---

[11] Siehe dazu meine genaueren Begründungen in Kerygma und Dogma 5, 1959, S. 231.

dann entweder im Horizont biblischen Geschichtsdenkens verstehen, oder sie wird auf der Linie der neuzeitlichen Verselbständigung der ursprünglich ebenfalls in jenem Horizont beheimateten Subjektivität des Menschen argumentieren. Auf dieser letzteren Linie wird man wohl insbesondere den Positivismus und den ihm verwandten Dezisionismus zu sehen haben. Griechische Ansatzpunkte dürften in der naturrechtlichen Tradition fortwirken, aber auch dort, wo eine wesenhafte ethische Ordnung oder eine feste anthropologische Struktur als Maßstab der Rechtsbildung fungiert. Der Kontingenz geschichtlicher Gestaltungen des positiven Rechtes kann von daher kaum entscheidende Bedeutung zugebilligt werden. Aber auch der Begriff der Wahlfreiheit vermag das nicht zu leisten[12]. Er verharrt in der Indifferenz des Entweder-Oder erst noch zu treffender Entscheidungen *vor* der kontingenten Gestalt der entschiedenen Geschichtstatsachen. Die Entscheidungsfreiheit des Menschen oder — wie man heute anthropologisch präziser sagen kann — seine konstitutionelle Weltoffenheit, die ihn von den auf ein bestimmtes Umweltschema festgelegten Tieren unterscheidet, umschreibt seine Offenheit für geschichtliches Verhalten, gibt aber noch nicht den Lebensgrund der geschichtlich hervorgebrachten Gestaltungen selbst an, da diese nie nur im handelnden Menschen ihren Ursprung haben. Die konstitutionelle Offenheit des Menschen über jede Situation hinaus muß darum selbst im Horizont einer als Geschichte bestimmten Gesamtwirklichkeit verstanden werden. Es ist wohl kein Zufall, daß die spezifische Weltoffenheit des Menschen erst im Einflußbereich des christlichen Glaubens und seines Verständnisses der Welt als Geschichte erkannt worden ist.

So ist eine Bewältigung der Probleme der universalen geschichtlichen Wandelbarkeit, der Probleme des Historismus, wohl nur im Horizont des biblischen Verständnisses der Welt als einer Geschichte Gottes möglich. Es steht keineswegs so, wie Weischedel es gelegentlich behauptet hat, daß eine theologische Begründung „doch nur für die Menschen desselben Glaubens" verbindlich wäre[13]. Mit diesem Argument dürfte die Philosophie es sich allzu leicht machen, die Fragen der Theologie abzuweisen. Wenn theologische Sätze nur für die Menschen desselben Glaubens verbindlich wären, dann hätten sie lediglich die Geltung von Konventionen. Dagegen beanspruchen schon sittliche Wahrheiten Gültigkeit unabhängig davon, ob sie von denen, die es angeht, anerkannt werden oder nicht. Die Theologie wird für die Wahrheit Gottes mindestens die

---

[12] Das muß gegenüber dem in vieler Hinsicht lehrreichen Vortrag von A. Kaufmann: Naturrecht und Geschichtlichkeit, 1957, S. 29 ff. gesagt werden.
[13] W. Weischedel: Recht und Ethik, 2. Aufl. 1959, S. 33.

Dignität in Anspruch nehmen, die sittlichen Wahrheiten zugebilligt wird. Ihre Aussagen sind, wenn theologisch wahr, unabhängig davon, ob sie anerkannt werden oder nicht. Sie gelten nicht nur für einen Verein von Gläubigen. Andererseits muß die Theologie, um einen derartigen umfassenden Wahrheitsanspruch erheben zu können, für ihre Sätze Kriterien angeben, durch die diese Sätze nachprüfbar und von bloßen Versicherungen unterscheidbar werden. Ein solches Kriterium kann für unsern Fragenkreis nur darin liegen, daß theologische Aussagen den anthropologischen Phänomenen besser gerecht werden als andere Erklärungen. So wird im Hinblick auf unser Problem die Theologie Theorien zu entwerfen haben, die der Geschichtlichkeit des Rechts besser gerecht werden als es sonst in der Rechtsphilosophie möglich ist. Daß die Theologie das leisten könnte, ist angesichts des biblischen Ursprungs unseres geschichtlichen Bewußtseins wohl zu vermuten. Diese Aufgabe will aber noch ergriffen sein, statt daß die Theologie selbst sich am Ordnungsbegriff orientiert und der Erfahrung der Geschichte ausweicht.

Ansätze in der rechten Richtung lassen sich bei einigen Anhängern der christologischen Rechtsbegründung beobachten. Vor allem verzichtet man entgegen den methodischen Erfordernissen des exklusiven christologischen Verfahrens im Sinne Barths weithin doch auf eine Ableitung der Rechtsphänomene aus der Christologie. So hat schon 1946 Jacques *Ellul* das theologische Fundament des Rechtes zwar prinzipiell in dem in Christus zusammengefaßten Bund gefunden, aber doch daneben Elemente einer Ordnungstheologie (Institutionen) und des Naturrechts (Menschenrechte) beibehalten[14]. Der eklektische Charakter dieses Vorgehens wurde durch das Bemühen um biblizistische Begründung der einzelnen Aussagen keineswegs beseitigt. Vielmehr wäre das Wahrheitsmoment der Ordnungstheologie und des Naturrechts innerhalb der Bundeswirklichkeit selbst aufzuweisen. Das ist freilich nicht zu machen, wenn man nur vom Begriff des Bundes ausgeht, wie Ellul, sondern kann nur im Hinblick auf den ganzen Reichtum der Gottesgeschichte, die im Begriff des Bundes in besonders prägnanter Weise zusammengefaßt ist, gelingen. Erst in diesem Rahmen wird es dann sinnvoll, von Jesus Christus her bestimmte Rechtsgrundsätze zu formulieren, wie *Erik Wolf* es 1958 mit seinem „Recht des Nächsten" versucht hat. Weil Wolf nicht den geschichtlichen Zusammenhang Jesu mit der alttestamentlichen Gottesgeschichte berücksichtigt, argumentiert er in einer abstrakten Weise vom Begriff der Einheit Gottes und des Menschen in Christus, also vom altkirchlichen Dog-

---

[14] J. Ellul: Die theologische Begründung des Rechtes, 1948.

ma her. Das Ergebnis der Analyse der Beziehung von Gott und Mensch in Christus bleibt dementsprechend sehr formal: Es sind die beiden „Urrechte" der Personalität und der Solidarität. Einerseits nämlich ist der auf Gott bezogene Mensch durch Gott beansprucht; das konstituiert seine Personalität. Andererseits ist Gott, indem er Mensch wurde, unser Bruder geworden, uns zum Vorbild. Das begründet die Solidarität. Dazu ist zu sagen, daß die Personalität in *diesem* Sinne nicht erst aus der Christologie abgeleitet zu werden braucht. Daß der Mensch in seinem Menschsein von Gott beansprucht ist, das wird doch überall da anerkannt, wo überhaupt der Mensch in einer Beziehung zu Gott verstanden wird, nicht nur im christlichen Glauben. Die Frage kann nur sein, ob der Mensch als Mensch dem *biblischen* Gott in dieser Weise verpflichtet ist, ob also der Gott Israels wirklich der Gott aller Menschen ist. Diese Frage jedoch kann Wolf durch seine christologischen Erwägungen nicht beantworten. Das andere Urrecht, die Solidarität, ist seinem Kern nach in der Tat spezifisch christlich, insofern es sich hier um die im Auftreten und im Geschick Jesu offenbare Liebe Gottes handelt. Doch ist es die Frage, ob der Liebesgedanke durch den Begriff der Solidarität nicht so verallgemeinert wird, daß sein spezifisch christlicher, vom stoischen Gleichheitspathos verschiedener Charakter, undeutlich wird. Vor allem aber kommt die Liebe hier nur als Verhaltens*norm*, nicht in ihrem kontingenten Wirken als schöpferische Kraft, in den Blick. Trotz solcher kritischen Erwägungen wird man jedoch bei Wolf darin einen Schritt über Barth hinaus zu sehen haben, daß Wolf aus jenen Urrechten die konkreten Rechtsphänomene nicht einfach ableitet, sondern jene Urrechte als regulierende Prinzipien zur kritischen Sichtung und Gestaltung einer anderweitig vorgegebenen Rechtswirklichkeit geltend macht. Darin wird, wie mir scheint, der christologische Ansatz zur Rechtsbegründung in einer fruchtbaren Weise weitergebildet, nämlich in der Richtung einer Frage nach der Bedeutung der Christusbotschaft für frühere und künftige konkrete geschichtliche Gestaltung des Rechtes. So wird in der Tat die Christusbotschaft als Kern der christlichen Überlieferung eine Quelle kritischer Impulse für die Gestaltung der Rechtswirklichkeit sein können. Am weitesten dringt in dieser Richtung *Ernst Wolf* vor, indem er im Blick auf das Problem des Staates feststellt, es gehe gar nicht um die Frage nach Wesen und Stiftung des Staates, sondern um „*Weisung für das Verhalten des Christen im Bereich faktischer staatlicher Wirklichkeit*"[15]. Diese Formulierung spricht die kritische Beziehung auf eine anderweitig vorgegebene Wirklichkeit ausdrücklich aus. Die darin implizierte Korrektur

---

[15] Ernst Wolf: Königsherrschaft Christi, 1958, S. 39 (und ff.).

der christologischen Methode Barths zwingt aber dazu, die ganze
Frage nach der Wirklichkeit des Rechtes neu zu stellen im Rahmen
einer Erörterung, die schon im Ansatz die allgemeinen anthropologischen Gegebenheiten einbezieht.

II.

Eine Theologie des Rechtes kann — nach allem bisher Erwoge-
nen — nicht von irgendwelchen Prinzipien ausgehen, auch nicht
von spezifisch theologischen Prinzipien, um die grundlegenden
Rechtsgehalte aus ihnen herzuleiten. Vielmehr wird sie umgekehrt
eine *allgemeine Anthropologie* des Rechts schon voraussetzen, allerdings nur *im Sinne eines vorläufigen Aspekts*, der aufgehoben werden muß durch das Verständnis der Menschheit im konkreten Gan-
ge ihrer Geschichte. Erst dort, wo die Rechtsgestaltungen im Horizont der Geschichte sichtbar werden, ist eine Theologie des Rechts
auf ihrem eigentlichen Felde. Aber sie kann damit nicht beginnen.
Eine geschichtliche Betrachtungsweise setzt immer schon andere,
vergleichsweise abstrakte und vorläufige Aspekte des Menschseins
und des menschlichen Verhaltens hinsichtlich seiner Naturgrundla-
gen und hinsichtlich seiner gesellschaftlichen Bezüge voraus. Doch
diese Aspekte einer biologischen und einer formal-soziologischen
Anthropologie müssen aufgehoben werden in dasjenige Verständnis
des Menschen, welches das Wesen des Menschen in der Konkretheit
der Lebensvollzüge der einzelnen Menschen erfaßt: Erst die Erzäh-
lung der Menschheitsgeschichte redet in der größten uns möglichen
Annäherung von dem, was der Mensch in concreto ist.

Am Anfang muß also eine vergleichsweise abstrakte, vom Ge-
schichtsverlauf abstrahierende Frage nach dem Recht als Phänomen
menschlichen Zusammenlebens stehen, die jedoch gerade als an-
fängliche noch nicht das endgültige Bild von der Sache geben kann.
Hier geht es um das Recht als unumgängliche Gestalt menschlicher
Gemeinschaft. Es ist ja nicht so, wie es seit *Tönnies* immer wieder
behauptet worden ist, daß naturhaft gewachsene Gemeinschaft und
rechtlich geordnete Gesellschaft in Gegensatz zueinander stehen.
Vielmehr bedarf jede Gemeinschaft, wenn sie Dauer gewinnen soll,
einer festen *Gestalt*, einer Lebensordnung durch präzise gegenseitige Verpflichtung ihrer Glieder[16]. Das gilt von der überschaubaren
Gruppe grundsätzlich ebenso wie von umfassenden und komplizierten Gesellschaften. Dabei vollzieht sich Werden und Wandel der

---

[16] Vgl. die Kritik, die R. Aron: Deutsche Soziologie der Gegenwart, 1953, S.
23 an Tönnies übt.

Rechtsgestalt des Zusammenlebens so, daß Rollen und Status der
einzelnen Glieder sich ausdifferenzieren zu einem Bezugsganzen
und in gegenseitiger Anerkennung festgelegt werden. Damit pflegen auch bereits Verhältnisse der Führung und Unterordnung sich
herauszubilden. Solche Lebensformen, die durch wechselseitige Anerkennung konstituiert sind, sind schon in sich Rechtsverhältnisse,
auch wenn sie nicht ausdrücklich als solche formuliert sind.

Als die Gestalt, in der menschliche Gemeinschaft jeweils stattfin-
det, hat es das Recht mit der Frage nach der menschlichen *Bestimmung* zu tun, deren Erfüllung im Zusammenleben der Menschen
gesucht wird, sei es nun im Rahmen einer jeweiligen, schon vorhandenen Gesellschaftsform oder im Ungenügen an ihr, im revolutio-
nären Drang zu einer Neugestaltung des Zusammenlebens. In der
Frage nach der Bestimmung des Menschen hängt nun das Recht —
als jeweilige Gestalt menschlicher Gemeinschaft — mit dem Gottesgedanken zusammen. Ich zeige diesen Zusammenhang auf, indem
ich vom Begriff der menschlichen Bestimmung ausgehe, von daher
den Gottesgedanken formuliere und erst auf diesem Umweg auf die
Rechtsfrage zurückkomme.

Was der Mensch ist, das ist nie schon entschieden im Sinne eines
feststehenden Wesensbegriffs, sondern im Unterschied zu allen Tieren ist der Mensch wesentlich „offen". Er muß sich selbst erst „zustande bringen"[17]. Der Mensch ist nicht wie die Tiere für sein Verhalten auf eine begrenzte Umwelt durch Instinkte festgelegt. Vielmehr bedeutet seine „Weltoffenheit", wie die Verhaltensanthropo-
logie[18] gezeigt hat, daß der Mensch seine Antriebe immer erst noch
orientieren muß. Das sucht er durch Erfahrung seiner Welt zu erreichen. Was er will und was er eigentlich ist, das sucht der Mensch
zunächst aus der Welt, in der er sich findet, zu beantworten. Freilich reicht die *vorgefundene* Welt ihm nie aus, seine Bestimmung
(als das Ganze seiner Antriebe) zu erfüllen. So verwandelt er, was er
vorfindet. Er gestaltet von sich aus eine künstliche „Umwelt" oder
besser: eine Kulturwelt.

Man hat daher den Menschen ein Kulturwesen genannt. Daran
ist dies richtig, daß das Dasein für den Menschen wesentlich Aufgabe ist, daß er es immer noch gestalten muß. Aber andererseits kann
keine kulturelle Gestaltung für den Menschen die Bedeutung gewinnen, die bei den Tieren der jeweiligen natürlichen Umwelt zukommt. Der Mensch fragt nicht nur über die Natur, sondern auch
über alle kulturelle Verwirklichung hinaus weiter ins Offene. Kultu-

---

[17] Diese Formulierung gebrauchte am Vortag W. Maihofer in seinem Vortrag
über „Naturrecht und Rechtspositivismus".
[18] Sowohl in der Darstellung A. Gehlens als auch in der von A. Portmann.

relle Gestaltung kann darum nicht das letzte Ziel der Bestimmung des Menschen sein, sondern sie wird in ihrer eigenen Wandelbarkeit erst verständlich, wenn man sieht, wohin das Fragen des Menschen über seine natürliche Umgebung und auch über die jeweilige kulturelle Gestaltung hinaus gerichtet ist.

Diese Erwägung schließt bereits die Feststellung in sich, daß man nicht an die Stelle des Naturrechts ein Kulturrecht setzen kann, in welchem der Richter in seinen Entscheidungen letztlich an die obersten Prinzipien der jeweiligen Kultur gebunden wäre. Eine solche Bindung würde die Offenheit des Menschseins verletzen. Alles kulturelle Erbe steht immer wieder zur Entscheidung, ob es sich in der Gegenwart noch bewährt oder nicht. Daher ist die rechtsschöpferische Funktion des Richters hervorzuheben. Die Kultur selbst, zu der nicht zuletzt die Gestaltung des Gemeinschaftslebens gehört, befindet sich eben in unablässiger Wandlung, und dazu trägt zu seinem Teil, was die Rechtsgestaltung angeht, der Richter bei.

Die sogenannte Weltoffenheit des Menschen ist nicht Offenheit für eine irgendwie schon *vorgegebene* Welt, sondern gerade Offenheit über jeden sich bildenden Welthorizont *hinaus*. Sie hat ferner nicht primär den Charakter schöpferischen Überflusses, sondern den der *Bedürftigkeit*. Der Mensch sucht ja seine Bestimmung über alles Vorfindliche hinaus darum, weil er sie nicht schon hat und sie in der vorhandenen Welt auch nicht findet, weder in der Natur, noch in der Kulturwelt. Die Weltoffenheit hat den Charakter der Fraglichkeit. Der Mensch stellt nicht nur hier und da Fragen, sondern er ist im Ganzen seines Daseinsvollzuges selbst Frage, die auf eine Antwort aus ist. In seiner Offenheit ist also der Mensch über die Welt hinaus verwiesen auf eine Wirklichkeit, die selbst nicht Welt ist, aber das Leben in der Welt in seiner jeweiligen Gestalt allererst erschließt, auf eine unbekannte Wirklichkeit, nach der der Mensch fragt, weil nur in Beziehung auf sie seine Bestimmung zur Erfüllung kommen kann. Wenn solche Erfüllung von vornherein ausgeschlossen wäre, wenn es auf die Frage nach der Bestimmung des Menschen nur die Antwort der Resignation gäbe, dann müßte die Frage selbst verstummen, ohne die doch der Existenzvollzug des Menschen undenkbar ist. So kann der Mensch aus letzten Gründen seiner Wesensart nicht umhin, die Frage nach seiner Bestimmung über die Welt hinaus zu stellen, in der Erwartung, daß dieser seiner Frage eine Wirklichkeit als Antwort entgegenkommt. Für diese Wirklichkeit, nach der der Mensch in der Fraglichkeit, die sein Dasein durchzieht, fragt, hat die Sprache das Wort Gott.

Die Struktur des Gedankenganges, den wir jetzt verfolgt haben, ist charakteristisch für die Weise, wie das neuzeitliche Denken in seinen verschiedenen Gestalten den Gedanken Gottes gedacht hat. Gott wird in der Neuzeit nicht mehr von der Welt her gedacht, sondern vom Menschen her, und zwar als Voraussetzung des Menschseins. *Nikolaus von Kues, Descartes, Kant* und seine Nachfolger haben den Menschen jeweils so verstanden, daß er sich *gerade in seiner Freiheit nur unter Voraussetzung Gottes* denken kann[19]. Allerdings meinte man, mit dieser Erkenntnis auch schon die Antwort gegeben zu haben auf die Frage nach Gott. Man meinte sagen zu können, wie Gott zu denken ist, während man doch nur die Fraglichkeit des Menschseins gedacht hatte und dabei Gott nur als die unbekannte Wirklichkeit, auf die hin der Mensch in seiner Fraglichkeit offen ist, über die Welt hinaus.

Theologen pflegen gegenüber derartigen Erwägungen schnell bei der Hand zu sein mit dem Etikett „natürliche Theologie". Dieses Etikett ist hier jedoch fehl am Platze, einmal deshalb, weil vom Menschen, nicht von der Welt her der Gedanke „Gott" gedacht wird, vor allem aber deshalb, weil damit nur die offene Fraglichkeit des Menschseins beschrieben ist, sofern sie auf eine Antwort aus ist, ohne daß jedoch eine Antwort schon in unsern Gesichtskreis getreten wäre. Für die Richtung, aus der die Antwort zu erwarten ist, steht vorläufig das Wort Gott. Was Gott ist, bleibt dabei vorläufig unbekannt. Gott ist zunächst nur ein Name für die unbekannte Wirklichkeit, nach der der Mensch fragt, ob er es nun weiß oder nicht, soweit er teilhat an der Offenheit, die sein Verhalten als ein spezifisch menschliches kennzeichnet, und sofern er in solchem Fragen einer Erfüllung bedürftig ist, die er nie schon endgültig hat, die er auch nicht von sich aus erreicht, sondern die ihm je vorläufig zufällt aus der Zukunft der Wirklichkeit, nach der er fragt.

Solches Reden vom Fragecharakter des Menschseins und von Gott als dem, wonach die Frage, die der Mensch ist, fragt, war für die frühe dialektische Theologie bezeichnend und ist noch von *H. J. Iwand* in seinen nachgelassenen Vorlesungen fortgebildet worden[20]. Dabei ist immer mit Recht betont worden, daß der Mensch sich die Antwort auf die Frage, die er *ist*, nicht selbst geben kann. Wer Gott ist, das kann nicht aus der Offenheit des Menschseins abgeleitet werden. Diese Feststellung trennt uns von der neuzeitlichen Metaphysik der Subjektivität, deren Weg unsern bisherigen Erwägungen parallel verläuft. Doch es wurde schon gesagt, daß der Sinn ihrer Gedanken anders als sie selbst meinte, nur im Aufweis der

---

[19] Hierzu vgl. W. Schulz: Der Gott der neuzeitlichen Metaphysik, 1957.
[20] H. J. Iwand: Nachgelassene Werke, Bd. 1 (Glauben und Wissen), 1962, S. 112 ff.

Fraglichkeit des Menschseins liegt, allerdings so, daß dieses nicht in sich ruht, sondern wie alles Fragen auf eine Antwort aus ist. Was diese Antwort ist, was Gott ist, vermag die anthropologische Formulierung des Gottesgedankens nicht zu sagen. Die Antwort auf die Frage des Menschen kann nur durch die Erfahrung der Wirklichkeit, nach der diese Frage fragt, gegeben werden.

Die Erfahrung der Wirklichkeit Gottes, wie sie in geschichtlich je eigentümlicher Weise von den Religionen gemacht worden ist, aber auch philosophischen und künstlerischen Entwürfen der Daseinswirklichkeit zugrunde liegt, hängt immer mit der Erfahrung der Wirklichkeit *als ganzer* zusammen. Bei der Frage des Menschen nach seiner Bestimmung geht es immer um das Ganze der Wirklichkeit, in der er sich befindet. Von daher sucht er auch sich selbst zu verstehen, dank der spezifischen Sachlichkeit der Welterfahrung, die den Menschen relativ triebentbunden bei den Phänomenen verweilen läßt, so daß er von ihnen her gleichsam auf sich zurückblickt, um sich selbst im Zusammenhang seiner Welt zu sehen. Das so sich ergebende Bild ist desto zuverlässiger, je umfassender der Zusammenhang ist, in den der Mensch sich einordnet. Die Frage des Menschen nach seiner Bestimmung hängt also zusammen mit der Frage nach dem Ganzen der Wirklichkeit überhaupt.

Das, was sich um den Menschen herum vorfindet, hat jedoch in seiner Gesamtheit seine Einheit nicht durch sich selbst. Es ist nicht schon aus sich ein Ganzes, sondern erst im Lichte des Nichtvorfindlichen, nach dem der Mensch um seiner Bestimmung willen fragt, wird das Vorfindliche jeweils zur Einheit. So ist zu unterscheiden zwischen dem nicht vorfindlichen, unbekannten Gott, auf den die Frage, die der Mensch ist, zielt, und der Welt als der im Lichte jener Frage erschlossenen Ganzheit des Vorfindlichen. Beides wird miteinander erfahren. Einem bestimmten Verständnis der Wirklichkeit Gottes entspricht jeweils ein bestimmtes Weltverständnis und umgekehrt.

Die Entsprechung zwischen Gottesgedanken und Weltverständnis ist für uns vielleicht am deutlichsten im Hinblick auf den Gegensatz zwischen kosmischem und geschichtlichem Verständnis der Gesamtwirklichkeit. Sowohl beim Gedanken des Kosmos als auch bei dem der Geschichte geht es um das Ganze der Wirklichkeit, nicht nur um Teilbereiche. Im kosmischen Denken wird die Gottheit als Ursprung der vorhandenen Weltordnung gedacht. Der Gedanke einer gleichbleibenden Ordnung der Erscheinungen ist hier konstitutiv für das Verständnis der Welt. Das Wesen der Erscheinungen ist immer schon in oder hinter ihnen anwesend. Anders da, wo das Ganze der Wirklichkeit als Geschichte verstanden wird. Hier geht

der Blick auf das unvermutet Hereinbrechende, Überraschende der
Ereignisse. So ist die Wirklichkeit vom allmächtigen Gott Israels
her verstanden worden. Für ein solches Denken haben die Erscheinungen, die Gestalten und Begebenheiten, ihr Wesen nie schon in
sich selbst, sondern erst die Zukunft wird entscheiden, was an ihnen
ist. Und erst beim letzten Ausgang alles Geschehens wird sich endgültig herausstellen, was der wahre Sinn der einzelnen Gestalten
und Begebenheiten im Verlaufe der Geschichte gewesen ist, was es
mit ihnen eigentlich auf sich hat. Daß trotz der Kontingenz alles
Geschehens für die Erfahrung des Israeliten doch Zusammenhang
besteht zwischen den einzelnen Ereignissen, rührt daher, daß der Is-
raelit immer schon mit dem Blick auf die Zukunft Gottes lebt. Darum kann er von jeder neuen Erfahrung her auf seine Vergangenheit, auf sein Erbe zurückkommen: Dieses ist ja von sich aus bereits
der Zukunft Gottes geöffnet! Was so in Israel ausdrücklich zutage
trat, läßt sich in einem allgemeineren Sinne von der Kontinuität aller menschlichen Geschichte sagen: Man kann nur deshalb auf das
Erbe der Vergangenheit zurückkommen, weil diese schon von sich
aus auf Zukunft gerichtet war.

Gott und das Ganze der Wirklichkeit sind also in der Frage des
Menschen nach seiner Bestimmung miteinander verbunden, weil
der Mensch seine Bestimmung im Ganzen der Wirklichkeit sucht,
das seine Ganzheit doch immer nur von Gott her hat. Die Antworten, die solches Fragen erfahren hat von der Begegnung der erfrag-
ten Wirklichkeit her, sind allemal religiös, auch wenn sie als Philosophie, als Ideologie oder als Kunstwerk auftreten. Die Antworten
der Religionen sind nun aber unter sich nicht einfach gleichwertig.
Ihre Ansprüche sind einer Prüfung zugänglich im Blick auf das soeben erörterte Verhältnis der Frage nach Gott zum Weltverständnis.
Jede Erfahrung der Wirklichkeit des unbekannten Gottes muß ihre
Bewährung finden am Verständnis der Welt und des Menschseins
in der Welt, das sie erschließt. In diesem Sinne ist auch die Frage
nach der Wahrheit des biblischen Gottesgedankens sinnvoll zu stellen. Es ist zu zeigen, inwiefern die Ganzheit der Wirklichkeit und
so auch das Dasein des Menschen vom Gott der Bibel her tiefer erschlossen ist als irgendwo anders. Dadurch allein kann die Behauptung, daß der biblische Gott der wahre Gott ist, ihre Bewährung
finden.

Es ist nun an der Zeit zu fragen: Was hat das alles mit dem
Recht zu tun? Nun, bei der Erschließung der Daseinswirklichkeit
vom Gott der Bibel her geht es nicht zuletzt auch um die Rechtswirklichkeit. Wenn es bei der Bildung von Recht jeweils um einen
„Vorausentwurf der geschichtlichen Bestimmung des Menschen"

geht[21], dann ist auch deutlich, daß die Offenheit des Menschen als Offenheit für Gott mit dem Recht etwas zu tun haben wird. Die Einheit der Wirklichkeit, nach der der Mensch ineins mit seiner Frage nach Gott fragt, ist nicht nur Einheit der außermenschlichen Welt, sondern vor allem Einheit der Menschen untereinander. Die *Bestimmung* des Menschen wird als eine den Individuen *gemeinsame* von uns gesucht. Es hat nicht jeder einzelne seine besondere Bestimmung für sich allein, sondern die Bestimmung aller Menschen als Menschen ist nur eine einzige und wird darum gemeinsam erstrebt und gestaltet, in wenigstens vorläufigen Lebensformen. Nur weil alle Individuen ihre menschliche Bestimmung als eine gemeinsame suchen, ist es unerläßlich und andererseits so reizvoll und tief befriedigend, sich miteinander zu verständigen. Nur darum streitet man um die Wahrheit, weil die Wahrheit über Gott, die Welt und den Menschen nie nur meine Privatsache sein kann, sondern Sache aller Menschen ist. Schon dies, daß wir überhaupt von „dem" Menschen reden und nicht nur von diesem oder jenem einzelnen, ist nur zu rechtfertigen im Hinblick auf die Gemeinsamkeit der Bestimmung aller Menschen.

Die menschliche Bestimmung wird in einer jeweils vorläufigen Gestalt durch die Entstehung konkreter Gemeinschaften verwirklicht. Darum hat die Gemeinschaft, der einer zugehört, solche Macht über den Einzelnen, bis in sein Gewissen hinein. In letzter Instanz ist es nur von der Einheit der menschlichen Bestimmung her zu verstehen, daß Menschen sich zu Gemeinschaften zusammenschließen. Die äußeren Nöte, die auf solchen Zusammenschluß hindrängen, sollen gewiß nicht unterschätzt werden in ihrer Bedeutung für die Entwicklung des Gemeinschaftslebens. Aber die geben nur den Anstoß, der durch Zusammenschluß zu gemeinsamer Anstrengung bewältigt wird, ohne daß die Gestaltung des Zusammenlebens aus solchen Anstößen jemals vollständig abzuleiten wäre. Daß die konkreten Gemeinschaften immer nur eine vorläufige Verwirklichung der menschlichen Bestimmung sein können, das liegt in erster Linie an ihrer *Partikularität*. Kleinere Gemeinschaften sind zwar immer auf umfassendere bezogen und so durch diese zuletzt auf die Einheit der Menschheit. Aber es ist bisher nie zu einer Rechtsgestalt gekommen, die der Menschheit als ganzer eine endgültige Form des Zusammenlebens gegeben hätte. Und auch wenn das große Ziel einer Rechtsgemeinschaft der ganzen Menschheit erreicht werden sollte, bleiben wohl immer die Konflikte zwischen

---

[21] Diese Formulierung stammt aus dem am Vortag gehaltenen Vortrag von W. Maihofer über Naturrecht und Rechtspositivismus.

den partikularen Gemeinschaften, die schon in unsern Staaten von Zeit zu Zeit die Gestalt des Ganzen bedrohen. Weil so die menschliche Bestimmung als eine allen Menschen gemeinsame, in keiner vorhandenen Gemeinschaft schon endgültigen Ausdruck gefunden hat, darum treibt das Gewissen, durch das der einzelne einerseits an seine Gemeinschaft gebunden ist, ihn andererseits über sie hinaus.

Wenn das Recht die Bedingungen menschlicher Gemeinschaft in je konkreter Situation formuliert und den einzelnen mit seinem Verhalten daran mißt, dann geschieht das — wie sich uns nun ergeben hat — immer im Horizont der umfassenden Frage nach der Bestimmung des Menschen. Im Horizont dieser Frage gehören Gott, die Ganzheit der vorfindlichen Wirklichkeit und die Notwendigkeit menschlicher Gemeinschaft (als Gestaltung der Einheit der Bestimmung in allen Menschen) zusammen.

Tatsächlich besteht von altersher ein enger Zusammenhang zwischen Recht und Religion. Dieser Zusammenhang ist — wie aus den angestellten Erwägungen deutlich geworden sein dürfte — dem Wesen des Rechts nicht äußerlich, so daß man ihn als einem überwundenen mythologischen Zeitalter angehörig hinter sich lassen könnte. Vielmehr ist die Rechtsordnung menschlicher Gemeinschaften nur von der Gottheit her für den einzelnen als Person letztlich verbindlich. Über die Reichweite staatlicher Zwangsgestaltung hinaus gibt es keine den Menschen mit letztem Ernst zur Bewahrung der Gemeinschaft verpflichtende Wirklichkeit, es sei denn Gott. Daher ist es realistisch, nach theologischer Begründung des Rechtes zu fragen; denn nur so kann der Bestand menschlicher Gemeinschaft ihrer Gefährdung durch menschliche Willkür entzogen werden. Dabei hat die religiöse Verankerung des Rechts zwar häufig, aber doch keineswegs prinzipiell konservative Bedeutung. Sie kann auch zum Impuls einer menschenwürdigeren Gestaltung der menschlichen Verhältnisse werden, und das wird da immer wieder der Fall sein müssen, wo das Gottesverständnis den durch keine schon realisierte Gestalt menschlichen Zusammenlebens erschöpften *Zukunftsbezug* der menschlichen Bestimmung erschließt, wie es für den biblischen Gottesgedanken charakteristisch ist.

Der Zusammenhang zwischen Recht und Religion ist dadurch gegeben, daß die Bestimmung des Menschen einerseits zur Gemeinschaft der Menschen untereinander drängt, weil die einzelnen ihre Bestimmung nur als eine gemeinsame ergreifen und gestalten können, daß aber andererseits die einheitliche Bestimmung des Menschen in ihrer spezifischen Offenheit über alle innerweltliche Verwirklichung hinaus auf Gott hin zielt. Darum: Wo Menschen von der Wirklichkeit Gottes ergriffen werden, da erschließt sich ihnen ihre Bestimmung als eine allen gemeinsame, da wird jeder einzelne zur Gemeinschaft mit seinen Mitmenschen gewiesen; denn nur in solcher Gemeinschaft, wenn auch in einer stets nur vorläufig gestalteten, kann er seiner menschlichen Bestimmung vor dem Angesicht Gottes leben.

Von hier aus kann man das rechte Verständnis für die allgemein menschliche Bedeutung der Religion Israels gewinnen. Der Zusammenhang zwischen der Gemeinschaft der Menschen mit Gott einerseits und der Rechtsgemeinschaft der Menschen untereinander ist hier in klassischer Reinheit zum Ausdruck gekommen. Die Religion Israels ist so ausgeprägt wie wohl keine andere die Religion des Gottesrechts. Der Bund Gottes mit Israel hat die Rechtsgemeinschaft der Israeliten untereinander begründet. Darin ist die Wahrheit verwirklicht, daß die Bestimmung des Menschen zur Gemeinschaft mit Gott nicht ohne die Gemeinschaft der Menschen untereinander Wirklichkeit werden kann, ebenso wie umgekehrt die Gemeinschaft der Menschen untereinander nur in Verbindung mit der Offenheit für Gott wahrhafte Erfüllung der menschlichen Bestimmung bedeutet.

Der Zusammenhang zwischen Gottesgemeinschaft und Rechtsgemeinschaft, wie er in der Religion Israels Gestalt geworden ist, enthält in sich die Dynamik einer geschichtlichen Bewegung: Da der Bund Gottes mit Israel die Rechtsgemeinschaft der Israeliten untereinander begründet hat, so wird die Bundestreue Gottes, seine Gerechtigkeit, dadurch zur Erfüllung kommen, daß er die Rechtsgemeinschaft der Menschen untereinander zur Vollendung bringt. Dabei handelt es sich nicht nur um die Vollendung der Rechtsgemeinschaft innerhalb Israels, sondern auch um ihre Ausweitung auf alle Menschen überhaupt. Wie der Bund Gottes durch die Erwählung Israels auf alle Völker zielt, so umfaßt auch die von Israel erwartete, von Gott aufzurichtende endzeitliche Gemeinschaft des Rechtes alle Nationen: Es wird sowohl das Reich Gottes als auch — und eben darum und als solches — das Reich wahrer Menschlichkeit sein. Darum wird das endzeitliche Reich im Danielbuch nicht wie die vorhergehenden Weltreiche durch Tiersymbole gekennzeichnet, sondern durch das Symbol eines Menschen: Dies ist der Ursprung des Menschensohngedankens der Apokalyptik[22].

In diesen Zusammenhang gehört auch die Gestalt des Messias, des Christus. Ursprünglich war „der Gesalbte" ein Titel des israelitischen Königs, der für die Rechtsgemeinschaft des Volkes verant-

---

[22] Vgl. Klaus Koch: Spätisraelitisches Geschichtsdenken am Beispiel des Buches Daniel, in: Historische Zeitschrift 193, 1961, S. 1—32, bes. S. 24.

wortlich ist[23]. Der König galt als „der von Gott beauftragte Wächter über Recht und Gerechtigkeit, dem sonderlich die Armen und
Entrechteten anbefohlen sind"[24], wenn auch nicht er, sondern die
Priester und Ältesten die normalen Träger des Rechtslebens in der
örtlichen Rechtsgemeinde gewesen sind. Als die tatsächliche Entwicklung des Rechtslebens nicht nur im israelitischen Nordreich,
sondern auch im judäischen Süden heftige prophetische Kritik hervorrief — im Nordreich seit Amos, in Juda seit Jesaja (vgl. Jes.
1,21—26 und 5,27—31) — da wurde sie in Juda infolge des Glaubens an die göttliche Erwählung der Dynastie Davids verbunden
mit der Hoffnung auf einen künftigen König, der das Recht durchsetzt. Die Vorstellung des Propheten Jesaja von der Heilszukunft
war wesentlich die eines Friedensreiches, in welchem der Herrscher
das Recht verwirklicht: „Und sein Wohlgefallen wird er haben an
der Furcht des Herrn. Er wird nicht richten nach dem, was seine
Augen sehen, noch Recht sprechen nach dem, was seine Ohren hören. Er wird die Armen richten mit Gerechtigkeit und den Elenden
im Lande Recht sprechen mit Billigkeit; er wird den Tyrannen
schlagen mit dem Stabe seines Mundes und den Gottlosen töten mit
dem Hauche seiner Lippen. Gerechtigkeit wird der Gürtel seiner
Lenden und Treue der Gurt seiner Hüften sein" (Jes. 11,3—5). Hier
bei Jesaja haben wir den Ursprung der jüdischen Messiashoffnung
zu suchen, und wir sehen, wie eng sie mit der Hoffnung auf die
vollkommene Rechtsgemeinschaft zusammenhängt, und das nicht
nur im Hinblick auf Israel, sondern auch für die Völker: Wegen des
Rechtes, das der Messias in Israel verwirklicht, werden sich auch die
anderen Völker an den Thron Davids wenden (Jes. 11,10), und „von
Zion wird die Weisung ausgehen" (Jes.2,3).

In der nachexilischen Zeit haben die Führer der jüdischen Gemeinde versucht, das neue Jerusalem auf dem Fundament des überlieferten Gottesrechtes aufzubauen. Die Rechtstraditionen Israels
wurden ungeachtet der geschichtlichen Bedingtheit ihrer Entstehung als überzeitlich verbindlich aufgefaßt und geltend gemacht.
Das bedeutete schon damals künstliche Observanz einer längst veralteten Positivität. Der theokratische Anspruch dieses Unternehmens geriet in Konflikt mit Gruppen, die die prophetischen Zukunftshoffnungen weiter tradierten und sich weigerten, deren Erfüllung in der kümmerlichen Existenz der nachexilischen Gemeinde
zu erblicken. In diesem Konflikt ging es der Sache nach auch um
die Frage, ob überhaupt eine partikulare Rechtsgemeinschaft für

---

[23] 1. Sam. 8,20b: Unser König soll uns Recht sprechen, soll vor uns herziehen
und unsere Kriege führen.
[24] G. v. Rad: Theologie des Alten Testaments, Bd. I, 1957, S. 321.

sich die endgültige Verwirklichung des göttlichen Rechtes in Anspruch nehmen darf. Jene eschatologisch gestimmten Kreise jedenfalls konnten in einer Rechtsgemeinschaft, die nicht alle Völker umfaßte — wie es das Hoffnungsbild des endzeitlichen Mahles auf dem Zion (Jes. 25,6 f.) ausdrückt —, nur etwas Vorläufiges erblikken, und das Festhalten an der Zukunftserwartung wurde für sie zum entscheidenden Kriterium der Zugehörigkeit zum Kreise der Gerechten überhaupt[25]. Darin liegt die Wahrheit, daß die Einsicht in die Vorläufigkeit erreichter Rechtsgestaltung zu den Bedingungen ihrer eigenen Rechtlichkeit gehört. Insofern bildet der eschatologische Ausblick auf künftige, bessere Rechtsgemeinschaft die Bedingung der Existenz des Rechtes in der Gegenwart. Im Ausblick auf die Zukunft hängt das Recht in besonderer Weise mit seiner göttlichen Gründung zusammen; denn erst die zukünftige Rechtsverwirklichung wird dem Willen Gottes wirklich ganz entsprechen. Der Horizont eines solchen Denkens ist neuerdings in *Ernst Blochs* Buch „Naturrecht und menschliche Würde", 1961, spürbar, das die naturrechtlichen Konzeptionen als Antizipationen einer besseren Zukunft versteht[26]. Man wird bemerken müssen, daß dieser Aspekt für die Naturrechtler selbst bisher nicht im Vordergrund zu stehen pflegte, daß sie vielmehr das überall und immer Wahre, wenn auch nicht ebenso universal geltende, sondern vielfach verfälschte Recht zu formulieren trachteten. Der Zukunftsbezug ist dagegen ausdrücklich in der israelitischen Erwartung des Gottesreiches konstitutiv. Wenn Ernst Bloch die Naturrechtslehren aus dieser Perspektive deutet, so ist das wohl in dem Sinne berechtigt, daß so die faktische Bedeutung, die den Urhebern der Naturrechtslehren weithin unbewußte Wahrheit ihrer Gedanken sichtbar gemacht wird. Von der eschatologischen Rechtshoffnung her wird die Wahrheit der Naturrechtslehren tiefer als von ihrem Selbstverständnis her offenbar.

Daß die Hoffnung auf die Zukunft der Gottesherrschaft und die Ausrichtung des eigenen Verhaltens darauf die Bedingung wahrer Gerechtigkeit in der Gegenwart ist, das haben auch die jüdischen Sekten der nachexilischen Zeit noch nicht in seiner Tragweite für die Geltung des überlieferten Gesetzes erkannt. Die Hoffnung auf die kommende Gottesherrschaft bildete für den frommen Juden nur den — wenn auch unerläßlichen — Rahmen, innerhalb dessen er

---

[25] Letzteres zeigt O. Plöger: Theokratie und Eschatologie, 1959, bes. S. 29 f., 95 und 131 ff.
[26] Blochs Gedanken waren auch in W. Maihofers Vortrag mit Grundeinsichten moderner Anthropologie verknüpft worden, freilich ohne die hier beschriebene theologische Dimension zu erörtern.

3*

nach den Vorschriften des in einer Vielzahl fixierter Bestimmungen
überlieferten Gesetzes lebte. Das Leben nach dem in den vorexili-
schen Jahrhunderten gewachsenen Gesetz blieb ihm die Bedingung
der eigenen künftigen Teilhabe an der Gottesherrschaft. Der Konflikt um die eschatologische Hoffnung führte nur dazu, daß sich
Gruppen von Frommen, wie die Qumrangemeinde, vom übrigen
Volke absonderten, um in der Wüste eine ebenfalls am Gesetz
orientierte theokratische Sondergemeinschaft zu verwirklichen. Solche sektenhafte Zersplitterung bedeutete jedoch nicht die *wahre*
Konsequenz aus der Erkenntnis, daß die eschatologische Erwartung
der Gottesherrschaft die Bedingung für die Rechtlichkeit schon der
Gegenwart ist. Denn der Sinn dieser Erkenntnis ist doch, daß das
Vertrauen auf das Kommen der Gottesherrschaft die *einzige* Bedingung für die Teilhabe an ihr ist, so daß nicht noch daneben das Bewahren des überlieferten Gesetzes über die Gerechtigkeit entscheidet. Diese Konsequenz wurde erst in der Botschaft Jesu gezogen.
Die Ausrichtung auf die kommende Gottesherrschaft, die Umkehr
zu Gott, sollte nun die einzige Bedingung der Gerechtigkeit sein.
Deshalb zog Jesus aus der Wüste wieder zurück ins Kulturland:
Weil das Vertrauen auf die kommende Gottesherrschaft genügt,
den Menschen vor Gott gerecht sein zu lassen, darum konnte Jesus
denen, die seiner Botschaft von der Nähe des Reiches Gottes glaubten, Vergebung der Sünden zusprechen. Sie brauchten nicht aus ihrem alltäglichen Lebenskreis herauszutreten, sondern nur das Vertrauen auf die Zukunft Gottes in ihn hineinzunehmen. So wurde
Jesus der Verkünder der Vaterliebe Gottes, der den „Zöllnern und
Sündern" das Heil geschenkweise mitteilt.

Die Sünderliebe Gottes ist die Brücke, über die Jesu eschatologische Botschaft zu einer Neubegründung des Rechtes unter den
Menschen kommt: Der Mensch kann die im Vertrauen auf Gottes
Zukunft ihm geschenkte Gemeinschaft mit Gott für sich selbst nur
bewahren, wenn er seinen Mitmenschen ihre Schulden ebenso ver-
gibt, wie sie ihm selbst vergeben sind. Durch Jesu Botschaft schenkt
Gott den Menschen die Gewißheit der Gemeinschaft mit ihm, die
Erfüllung ihrer Bestimmung, das Heil. Aber er schenkt es grundsätzlich allen Menschen, sofern sie es annehmen. Darum wird die
Liebe Gottes den, dem sie zuteil wird, über alles Trennende hinweg
zur Gemeinschaft mit den Mitmenschen drängen.

Wir fragen wieder, welche allgemeinmenschliche Bedeutung der
Schritt Jesu über die Grenze der spätisraelitischen Frömmigkeit
hinaus im Hinblick auf die Frage nach dem Recht in sich birgt, im
Hinblick auf die Frage also, von der wir die jüdische Religion so
leidenschaftlich bewegt fanden. Als erstes muß hier die Befreiung

von der Tradition festgelegter Satzungen, die ihre aktuelle Situationsgerechtigkeit längst verloren hatten oder jedenfalls nicht unbedingt gelten, genannt werden. Von der Zukunft Gottes her ergibt sich zwar das Gebot, das Zusammenleben der Menschen als Rechtsordnung zu gestalten, aber die Form, die dafür einmal gefunden wurde, kann nicht ein für allemal verbindlich bleiben, sondern das Recht muß für jede Situation immer wieder neu von der Zukunft Gottes her gewonnen werden. Andernfalls wird überliefertes Recht zur äußerlichen Satzung, die den Menschen einerseits tyrannisiert, andererseits aber ihn nicht in der Tiefe seines Wesens beansprucht. Beides hat Jesus der jüdischen Gesetzlichkeit zum Vorwurf gemacht.

Zweitens wird auch erkennbar, *wie* von der Zukunft Gottes her unter den Menschen Recht geschehen kann: so wie Gott dem auf seine Zukunft vertrauenden Menschen sich selbst zur Gemeinschaft gibt, in Liebe, so hat auch der Mensch seine Gemeinschaft mit Gott zu bewahren, indem er seinen Mitmenschen ebenfalls Zukunft erschließt, sich ihnen mit derselben Liebe zuwendet, die Gott ihm, aber nun nicht nur diesem, sondern allen Menschen entgegenbringt. So wirkt die von Gottes Zukunft ausstrahlende Macht der Liebe die Gemeinschaft der Menschen untereinander. Durch die Liebe Gottes ist im Wirken und in der Botschaft Jesu die kommende Gottesherrschaft schon gegenwärtig. So ist Jesus der von Israel erwartete Messias, der die vollkommene Rechtsgemeinschaft unter den Menschen aufrichten wird, und es ist nur sachgemäß — entsprechend dem eschatologischen Sinn des Auftretens Jesu —, daß seine Botschaft nach Ostern von seiner Gemeinde zu allen Völkern getragen worden ist. Die Kirche, die so entstand, kann sich selbst nur im Zusammenhang mit der israelitischen Erwartung der Gottesherrschaft verstehen, zwar nicht wiederum theokratisch, als ob in ihr die vollendete Rechtsgemeinschaft schon endgültig Gestalt gewonnen hätte, aber so, daß sie von der Zukunft Gottes her immer neue Impulse für die Gestaltung des gesellschaftlichen Lebens der Menschen gewinnt. Die Kirche ist noch nicht selbst societas perfecta — so wahr das Reich Gottes noch nicht endgültig und abschließend gekommen ist. Aber sie ist die Gemeinschaft derer, die auf das Reich Gottes warten und schon jetzt dieser Erwartung gemäß leben. In diesem Sinne lebt die Kirche für die ganze Menschheit; denn nach dem Willen Gottes, nach der Erwartung Israels sollen alle Völker in die eschatologische Rechtsgemeinschaft aufgenommen werden. Daher wird die zu Jesus Christus sich bekennende Gemeinschaft der Kirche, wenn ihr Bekenntnis echt ist, die Kraft rechtsgestaltender Liebe in alle menschlichen Gemeinschaftsbildungen hinein wirken lassen.

Dies ist darum rechtsontologisch eminent bedeutungsvoll, weil

die von Jesus Christus her offenbare Liebe sich als die alle Rechtsgestaltung immer schon tragende Kraft erweist. Durch die Liebe
nämlich erkennt der Mensch das ihm Entgegenstehende an, nimmt
es so in sein eigenes Leben auf und gelangt damit zu einer Gemeinschaft, die vorher nicht bestand. *Hans Dombois* hat jüngst noch den
Begriff der *Anerkennung* als Grundkategorie des Rechtes (neben
dem ihr korrespondierenden, durch Anerkennung wahrzunehmen-
den *Anspruch*) bezeichnet[27]. In der Tat beruht jede Gestalt
menschlicher Gemeinschaft, die ja immer den Charakter einer frei-
en Schöpfung hat, auf der wechselseitigen Anerkennung ihrer Glieder. Diese Bedeutung der Anerkennung ist in der Soziologie besonders durch *A. Vierkandt* herausgearbeitet worden. Die Wurzel derartiger Gedankengänge in der neueren Rechtsphilosophie ist, wenn
ich nicht irre, bei *Hegel* zu suchen. Hegel erklärte in seiner Phäno-
menologie: „Das Selbstbewußtsein... ist nur als anerkanntes."[28]
Und zu Beginn des Kapitels über das Recht in der Enzyklopädie
heißt es, daß ich „das Dasein meiner Persönlichkeit" nur in Beziehung auf andere Personen und im Zustand des „Anerkanntseins"
durch sie habe[29]. Der Ursprung dieser Gedanken liegt bei Hegel in
der frühen Abhandlung über den „Geist des Christentums und sein
Schicksal", wo Hegel im christlichen Gedanken der *Liebe* die Überwindung der Trennungen, die durch die moderne Entwicklung hervorgebracht wurden, entdeckte. Die Liebe wirkt gegenseitige Anerkennung des Getrennten und bringt so Einheit in der Verschiedenheit hervor[30]. So wurzelt für Hegel das universell bedeutsame Phänomen der Anerkennung, welches aller Rechtsgestaltung zugrunde
liegt, in der christlichen Liebe.

Indem die Liebe immer wieder neue Formen menschlicher Gemeinschaft, Verbindung des Getrennten, schafft, bringt sie positives
Recht hervor. Das Recht, das aus der Liebe hervorgeht, ist keine
ideale Ordnung mit dem Anspruch auf zeitlose Gültigkeit (also
nicht in diesem Sinne Naturrecht), sondern jeweils konkrete Bewältigung konkreter Nöte bis auf weiteres, nämlich bis eine neue Situation neue Lösungen erfordert. Eine theologische Rechtsbegründung,
die sich an der Offenbarung der Liebe Gottes in Jesus Christus
orientiert, hat es daher mit der Ermöglichung positiven Rechts durch

---

[27] H. Dombois: Das Recht der Gnade, 1961, S. 164 ff.
[28] Hegel: Phaenomenologie, ed. Hoffmeister, S. 141.
[29] Enzyklopädie § 490, vgl. § 484.
[30] Siehe G. Rohrmoser: Subjektivität und Verdinglichung, Theologie und Gesellschaft im Denken des jungen Hegel, 1961, S. 48 ff., sowie L. Landgrebe: Das
Problem der Dialektik, in: Marxismusstudien, 3. Folge,1960, S. 18 ff.

die gemeinschaftsstiftende Liebe zu tun, nicht mit Entwürfen einer idealen, ein für allemal offenbarungstheologisch verbürgten Rechtsordnung. Daher darf auch die Rechtsbegründung aus der Liebe nicht vom Liebes*gebot* ausgehen; dieses hat nur die Aufgabe, den Menschen in die Macht der Liebe einzuweisen.

Der Akt der anerkennenden, Gemeinschaft stiftenden Liebe ist unerläßlich, weil es sich nicht von selbst versteht, daß der natürlichen Angewiesenheit der Menschen auf Gemeinschaft und auf die darin enthaltene Lebenshilfe auch eine Erfüllung zuteil wird. Solche Erfüllung ist unableitbar, hat immer den Charakter einer schöpferischen, positiven Gestaltung. Die Liebe ist schöpferisch. In ihr wird die Zukunft Gottes mächtig über den einzelnen Menschen und läßt ihn in der Zuwendung zum andern seiner Bestimmung leben. In ihr ist die schöpferische Freiheit der Phantasie lebendig. Liebe erfindet Möglichkeiten der Verständigung, des Zusammenlebens für scheinbar hoffnungslos Zerstrittene, Möglichkeiten der Wiedereingliederung auch des Rechtsbrechers in die Gesellschaft.

Redet man von der schöpferischen Phantasie der Liebe in der Rechtsgestaltung, so ist dabei nicht an ein unverbindliches und ungebundenes Schweifen zu denken. Die Einfälle der Phantasie müssen sich daran bewähren, daß sie den vorliegenden Nöten auf bestmögliche Weise gerecht werden, sie bestmöglich bewältigen. Insofern ist die Phantasie der Liebe zugleich die Triebfeder zu wahrhaft vernünftigem Verhalten.

Nur auf diese Weise scheint mir die „alltägliche Umschaffung des Rechtes" (Maihofer) konkret möglich zu sein. Der leere Gedanke der Offenheit des Menschen vermag für sich allein nicht zu inhaltlicher Gestaltung der Rechtswirklichkeit zu führen. Es kommt darauf an, welche Erfüllung der Offenheit des Menschen von Gott her, von der Zukunft der menschlichen Bestimmung her, zuteil wird. Erst vom jeweiligen Verständnis Gottes und der Wirklichkeit im Ganzen her läßt sich sagen, wer der Mensch seiner Bestimmung nach ist. Dabei hat das christliche Verständnis Gottes und der Welt und darin des Menschen den Vorzug, daß es die Zukunftsoffenheit des Menschseins nicht verschließt, sondern vielmehr überhaupt erst erschlossen hat. Die moderne Anthropologie der Weltoffenheit geht nicht zufällig auf den Theologen *Herder* zurück. Vom christlichen Gottesverständnis her ist der Mensch als der aus der Welt herausgerufene, aber in schöpferischer Liebe auf sie und auf die Mitmenschen zurückkommende entdeckt. Von dieser in einer bestimmten Geschichte der Menschheit auf ihr Fragen nach der Bestimmung des Menschen zuteil gewordenen Antwort her wird konkrete Rechtsgestaltung erst möglich, die das rechtlich Vorfindliche immer wieder überholt im Lichte der eschatologischen Bestimmung der Menschheit[31].

Ein Letztes: Die Liebe ist in ihrem Wirken immer mit den Nöten des Lebens konfrontiert, mit der antagonistischen Struktur der Wirklichkeit. In Anklang an einen *Fichteschen* Gedanken ließe sich sagen: Diese Wirklichkeit ist von Gott geschaffen als das Material der Liebe, als das, was der Mensch nicht bleiben soll, das er vielmehr überwinden soll durch die Kraft, die sich über das Gegebene hinausschwingt in das noch Ortlose, Utopische, um ihm einen Ort auf dieser Erde zu bereiten. Der Mensch soll gerade nicht „den Dingen ihren natürlichen Lauf lassen". Wenn der Mensch nicht seiner Bestimmung folgend das Gegebene überschreitet, so äußert sich darin die Sünde, die Selbstbezogenheit, das Beharren auf der Vorfindlichkeit des eigenen Ich und seiner Welt.

Die antagonistische Struktur der Welt gehört zu ihrer Endlichkeit. Auch sie ist von dem Gott geschaffen, nach dem der Mensch in der Fraglichkeit seines Daseins fragt; denn die Einheit der menschlichen Bestimmung läßt sich nur zusammen mit der Einheit der Welt verwirklichen. Aber eben: Die Welt ist noch nicht fertig. Was an ihr vorzufinden ist, das soll der Mensch täglich überschreiten auf die noch nicht erschienene Zukunft Gottes hin, die diesen Antagonismen ihr endgültiges Ende bereiten wird: Das ist die Zukunft, die wir im Bilde der Auferstehung der Toten erhoffen, die Zukunft, auf die hin die Liebe liebt.

---

[31] Von hier aus wird freilich rückblickend überall in der Rechtsgeschichte ein den Menschen unbewußtes Wirken schöpferischer Liebe in der Bildung ihrer Gemeinschaften zu entdecken sein.

Die Krise des Ethischen und die Theologie[1]

I.

Im Jahre 1879 erschien das erste große Werk Wilhelm Herrmanns: „Die Religion im Verhältnis zum Welterkennen und zur Sittlichkeit" mit dem Untertitel: „Eine Grundlegung der systematischen Theologie." Dieses Buch hat die Entwicklung der Ritschlschen Schule nachhaltig beeinflußt. Die Exklusivität der ethischen Begründung der Theologie im Anschluß an Kant ist ja viel mehr für Herrmann, als für die ursprünglichen Gedanken Ritschls selbst kennzeichnend. Ritschl hatte in der ersten Auflage seines systematischen Hauptwerkes betont, daß die christliche Gottesidee als wissenschaftlich notwendig auch für die theoretische Wirklichkeitserkenntnis nachgewiesen werden müsse und könne, nämlich im Hinblick auf die anders nicht zu gewinnende Einheit des Wirklichkeitsverständnisses (§ 29). Unter dem Einfluß W. Herrmanns hat Ritschl jedoch in der 3. Auflage 1888 diese Reminiszenzen der Lotzeschen, theistischen Metaphysik eingeschränkt zugunsten einer Hervorhebung des Kantischen, moralischen Gottesgedankens und einer ethizistischen Engführung der Methode[2]. Diese Position hat in Herrmann ihren klassischen Vertreter. Er versuchte in seinem Werk von 1879 die Theologie von aller Beziehung zum Welterkennen zu lösen. Das bedeutete in der damaligen Situation natürlich zugleich ihre Befreiung von aller Belastung durch die positivistischen Angriffe auf die metaphysische Überlieferung und überhaupt von jeder möglichen Kollision mit den Resultaten neuzeitlicher Wissenschaft. Dagegen ist für Herrmann der christliche Glaube mit dem Gebiet des Sittlichen auf das engste verbunden: „Wenn nicht der religiöse Glaube im Ganzen sich als die Form des geistigen Lebens,

---

[1] Vorgetragen als Antrittsvorlesung in Mainz am 20. Juli 1961.
[2] A. Ritschl, Rechtfertigung und Versöhnung ³III, § 29, p. 214 f. Zum Einfluß der Schüler Ritschls auf die Abänderung dieses Paragraphen in der dritten Auflage vgl. G. Ecke, Die theologische Schule Albrecht Ritschls und die evangelische Kirche der Gegenwart I, 1897, 42 f., auch 137 ff.

welche der sittlichen Persönlichkeit entspricht, legitimieren kann, so
ist ein dogmatischer Beweis desselben unmöglich" (275 f.). Einen
dogmatischen Beweis der Wahrheit des christlichen Glaubens hielt
also Herrmann — im Unterschied zu der heute in dieser Sache üb-
lich gewordenen Fahrlässigkeit — durchaus noch für nötig, weil
ihm die Wahrheit des Christentums[3] noch nicht auf eine bloße „ke-
rygmatische" Versicherung zusammengeschrumpft war, sondern
noch eine ernsthafte Angelegenheit der „freien Einsicht" war. Damals hatte die evangelische Theologie ihren Anspruch auf Allgemeingültigkeit noch nicht preisgegeben. Herrmann unterschied sich
von seinen Gegnern Lipsius oder Luthardt nur darin, daß er jenen
dogmatischen Beweis ausschließlich auf dem Boden des sittlichen,·
nicht mehr des theoretischen Bewußtseins führen wollte. Daß diese
Einengung der Anfang vom Ende des Wahrheitsanspruchs christlicher Theologie sein mußte, das konnte man damals — auf dem Höhepunkt des Neukantianismus, dem Herrmanns Denken verpflichtet war —, noch nicht wissen. Aber wie verstand er genauer das
Sittliche als Beweisgrund der christlichen Wahrheit? Nicht im Sinne einer Gleichsetzung von Religion und Sittlichkeit, sondern in der
Weise einer Ergänzung. Gegen Kant und den älteren Rationalismus
wollte er die Religion nicht als Produkt des sittlichen Bewußtseins
verstehen, sondern als dessen selbständig begründete „Bedingung",
und zwar als Bedingung nicht der Geltung des ethischen Imperativs, wohl aber des konkreten sittlichen Lebensvollzuges[4]. Die Quelle der religiösen Erfahrung ist ihm, im Unterschied zu Kant, nicht
die Sittlichkeit, sondern die geschichtliche Offenbarung (365 ff.).
„Diese Offenbarung Gottes, auf welche wir uns frei verlassen, ist
uns der Mensch Jesus in seinem Lebenswerke" (390). Daß aber in
der Person Jesu, vor allem in seinem „inneren Leben" (387), Gott
offenbar ist, das muß sich nach Herrmann an unserm sittlichen Bewußtsein bewahrheiten; denn der persönliche Geist kann sich vor
nichts anderem beugen als vor der sittlichen Persönlichkeit: „Folglich kann die Offenbarung Gottes, der wir uns unterwerfen, nichts
anderes sein als die sittliche Persönlichkeit, als welche Jesus sich
darstellt" (400). Freilich kann die sittliche Autorität Jesu, seine Verkündigung des wahren Gottes, „nur dann die Menschen zu einer
ihm vertrauenden Gemeinde vereinigen, wenn sie zugleich das Joch
des Gesetzes von ihnen nimmt, das sie dennoch in seiner ganzen
Tiefe verstehen lehrt und zur Anerkennung bringt". Denn ohne das

---

[3] Herrmann sieht im christlichen Glauben noch die „absolute Religion"
(2726 f.), und es ist sein bitterster Vorwurf gegen Pfleiderer, diese Position preisgegeben zu haben (329 u. ö.).

[4] A.a.O. 250 u. ö.

Wort der Vergebung würde uns gerade durch die sittliche Größe Jesu die Heilszuversicht verwehrt, so daß „die Kraft zu religiösem Glauben erlöschen" müßte (396). So faßt Herrmann seinen Gedankengang zusammen: „Als den Offenbarungscharakter Christi haben wir seine sittliche Majestät aufgewiesen in ihrer unlösbaren Verbindung mit seiner vergebenden Liebe gegen uns" (397). Das Verständnis dieser Offenbarungsbedeutung Jesu ist, wie Herrmann ausdrücklich betont, „an die bewußte Regsamkeit des sittlichen Bewußtseins gebunden" (432).

Die Begründung der Theologie auf das Ethische hat Herrmann in seinen späteren Arbeiten womöglich noch klarer ausgesprochen. So heißt es in seinem Hauptwerk ‚Der Verkehr des Christen mit Gott' (1886), es könne „sich uns nur ein Gott offenbaren, der sich uns in unserm sittlichen Kampfe als die Macht erweist, der wir innerlich wirklich unterworfen werden. Das gewährt uns die Offenbarung Gottes in Jesus Christus"[5]. Und auch hier hören wir wieder, daß die „Voraussetzung für den religiösen Akt" die „sittliche Haltung des Menschen ist, die Anerkennung, daß alles in ihm sich dem Guten beugen soll" (169). Das ist freilich wiederum nur Voraussetzung; denn „das Bewußtsein davon, daß die sittliche Forderung uns selbst beansprucht", bedarf der Ergänzung durch „die in einem individuellen Erlebnis gefaßte geschichtliche Tatsache der Person Jesu und ihre Macht" (83, vgl. 287).

Herrmanns ethischer Beweis des Christentums hat bis in die Gegenwart erhebliche Wirkungen gehabt. Zeitweise blieben sie mehr untergründig, gerade in den letzten Jahren aber sind sie wieder deutlicher sichtbar geworden. Rudolf Bultmann hat im Unterschied zu Karl Barth die theologische Konzeption ihres gemeinsamen Lehrers nie ganz preisgegeben. Er hat zwar an Herrmann Kritik geübt, aber weniger an seiner ethischen Begründung der Theologie als vielmehr an ihrer Bezugnahme auf den historischen Jesus, auf das „innere Leben Jesu". Bultmann betont 1927 in seiner Auseinandersetzung mit E. Hirsch, daß Jesus „als Du im Sinne eines Mitmenschen vergangen" ist, daher keine Begegnung mit seinem „inneren Leben" mehr möglich ist, und so laufe Herrmanns Argumentation „wider Willen" darauf hinaus, das „innere Leben Jesu" als ein in der Weltgeschichte vorfindliches Faktum hinzustellen[6]. In der Tat war Herrmann mit seiner Betonung des geschichtlichen Christus als Grund unseres Glaubens[7] je länger je mehr in die Krise der Leben-

---

[5] W. Herrmann, Der Verkehr des Christen mit Gott, ⁵1908, 50.
[6] R. Bultmann, Glauben und Verstehen, I, 106.
[7] Der Titel des berühmten Aufsatzes von 1892 klingt schon in dem Werk von 1879 an, wenn Herrmann seinen Gegnern vorwirft, sie verzichten darauf, „in

Jesu-Forschung hineingezogen worden[8]. Bultmann löste Herrmanns Konzeption aus dieser Bindung, indem er anstelle des „inneren Lebens Jesu" das Wort der Verkündigung einsetzte. Aber Bultmann bleibt dennoch in der Nähe Herrmanns, wenn er sagt: „Das Evangelium setzt das Gesetz voraus, das mit meiner geschichtlichen Existenz gegeben ist" (109). Die Tatsache des Gesetzes wird freilich erst durch das Wort der Verkündigung selbst „erschlossen" (109), sofern die Verkündigung die Wirklichkeit unseres Lebens unter dem Gesetz „aufdeckt" (110). Die Wirksamkeit des Gesetzes in meiner geschichtlichen Existenz begründet nach Bultmann, daß ich immer schon ein Vorverständnis von Sünde und Vergebung habe. „Ich muß ein Vorverständnis für Sünde und Vergebung haben, wenn ich je verstehen soll, wenn zu mir davon geredet wird."[9] Zwar ist die Ausarbeitung dieses Vorverständnisses für Bultmann nicht mehr durch die Ethik Kants geleistet, sondern durch die existenziale Analytik. Aber diese beschreibt eben nicht zuletzt die formale Struktur des sittlichen Handelns[10].

Kritischer als Bultmann hat sich außer Barth[11] auch Fr. Gogar-

dem geschichtlichen Leben Jesu die Offenbarung Gottes an sie anzuerkennen" (366, vgl. 375, 401). Dabei handelt es sich aber schon damals für Herrmann nicht um „ein geschichtlich Vergangenes", sondern um den in seiner Gemeinde geschichtlich „fortwirkenden Christus" (379).

[8] Während Herrmann 1879 zwischen geschichtlich und historisch noch nicht unterscheidet, wie es besonders aus seiner Bezugnahme auf Fichtes Entgegensetzung des Historischen und Metaphysischen (399 f.) hervorgeht, die er einfach umzukehren scheint, hat er später im Gegenteil Lessing zugestimmt, es sei „unmöglich, die religiöse Überzeugung an ein historisches Urteil zu knüpfen" (Verkehr p. 56). Dementsprechend hat er seine Rede von dem geschichtlichen Christus späterhin scharf von historischer Forschung geschieden. Diese habe nur „falsche Stützen des Glaubens" zu zerbrechen (ib. 60, vgl. 181). Mit dieser Konzession an die historische Skepsis mußte freilich das Reden von der Offenbarung im geschichtlichen Christus in einen undurchdringlichen Nebel geraten, und Bultmann hat nur die Konsequenz aus dieser Sachlage gezogen.

[9] R. Bultmann, Kirche und Lehre im NT (1929), Glauben und Verstehen I, 161. Auch später hat Bultmann betont, daß „die Rede von der Gnade nur derjenige verstehen kann, der sich durch das Gesetz gefordert weiß, bzw. wissen kann und soll" (Allgemeine Wahrheiten und christliche Verkündigung, 1957, Glauben und Verstehen III, 174).

[10] Das christliche Gebot der Nächstenliebe (1930), Glauben und Verstehen I, 234.

[11] K. Barth hat mit gewichtiger Begründung die im Zeichen Rothes und Ritschls angebahnte Überordnung der Ethik über die Dogmatik abgelehnt: „... die Dogmatik selbst und die ganze Theologie wurde angewandte Anthropologie. Ihr Kriterium war nicht mehr das Wort Gottes, sondern die ihre Frage nach der Güte des Christenstandes beherrschende, abseits von der Offenbarung gesuchte und gefundene Idee des Guten, das Wort Gottes aber nur noch, sofern es als das geschichtliche Medium und Vehikel dieser Idee verständlich zu machen war" (KD I/2, 875 ff.).

ten über die ethische Begründung der Theologie bei Herrmann ausgesprochen. Die Art, wie nach Herrmann die in Jesus wahrzunehmende Macht des Sittlichen der „allein wahre Gott" ist, findet Gogarten „merkwürdig"[12]. Gogarten sieht, daß Herrmann in einem Punkt ganz ähnlich vorgeht wie seine Gegner: „aus einer Vorstellung des Christus, die er schon vorher hat, versteht er den ‚geschichtlichen' Jesus. Der Unterschied ist nur der, daß das bei ihm nicht wie bei seinen Gegnern eine metaphysische Christusvorstellung ist, sondern eine von der Idee des Sittlichen aus gedachte" (381). Aber auch Gogarten gesteht Herrmann zu, für die Begründung des Vertrauens zu Jesus könne „durchaus mit Recht die unwidersprechliche Wirklichkeit des Sittlichen, das uns in Jesus erscheint, in Anspruch genommen werden" (379). Nur daß er die Sittlichkeit Jesu nicht mit Herrmann in seiner Hoheit, sondern mit Luther in der „Niedrigkeit Jesu" sucht (384), um dann „die Geschichte Christi als unsere und unsere Geschichte als die Christi" zu deklarieren (390). So ist der Ethizismus Herrmanns in den Personalismus Gogartens verwandelt.

Während bei Bultmann und Gogarten die Herrmannsche Begründung der Theologie auf die Ethik mehr unterschwellig wirksam blieb, ist sie neuerdings wieder sehr viel deutlicher hervorgetreten. Bei Ernst Fuchs kann es, äußerlich gesehen, noch als eine bloß gelegentliche Wendung erscheinen, wenn er von der „ethischen Dominante unseres Daseins" spricht[13]. Allerdings muß schon hier die enge Beziehung dieser Formulierung zu dem für Fuchs grundlegenden theologischen Verständnis der Sprache als befreiendem Anruf (191) auffallen[14]. Deutlicher wird der Bezug zu Herrmann in dem Satz: „Ist der sittliche Ernst des Schülers die existenzielle Bedingung für die Auslegung des Neuen Testamentes, so gewiß Gottes Wahrheit das Gewissen des Menschen beansprucht, so ist die Frage nach dem Grunde der menschlichen Existenz die existenziale Bedingung dieser Auslegung."[15] Unübersehbar aber ist die Übereinstimmung mit Herrmann neuerdings bei Gerhard Ebeling, wenn er formuliert: „Die Theologie kann sich in dem, was sie zu sagen hat, nicht anders verständlich machen, als indem sie den Menschen in

---

[12] Fr. Gogarten, Theologie und Geschichte, ZThK 50, 1953, 379.

[13] E. Fuchs, Zum hermeneutischen Problem in der Theologie, 1959, 190, 193.

[14] Die isolierte Hervorhebung der Mitteilungsfunktion der Sprache auf Kosten ihrer Aussagefunktion hängt bei Fuchs anscheinend damit zusammen, daß seine Theologie der Sprache von vornherein auf eine Interpretation der reformatorischen Lehre von Gesetz und Evangelium zielt (vgl. Zum hermeneutischen Problem in der Theologie p. 283).

[15] Hermeneutik, 2. Aufl. 1958, 155, vgl. 147. Siehe auch Bultmann o. bei Anm. 10.

der ethischen Wirklichkeit aufsucht und trifft, in der er sich befindet." Denn: „Das was eigentlich Sache der Theologie ist, das Evangelium, ist aussagbar allein in Relation zur lex. Denn das Evangelium erweist sich als Evangelium allein an der lex, so nämlich, daß es nicht beziehungslos zur lex hinzutritt, sondern befreiend auf die lex eingeht."[16]

Gerade aus dem zuletzt zitierten Satz Ebelings geht die Stärke dieser theologischen Position hervor: Die ethische Begründung der Theologie in der Schule Ritschls und erst recht ihre Erneuerung bei Ebeling kann sich als Fortsetzung der reformatorischen Lehre von Gesetz und Evangelium wissen. Ebeling hat seine Gedanken nicht umsonst auf weite Strecken hin als Auslegung des jungen Luther entwickelt. Aber nicht nur auf die Reformatoren und Herrmann kann Ebeling sich berufen[17]. Herrmann trat mit seinem ethischen Beweis der Theologie auch in der theologischen Welt des 19. Jahrhunderts keineswegs ganz als Neuerer auf. Seine Position entsprach weitgehend der Weise, wie schon der alte Supranaturalismus an Kant angeknüpft hatte[18]. Vor allem aber hat der Erweckungstheologe August G. Tholuck, der einflußreiche Lehrer nicht nur Ritschls und Herrmanns, sondern auch Martin Kählers, die sittliche Erfahrung des Menschen als Kriterium der Offenbarung dargestellt; diese muß den sittlichen Zwiespalt der Schulderfahrung lösen: „Findet er [sc. der Mensch] diejenige Offenbarung, welche den Zwiespalt in seinem Innern aufs gelungenste löst, so ist diese ihm die wahre."[19] Genau besehen ist Ebelings Verhältnis zur reformatorischen Lehre von Gesetz und Evangelium durch diese Erweckungstheologie und ihr pietistisches Erbe vermittelt. Daß das im Gewissen sprechende Gesetz den Wahrheitsbeweis für den Inhalt der theologischen Lehre zu liefern hat, das ist so zugespitzt noch nicht in der Reformation, sondern erst in der Erweckungstheologie behauptet worden. So wird

---

[16] G. Ebeling, Die Evidenz des Ethischen und die Theologie, ZThK 57, 1960, 328.

[17] Gegenüber dem paulinischen Verständnis von Gesetz und Evangelium besteht für Ebeling, wie er selbst hervorhebt, die Schwierigkeit, daß das Gesetzesverständnis des Paulus heilsgeschichtlich bestimmt war und sich darin vom reformatorischen Gesetzesverständnis unterscheidet (ZThK 55, 1958, 286).

[18] G. Chr. Storr, Lehrbuch der christlichen Dogmatik, dt. 1803, sah die Religion bereits vornehmlich im Gewissen begründet (§ 17: „Im Gewissen ist demnach der Ursprung der Religion zu suchen") und berief sich auf Kants moralischen Gottesbeweis (§ 18), freilich noch im Bestreben, den physikotheologischen Beweis damit zu verbinden. — Übrigens hat Herrmann selbst vom „Supranaturalismus" des Christentums gesprochen, allerdings im Sinne der Übernatürlichkeit des Sittlichen überhaupt: Die Religion i. Verhältnis usw., p. 212 f., 218.

[19] A. G. Tholuck, Guido und Julius. Die Lehre von der Sünde und vom Versöhner oder die wahre Weihe des Zweiflers, 1823, 296, vgl. auch 301.

das heute von Ebeling vertretene Programm als Ausdruck einer ganz bestimmten theologischen Tradition sichtbar.

II.

Schon 1878, ein Jahr vor Herrmanns Grundlegung der systematischen Theologie, hatte Nietzsche seine Aphorismen über Menschlich-Allzumenschliches veröffentlicht. In diesem Buch findet sich ein Kapitel „zur Geschichte der moralischen Empfindungen", das schon die Grundgedanken der späteren Werke „Jenseits von Gut und Böse" (1886) und „Zur Genealogie der Moral" (1887) erkennen läßt. Bereits 1878 bestreitet Nietzsche die Allgemeingültigkeit des Sittlichen (Aph. 96). Für die Unterscheidung von Gut und Böse sei ausschlaggebend das „Gebundensein an ein Herkommen, Gesetz". „Wie das Herkommen entstanden ist", fährt Nietzsche fort, „das ist dabei gleichgültig, jedenfalls ohne Rücksicht auf Gut und Böse oder irgendeinen immanenten kategorischen Imperativ, sondern vor allem zum Zweck der Erhaltung einer Gemeinde, eines Volkes ..." Die Erkenntnis, daß „der ganze Bereich sittlicher Vorstellungen fortwährend im Schwanken" ist, führt ihn über alle festen Vorstellungen von Gut und Böse hinweg (Aph. 56). Die Gerechtigkeit ist nach Nietzsche aus dem Tauschhandel entstanden (Aph. 92). Schuld, Gewissen, Pflicht sind im Obligationen-Recht beheimatet[20]. Das schlechte Gewissen stammt aus dem Ressentiment des Unterdrückten[21], und Liebe, die über das Gerechte hinausgeht, gilt Nietzsche als Dummheit[22].

Mögen alle Einzelerklärungen, die Nietzsche gegeben hat, mehr oder weniger einseitig sein, so hat sich doch die Erkenntnis der historischen Relativität des Ethischen durchgesetzt. Selbst wenn es unveräußerlich zum Menschen gehören sollte, ein Gewissen zu haben, so ist doch der Inhalt des Gewissens unabsehbaren Wandlungen unterworfen, und zwar Wandlungen, die auf das engste mit den Veränderungen der sozialen und politischen Welt zusammenhängen. Die Wandlungen unserer sozialen und politischen Welt, sowie die Zunahme der Überzeugung von der Wandelbarkeit der Gewissensinhalte, zu der Nietzsches Schriften soviel beigetragen haben, all das hat mit zu der Krise des Ethischen geführt, in der wir uns befinden. Es konnte freilich wohl nur darum zu einer solchen Krise kommen, weil zuvor schon das Ethische sich von seiner religiösen

---

[20] Zur Genealogie der Moral II, Aph. 6.
[21] Ebd. Aph. 16 ff.
[22] Menschlich-Allzumenschliches, Aph. 69.

Wurzel in der christlichen Überlieferung abgelöst hatte. Die Krise der christlichen Religion, die sich u. a. in der Verselbständigung des Ethischen äußerte, ist die tiefere Ursache der ethischen Krise, die wir erleben. Die Auflösung der überlieferten Sittlichkeit wurde schon in den Erschütterungen des ersten Weltkrieges spürbar. Sie hat in der Verirrung der Gewissen zur Zeit des Nationalsozialismus Ausmaße angenommen, die früher unvorstellbar gewesen wären. Erst im Zusammenhang dieser Krise des sittlichen Bewußtseins läßt sich die Schwere der Gewissensentscheidungen ermessen, die die Männer des 20. Juli 1944, derer wir heute gedenken, zu treffen hatten. Heute ist die Relativität der ethischen Maßstäbe unübersehbar im Blick auf den Gegensatz der kommunistischen Moral zu der der sogenannten westlichen Länder, und im Streit um die atomare Bewaffnung ist die Problematik des ethischen Urteils für jedermann deutlich.

Von hier aus erscheint Wilhelm Herrmanns Unternehmen eines Beweises für die Wahrheit des Christentums am Maßstab des ethischen Bewußtseins in einem geradezu gespenstischen Licht. Schon 1879, als er der Begründung der Theologie auf das sittliche Bewußtsein ihre klassische Formulierung gab, war die Zeit für eine solche Konzeption in einem umfassenderen geistesgeschichtlichen Sinne vorbei. Die Einsichten, denen die Zukunft gehörte, waren ein Jahr zuvor von Nietzsche ausgesprochen worden. Herrmanns Unternehmen war geistesgeschichtlich im voraus überholt.

So muß es geradezu aufregend wirken, wenn heute ein Theologe von der „Evidenz des Ethischen" spricht und in Erneuerung Herrmannscher Gedanken behauptet, die Theologie könne „sich in dem, was sie zu sagen hat, nicht anders verständlich machen, als indem sie den Menschen in der ethischen Wirklichkeit aufsucht und trifft, in der er sich befindet" (siehe auch Anm. 16). Denn Gerhard Ebeling, der diese These aufstellt, ist sich der ethischen Krise der Gegenwart dabei durchaus bewußt und weist ausdrücklich auf sie hin[23]. Wie also kann er von einer „Evidenz des Ethischen" reden? Ebeling findet im Zusammenleben der Menschen eine „Nötigung zum Zurechtbringen". Diese Nötigung bedenkend gelange man „in den Horizont der für das Ethische grundlegenden Unterscheidung von Gut und Böse"[24]. Auf dem Höhepunkt seines Gedankenganges spricht Ebeling von einer „Evidenz, die dem Anspruch des Notleidenden eignet" (337 f.). Der „wahre und einzig ernstzunehmende

---

[23] Ebeling, ZThK 1960, 323, Anm. 1 (im Anschluß an Fritz Heinemann), vgl. auch ders., Hauptprobleme der protestantischen Theologie in der Gegenwart, ZThK 58, 1961, 130.

[24] ZThK 1960, 334.

Antrieb zu ethischer Besinnung ist ... der bereits verletzte Mitmensch, der schon immer Erniedrigte und Beleidigte. ... Der Evidenz immer schon beeinträchtigter Mitmenschlichkeit entspricht darum der Ansatz bei der Nötigung zum Zurechtbringen und die Interpretation dieser Nötigung als Ruf zur Nächstenliebe" (336). Aber ist die Nächstenliebe denn wirklich evident als ein durch die Situation des Nächsten gefordertes Verhalten? Diese Auffassung erscheint mir aus zwei Gründen als wenig überzeugend. Beide hängen eng mit der Frage nach dem Wesen der Liebe zusammen.

1. Um überhaupt die Not eines mir auf meinem Wege begegnenden Menschen zu entdecken, ist bereits ein Akt schöpferischer Phantasie nötig. Die Phantasie der Liebe entdeckt die Not des Mitmenschen da, wo andere durchaus gar keine Not sehen, jedenfalls keine Not, die ausgerechnet ihrer Hilfe bedürfte. Die Not des Mitmenschen liegt also — erschütternderweise — kaum je so auf der Hand, daß sie jedermann evident würde. Darum antwortet Jesus auf die Frage: „Wer ist mein Nächster?" nach Lukas 10 mit der Geschichte vom barmherzigen Samariter, die in die Gegenfrage mündet: „Welcher von diesen dreien, dünkt dich, sei der Nächste dessen gewesen, der unter die Räuber gefallen war?" (Lk. 10,36). Jesus kehrt die ihm gestellte Frage um, d. h. man ist nicht der Nächste eines Menschen dadurch, daß man zu einem bestimmten Personenkreis um ihn her gehört, sondern man wird zu jemandes Nächstem durch die freie Tat der Liebe. Zu solchen freien Taten der Liebe, die sich Nächste schafft, ruft Jesus auf, wenn er sagt: Gehe hin, und tue desgleichen!

2. Mit der schöpferischen Eigenart der Liebe hängt eng zusammen, daß die mitmenschliche Situation jenseits gesellschaftlicher Konventionen nicht ohne weiteres als „Forderung" gedeutet werden kann, schon gar nicht als „radikale" Forderung der Selbstlosigkeit, wie es neben Ebeling[25] auch bei Knud E. Løgstrup geschieht[26]. Die Situation ist nicht von sich aus ethisch eindeutig, sondern immer erst von dem sich ethisch entscheidenden Menschen her. Erst die schöpferische Phantasie der Liebe entdeckt in der Situation eine Not und zugleich das Mittel, ihr abzuhelfen. Dieselbe Situation kann aber sehr verschiedene Antworten ethischen Verhaltens veranlassen. Darum kann man nicht mit Løgstrup sagen: „Die Forderungen sind ganz und gar der konkreten Situation einverleibt ..."[27] Die christliche Ethik jedenfalls steht im Gegensatz zu solcher Situationsethik, weil sie nicht von der Situation, sondern von der schöp-

---

[25] ZThK 1960, 333: Forderung zu „reiner Mitmenschlichkeit".
[26] K. E. Løgstrup, Die ethische Forderung, 1959, 46 f. u. ö.
[27] K. E. Løgstrup, Ethik und Ontologie, ZThK 57, 1960, 368 und 373.

ferischen Eigenart der Liebe auszugehen hat[28]: Der Mensch, dem Liebe widerfährt, hat nichts von ihr zu fordern, sondern wird beschenkt. Die Elemente der Situation sind bloße Mittel für die Liebe, etwas zu gestalten, das vorher gar nicht da war. Eine radikale Forderung kann man nicht in der Situation, nicht in oder hinter dem Mitmenschen, mit dem ich umgehe, finden[29], sondern höchstens im Walten der Liebe selbst, sofern darin die Forderung liegt, der Liebe Raum zu geben und nach Gelegenheiten zu suchen, wo sie wirken kann: Gehe hin, und tue desgleichen! Dem liebevollen Menschen mögen die Situationen, in die er gerät, als Gelegenheiten zur Betätigung der Liebe erscheinen; ihm wird das Licht der Liebe aus den Situationen seines Lebens entgegenleuchten, ihn locken und aufrufen zur Betätigung der Liebe, die in ihm ist. Aber dazu ist immer schon vorausgesetzt, daß man von Liebe erfüllt ist.

Es ergibt sich, daß aus der Situation, auch aus der mitmenschlichen Situation, keine allgemeingültige Evidenz des Ethischen zu gewinnen ist. Nur wer in christlicher Überlieferung lebt, wird in der Liebe zum Menschen als solchen den unter allen Umständen höchsten Wert seines Verhaltens erblicken, gleich, ob der Mitmensch Jude oder Nichtjude, Arbeiter oder Kapitalist ist. Für andere Sehweisen macht es einen gewaltigen Unterschied bei der Beur-

---

[28] Man hat es mit Recht als ein Verdienst W. Herrmanns hervorgehoben, diese „Geschichtlichkeit" des ethischen Verhaltens entdeckt zu haben: so Fr. Gogarten, Theologie und Geschichte, ZThK 50, 1953, 375, 378 f., sowie R. Bultmann, Glauben und Verstehen II, 234. Allerdings erscheint bei Herrmann das Kontingente, schöpferisch Neue des ethischen Verhaltens gegenüber aller schon vorgefundenen Wirklichkeit noch nicht in seiner allgemeinen Bedeutung für ein geschichtliches Verständnis der Wirklichkeit überhaupt, sofern sie durch immer neues, kontingentes Geschehen ausgezeichnet ist. Er hat auch nicht die Geschichtlichkeit des ethischen Verhaltens im Ganzen der weltoffenen Daseinsweise des Menschen sehen können. Vgl. dazu meinen Aufsatz in Studium generale 1962: Wirkungen biblischer Gotteserkenntnis auf das abendländische Menschenbild. Bei Herrmann blieben diese Zusammenhänge verdeckt durch seine Entgegensetzung des ethischen Bereichs zu dem des theoretischen Naturerkennens. Aber seine, wenn auch noch unzureichend formulierte Entdeckung der Geschichtlichkeit des menschlichen Verhaltens darf nicht wieder verlorengehen durch eine situationsethische Grundlegung der Ethik.

[29] Mit dem situationsethischen Ansatz Løgstrups dürfte schon seine eigene Beobachtung zum „Wesen der Normen", daß sie in einem Spannungsverhältnis zur Wirklichkeit stehen" (ZThK 1960, 374) kaum vereinbar sein. Ferner ist sehr eigenartig, daß Løgstrup die radikale Forderung als stumm bezeichnet (Die ethische Forderung, 21 f.), im Gegensatz zu den ausgesprochenen Wünschen und Erwartungen, die an mich herangetragen werden, und zu den sozialen Normen (60 f.). Ist Stummheit mit dem Begriff einer Forderung vereinbar? Sollte die Stummheit der Situation nicht gerade bedeuten, daß es von der schöpferischen Tat des Menschen abhängt, was er aus ihr macht? Daß sie gerade nicht den Charakter der Forderung hat?

teilung einer Situation, welcher Menschengruppe der andere, um den es sich handelt, zugehört. Diese Relativität der ethischen Gehalte ist auf dem Boden des Ethischen selbst nicht zu überwinden. Sie äußert sich ja darin, daß entsetzliche Taten häufig mit subjektiv gutem Gewissen verübt werden. Darum kann die Relativität der ethischen Gehalte nur von umfassenderen Ansätzen her überwunden werden. Jede bloße Ethik ist heute unverbindlich geworden. Verbindlichkeit gewinnt das Ethos nur aus dem Ganzen des Daseinsverständnisses, sofern sich daraus ein bestimmtes ethisches Verhalten sinnvoll ergibt. Ein Bewußtsein davon zeigt sich i. U. zu Herrmann schon bei Bultmann, wenn er den Zugang zur ethischen Problematik im Horizont einer existenzialen Analytik des menschlichen Daseins sucht, die aber noch allzusehr dem Ansatz bei der Subjektivität des Menschen verhaftet bleibt. Ein analoges Streben über den Umkreis des bloß Ethischen hinaus zeigt sich bei Fuchs und Ebeling in ihrer Theorie der Sprache, des Wortgeschehens, das nur zu schnell auf das Eröffnen oder Verschließen von Existenz, also auf einen ethischen Aspekt, eingeengt wird, unter Abstraktion vom Ineinander von Aussage und Mitteilung, das für jede geschichtliche Sprache charakteristisch ist[30]. Løgstrup erhebt sogar ausdrücklich die Forderung nach einer ontologischen Fundierung der Moral[31]. Bei einer solchen darf man sich nur nicht wieder auf eine Ontologie der ethischen Situation beschränken. Die ontologische Frage im Hintergrund der personalen und ethischen Probleme muß, wie Gerhard Gloege es 1955 gefordert hat, umfassend erörtert werden[32].

---

[30] So kommt Fuchs von der allgemeinen Erwägung, daß „erst die Sprache das Sein und in ihm das Seiende und das Seiende als Sein gewährt oder erlaubt", mit dem Satz: „Das Wesen der Sprache heißt Erlaubnis" dazu, daß Sprachereignisse „Erlaubnis erteilen, Freiheit gewähren, das Sein rechtfertigen" (Zum hermeneutischen Problem in der Theologie 283). Hier wird offenbar zu eilig die Analyse der Sprache auf einen modernen Wechselbegriff für den traditionellen Rechtfertigungsgedanken zugespitzt (vgl. auch ebd. 191, 193, 220 f.). So wird die ganze Problematik der Aussagefunktion der Sprache, in der doch die historischen Sprachen ihre Entwicklung haben, abgeblendet. Ausdrücklich wird die Isolierung der Mitteilungsfunktion des Wortes von seiner Aussagefunktion von Ebeling vollzogen (Wort Gottes und Hermeneutik, ZThK 56, 1959, 249 f.). Aber eine solche Trennung ist ebenso problematisch wie die personalistische Scheidung zwischen personalem und sachorientiertem Verhalten. Beides hängt wesentlich zusammen, und ebenso in der Sprache Aussage und (personale) Mitteilung. Nur so erschließt sich die konkrete Wirklichkeit der geschichtlichen Sprachen einerseits, der personalen Beziehungen andererseits.

[31] Ethik und Ontologie, ZThK 57, 1960, 357 ff., bes. 373.

[32] G. Gloege, Der theologische Personalismus als dogmatisches Problem, Kerygma und Dogma 1, 1955, 23—41, bes. p. 39: „Personales Denken setzt ontologische Aussagen voraus."

Erst aus dem jeweiligen Verständnis der Wirklichkeit im Ganzen ergeben sich die Grundlinien eines ethischen Verhaltens. Das gilt nun auch für die Theologie. Die Theologie kann die Wirklichkeit dessen, wovon sie zu reden hat, nicht aus seiner ethischen Relevanz oder gar an einem schon vorauszusetzenden ethischen Maßstab erweisen wollen. Vielmehr muß umgekehrt die Wirklichkeit Gottes und seiner Offenbarung schon für sich feststehen, wenn sie überhaupt irgendwelche ethische Relevanz haben soll, wenn auch die ethische Bewährung ihrer Bekenner auf das allgemeine Urteil über die Wahrheit der Botschaft zurückwirken kann. Das christliche ethische Bewußtsein setzt die Wahrheit der christlichen Botschaft schon voraus; der „dogmatische Beweis", nach dem Herrmann fragte, muß schon feststehen, wenn es zu ethischen Konsequenzen kommen soll. So war schon für Israel die Verbindlichkeit des am Sinai verkündeten Gesetzes darin begründet, daß der Gesetzgeber zuvor seine Gottheit erwiesen hatte, nämlich in der Geschichte der Ausführung Israels aus Ägypten. Darum beginnt die Proklamation des Gesetzes Jahwes mit den Worten: Ich bin Jahwe, dein Gott, der ich dich aus dem Lande Ägypten, aus dem Sklavenhause herausgeführt habe[33]. Der Selbsterweis Gottes in der geschichtlichen Führung Israels ist das Fundament des Gottesrechtes. Ähnliches gilt vom Neuen Testament: Erst das Wissen von der Liebe des in Jesus Christus offenbaren Gottes befreit zu eigener Liebe. Wenn Gott uns so geliebt hat, heißt es im 1. Johannesbrief, — nämlich durch die Hingabe seines Sohnes als Sühnopfer für unsere Sünden, — so sind auch wir verpflichtet, einander zu lieben (4,10 f.). „Lasset uns lieben; denn er hat uns zuerst geliebt" (4,19). Die Frage nach der Wahrheit unseres Redens von Gott und von der Offenbarung seiner Liebe in Jesus Christus ist der andern Frage nach der ethischen Relevanz der christlichen Botschaft vorgeordnet, und sie läßt sich auch nicht von vornherein einengen auf das, was uns im voraus als ethisch bedeutsam erscheint. Erst von der umfassenden Erkenntnis der Wirklichkeit Gottes und der geschöpflichen Bestimmtheit der Welt und unseres Daseins her läßt sich die Tragweite und Art der daraus sich ergebenden ethischen Konsequenzen erörtern.

Der Apostel Paulus hat zwar an ein unausdrückliches Wissen auch der Heiden vom Gesetz appelliert (Röm 2), aber nicht dadurch erst hat er die Gottheit des von ihm verkündeten Gottes den Heiden nahe gebracht. Dazu hat er vielmehr schon zuvor im Gedankengang des Römerbriefes an ein besonderes, wenn auch ebenso unausdrück-

---

[33] Ex. 20,2. — Zur Begründung der Gesetzesproklamation in der Offenbarungsgeschichte vgl. R. Rendtorff in: Offenbarung als Geschichte, 1961, 33 ff.

liches Wissen der Heiden von Gott erinnert (Röm. 1,19 ff.)[34]. Und im Folgenden bezieht er sich auf Anschauungen, die — in unsere Problematik übersetzt — in den Bereich einer Ontologie des Menschen gehören (Röm. 5). Die These, daß der dogmatische Beweis sich auf das sittliche Bewußtsein konzentrieren müsse, kann sich also auf Paulus nicht stützen.

Kann sie sich auf die Reformation berufen? Unstreitig umschreibt die Dialektik von Gesetz und Evangelium die reformatorische Grundproblematik, und ebenso muß man zugestehen, daß das Evangelium der Sündenvergebung das Gesetz schon voraussetzt. Aber diese reformatorische Thematik setzt doch ihrerseits den Horizont einer noch unbestrittenen christlichen Überlieferung, einer fraglosen Gültigkeit der biblischen Aussagen vom göttlichen Handeln voraus. Nur auf dem Boden einer im großen und ganzen noch unangetasteten notitia historiae kann die reformatorische Konzentration auf das Ungenügen einer *bloß* historischen Kenntnisnahme zum Heil, auf die Verheißung als causa finalis historiae (Apologie z. CA, IV, 51) und auf den Glauben als Erfüllung des Gesetzes geschichtlich verstanden werden. Aus der Bewährung des Evangeliums am Gesetz den dogmatischen Beweis für die Wirklichkeit Gottes und seiner Offenbarung in Christus zu führen, wie Herrmann es wollte, das lag der Reformation noch ganz fern. Eine derartige Notwendigkeit bestand im 16. Jahrhundert noch nicht, weil die von der Bibel bezeugte Wirklichkeit Gottes und die Geschichte seiner Offenbarung in Israel und Jesus Christus noch die undiskutierte Voraussetzung der eigentlich reformatorischen Thematik war.

Wenn wir das bedenken, so wird deutlich, wie weit unsere gegenwärtige geistige Situation von der der Reformation verschieden ist. In der Neuzeit ist ja nun in der Tat die Wirklichkeit Gottes selbst und des überlieferten Bildes von der biblischen Geschichte fraglich geworden. Die damit gegebenen Fragen können nicht mehr, aus einem falschen Autoritätsgefühl heraus, durch Anwendung der reformatorischen Dialektik von Gesetz und Evangelium bewältigt werden. Sie bedürfen neuartiger Wege und Lösungen. Der Versuch, die moderne Problematik der Wirklichkeit Gottes und der von der Bibel bezeugten Offenbarungsgeschichte auf ein ethisch-existenziales Schema, analog dem von Gesetz und Evangelium, zuzuschneiden, ist hingegen charakteristisch für die Erweckungstheologie und für Wilhelm Herrmanns Grundlegung der systematischen Theologie, sowie für deren neuere Fortsetzungen. Abgesehen von der unver-

---

[34] E. Fuchs allerdings (Hermeneutik, ²1958, 150) nimmt auch Röm. 1,20 f. für den Satz in Anspruch, daß Gott „allen Menschen in der sittlichen Forderung" begegne.

meidlichen Verkürzung der theologischen Thematik, die nicht erst bei Bultmann und Ebeling, sondern schließlich schon bei den pietistischen Ahnen der Erweckungstheologie aus der Einengung auf das ethische Interesse folgt, ist aber ein Beweis der Dogmatik an der ethischen Erfahrung, wie er Herrmanns Ziel war, auch in sich haltlos, weil, wie wir gesehen haben, ein derartiges Programm geistesgeschichtlich überholt ist. Die Frage nach der Wirklichkeit Gottes und seiner Offenbarung muß für sich gestellt werden, gerade auch im Interesse der Ethik selbst. Nur wenn die Wahrheit Gottes und seiner Offenbarung für sich feststeht, läßt sich ein ihr gemäßes Leben führen. Nur so, daß wir zunächst der Frage nach der Wirklichkeit Gottes und seiner Offenbarung mit ganzem Ernst und in aller Offenheit standhalten, können wir den Zugang zu demjenigen Problemhorizont wiedergewinnen, in welchem die reformatorische Thematik von Gesetz und Evangelium überhaupt erst entsteht. Wenn aber die Theologie die andersgearteten Fragen unserer heutigen Situation mit Grundbegriffen des 16. Jahrhunderts zu bewältigen versucht, dann kann das nur dazu führen, daß sie an der heutigen Wirklichkeit und ihren Fragen vorbei zu illusionären Lösungen gelangt.

Die Welt erwartet in der gegenwärtigen Krise des Ethischen eine Hilfe von der christlichen Tradition, von der christlichen Kirche. Wenn die Theologie einen Beitrag dazu leisten kann, dann wird er nicht in einer ethischen Begründung der christlichen Wahrheit, sondern umgekehrt in einer theologischen Neubegründung der Ethik bestehen. Dazu genügen nicht Einzelerklärungen aus Theologenmund zu dieser oder jener ethischen Frage. Wenn es der Theologie wieder gelingt, von der christlichen Überlieferung her das Ganze unserer Wirklichkeit verstehend zu durchdringen, ihr gerecht zu werden und darin die Wirklichkeitsmacht des Gottes, von dem sie handelt, zu bewähren, dann wird aus solchem Verständnis unserer Wirklichkeit auch die Kraft der Liebe erwachsen, die die sittliche Not der Gegenwart zu lösen vermag.

Antwort an Gerhard Ebeling[1]

München, den 29. 9. 1972

Lieber Herr Ebeling!

Aus mancherlei Gründen hat sich meine in Aussicht genommene briefliche Stellungnahme zu Ihrer Erwiderung auf meine Mainzer Antrittsvorlesung über die Krise des Ethischen lange verzögert. Das lag auch daran, daß sich mir beim wiederholten Lesen Ihrer Erwiderung der Eindruck verstärkte, daß wir bei den Gesprächen, die in den voraufgegangenen Jahren zwischen uns geführt worden waren, bereits ein wesentlich höheres Maß zumindest an gegenseitigem Verständnis, wenn nicht sogar auch an Verständigung erreicht hatten. Trotzdem möchte ich einer Erörterung Ihrer Argumentation nicht ausweichen.

In der Beurteilung der gegenwärtigen Krise des Ethischen haben Sie die Ausführungen Ihres Aufsatzes über die Evidenz des Ethischen in einer, wie mir scheint, weiterführenden und die Divergenz unserer Auffassungen verringernden Weise präzisiert. Sie bezeichnen es mit Recht als „das Bedrohliche" der heutigen Krise des ethischen Bewußtseins, daß nicht nur die Geltung einzelner Normen erschüttert, sondern „das Phänomen des Ethischen selbst verdunkelt wird, daß es zu gewissen Konventionen und technischen Spielregeln verflacht, zu ‚Verkehrsvorschriften' in weitem Sinne, zu deren Verbindlichkeit Nützlichkeitserwägungen und polizeiliche Überwachung zusammenwirken"[2]. Ich kann dieser Situationsbeschreibung zustimmen. Allerdings scheint mir der so gekennzeichnete Sachverhalt nicht einfach eine Folge des „technologischen Denkens" zu sein. Die in der Zeit zwischen den beiden Weltkriegen und noch nach dem letzten Krieg beliebten Behauptungen eines prinzipiellen

[1] Vgl. G. Ebeling, Die Evidenz des Ethischen und die Theologie (ZThK 57, 1960,318–356 = Ders., Wort und Glaube [zit.: WuG] II, 1969, 1–41); W. Pannenberg, Die Krise des Ethischen und die Theologie (ThLZ 87, 1962, 7–16; zit.: ThLZ); G. Ebeling, Die Krise des Ethischen und die Theologie (WuG II, 42–55). Der hier wiedergegebene Brief erschien zusammen mit einer Antwort von G. Ebeling in ZThK 70, 1973 („Ein Briefwechsel").
[2] WuG II, 49

Gegensatzes zwischen Personalität und Technik erscheinen mir dringend verdächtig als Ideologie eines Rückzugs aus der durch die Technik revolutionierten gesellschaftlichen Lebenswelt in die Sphäre einer gesellschaftlich ortlosen Individualität, die freilich auch als solche noch eine — wenn auch eher bedenkliche — gesellschaftliche Funktion erfüllt. Ich kann nur verschiedene Konkretionen von Personalität in Verbindung mit verschiedenen Weisen der Verwendung technischer Möglichkeiten und Mittel erkennen, nicht aber einen prinzipiellen Gegensatz zwischen Technik und Personalität als solcher. Daher kann ich Ihrer Charakteristik des von Ihnen zuvor treffend beschriebenen Phänomens der ethischen Krise als Ausdruck einer „Technisierung der mitmenschlichen Beziehungen und sogar des Verhältnisses des Menschen zu sich selbst" nicht folgen. Statt dessen sehe ich dieses Phänomen in Zusammenhang mit der Kritik der überlieferten sittlichen Normen, wie sie besonders prägnant von Nietzsche geübt worden ist. Natürlich läßt sich die heutige Krise des Ethischen nicht rein geistesgeschichtlich auf den Einfluß von Nietzsches Denken zurückführen. Die große von ihm ausgegangene Wirkung bedarf vielmehr selbst einer Erklärung. Wer eine solche versucht, muß in jedem Fall berücksichtigen, daß bei Nietzsche und bei den im entscheidenden Punkt, nämlich in der Reduktion der sittlichen Normen auf menschliche Wertsetzungen, verwandten Deutungen des Moralischen etwa durch Mill und nicht zuletzt auch durch Freud Möglichkeiten und Tendenzen artikuliert wurden, die in der politischen Geschichte der Neuzeit ihre Wurzeln haben, nämlich in der Emanzipation der politischen (und ethischen) Thematik von der religiösen nach dem Ende des Zeitalters der Konfessionskriege.

Sicherlich ist, wie Sie betonen[3], das Phänomen des Ethischen als solches zu unterscheiden von der Geltung einzelner ethischer Normgehalte. Das Phänomen des Ethischen als Frage nach dem Guten oder nach der Identität des Selbstseins wird noch nicht dadurch erschüttert, daß bestimmte von anderen oder zu anderer Zeit vertretene Normen abgelehnt werden. Das gehört in der Tat „mit zum Phänomen des Ethischen"[4]. Aber anders dürfte es doch stehen, wenn *alle Normen überhaupt* als Ausdruck subjektiver, willkürlicher oder durch partikulare Interessenlagen bedingter Setzungen erscheinen. Durch eine derartige radikale Normenkritik wird das ethische Bewußtsein selbst verunsichert. Das Wissen um sittliche Verpflichtung muß undeutlich werden, wo es sich an keiner unzweifelhaft allgemeingültigen Norm mehr klären kann, weil *alle Normen* zumindest dem Verdacht unterliegen, auf bloßen Setzun-

---

[3] A.a.O. 48 f.   [4] A.a.O. 48.

gen im Dienste partikularer Interessen zu beruhen. Entsprechendes gilt für das Schuldbewußtsein. Beide, das Bewußtsein von Schuld und das der ethischen Verpflichtung, sind in der heutigen Krise des Ethischen zwar nicht einfach verschwunden: Das scheint mir wie Ihnen bei so fundamentalen anthropologischen Phänomenen nicht ohne weiteres möglich; es würden dazu sehr tiefgreifende Veränderungen des Menschseins selbst über ausgedehnte evolutive Prozesse gehören. Charakteristisch für die heutige Krise des ethischen Bewußtseins scheint mir jedoch die Verschwommenheit, die beschränkte inhaltliche Identifizierbarkeit von Schulderfahrung wie auch von sittlicher Verpflichtung zu sein. Diese Verschwommenheit steht nun aber in einem klaren Zusammenhang mit der generellen Problematisierung sittlicher Normen. Daraus resultiert dann die äußerliche Observanz, die Widerstandslosigkeit gegen den Konformitätszwang außengeleiteten Verhaltens, kurz alles das, was Sie prägnant als „Verflachung" der ethischen Normen zu „Verkehrsvorschriften", an die man sich innerlich nicht ernsthaft gebunden fühlt, beschreiben.

Angesichts dieser Situation nun bleibt es mir schwer verständlich, wie sich die Behauptung einer „Evidenz" des Ethischen rechtfertigen läßt, auch wenn ich berücksichtige, daß Sie nicht an eine „jedem ohne weiteres bewußte oder sofort einleuchtende Evidenz"[5] denken. Daß sich das „Problem" des Ethischen nicht einfach „abschütteln" läßt, wie Sie in Ihrer Erwiderung schreiben[6], ist mir schon eher plausibel, insofern diese Formulierung zu verstehen gibt, daß das Phänomen in sich selbst und nicht etwa für unsere Untersuchung problematisch ist[7]. In diesem Sinne kann ich auch Ihrem Aufweis von „Verstehensnötigungen" zustimmen, die vor das ethische Problem führen. Doch scheint mir, daß in Ihren Ausführungen schon über die „Nötigung zur Hingabe"[8], erst recht dann bei der „Nötigung zum Zurechtbringen"[9], die formale Analyse der Situation menschlichen Handelns unversehens hinüberspielt in inhaltliche Forderungen der Hingabe und des „Gutmachens" im Sinne der Nächstenliebe. Das wird in meinen Augen der Komplexität der Problematik nicht gerecht. Die Grunderfahrung des Widerstandes gegen das Böse, auf die Sie sich berufen, setzt m. E. immer schon eine gemeinschaftsstiftende Idee des Guten voraus, die sich im Wider-

---

[5] A.a.O. 49.   [6] A.a.O. 48.
[7] Letzteres scheint im Vordergrund zu stehen, wo Sie in Ihrem Aufsatz zur Evidenz des Ethischen vom „ethischen Problem (WuG II, 9 f.) oder von „Problemen des Ethischen" (a.a.O. 10) sprechen, während dieselben Formeln a.a.O. 24 f. das durch das Ethische selbst erst aufgeworfene Problem bezeichnen.
[8] A.a.O. 14 ff.   [9] A.a.O. 18 ff.

stand gegen das Böse konkretisiert. Geht man der Wirksamkeit der Idee des Guten nach, so gelangt man, wie die platonische Philosophie in klassischer Weise zeigt, sofort in metaphysische und letztlich in religiöse Regionen. Auf solchem Wege ließe sich in der Tat, wenn überhaupt, eine Grundlegung der Ethik gewinnen[10]. Das Ethische erschiene dabei allerdings nicht mehr als ein der religiösen und metaphysischen Thematik gegenüber selbständiges, autonomes Phänomen, das für sich zur „Evidenz" gebracht werden könnte. Es bleibt vielmehr eingebettet in die Thematik des Wirklichkeitsverständnisses. Sieht man davon und insbesondere von den religiösen und metaphysischen Implikationen der Wirklichkeitserfahrung ab, dann bleibt von der „Nötigung zum Zurechtbringen" kaum mehr als der Hang, über das Verhalten anderer moralisch zu urteilen. Dieser Hang scheint allerdings auch von der gegenwärtigen Verunsicherung des sittlichen Normbewußtseins nicht spürbar beeinträchtigt zu sein. Es dürfte sich darin in erster Linie ein psychologisches Bedürfnis bekunden, das sich weder durch das gleichzeitige Bewußtsein stören läßt, daß man die Sache aus anderer Perspektive auch anders beurteilen könnte, noch auch dafür garantiert, daß man sich selbst an die im Urteilen zugrunde gelegten Regeln hält und sich nicht vielmehr für das eigene Verhalten großzügige Ausnahmen zubilligt. Darin bekundet sich das Bewußtsein von der bis zur Beliebigkeit reichenden Relativität ethischer Normsetzungen. Diese resultiert aus der Loslösung der ethischen Thematik von den religiösen und metaphysischen Implikationen der Wirklichkeitserfahrung; denn damit werden alle Handlungsnormen auf Wertsetzungen des Menschen selbst als ihren letzten Ursprung zurückgeworfen.

Von einer Evidenz des Ethischen könnte ich im Hinblick auf diese verworrene Situation nicht sprechen, weil der Ausdruck Evidenz doch eine Klarheit der Gewissensorientierung nahelegt, die hier gerade fehlt. Für das reformatorische Gesetzesverständnis sowie für die verschiedenen Formen einer ethischen Interpretation des christlichen Glaubens in Rationalismus und Erweckungsfrömmigkeit war dagegen eine solche Evidenz auch für die normativen Inhalte noch gegeben. Wenn man von der „Evidenz" des Ethischen spricht, lassen sich das Phänomen des Ethischen als solches und die Inhaltlichkeit ethischer Normen nicht trennen. Umgekehrt führt die Relativierung nicht nur dieser oder jener, sondern aller ethischen Normen überhaupt auf mehr oder weniger beliebige Wertsetzungen zur Verdunkelung auch des Ethischen als solchen, obgleich es sich auch

---

[10] Ich darf hier auf meine Skizze in: Theologie und Reich Gottes, 1971, 63 ff. verweisen.

noch im Modus der Privation und in der Konstruktion von Ersatzbildungen wie äußerlichen Verkehrsregeln sozialen Verhaltens geltend macht.

Die philosophische Wertethik Schelers und Hartmanns hat die
für das ethische Bewußtsein ruinösen Folgen der Normenkritik
Nietzsches erkannt und sich darum um den Nachweis der Vorgege-
benheit der Werte vor aller menschlichen Wertung bemüht. Die
Problematik dieser Versuche lag in der Annahme einer von der empirischen Realität verschiedenen und ihr gegenüber selbständigen
idealen Sphäre von Werten, die an empirischen Gegebenheiten nur
„haften" sollten. Doch noch im Scheitern der Wertethik an den von
ihr produzierten Aporien des Verhältnisses von Wert und Sein zeigt
sich die Priorität des ontologischen Problems, die grundlegende Bedeutung des Wirklichkeitsverständnisses für jede Bemühung um
eine Grundlegung der Ethik, — ein Sachzusammenhang, der sich
auf einer anderen Ebene in der Abhängigkeit der ethischen Überzeugungen von den jeweiligen weltanschaulichen Orientierungen
zeigt.

Um diesen Primat des Wirklichkeitsverständnisses bei der Aufgabe einer Begründung der Ethik ging es in meiner Kritik an der
These der „Evidenz" des Ethischen, in der ich die im neuzeitlichen
Denken so einflußreiche Überzeugung von der Autonomie des ethischen Bewußtseins, seiner Unabhängigkeit insbesondere von Religion und Metaphysik, zu Worte kommen glaubte. Nun findet sich
in Ihrem Aufsatz über die „Evidenz des Ethischen" allerdings die
Bemerkung: „Auch eine neutrale Analyse des ethischen Problems
würde bestätigen, daß es als Kern die Frage „Was ist der Mensch?"
in sich birgt und darum so oder so auf bestimmten weltanschaulichen Voraussetzungen aufbaut und an deren Strittigkeit teilhat."[11]
Diesem Satz kann ich nur zustimmen. Meine Kritik an der weiteren
Argumentation Ihres Aufsatzes läßt sich daher auch so formulieren,
daß der in diesem Satz von Ihnen selbst charakterisierten Problemlage nicht weiter nachgegangen wird. Sie haben das begründet mit
dem „Vorrang" des Ethischen, seiner „Prärogative des Nächstliegenden, des Konkreten und Realisierbaren" angesichts der Unauf-
schiebbarkeit ethischer Entscheidungen. Diesem Gesichtspunkt ver-
schließe ich mich keineswegs. Aber es handelt sich dabei um einen
praktischen Vorrang für das Handeln, nicht um ein Argument für
eine Isolierbarkeit des ethischen Phänomens in der theoretischen
Analyse. Das praktisch „Nächstliegende" und „Dringliche" ist keineswegs auch schon das für die ethische Reflexion Evidente, wie es

---

[11] WuG II, 9 f.

Ihre Zusammenstellung des „Nächstliegenden und Evidenten" auf der folgenden Seite[12] nahelegt.

Indem ich im Sinne Ihrer eigenen oben zitierten Feststellung den Primat des Wirklichkeitsverständnisses für die Analyse des ethischen Phänomens und für die Begründung ethischer Normen betone, ist es mir nicht um die „Neubegründung einer spezifisch christlichen Ethik" zu tun, wie Sie in Ihrer Erwiderung[13] meinen, sondern darum, daß das Ethische als „gemeinmenschliche Problematik"[14] nicht isolierbar und in solcher Isoliertheit autonom ist gegenüber dem Lebenszusammenhang menschlicher Wirklichkeits- und Sinnerfahrung[15]. Darauf bezieht sich auch meine Kritik an W. Herrmann. Ich werde darauf noch zurückkommen. Allerdings bereitet Ihre Unterscheidung zwischen dem ethischen Problem „in dessen ganzer Breite" und dem, „was allein den Christen angeht und was nur unter Voraussetzung des christlichen Glaubens als wahr und verbindlich einleuchtet"[16], mir Schwierigkeiten. Ist denn der christliche Glaube nur von partikularem Interesse, nur für seine Bekenner und nicht für das Allgemeinmenschliche relevant? Ich meine doch sonst gerade darin mit Ihnen einig zu sein, daß es im christlichen Glauben eben um das allgemein Menschliche geht. Darum könnte ich dieses nicht gut zum Thema machen, indem ich dabei vom christlichen Glauben etwa absähe. Vielmehr steht nach meinem Verständnis in der Theologie gerade zur Diskussion, inwieweit die christliche Überlieferung die allgemeinmenschliche Thematik des Wirklichkeitsverständnisses und damit dann auch die Problematik ethischer Handlungsorientierung zu erhellen vermag, was also ihr Beitrag zu dieser allgemeinen Thematik ist.

Damit ist gesagt, daß die Thematik der Sinnerfahrung und die eng mit ihr verbundene religiöse Thematik, also auch die Frage nach der Wirklichkeit Gottes, trotz aller Strittigkeit ebenso allgemeinmenschlich ist wie das Phänomen des Ethischen, bei dem ja heute die konkreten Wertorientierungen ebenso strittig sind. Die Auffassung, daß das Ethische sich durch seine allgemeinmenschliche Evidenz unterscheide von der der Privatsphäre überlassenen religiösen Frage, ist für die frühe Neuzeit charakteristisch gewesen, als man angesichts der unabänderlich gewordenen konfessionellen Spaltung einen neuen Boden für das Zusammenleben der Menschen suchte und ihn in den ethischen Grundeinsichten zu finden

---

[12] A.a.O. 10.   [13] A.a.O. 47.
[14] Ebd.
[15] Vgl. ThLZ 14: „Erst aus dem jeweiligen Verständnis der Wirklichkeit im ganzen ergeben sich die Grundlinien eines ethischen Verhaltens."
[16] WuG II, 10.

glaube[17]. Doch diese Auffassung, in der die Überzeugung von der
Evidenz ethischer Grundeinsichten mit der These der Autonomie
des Ethischen gegenüber Religion und Metaphysik verbunden war,
ist mit der Deutung der ethischen Prinzipien als Setzungen eines
wertenden Willens, deren Veränderbarkeit nur von der Stärke des
zur Umwertung entschlossenen Willens abhängt, hinfällig geworden, weil diese Deutung nicht einfach beliebig, sondern das konse-
quente Resultat der Auflösung der metaphysischen und religiösen
Überzeugungen ist, die bis dahin der behaupteten Evidenz des Ethischen noch unausgesprochen zugrunde gelegen hatten. Wer anders
außer dem Willen des Menschen selbst soll denn hinter der Autorität ethischer Werte stehen, wenn aller religiöse und metaphysische
Glaube sich verflüchtigt hat? Der Wille des Menschen — das aber
heißt: die miteinander streitenden Willensrichtungen und Wertun-
gen. Es zeigt sich hier, daß die Selbständigkeit des Ethischen gegenüber Religion und Metaphysik eine Illusion war, die nur so lange anhalten konnte, wie bestimmte Elemente der gemeinsamen Basis der streitenden Auffassungen des Christentums, die die Aufklärung als „natürliche Religion" thematisierte, noch unangefochten
waren. Das Ethische ist heute ebenso strittig geworden wie Religion
und Metaphysik, so daß es sich nicht mehr *im Gegensatz zu diesen*
als Boden des gemeinsam Menschlichen darbietet. Man braucht in
dieser Lage natürlich nicht zu „kapitulieren"[18]. Doch muß man beachten, daß das allgemein Menschliche heute in allen diesen Sphären
und nicht zuletzt auch im Bereich des Ästhetischen gleichermaßen
strittig ist und aus dieser gemeinsamen Strittigkeit für das Bewußtsein neu gewonnen werden muß. Das unterscheidet die gegenwärtige
Situation von der der frühen Neuzeit, die eine noch unstrittige Übereinstimmung im Ethischen gegenüber der hoffnungslosen Zerrissenheit der konfessionellen Prägungen des religiösen Bewußtseins
voraussetzen konnte.
  Wenn man die These von der Selbständigkeit des Ethischen als
eine historische Übergangserscheinung im Prozeß der Auflösung
der christlichen und metaphysischen Gewißheit durchschaut, dann
erscheint es als wenig sinnvoll, diese Position zu erneuern und die

---

[17] Ich stimme also mit Ihnen darin überein, daß die Verselbständigung des
Ethischen historisch mit der „konfessionellen Spaltung" zusammenhängt (a.a.O.
46). Ihre Bemerkung, daß es sich dabei um eine von mir „nicht in die Reflexion
einbezogene(n) Tatsache" handle (ebd.), kann ich jedoch nur erstaunt zur Kenntnis nehmen: Was sollte denn wohl sonst gemeint sein mit dem Hinweis (ThLZ
12, zit. WuG II, 46), daß sich das Ethische nicht erst seit Nietzsche, sondern „zuvor schon ... von seiner religiösen Wurzel in der christlichen Überlieferung abgelöst hatte"?
[18] WuG II, 44.

62 Antwort an Gerhard Ebeling

Theologie gerade auf sie gründen zu wollen. Darum ist mir die Tragfähigkeit der Position W. Herrmanns so zweifelhaft. Denn Herrmann hat eben doch ausdrücklich Religion und Theologie auf das gegenüber dem theoretischen Bewußtsein und zumal gegenüber aller Metaphysik vermeintlich selbständige Phänomen des Ethischen zu begründen versucht.

Um diesen Sachverhalt genauer zu beschreiben, muß man sicherlich differenzierter, als ich das in meiner Mainzer Antrittsvorlesung getan habe, auf Herrmanns Entwicklung eingehen, die ihn von seiner anfänglichen Absicht eines ethischen „Beweises" für die Allgemeingültigkeit des Christentums[19] zur Betonung der Subjektivität des sittlichen Erlebens selbst führte. Doch wurde der Dualismus von theoretischem Welterkennen und sittlich-religiösem Erleben durch die Entwicklung Herrmanns, soweit ich sehen kann, keineswegs überwunden; in Herrmanns Versicherungen jedenfalls, daß das ethische Erleben als solches auch das Weltverhältnis mit umgreife[20], vermag ich keine gedankliche Überwindung und Vermittlung dieses Dualismus zu erkennen. Daß die Zusammengehörigkeit von Religion und Ethik gegenüber dem Welterkennen bei Herrmann ihre Unterscheidung im übrigen nicht ausschließt, Herrmann vielmehr auf die Selbständigkeit der religiösen Erfahrung „im Unterschied zu Kant" Wert gelegt hat, habe ich damals ausdrücklich betont[21], so daß ich mich über Ihre Bemerkung, ich hätte diesen Unterschied „völlig verdeckt"[22], wundern muß. Obwohl aber bei Herrmann — wie schon in der älteren supranaturalistischen Theologie — das Religiöse kein bloßer Ausdruck des ethischen Bewußtseins, keine Folgerung aus ihm ist, sondern ergänzend und in diesem Sinne selbständig zu ihm hinzutritt, so hat es seine menschliche Relevanz und Wahrheit doch nur durch den Bezug auf die ethische Lebensproblematik, als Lösung der ethischen Not, insbesondere der Schulderfahrung. In diesem Sinne sehe ich bei Herrmann eine Begründung der Theologie auf das Ethische.

Angesichts der unterschiedlichen Beurteilung W. Herrmanns im Hinblick auf seine Verhältnisbestimmung der Religion im Verhältnis zur Ethik einerseits, zum Welterkennen andererseits, die ich trotz Ihrer Ausführungen dazu[23] nach wie vor als ethizistische Engfüh-

[19] Da Sie diesen für die Argumentation meiner Mainzer Vorlesung an dieser Stelle entscheidenden Punkt, der durch eine Würdigung der Position Herrmanns von 1879 im Unterschied zu seinen späteren Auffassungen noch stärker hervortreten würde, in Ihrer Erwiderung nicht bestreiten, sondern nur die Besonderheit von Herrmanns Beweisbegriff betonen, die wiederum ich nicht in Zweifel gezogen hatte, verstehe ich nicht recht, wie Sie zu dem Vorwurf kommen, ich rücke „von vornherein alles in ein falsches Licht" (WuG II, 43 Anm.).

[20] A.a.O. 44.   [21] ThLZ 8.   [22] WuG II, 45.
[23] WuG II, 50.

rung bezeichnen muß, bin ich nicht recht überzeugt von Ihrer Versicherung: „In bezug auf die Notwendigkeit eines Durchstoßes zur ontologischen Fragestellung und das Ungenügen einer rein ethischen oder rein personalen Betrachtungsweise besteht zwischen uns kein Streit"[24]. Es wäre schön, wenn es so wäre. Aber ich habe den Eindruck, daß gerade hier der entscheidende Streitpunkt liegt. Vielleicht ermöglicht die in Ihrem Satz ausgesprochene Intention seine Klärung und Überwindung. Daß wir jedoch einstweilen eben hier nicht einig sind, zeigt sich an der unmittelbaren Fortsetzung dieses Satzes bei Ihnen, derzufolge ich mich „bei der vorgängigen Sicherstellung der Wahrheit Gottes und seiner Offenbarung ... auf denjenigen Wahrheitshorizont nicht einlassen will, der durch die Ausrichtung auf den Menschen bestimmt ist"[25]. Ich könnte meine Antwort darauf beschränken, diejenigen meiner Kritiker zu zitieren, die gerade beklagen, daß ich durch meine von der Anthropologie ausgehende Argumentation, insbesondere zur Gottesfrage und in der Christologie, das eigentlich Theologische verfehle. In dieser Sache teile ich mit Ihnen, wie ich meine, die neuzeitliche Konzentration der theologischen Problematik auf das Verständnis des Menschen. Was für einen Sinn kann Ihr Vorwurf dann haben? Er wird mir nur dann verständlich, wenn Sie, wie es denn auch tatsächlich scheint, eine „Ausrichtung auf den Menschen" nur da gegeben sehen, wo die Theologie auf die *ethische* Lebensproblematik bezogen wird. Und hier zeigt sich die oben erwähnte Differenz: Für mich bedeutet „Ausrichtung auf den Menschen" in erster Linie den Bezug auf die *Sinnproblematik* seiner geschichtlichen Erfahrung und Selbsterfahrung. Das Phänomen des Ethischen erscheint mir nur als ein Aspekt dieser umfassenden Thematik. Das gilt auch für den Willen zur Wahrheit, den Sie am Schluß Ihrer Erwiderung erwähnen, um damit auf die ethische Fundierung des Erkennens selbst hinzuweisen. Allem Mut zur Wahrheit geht nicht nur ein vorgängiges Wissen um Wahrheit und Irrtum voraus, sondern auch ein Umgang mit Wahrheit, der schon Erkenntnis sein muß, damit „methodische Wahrheitserkenntnis" überhaupt möglich wird.

Eine unmittelbar ethische „Ausrichtung auf den Menschen", die nicht durch Sachverständnis und Sinnverstehen und also durch konkrete Welterfahrung vermittelt wäre, würde der ethischen Entscheidung den Charakter der freien Einsicht nehmen. Mit meiner Betonung der Priorität der Sinnproblematik meine ich daher nicht zuletzt auch das Interesse des ethischen Bewußtseins als eines Bewußtseins der Freiheit wahrzunehmen. Die Freiheit hängt an der Ver-

[24] A.a.O. 54.
[25] Ebd.

mittlung ethischer Relevanz durch Sinnverstehen wegen der damit verbundenen Möglichkeit eigener Urteilsbildung.

Daß „Ausrichtung auf den Menschen" in erster Linie den Bezug auf die Erfahrung von Bedeutung und Bedeutungszusammenhängen, also auf die Dimension der Sinnerfahrung erfordert, besagt natürlich nicht, daß sie „von der Gewissenserfahrung unabhängig"[26] wäre. Auch die Gewissenserfahrung ist ja eine Form menschlicher Sinnerfahrung, eine ausgezeichnete sogar insofern, als es in ihr — wie Sie eindrucksvoll beschrieben haben — um die Ganzheit des eigenen Daseins geht. Doch die so bestimmte Bedeutung der Gewissenserfahrung läßt sich nur dartun, wenn ihre Eigenart im umfassenderen Zusammenhang der Sinnthematik gewürdigt wird. Isoliert für sich hat die Berufung auf das Gewissen angesichts der gegenwärtigen Verunsicherung des Bewußtseins sittlicher Normen allenfalls subjektive Evidenz. Und auch im Selbstbewußtsein des einzelnen ist die Gewissensstimme, für sich allein, ungeschützt gegen den Verdacht, es melde sich darin nur die Stimme des Überich. Was aber das Gewissen *vor* derartigen Funktionen eigentlich ist, das läßt sich am ehesten im Kontext der Sinnproblematik bestimmen, und das haben ja auch Sie der Sache nach getan, als Sie in Ihrem Aufsatz zu diesem Thema das Gewissen auf das Bewußtsein vom Ganzen der Wirklichkeit bezogen[27] und so auf „den Zusammenhang von Mensch, Welt und Gott"[28]. Ich habe den gleichen Sachverhalt im Blick gehabt, wenn ich gelegentlich das Gewissen die existenzielle Relevanz der Vernunft genannt habe, wobei allerdings ein ganz bestimmtes Verständnis von „Vernunft" zugrunde liegt.

Auf ihre kühne Vermutung, daß mir „an einer Verifikation des Redens von Gott gelegen" sei, „die von der Gewissenserfahrung unabhängig" wäre[29], brauche ich nach alledem wohl nicht weiter einzugehen. Kühn nenne ich diese Vermutung, weil sie im Gespräch mit einem Theologen von vornherein einen sehr hohen Grad von Unwahrscheinlichkeit haben muß. Ähnliches gilt von Ihrer auf der folgenden Seite geäußerten Vermutung, ich wolle „darauf hinaus, die Wahrheit der christlichen Verkündigung vor und außerhalb der Situation des Glaubens festzustellen"[30]. Näher hätte doch vielleicht die Annahme gelegen, daß im *Verständnis* der Situation des Glaubens eine Differenz zwischen uns besteht, insofern nämlich diese Situation für mich nicht unmittelbar und exklusiv durch das Ethische, sondern durch den Kontext der Sinnerfahrung bestimmt ist, der die Welterfahrung, die Verarbeitung ihrer Bedeutsamkeit und die ethische Thematik umfaßt.

[26] A.a.O. 50.   [27] WuG I, 434.   [28] A.a.O. 432 ff.
[30] A.a.O. 51.   [29] WuG II, 50.

Meine gegen die Isolierung der ethischen Thematik gerichtete
These, daß dem Wirklichkeitsverständnis Priorität vor dem ethischen Normbewußtsein gebühre, kommt in Ihrer Erwiderung nur
in der Weise zur Sprache, daß Sie mir das Bemühen um Schaffung
einer „Entsprechung" zur längst versunkenen „fides historica" zuschreiben, die „eine unanfechtbare Sicherstellung der Wirklichkeit
Gottes und des biblischen Geschichtsbildes" darstellen soll[31]. Der
Leser Ihrer Erwiderung wird sich dem Eindruck des Krampfhaften
und Anachronistischen eines solchen Versuches schwerlich entziehen
können, zumal die zitierte Formulierung den Anschein erweckt,
daß dem wunderlichen Autor, mit dem Sie sich da auseinanderset-
zen, sowohl die Vorläufigkeit aller gegenwärtigen Erkenntnis und
der daraus resultierende Pluralismus als auch die Auflösung „des
biblischen Geschichtsbildes" durch die historische Kritik bisher verborgen geblieben sind. Er erfährt nicht, daß ich die notitia historiae
der Reformatoren nur als ein historisches Beispiel unter anderen für
den Vorrang des Wirklichkeitsverständnisses vor der ethischen Thematik, und zwar so, daß diese dadurch mit umgriffen ist, erwähnt
habe. Immerhin räumen Sie ein, daß die Reformation tatsächlich
eine solche unangefochtene notitia historiae voraussetzte, indem Sie
mir zubilligen, auch ich wisse ja, „daß diese Voraussetzung, die
heute nicht mehr besteht, nicht repristinierbar ist"[32]. Daß die reformatorischen Aussagen über den Glauben diese Voraussetzung hatten, bedeutet nun aber doch, daß eine Ablösung der Gewissenserfahrung und der ethischen Beschreibung der „Situation des Glaubens" von dieser Voraussetzung, selbst wenn letztere für uns gänzlich versunken sein sollte, eine substantielle Verschiebung der reformatorischen Thematik bedeutet. Daß die reformatorische Applikation der biblischen Historie auf die Buß- und Gewissensthematik
gegenüber jener Voraussetzung verselbständigt wurde, so daß die
Befreiung aus der sittlichen Not nun ihrerseits die Bürgschaft für
den Inhalt der christlichen Überlieferung bis hin zur Tatsächlich-
keit des Heilsgeschehens übernehmen mußte, darin bestand ja eben,
wie ich in meiner Mainzer Vorlesung erwähnte, die pietistische Umformung der reformatorischen Glaubenstheologie, und sie geschah
auf dem Boden jener Isolierung des Ethischen, auf die meine Kritik
sich richtet. Nun halte ich in der Tat ebensowenig wie Sie etwas
von einer Repristination reformatorischer Positionen wie etwa der
notitia historiae; denn diese ist einem vorkritischen Autoritätsglau-
ben verhaftet, den wir nicht mehr teilen können. Mit der Berufung
auf reformatorische Formeln kann man hier wie sonst den veränderten Problemen der Gegenwart nicht gerecht werden. Es geht mir

[31] Ebd.   [32] Ebd.

5 Pannenberg, Ethik

daher auch nicht darum, im Sinne einer analogisierenden Applikation „eine Entsprechung" zu jener notitia historiae zu „schaffen".

Vielmehr habe ich, wie schon gesagt, jenen Sachverhalt nur als ein historisches Beispiel unter anderen für das heutige Problem des Vorrangs des Wirklichkeitsverständnisses vor der ethischen Thematik, die erst in dem dadurch gegebenen Kontext diskutierbar wird, angeführt. Wenn nach dem Beitrag des christlichen Glaubens zur Lösung der heutigen ethischen Krise gefragt wird, so ist daher an erster Stelle das Wirklichkeitsverständnis zu erörtern, das der christliche Glaube im Zusammenhang heutiger Wirklichkeitserfahrung und als Beitrag zu deren Verständnis impliziert. *Hier* ergibt sich dann die Unausweichlichkeit des Themas der Geschichte als ein nicht nur spezifisch christliches, sondern für das neuzeitliche Selbstverständnis des Menschen überhaupt konstitutives Thema, das allerdings für den christlichen Glauben in besonderer Weise charakteristisch ist, weil er sich über zwei Jahrtausende hinweg an die historische Gestalt Jesu hält und weil der biblische Gott ein Gott der Geschichte ist. Letzteres bedeutet indessen nicht die Übernahme eines biblischen Geschichtsbildes, sondern ermöglicht, die gegenwärtige Problematik des geschichtlichen Bewußtseins mit dem Gottverständnis der Bibel zu verknüpfen, in welchem auch sein geschichtlicher Ursprung liegt. Es kann also keine Rede davon sein, daß es mir um eine „unanfechtbare Sicherstellung . . . des biblischen Geschichtsbildes" ginge[33]. Das dürfte spätestens seit meiner von anderer Seite so bedauerten Aufgabe des geschichtstheologischen Schemas von Verheißung und Erfüllung zugunsten des Begriffs der Überlieferungsgeschichte deutlich sein. Ferner gibt es „unanfechtbare Sicherstellungen" in Fragen der Geschichte überhaupt nicht, wie ich betont habe, was jedoch nichts daran ändert, daß das *höchstmögliche Maß* an Gewißheit in diesem Bereich bei den Wahrscheinlichkeitsurteilen der Historie liegt, die nicht etwa durch andere Gewißheitsquellen zu überbieten sind. Daß es auch im Hinblick auf die Wirklichkeit Gottes keine „unanfechtbare Sicherstellung" geben kann, habe ich am Schluß meiner „Erwägungen zu einer Theologie der Religionsgeschichte"[34] wohl hinreichend deutlich gemacht, so daß sich weitere Ausführungen dazu hier erübrigen. Ich hebe hier nur den dort entwickelten Gesichtspunkt hervor, daß die Strittigkeit der göttlichen Wirklichkeit — ihres Daß wie ihres Wie — mit der Offenheit der Geschichte zusammenhängt. So weist auch diese Problematik noch einmal auf das Thema der Geschichte zurück. Seine spezifisch christliche Relevanz ist einerseits durch die

---

[33] Ebd.
[34] Grundfragen systematischer Theologie, 1967, 284 ff.

Verbindung des christlichen Glaubens mit der historischen Gestalt Jesu, andererseits aber durch das besondere Verhältnis des biblischen Gottes zur Erfahrung der Wirklichkeit als Geschichte gegeben, und zwar so, daß diese Aspekte eng zusammengehören; denn nur weil der biblische Gott der Gott der Geschichte ist, kann die Bedeutung des historischen Jesus für die Gegenwart im Zusammenhang der Überlieferungsgeschichte des Christentums theologisch und nicht nur kulturgeschichtlich thematisiert werden.

Sie könnten nun einwenden, daß auch eine heutige Untersuchung der Bedeutung des historischen Jesus zunächst in seinem eigenen geschichtlichen Kontext und dann im Bezugsrahmen der Geschichte überhaupt nicht über die Schranken des reformatorischen Begriffs der notitia historiae hinauskomme, derentwegen diese als ungenügend beurteilt und vom Heilsglauben unterschieden wurde. Jedenfalls steht ja für Sie „letztlich zur Diskussion" zwischen uns, „wie denn aus der fides historica die fides iustificans wird"[35]. Die Frage nach der Bedeutsamkeit des historischen Jesus so, wie ich sie im Kontext der modernen geschichtsphilosophischen Diskussion und namentlich der von Dilthey entwickelten Analyse der geschichtlichen Erfahrung, jedoch im Gegensatz gegen eine Faktum und Bedeutung trennende positivistische Historie stelle, unterscheidet sich aber von der reformatorischen „notitia historiae" dadurch, daß sie die Frage nach den Bedeutungszusammenhängen des Historischen nicht ausschließt, sondern einschließt und sogar zu ihrem eigentlichen Thema hat, das auch den Begriff der Geschichte im Ganzen überhaupt erst ermöglicht. Die Schranke der notitia historiae lag ja für Melanchthon darin, daß sie die Historie selbst nur oberflächlich zu Gesicht bekommt, nämlich unter Absehung von der diese Historie eigentlich konstituierenden causa finalis, die für Melanchthon mit der Sündenvergebung identisch war (Apol. IV, 51). Die causa finalis historiae ist also das Heil und kann daher nur vom Verheißungsglauben erfaßt werden. Dementsprechend läßt sich sagen, daß die nicht von ihren Bedeutungszusammenhängen künstlich isolierte Historie je nach ihrer Eigenart durch ihre Bedeutsamkeit auf den Interpreten der Geschichte selbst ausgreift, ihn einbezieht in die Bedeutungszusammenhänge, deren letzter Horizont die Totalität der Geschichte ist, in die auch der reflektierte Betrachter von Geschichte sich einbezogen weiß. Die Objektivität historischen Wissens schließt solche von der Sache selbst ausgehende Betroffenheit nicht aus, so sehr sich in der Objektivitätsforderung die Unterschiedenheit der Sache von den subjektiven Vorurteilen des Auslegers ausdrückt. Objektivität beruht nicht, wie törichterweise behauptet wor-

---

[35] WuG II, 53.

den ist, auf Distanzierung gegenüber der Sache, sondern auf der Leidenschaft des Bei-der-Sache-Seins, durch die der sachlich Fragende die ihn von der Sache trennende subjektive Befangenheit überwindet. Sofern die Selbsttranszendenz des „Bei-der-Sache-Seins" aber das Wesen der Subjektivität selbst ist, ist gerade die Sachlichkeit, also die Objektivität, Ausdruck höchster Subjektivität. Zu solcher Sachlichkeit gehört dann auch das Bewußtsein, daß die Bedeutung vergangenen Geschehens, sofern sie in die noch offene Zukunft reicht, nicht durch bloße Betrachtung angeeignet wird, sondern nur durch eine Antizipation dieser Zukunft, die immer schon Akt eines Sinnvertrauens ist, dessen Inhalt von der Bewährung des Überlieferten an der gegenwärtigen Erfahrung des Interpreten abhängt. Dieser Sachverhalt ist für geschichtliches Verstehen darum so zentral, weil das geschichtlich Überlieferte immer mit Sprache verbunden ist, mit Worten, in denen die Akteure und Tradenten selbst endgültige Wahrheit antizipiert und damit über die Gegenwart des Interpreten auf die auch für ihn noch offene Zukunft vorgegriffen haben. Dabei geht es immer schon um Heil, nicht etwa erst in der christlichen Überlieferung, und zwar um Heil, das nicht nur in ethischen Kategorien zu explizieren ist, sondern die positive Sinnerfüllung des eigenen Daseins im Zusammenhang alles Wirklichen zum Inhalt hat. Zu christlichem Heilsglauben kommt es dann da, wo sich Menschen in die Heilsbedeutung der Geschichte Jesu hineinziehen lassen, indem diese sich ihnen als Sinnerfüllung ihrer Gegenwart an ihrer gegenwärtigen Erfahrung bewährt. Ob diese Heilsbedeutung heute noch durch die alten Begriffe von Rechtfertigung und Sündenvergebung unmittelbar verdeutlicht werden kann, ist mir allerdings zweifelhaft, da die universale Sinnintention dieser Begriffe für ein an der Frage nach dem Sinn der Wirklichkeit orientiertes Bewußtsein durch ihre moralisch-rechtlichen Akzente verstellt ist. Darum bedarf es erst einer Interpretation, um zu verdeutlichen, daß diese traditionellen Sprachformen es mit der Ermöglichung von Gemeinschaft mit Gott zu tun haben.

Es sollte zwischen uns eine Verständigung darüber möglich sein, daß es in der Geschichte als einer Geschichte von Menschen immer schon um Bewährung oder Nichtbewährung sprachlich artikulierter Antizipation endgültiger Wahrheit und endgültigen Heils geht. Ich glaube, mit Ihnen übereinzustimmen in der Einsicht, daß solche Antizipation des Nichtvorhandenen nur durch Sprache ermöglicht wird. Demgemäß gehören die nichtvorhandene Wirklichkeit Gottes, Sprache und Geschichte eng zusammen. Wie dieser Zusammenhang genauer zu beschreiben ist, bildet das eigentliche Thema unseres

Gesprächs. Was Sie als hermeneutischen Prozeß des Wortgeschehens darstellen und was ich als Überlieferungsgeschichte bezeichne, sind zuletzt doch wohl nicht zwei verschiedene Themen, sondern verschiedene Näherungslösungen einer und derselben Thematik. Diese Gemeinsamkeit des Themas würde noch deutlicher, wenn Sie den Begriff des Wortgeschehens nicht ausschließlich auf die ethische Thematik des Geschehens zwischen Personen hin entfalten, sondern auch die Sachbezüge der Sprache, wie sie in der Sprachphilosophie im Vordergrund stehen, in Ihre Analysen mit einbeziehen würden, so wie andererseits ich mich bemühe, in der Geschichtsthematik die Bedeutung der Sprachlichkeit geschichtlicher Erfahrung und damit auch ihren Bezug auf die Heilsfrage zur Geltung zu bringen.

Mit herzlichem Gruß bin ich

Ihr
Wolfhart Pannenberg

Die Begründung der Ethik
bei Ernst Troeltsch

Unter den christlichen Theologen dieses Jahrhunderts, deren Bemühen sich darauf richtete, eine Auswanderung der christlichen Religion und Theologie in ein sektiererisches Abseits der allgemeinen Kulturentwicklung zu verhindern, ist Ernst Troeltsch bis heute die überragende Gestalt. In seinen geistes- und sozialgeschichtlichen Arbeiten leistete die Theologie ihren Beitrag an der vordersten Front des Problembewußtseins der Zeit. Troeltschs Ortsbestimmung des Christentums und der christlichen Theologie im Zusammenhang der Neuzeit ist in der Eindringlichkeit und Differenziertheit ihrer Analysen bis heute nicht überholt, seine Formulierungen der Probleme und Aufgaben, vor die das christliche Denken dadurch gestellt ist, haben ihre Gültigkeit und erhellende Kraft nicht verloren, obwohl oder gerade weil die nach Troeltsch aufgekommene Epoche der dialektischen Theologie und ihrer Folgen einen anderen Weg glaubte einschlagen zu müssen. Die Richtung auch dieses Weges war, wie sich zeigen wird, bei Troeltsch vorgezeichnet; er wurde aber von der dialektischen Theologie in einer Einseitigkeit vorangetrieben, vor der man sich durch Troeltsch im voraus hätte warnen lassen können.

Im Zusammenhang seiner Theorie der modernen Welt und der damit verbundenen „methodologischen und religionsphilosophischen Untersuchungen, auf denen sich erst eine christliche Glaubens- und Lebenslehre erbauen kann", verschob sich für Troeltsch, wie er 1912 im Vorwort zu seinen „Soziallehren der christlichen Kirchen und Gruppen" schrieb, „das Schwergewicht nach der Seite der Ethik". Dabei handelte es sich freilich mehr um eine „Verschiebung" gegenüber dem Altprotestantismus, dem Troeltschs erste Arbeit gegolten hatte, als gegenüber der Theologie A. Ritschls, von der er selber herkam; denn diese hatte ihrerseits die ethische Thematik als grundlegend für die Glaubenslehre veranschlagt. Troeltsch hat diese Tendenz konsequent, aber zugleich umfassender vollendet, indem er die Geschichtstheorie auf eine ethische „Metaphysik" des menschlichen Handelns zurückführte. Es gelang ihm dadurch, dasjenige Thema, das seit Kant und den Diskussionen um Rationalismus und Supranaturalismus gegen eine Unterordnung unter eine aprioristische Ethik sich gesträubt hatte, in die Ethik aufzuheben, allerdings nur dadurch, daß umgekehrt die Ethik ausgeweitet wurde zu einer allgemeinen Kultur- und Gesellschaftsphilosophie. Dafür konnte Troeltsch sich gegenüber Kant auf Schleiermachers Ethik berufen. Aber während diese der empirischen Geschichte gegenüber noch in der Abstraktion des Allgemeinen verharrte, hat Troeltsch auch die Geschichtsphilosophie in die Ethik aufgehoben und konnte dadurch die Gesamtthematik der christlichen Theologie in eine ethische Grundlegung einholen. Gerade durch diese umfassende Ausführung des ethischen Ansatzes hat Troeltsch ihn aber zugleich auch an seine Grenzen geführt. Die Einsicht in diesen Sachverhalt legitimiert die in der dialektischen Theologie erfolgte Umkehrung der von Troeltsch behaupteten Priorität der Ethik vor der Dogmatik trotz aller Kritik an der unzureichenden Durchführung dieser Umkehrung bei den dialektischen Theologen.

Zu einer zusammenhängenden Darlegung seiner Sicht der Begründungsproblematik der Ethik wurde Troeltsch durch das Erscheinen der „Ethik" von Wilhelm Herrmann 1901 veranlaßt. Seine große Abhandlung „Grundprobleme der Ethik, erörtert aus Anlaß von Herrmanns Ethik", die zuerst 1902 in der Zeitschrift für Theologie und Kirche erschien[1], entwickelte in Auseinandersetzung mit Herrmann zugleich den eigenen ethischen Entwurf.

Troeltsch stimmt mit Herrmann überein in der Annahme, daß die Ethik — „als Lehre von den letzten Zielen und Zwecken des menschlichen Daseins"[2] — „die *übergeordnete und prinzipiellste Wissenschaft ist*, in deren Rahmen die Religionswissenschaft sich einfügt"[3]. Troeltsch hat darin den Ausdruck einer spezifisch neu-

---

[1] ZThK 12, 1902, 44—94 u. 125—178; wiederabgedruckt in: Gesammelte Schriften II, 1913, 552—672. Ich zitiere nach den Seitenzahlen der Erstveröffentlichung in der ZThK.

[2] ZThK 12, 1902, 44. Auf der folgenden Seite wird das „allgemeine" ethische Problem ähnlich als das „der letzten Werte und Ziele menschlichen Lebens und Handelns" bezeichnet. Die teleologisch-anthropologische Auffassung des Themas der Ethik findet sich auch bei W. Herrmann: Ethik, 5. Aufl. 1913, § 5 f. Dabei geht Herrmann von der Lebensproblematik des Individuums aus mit der Frage nach der Einheit des eigenen Lebens durch „Herrschaft des in *einem* Zweckgedanken gesammelten Bewußtseins über die Gefühle" (§ 5, p. 19, Hervorhebung von W. P.), eine Fragestellung, die ihn auf den Begriff des sittlich Guten führt.

[3] Ebd. 45. In der Vorrede zur 3. Aufl. bestätigte Herrmann ausdrücklich die Übereinstimmung mit Troeltsch in diesem Punkt. Dennoch hat K. Barth diese Übereinstimmung 1925 bestritten, in der Kirchlichen Dogmatik (I/2, 879) aller-

zeitlichen Entwicklung erkannt. Im vorneuzeitlichen Christentum
nämlich, auch noch im Altprotestantismus, gehörte „die Ethik noch
dem Gebiet des Subjektiven und der Anwendung und die Religion
noch dem Gebiet des allein Objektiven, der autoritären Offenbarung", an[4]. In der Neuzeit hingegen kehrte sich dieses Verhältnis
um. Die Ethik wurde, unabhängig von der Dogmatik und im Gegensatz zu ihr, zur allgemeingültigen Wissenschaft von der praktischen Lebensthematik des Menschen, während die Dogmatik durch
den konfessionellen Partikularismus und Antagonismus diskredi-
tiert war. Daher konnte es nun auch zum Versuch einer „Rekon-
struktion der erschütterten Dogmatik vom Boden der Ethik aus"
kommen[5]. Den Wendepunkt in der Geschichte dieses Umbruchs hat
Troeltsch mit zunehmender Entschiedenheit im Neucalvinismus der
englischen Puritaner und Independenten des 17. Jahrhunderts iden-
tifiziert[6]. Hier führte die Verbindung von calvinistischen mit spiri-
tualistisch-täuferischen Motiven dazu, aus dem reformatorischen
Prinzip der christlichen Freiheit die bürgerlichen Freiheitsrechte
der Individuen zu folgern und mit der Rezeption des stoischen, „absoluten" Naturrechts den konfessionellen Einheitsstaat durch das
Prinzip der Religionsfreiheit und des Freikirchentums zu ersetzen.
Der Partikularismus des religiösen Bekenntnisses wurde hier umgriffen von einer christlich motivierten naturrechtlichen Konzeption, und dem entspricht der Vorrang, den die Ethik unter dem
Einfluß des „Neucalvinismus" gegenüber der Dogmatik gewann.

Die theoretische Begründung der verselbständigten Ethik und die
dem entsprechende Deutung der Religion als „ein wesentlich prak-
tisches Verhalten des menschlichen Geistes" und „als Stütze und
Kraft der Moral" sah Troeltsch kulminieren in der praktischen Phi-
losophie Kants[7]. Dennoch hielt er eine „Ergänzung der Kantischen
Ethik" für notwendig[8]. Zwar stimmte er Kant darin zu, daß die
Ethik „auf einem die Erfahrung erst hervorbringenden apriorischen
Gedanken" beruhe (ebd.), wollte aber diesen Grundgedanken eher

dings wieder anerkannt (W. Groll: Ernst Troeltsch und Karl Barth – Kontinuität im Widerspruch, 1976, 55 f.).
[4] Ebd. 52.   [5] Ebd. 55.
[6] Der Aufsatz von 1902 über Grundprobleme der Ethik erblickte noch im Pie-
tismus und Puritanismus gemeinsam die Voraussetzung dieser Wende, die sich
in England parallel zum Kontinent vollzogen habe (l. c. 52 ff.). In den „Soziallehren" hingegen erkennt Troeltsch in der veränderten Bedeutung der Ethik
eine spezifische Wirkung des aus der puritanischen Revolution hervorgegangenen „Neucalvinismus" im Unterschied zum Luthertum (Die Soziallehren der
christlichen Kirchen und Gruppen, 1912, 790; siehe zur folgenden Zusammenfassung ebd. 733 ff. 741 ff. und bes. 754 ff. 762 ff.).
[7] ZThK 12, 1902, 55 f.   [8] Ebd. 139.

im Sinne einer aus der Vernunft folgenden Zwecksetzung verstehen als in der Form des „bloßen Gesetzesbegriffs". Dabei würde sich aus dem „ideal notwendigen Zwecke" die Unterscheidung von Individual- und Sozialzweck ergeben, aus denen wiederum die individuelle Sittlichkeit der Persönlichkeitsbildung und die soziale Sittlichkeit hervorgehen, die „einander voraussetzen und sich gegenseitig bedingen"⁹. Bei Kant ist Troeltsch zufolge „unter dem Bann der Parallele mit dem theoretischen Transzendentalismus" eine Einengung der ethischen Analyse auf das Subjekt erfolgt. Folgte man diesem Ansatz, so ergäbe sich die Konsequenz, daß „der Begriff des Sittlichen lediglich *subjektive* Zwecksetzungen einschließen" würde, „die das Verhältnis des Subjekts zu sich selbst und zu dem analogen Verhältnisse anderer zu sich selbst betreffen, und es wäre völlig ausgeschlossen, daß an dem Charakter *objektiver*, formaler Notwendigkeit auch objektive Zwecke teilnehmen können"¹⁰. Dieser Kritik wird man nicht ohne weiteres zustimmen können. Auch Troeltsch war sich wohl dessen bewußt, daß Kant auf der Grundlage seiner Ethik durchaus einen Staatsgedanken und eine Geschichtsphilosophie entwickeln konnte. Diese Tatsache spricht auf den ersten Blick gegen die Behauptung, daß man von Kants Ethik her nur zur Aufstellung subjektiver Zwecke gelangen könne. Sicherlich läßt sich nicht bestreiten, daß Kants transzendentale Fragestellung in der Tat die Grundlagen der Ethik ausschließlich in der Subjektivität gesucht hat. Dabei wurden aber nicht nur die objektiven Zwecke sozialer Institutionen, sondern alle Zwecksetzungen überhaupt dem Begriff des allgemeinen Gesetzes untergeordnet. Diese Unterordnung des Zweckbegriffs unter den formalen Gesichtspunkt der Allgemeinheit des Gesetzes dürfte eher dafür verantwortlich sein, daß die in den sozialen Institutionen verkörperten objektiven Zwecke in der Ethik Kants nicht das fundamentale Gewicht haben, das Troeltsch ihnen zuerkennen wollte. Insofern die Anwendung des moralischen Gesetzes zunächst auf die subjektiven Zwecksetzungen des Individuums bezogen ist und erst sekundär auf Gemeinschaftszwecke, ist der von Troeltsch geübten Kantkritik ein Wahrheitsmoment sicherlich nicht abzusprechen. Aber es wäre zweifellos überzeugender gewesen, wenn er seine Kritik auf den Formalismus des Kantischen Begriffs unbedingt allgemeiner Gesetzlichkeit konzentriert und ihm den Zweckbegriff als Ausgangspunkt für die Grundlegung der Ethik gegenübergestellt hätte, statt die vermeintlich einseitige Bevorzugung subjektiver Zwecksetzungen zum Kernpunkt seiner Argumentation zu machen. Die Folge dieser Unklarheit war, daß Troeltsch seine eigene, teleologische Begründung der Ethik mit ih-

---

⁹ Ebd. 134 f.　　　　¹⁰ Ebd. 135.

rer Betonung der objektiven Sozialzwecke neben den subjektiven Zwecken der Persönlichkeitsethik für eine bloße „Ergänzung" der Kantischen Ethik hielt. In Wirklichkeit handelt es sich um einen ganz anderen Ansatz. Die Argumentationslast einer solchen Neubegründung unterschätzte Troeltsch jedoch, weil er meinte, es handle sich um eine bloße „Ergänzung" der „subjektiven" Ethik Kants durch Schleiermachers „objektive" Güterethik[11]. Die Folgen dieser mangelnden Grundlagenreflexion werden sich noch an späterer Stelle zeigen. Die anfechtbare Deutung der Ethik Kants als beschränkt auf subjektive Zwecke erklärt sich bei Troeltsch vielleicht teilweise aus der Konstellation seiner Argumentation gegenüber der Ethik W. Herrmanns. Diese läßt sich in der Tat als subjektive Zweckethik charakterisieren. Sie geht aus von dem menschlichen Streben nach Selbstbehauptung, auf die sich unser Wollen richte. Herrmann legt dar, daß dieses Ziel nur erreicht werden kann, wenn unser persönliches Leben Einheit gewinnt durch ein einheitliches Wollen, das aus der Unterordnung unter einen einheitlichen Zweck hervorgeht. Dieser wird nun aber nicht objektiv als höchstes Gut gedacht, sondern in eigenartig abrupter Wendung des Argumentationsgangs von der Frage nach einem unserem Leben Einheit verleihenden Zweck zur Wirklichkeit des Sittlichen in anderen, daher für uns autoritativen Personen schließlich aufgehoben in den Begriff des Sittengesetzes, das als „unbedingtes Sollen" die in ihnen wirkliche, von uns gesuchte Einheit der Person begründe[12]. Die Kantische Gesetzesethik wird auf diese Weise eingebaut in eine Persönlichkeitsethik, die vom Gesetzesbegriff wieder zurückführt auf die

[11] So ausdrücklich ebd. 139, vgl. 56 f.
[12] W. Herrmann: Ethik, 5. Aufl. 1921, 12–35 (§§ 3–9) und 42 ff. (§ 10 f.). Die Unebenheiten und Brüche der Argumentation Herrmanns sind in der bisher ungedruckten Münchner Habilitationsschrift von Traugott Koch: Theologie unter den Bedingungen der Moderne, 1970, eindringlich und subtil herausgearbeitet worden. Dabei hebt Koch vor allem auf den unzureichend ausgearbeiteten Begriff des Selbst bei H. ab (13 ff.), der mit dem Zweckgedanken nicht vermittelt ist (16 ff.), so daß H. nicht zu zeigen vermag, daß Freiheit Gabe bleibt (20). Ähnliche Anfragen lassen sich an Troeltsch richten im Hinblick auf seine Verselbständigung des endlichen „Geistes" gegenüber der Zukunft der Gottesherrschaft (s. u.). Immerhin zeigt sich die Fruchtbarkeit von Herrmanns Einsatz beim Problem der Selbstbehauptung gerade im Licht der jüngsten Diskussion um die Konstitution der Subjektivität (dazu die Beiträge von D. Henrich in dem von H. Ebeling herausgegebenen Band: Subjektivität und Selbsterhaltung. Beiträge zur Diagnose der Moderne, 1976). Hier liegt auch der Grund für die Abwendung Herrmanns von der Frage nach dem höchsten Gut – abgesehen von ihrer angeblichen Unbeantwortbarkeit (34 f.): Die Orientierung des Wollens an einem Gut (oder Zweck) würde das Wollen auf eine Ursache zurückführen und damit seinen Begriff aufheben (36 f., § 10), nämlich seine Selbständigkeit beseitigen. Aber ist das Zukünftige als nötigende Ursache zu denken?

Lebensproblematik der Subjektivität. Diese behält ihr Leitmotiv im Gedanken der sittlichen Selbständigkeit. Troeltsch hat hier mit Recht eine angemessene Würdigung der ethischen Relevanz der sozialen Institutionen vermißt. Noch in den späteren Auflagen der Ethik Herrmanns werden die sozialen Institutionen nur als naturwüchsige menschliche Gemeinschaften behandelt, in denen sittliches Handeln betätigt werden soll. „... die sittlichen Güter der Ehe, des Staates, der Gesellschaft, der Wissenschaft und der Kunst, alles das kommt für Herrmann überhaupt nicht als sittlicher Zweck oder Gut in Betracht, sondern lediglich als Gemeinschaftsform, die aus natürlichen Trieben entsteht."[13]

Daß der Zweckgedanke bei Herrmann gegenüber dem Gesetzesbegriff in den Vordergrund rückt, wird von Troeltsch lobend hervorgehoben. Dieser Gesichtspunkt sollte nur „noch stärker betont" und „aus dem idealnotwendigen Zwecke mit seiner Spaltung in den Individual- und Sozialzweck das Begriffsgefüge durchgängig abgeleitet" werden[14]. Statt dessen habe Herrmann sich aber den „viel angefochtenen Gedanken Kants" vom rein formalen oder kategorischen Charakter des sittlichen Zwecks angeeignet[15]. Daher bestehe für ihn das Wesen der christlichen Ethik nur in der „Erlangung der Kraft zur Autonomie", so daß sowohl für die „Wendung zur Welt", als auch „für die Ausmachung einer speziellen christlichen Sittlichkeit ... nichts übrig" bleibe, „als eben dieses formale Gute nur im Christentum zur Fähigkeit der Verwirklichung kommen zu lassen"[16]. Wenn man derartige christliche Exklusivansprüche preisgebe, die darauf hinauslaufen, die Wirklichkeit des Sittlichen trotz seiner Allgemeingültigkeit für die Menschheit außerhalb des Christentums zu bestreiten, so stehe man bei Kant und Fichte: Sie „hatten nicht umsonst von diesen Voraussetzungen aus nur einen graduellen Vorzug der christlichen Ethik erreicht". Auch bei Herrmann bestehe „das Spezifisch-Christliche der christlichen Ethik ... nicht in irgendwelchen Bestimmtheiten des sittlichen Ideals, sondern dieses deckt sich völlig mit dem rational-sittlichen Ideal". Der christliche Beitrag *besteht nur in der Hilfe zu der Erfüllung dieses Ideals, in der Erlösungskraft,* die in der christlichen Gemeinde durch die Beziehung auf die Person Jesu dem Handelnden zu-

---

[13] Troeltsch a.a.O. 85. T. Koch 26 ff. stimmt dieser neben Troeltsch auch von Pfleiderer geäußerten Kritik zu. Von der Allgemeinheit des Sollens her werde der einzelne mit dem andern gerade nicht vereint, der Gedanke der Gemeinschaft nicht erreicht.

[14] A.a.O. 134, vgl. 68 f.   [15] Ebd. 70 f.

[16] Ebd. 84 und 78; vgl. die kritischen Bemerkungen 156 f.: „Hier ist Herrmann ganz der harte Dogmatiker und Apologet, der den Wert des Christentums nur um den Preis des Unwertes alles Außerchristlichen glauben kann" (157).

wächst ..."[17]. Herrmanns Ethik exemplifiziert für Troeltsch, daß der Religion auf dem Boden der praktischen Philosophie Kants keine selbständige Bedeutung verbleibt. In der Tat kann das Christentum hier allenfalls als zusammenfassende Darstellung „dieser zugleich begrifflichnotwendigen und doch zugleich subjektiven Moral"[18] gelten, wie bei Kant selber und im Rationalismus, oder aber es dient „der Ermöglichung des sittlichen Handelns überhaupt durch Vergewisserung über Dasein und Wirklichkeit der göttlichen Macht des Guten und ihre Bereitschaft zur Sündenvergebung"[19]. Mit dieser letzteren Auffassung hat Herrmann die supranaturalistische Form der Anknüpfung an Kant weitergeführt, wie sie von der Erweckungstheologie übernommen worden war, in der denn auch Herrmanns eigene theologische Wurzeln liegen. Troeltsch hat mit vollem Recht hervorgehoben, daß auf dieser Argumentationslinie die christliche Sittlichkeit „nichts Neues in der Bestimmung des sittlichen Zweckes selbst" beizutragen hat, „und ihre höheren Kräfte fließen nicht aus einem höheren Zweck, sondern sie inkarniert sozusagen den rational sittlichen Zweck bloß in einer schlechthin vollkommenen Gestalt und gewährt die Kräfte zu dessen Erreichung ..."[20].

Selbständiges Gewicht können Religion und Christentum im Rahmen der ethischen Fragestellung der Neuzeit nach Troeltsch nur dann gewinnen, wenn die Kantische Begründung der Ethik aus der Vernunft über Kants subjektive Engführung hinaus ausgeweitet wird, so daß die Bestimmung der „objektiven Werte und Zwecke des Handelns" zu ihrer zentralen Aufgabe wird, wie es bei Schleiermacher und Hegel geschehen ist. „So wird die Ethik zur Kulturphilosophie unter ethischem Gesichtspunkt, indem sie Notwendigkeit, Vernünftigkeit und Einheitlichkeit der großen sozialen, aber zugleich die Individuen zu eigentümlichem Wert erhebenden objektiven Zwecke zu erweisen strebt. So ergeben sich inhaltliche Zwecke des Staates, der Gesellschaft, der Kunst, der Wissenschaft, der Familie, der Religion, die als objektive Güter das Handeln bestimmen."[21] Troeltsch knüpft ausdrücklich an Schleiermachers Konzeption der Ethik — diesen „Höhepunkt der Ethik des deutschen Idealismus"[22] — an und setzt sich ihre Vollendung zum Ziele. Gerade in seiner theologischen Ethik hat Schleiermacher nämlich nach

---

[17] Ebd. 78 f.   [18] Ebd. 56.
[19] Ebd. 80.   [20] Ebd. 79.
[21] Ebd. 57.
[22] Ebd. 58. Zu der mit der Hinwendung zu Platon verbundenen und an dem Begriff des höchsten Gutes orientierten Kantkritik Schleiermachers siehe jetzt Marlin E. Miller: Der Übergang. Schleiermachers Theologie des Reiches Gottes im Zusammenhang seines Gesamtdenkens, 1970, 54 ff.

Troeltsch „nicht von ferne" die Konsequenzen seiner „großen Gesamtanschauung" gezogen. Inwiefern nicht? Daß die christliche Ethik als Darstellung der „Auswirkung des Geistes Christi durch den Organismus seiner Gemeinde" dem allgemeinen Programm der Ethik Schleiermachers als Beschreibung des „Handeln(s) der Vernunft auf die Natur" entspricht, hat Troeltsch durchaus gesehen[23]. Auch die Verbindung der philosophischen und der theologischen Ethik durch den Kirchenbegriff, der in der ersteren begründet wird und den Ausgangspunkt der letzteren bildet[24], ist ihm schwerlich entgangen. Inwiefern konnte er dennoch die theologische Ethik Schleiermachers als dem großen Entwurf seiner philosophischen Ethik unangemessen beurteilen? Troeltsch vermißte *erstens* eine ausdrückliche Erörterung des Spannungsverhältnisses zwischen der ethischen Selbstdarstellung der christlichen Frömmigkeit und den allgemeinen Institutionen der weltlichen Gesellschaft und ihres Kulturlebens. Bei Schleiermacher sei „die Spannung zwischen einem spezifisch christlich-religiös bestimmten Handeln und einem durch die weltlichen Zwecke bestimmten Handeln gar nicht empfunden" worden. Es handelt sich hier um eine durch die Säkularisierung der modernen Gesellschaft wenn nicht erst hervorgebrachte, so doch verschärfte Problematik, in der Troeltsch — wie noch zu untersuchen sein wird — die wichtigste Schwierigkeit erblickte, der eine theologische Ethik überhaupt gegenübersteht. Doch seine Kritik an Schleiermacher begnügte sich nicht mit der Feststellung, daß dieser das Verhältnis der christlichen Ethik zu den ihr äußerlichen Gegebenheiten der Gesellschaft und Kultur nicht angemessen beschrieben habe. Dieser Gesichtspunkt bereitet nur den fundamentalen Einwand vor, daß Schleiermacher dem Christentum keine eigene, spezifisch christliche Definition des obersten ethischen Zweckes entnommen habe, sondern durch den Begriff der Erlösung nur eine Verstärkung und Vollendung der bereits anderweitig festgelegten Grundrichtung des sittlichen Geistes erreicht habe.„Nicht mehr das Problem des Wesens einer spezifisch christlichen ethischen Zweck-

---

[23] Troeltsch a.a.O. 58 f. Vgl. Schleiermacher: Grundriß der philosophischen Ethik ed. A. Twesten 1841, § 95.
[24] Siehe die Ausführungen von H.-J. Birkner: Schleiermachers christliche Sittenlehre im Zusammenhang seines philosophisch-theologischen Systems, 1964, über das Verhältnis zwischen philosophischer und theologischer Ethik Schleiermachers (81 ff.). Auch Birkner hebt hervor, daß „die Einleitung der Christlichen Sittenlehre Schleiermachers ... nur an wenigen Stellen etwas vom Spezifischen seiner eigenen philosophischen Ethik und ihres Verhältnisses zur Christlichen Sittenlehre durchschimmern" lasse (85), erklärt das aber aus dem Umstand, daß die philosophische Ehtik nicht im Druck vorlag und sieht der Sache nach dennoch eine „positive Beziehung zwischen beiden Disziplinen".

setzung und das Verhältnis einer solchen Zwecksetzung zu den übrigen beherrscht den Gedanken, sondern das Problem, wie durch die Erlösung durch Christus und in der Kirche als der Gemeinschaft der Erlösung der sittliche Geist die volle Kraft und Reinheit erlange".[25] Damit beschreibt Troeltsch die Funktion, die das Christentum bei Schleiermacher für die allgemeine ethische Aufgabe hat, in wohl nicht zufälliger Analogie zu dem zuvor bei Kant und Fichte festgestellten Sachverhalt, nur daß der Ansatz der Ethik beim Begriff des höchsten Gutes seiner Meinung nach an und für sich einen selbständigeren und gewichtigeren Beitrag des Christentums zur Grundlegung der Ethik ermöglichen würde.

Diesen Beitrag findet Troeltsch im Zentrum der Botschaft Jesu begründet. Es ist der „Grundgedanke der Predigt Jesu", „die Ankündigung der großen Endentscheidung, des Kommens des Gottesreiches als des Inbegriffes der vollendeten Gottesherrschaft, wo der Wille Gottes auf Erden geschieht, wie jetzt bloß im Himmel ...".[26] Schon in der Auseinandersetzung Troeltschs mit Herrmann liegt hier der Nerv seiner theologischen Argumentation: Das Evangelium beschränkt sich nicht auf den Gedanken der sittlichen Autonomie im Sinne der von Herrmann übernommenen Kantischen Ethik. „Ganz im Gegenteil gibt Jesus sehr scharf und mit alles beherrschendem Nachdruck ein konkretes Ziel und Gut an, das in seiner Bejahung ein derartiges frei aus dem Gewissen strömendes Handeln hervorbringt, diesem aber zugleich doch auch ein ganz bestimmtes *objektives Gut als Ziel vorhält*", nämlich das Reich Gottes[27]. Nur von diesem Grundgedanken aus wird „die absolute Überordnung der Gemeinschaft über das Individuum" verständlich, die im christlichen Liebesgedanken zum Ausdruck kommt und sich bei Herrmann nur durch eine Umbiegung seines an Kant orientierten ethischen Ansatzes Bahn brechen kann. Mit Recht fragt Troeltsch, ob diese Überordnung des „Gemeinzwecks" über das Individuum denkbar wäre „ohne die Begründung der sittlichen Forderungen aus dem Gedanken eines übergewaltigen Zweckes Gottes, der die Kleinheit der Individuen auflöst in einen großen, aus der Gemeinschaft mit Gott stammenden, ewigen Lebensinhalt ...".[28] Dann aber kann nicht erst der Erlösungsgedanke „das zur allgemeinen natürlichen sittlichen Idee hinzutretende christliche Sonderelement sein. Die Bedeutung des Erlösungsgedankens, von der Herrmann aus das Ganze konstruiert, ist also unhaltbar... Er rückt ... an die zweite Stelle. Er kann nicht ein völlig selbständiger sein, sondern er muß aus dem grundlegenden und ersten Gedanken, dem Gedanken

---

[25] Troeltsch a.a.O. 59.   [26] Soziallehren 34.
[27] ZThK 12, 143 f.   [28] Ebd. 144.

Gottes und des objektiven religiösen Zieles, sich als abgeleiteter ergeben"[29]. Hier zeigt sich eindrucksvoll, wie erhellend und damit auch theologisch überlegen die Orientierung der Ethik an der Frage nach dem höchsten Gut im Vergleich zur ethischen Argumentation. Herrmanns ist. Ihre größere Erschließungskraft für die neutestamentlichen Befunde erweist sich nicht nur daran, daß Troeltsch die grundlegende Bedeutung des kommenden Gottesreiches in der Botschaft Jesu in ihrer systematischen Relevanz für die Ethik zur Geltung zu bringen wußte, und zwar als einziger Systematiker seiner Zeit gerade auch hinsichtlich der eschatologischen Zukünftigkeit des Gottesreiches und seiner dementsprechend zeitlich bestimmten Priorität vor allem menschlichen Handeln[30]. Er ist von diesem Gesichtspunkt aus auch zu einem tieferen und dem Neuen Testament näheren Begriff der Erlösung gelangt als Herrmann, bei dem dieser Begriff zwar eine zentrale Funktion hatte, aber nur in dem subjektivistisch eingeschränkten Sinne der erweckungstheologischen Tradition, in der Herrmann stand[31]. Dagegen Troeltsch: „Es heißt den Gedanken Jesu verkennen, wenn man meint, die Erlösung bringe nur Erlösung von Sünde und sittlicher Unkraft; sie ist vielmehr die große Erlösung vom Leid der Endlichkeit, die Lösung des Rätsels des Daseins und eben darum eine zukünftige. Dieser zukünftigen Erlösung steht *eine gegenwärtige nur so gegenüber, wie dem kommenden Gottesreich das gegenwärtige, d. h. als Stimmung der Hoffnung und Zuversicht*, als erhöhte Kraft derer, die das Ziel vor sich liegen sehen dürfen und bei denen der Bräutigam ist, die da sehen dürfen, wonach die Alten sich sehnten."[32] Auf all das hat Herrmann in den späteren Auflagen seiner Ethik nur durch eine kritische Bemerkung zum Grundsätzlichen der von Troeltsch geforderten Güterethik reagiert. Er meinte, daß der Gedanke des höchsten Gutes nicht die gesuchte „Einheitlichkeit des Wollens" zu be-

[29] Ebd. 156.
[30] Siehe dazu die Ausführungen von Norman Metzler: The Ethics of the Kingdom (Diss. theol. München 1971), University Microfilms (Xerox) Ann Arbor, Michigan, 1974, 345 ff., bes. 348. Während Johannes Weiß selber, sowie A. Schweitzer, A. v. Harnack und W. Herrmann die Entdeckung der eschatologischen Zukünftigkeit der Gottesherrschaft in der Botschaft Jesu nicht in ihrer systematisch-theologischen Interpretation durchzuhalten vermochten, sondern an ihre Stelle den Gedanken der Gotteskindschaft oder eine spiritualisierende Umdeutung setzten, hat Troeltsch durch seine Ethik des höchsten Gutes die exegetische Entdeckung von J. Weiß auch für die systematische Theologie fruchtbar werden lassen.
[31] W. Herrmann: Ethik 5. Aufl. § 19 (95 ff.). Zur erweckungstheologischen Herkunft des Erlösungsgedankens bei Herrmann von A. Tholuck vgl. W. Greive: Der Grund des Glaubens. Die Christologie Wilhelm Herrmanns, 1976, 91 ff.
[32] Troeltsch ZThK 12, 159.

gründen vermöge, weil es „kein in seinem Inhalt scharf bestimmter Gedanke" sei, sondern „nach unserer Lebenslage beständig wechselt"[33]. Herrmann hat dabei richtig gesehen, daß der Gedanke des höchsten Gutes „seine Stelle" nicht in der Ethik, sondern in der Religion habe „als der Ausdruck für die Lebensvollendung, auf die wir hoffen"[34]. Aber diese Einsicht hat ihn nicht dazu geführt, dem Begründungsverhältnis von Gottesreich und sittlicher Botschaft Jesu entsprechend nun eben hier die Begründung der Ethik auf Religion zu finden, die er an anderer Stelle, nämlich im Zusammenhang von Schulderfahrung und Sündenvergebung suchte. Dieses erweckungstheologische Theologumenon hat ihm im Unterschied zu Troeltsch die Einsicht in die systematische Tragweite jenes grundlegenden neutestamentlichen Befundes verdeckt, wobei vielleicht das Vorurteil mitspielte, daß die Frage nach dem höchsten Gut als Ausgangspunkt der Ethik stets eudämonistisch sei, obwohl doch schon Platons Gorgias die Vorordnung des Guten vor die Frage nach der dadurch zu erlangenden Lust gelehrt hatte.

Troeltschs Kritik an Herrmanns Verknüpfung eines vom Begriff des Reiches Gottes isolierten Erlösungsgedankens mit einer natürlich allgemeinen sittlichen Idee richtet sich implizit auch gegen Schleiermachers christliche Ethik, die das Verhältnis von Erlösung und allgemeiner Sittlichkeit ähnlich bestimmt hatte[35], wenn auch diese selbst bei Schleiermacher anders als bei Kant als eine werden-

---

[33] Ethik, 5. Aufl. 35.

[34] Ebd. Den ursprünglichen Sinn der religiösen Deutung des Begriffs des höchsten Gutes in Herrmanns Frühschriften „Die Metaphysik in der Theologie", Halle 1876 und „Die Religion im Verhältnis zum Welterkennen und zur Sittlichkeit", Halle 1879, untersuchte P. Fischer-Appelt: Metaphysik im Horizont der Theologie Wilhelm Herrmanns, 1965, 176 ff. Während jedoch in diesen Schriften die Unmöglichkeit einer präzisen Erfassung des höchsten Gutes mit seinem Doppelcharakter von Gabe und Aufgabe begründet wird, ist es in der „Ethik" die mit den Lebenssituationen wechselnde Inhaltlichkeit des höchsten Gutes, die begriffliche Eindeutigkeit nicht zuläßt. N. Metzler a.a.O. (Anm. 30) 309 betont mit Recht die Differenz Herrmanns von A. Ritschls Verbindung von Religion und Ethik im Begriff des Gottesreiches als Gabe und Aufgabe (dazu ebd. 178 ff.), die durch den Einfluß der Interpretation von J. Weiß (ebd. 313 ff.) wohl noch verstärkt worden sein dürfte. Der späte Herrmann deutete Jesu Botschaft vom Reich theozentrisch, aber entfuturisiert als „die Herrschaft Gottes im Menschen selbst" (Dogmatik ed. M. Rade 1925, 25), die für den Glaubenden zwar auch „sein höchstes Gut" wird, aber erst als Folge des „Gehorsams" gegen die göttliche Macht (ebd.). Wird damit der Begriff der Gottesherrschaft nicht zu einer Metapher für die Herrschaft des Sittengesetzes, so daß Herrmann insoweit auf der Linie der Kantischen Interpretation des Begriffs bliebe, wenn er auch die Gottesherrschaft nicht mehr als Resultat des sittlichen Handelns denkt?

[35] Troeltsch ZThK 12, 59; vgl. Schleiermacher: Die christliche Sitte ed. L. Jonas 2. Aufl. 1884, I, 8 (§§ 22 ff.) und II, 32 ff. vgl. 27 f., sowie 75 ff.

de gedacht worden war. Herrmann schloß sich denn auch, wie Troeltsch hervorhebt, mit der „Begründung der christlichen Sittlichkeit auf eine in Jesus wunderbar vollzogene Inkarnation des allgemeinen Sittengesetzes und auf die erlösende Mitteilung der Kraft zur Erfüllung dieses Gesetzes" an Schleiermacher an, allerdings nicht ohne ihn „entsprechend seinem ethisierenden Religionsbegriff" zu modifizieren[36]. Bei Herrmann fand Troeltsch also gerade denjenigen Gedanken Schleiermachers aufgenommen und mit der Kantischen Begründung der Ethik verbunden, dessen Hervortreten in der „Christlichen Sitte" er als ein Abweichen Schleiermachers von der „großen Gesamtanschauung" seiner an objektiven Handlungszielen oder Gütern orientierten philosophischen Ethik beurteilte. Aber könnte nicht diese Eigentümlichkeit der „Christlichen Sitte" Schleiermachers einen Hinweis darauf bilden, daß sein Konzept der Güterethik und sein Begriff des höchsten Gutes schon in den Grundlagen anders angelegt war als das bei Troeltsch der Fall war?

Schleiermacher hat in seiner Ethik den Begriff des höchsten Gutes aus der Analyse des Handelns der Vernunft auf die Natur abgeleitet[37]. Die „Einheit der Vernunft und Natur", die durch das Handeln der Vernunft hervorgebracht, zugleich aber in ihm als Kraft schon vorausgesetzt wird (§ 80 ff.), stellt sich unter verschiedenen Hinsichten als eine „Mannigfaltigkeit von Gütern" dar: So heißt „jedes Einssein bestimmter Seiten von Vernunft und Natur ein Gut" (§ 110). Wie der Begriff des *Gutes* den durch das Vernunfthandeln hervorzubringenden, aber zugleich auch schon in ihm wirksamen Gegenstand des Handelns darstellt[38], so der Begriff der

---

[36] Ebd. 129.

[37] Der Begriff des Handelns der Vernunft auf die Natur steht im Mittelpunkt der „Darlegung des Begriffes der Sittenlehre" in der letzten Fassung von Schleiermachers philosophischer Ethik (ed. Twesten, Allgemeine Einleitung von 1816, § 62 ff. = Ausgew. Werke ed. O. Braun/J. Bauer, Bd. 2 (1927), 2. Aufl. 1967, 537 ff.) Die Unterscheidung der Begriffe des Gutes, der Tugend und der Pflicht wird erst im folgenden Abschnitt über die „Gestaltung der Sittenlehre" daraus entwickelt (Twesten § 110 ff., Werke 2, 550 ff.). Die folgenden Paragraphenzahlen verweisen auf die Allgemeine Einleitung von 1816. Zum Begriff des höchsten Gutes vgl. bes. M. E. Miller: Der Übergang, 1970, 54 ff.

[38] In der Ethikvorlesung von 1812/13 sagt Schleiermacher, daß in der Idee des höchsten Gutes „Produzieren und Produkt ... identisch gesetzt ist". Andererseits heißt das höchste Gut das „Resultat" aller pflichtgemäßen Handlungen (Werke 2, 256, § 87 und 406 § 2). Dabei scheint Schleiermacher den Zweckbegriff absichtlich zu meiden, wie eine Anmerkung von 1827 zur letzteren Stelle nahe legt. (Vgl. auch die Bemerkungen von M. E. Miller: Der Übergang, 138, zur Vermeidung des Zweckbegriffs im Hinblick auf das Reich Gottes). Ausdrücklich äußern sich schon die „Grundlinien einer Kritik der bisherigen Sittenlehre" von 1803 kritisch zur Beschreibung des Guten als Zweck, als ob „die Tat nur Mittel sei, das Werk aber oder das Hervorgebrachte der Endzweck" (Werke 1,

Tugend die zu seiner Realisierung befähigende Kraft (§ 111) und der der *Pflicht* die Verknüpfung der besonderen Tätigkeiten mit dem allgemeinen Gut (§ 112). Obwohl also Schleiermacher dem Begriff des Gutes — und vor allem dem des höchsten Gutes als des Inbegriffs aller Güter (§ 113) — einen Vorrang für die Darstellung der Ethik einräumt[39], ist dieser Begriff nicht etwa als Ziel des Handelns dem Handeln selber vorgegeben, sondern bezeichnet die Einheit des Handelns mit seinem Resultat. Es gibt für Schleiermacher keinen dem sittlichen Prozeß vorgegebenen Begriff des höchsten Gutes. Das kommt auch darin zum Ausdruck, daß es nach Schleiermacher vom höchsten Gut „kein besonderes Wissen" gibt, sondern nur ein Wissen, das implizit ist im „Wissen um das Ineinander und Durcheinander aller einzelnen Güter". Auch das „Himmelreich" als Bezeichnung für die Vollendung des individuell-symbolischen Handelns der Religion ist nicht für sich allein Inbegriff des höchsten Gutes, sondern nur in Verbindung mit der Vollendung aller anderen Formen des Handelns[40].

Das höchste Gut ist bei Schleiermacher also nicht dem Handeln vorgeordnet, sondern ist Produkt der sittlichen Handlung und zugleich in der dieses Produkt erzeugenden Kraft und im Werden ihres Resultates schon wirksam. Daher kann Schleiermacher in der

169). Auch 1827, in den Akademiereden über den Begriff des höchsten Gutes, wendet Schleiermacher sich gegen die „höchst unnatürliche Trennung der Handlungsweise und Tätigkeit von dem daraus hervorgehenden Werke" (Werke 1, 450). Hier richtet sich die Bemerkung allerdings gegen die Einseitigkeit der modernen Behandlung der Ethik als Pflichtenlehre und Tugendlehre, und demgegenüber konnte Schleiermacher die Überlegenheit der antiken Ethik des höchsten Gutes dadurch erweisen, daß die Güter „immer etwas aus der menschlichen Tätigkeit Hervorgegangenes, aber zugleich dieselbe in sich Schließendes und Fortpflanzendes" darstellen (ebd. 456), der Begriff des Gutes somit die Einseitigkeit der bloßen Pflichten- oder Tugendlehre in sich aufhebt. Daher gilt vom höchsten Gut, daß „es so das Ganze ist, daß alles in ihm ist" (ebd. 470).

[39] Im Unterschied zu den Begriffen der Tugend und der Pflicht ist nämlich allein im Begriff des höchsten Gutes die Einheit der Vernunft mit der Natur „zugleich als erzeugend und erzeugt gesetzt" (Allgemeine Einleitung 1816, Werke 2, 509 § 114, vgl. dazu die Vorlesung 1812/13 bei Twesten 257 (§ 86) = Werke 2, 256 (§ 87).

[40] Twesten 44 f. (Lehre vom höchsten Gut § 19 = Werke 2, 569). Schleiermacher bildet daher in seiner zweiten Akademierede über den Begriff des höchsten Gutes 1827 vier verschiedene Formeln des höchsten Gutes als Vollendung der sittlichen Tätigkeit entsprechend den vier Tätigkeitsarten: Der ewige Friede und das goldene Zeitalter bezeichnen die Vollendung des organisierenden Handelns nach seiner allgemeinen und nach seiner eigentümlichen Seite, die vollendete Gemeinschaft des Wissens und das „Himmelreich" bezeichnen die Vollendung des symbolisierenden Handelns; aber erst alle zusammen in ihrer gegenseitigen Durchdringung bilden das höchste Gut (Werke 2, 480 ff. = Sämtliche Werke III/2, 481 ff., dazu Miller 75 ff.).

„Christlichen Sitte" sagen, dem Christen sei „die Erlösung durch Christum selbst das höchste Gut, und wenn diese in dem menschlichen Geschlechte nur dargestellt wird durch das Reich Gottes: so ist also das Reich Gottes das höchste Gut oder für den einzelnen ein Ort im Reiche Gottes, die „κληρονομία ἐν τῇ βασιλεία τοῦ θεοῦ"[41]. Das Reich Gottes ist also nicht primär zukünftig, sondern im christlichen Handeln in Entfaltung begriffen. Das wird am deutlichsten in Schleiermachers Aussagen über seine „Stiftung" durch Christus: „Dieser hat das Reich Gottes, auf welches alles christliche Handeln abzweckt, gestiftet und die Grundzüge davon vorgezeichnet, so daß alles Handeln in der christlichen Kirche nichts ist, als die Ausführung dieser Grundzüge."[42] Daher kann Schleiermacher auch sagen, das Reich Gottes auf Erden sei „nichts anderes als die Art und Weise des Christen zu sein, die sich immer durch Handeln muß zu erkennen geben . . ."[43]. So ist das Reich Gottes auch schon Wirklichkeit in der Kirche, wenn auch noch im Werden begriffen.

Troeltsch hat anders vom Reiche Gottes gesprochen. Für ihn war das Reich Gottes — entsprechend der neuen Interpretation der eschatologischen Botschaft Jesu durch J. Weiß — wesentlich Zukunft, so sehr, daß sogar Jesus die Zukunft des Gottesreiches von seiner eigenen Person unterschied. Das ist Troeltschs entscheidendes Argument für die christliche Legitimität seiner Polemik gegen die Absolutheit des Christentums wie jeder anderen geschichtlichen Erscheinung gewesen: „Welche Rolle immer der Messianismus in seiner Verkündigung gespielt haben mag, im Ganzen ist die Person hinter der Sache, dem Gottesreich, zurückgetreten. Das Gottesreich ist hier das Absolute und erweist sich als solches durch seinen Appell an die reinsten und innerlichsten Bedürfnisse der Seele, sowie in der Gewißheit seiner baldigen wunderbaren Herbeiführung

---

[41] Die Christliche Sitte ed. L. Jonas, Berlin 1884, II, 78. Zur Koinzidenz des theologischen Begriffs des Reiches Gottes mit dem in der philosophischen Ethik entwickelten Begriff des Himmelreichs siehe M. E. Miller: Der Übergang. Schleiermachers Theologie des Reiches Gottes im Zusammenhang seines Gesamtdenkens, 1970, 228 ff.
[42] Die Christliche Sitte II, 291 f. Dazu M. E. Miller 198 ff. Entsprechend stellt auch die Glaubenslehre das Reich Gottes als das von Christus gestiftete (§ 117 Leitsatz), in der Erlösung begründete (§ 46 Zusatz) neue Gesamtleben der Gläubigen (§ 87, 3) dar (vgl. § 113, 4; § 114, 2). In diesem Sinne kann man M. E. Millers These zustimmen, daß die Theologie der Glaubenslehre „als eine Theologie des Reiches Gottes konzipiert ist" (133). Dabei betont Miller mit Recht, daß bei Schleiermacher das Reich Gottes nicht bloß Ziel oder Zweck ethischen Handelns, sondern im Gesamtleben der Kirche hinsichtlich seines Entstehens, Bestehens und seiner Vollendung wirksam ist (137 ff.).
[43] Die christliche Sitte II, 13.

durch den Vater, dessen Zwecke mit der Welt damit erfüllt sind.“[44] Diese Zukunft ist für Troeltsch sowohl das Ende als auch ein Jenseits der Geschichte; denn „das Absolute in der Geschichte auf absolute Weise an einem einzelnen Punkt haben zu wollen ist ein Wahn...“. Darum hat „die lebendig aus Gott sprechende Frömmigkeit... die absolute Wahrheit der Zukunft, dem Ende der Geschichte, vorbehalten“[45]. Dafür beruft Troeltsch sich mit Nachdruck auf die Verkündigung Jesu selber; denn: „... die absolute Religion hat auch er, und gerade er, dem Jenseits der Historie vorbehalten.“[46] Der Fromme hat Gott nur in „auf die Zukunft hindeutenden Offenbarungen des Absoluten“[47], und diese Zukunft wird auch durch Gott allein heraufgeführt werden. Das Gottesreich ist „nicht die Verbindung von Menschen durch gemeinsame Anerkennung des Gesetzes der Autonomie als eines von Gott in die Brust gelegten Gesetzes... sondern eine wundervolle Gabe Gottes, etwas völlig Objektives, die Gemeinschaft der Menschen in völligem Frieden und völliger Liebe, weil in völliger Hingabe und Beugung unter die vollkommen offenbarte Herrschaft Gottes und weil unter der besonderen Leitung und dem Schutze Gottes stehend, ein Reich, in dem man Gott schaut und in dem die Barmherzigen Barmherzigkeit erlangen“. Troeltsch fügt ausdrücklich hinzu, „daß es ausschließlich eine große Gnadenthat Gottes ist, die diesen Idealzustand herbeiführt, und die ungeheure Konzentration des ganzen Denkens auf diesen Zweck offenbart sich darin, daß diese Gnadenthat vor der Thüre steht und das Evangelium einfach die Aufforderung zur Bereitung auf diese Gnadenthat ist“[48].

Der Vorordnung der Zukunft des Gottesreiches vor alles menschliche Handeln entspricht auch Troeltschs Begriff des höchsten Gutes, der dadurch einen entschieden anderen Charakter hat als der Schleiermachers. Die Wurzeln für das Verständnis dessen, was Troeltsch meint, wenn er von in der Geschichte sich herausbildenden Zwecken, Zielen, Gütern — insbesondere auch in bezug auf die Religionsgeschichte — spricht, liegen in seinen frühen Aufsätzen. In

---

[44] Troeltsch: Die Absolutheit des Christentums und die Religionsgeschichte, 2. Aufl. 1912, 127, vgl. 131.
[45] Ebd. 98 f. Siehe auch Soziallehren 979: „Der Gedanke des Gottesreiches der Zukunft, der nichts anderes ist als der Gedanke der endgültigen Verwirklichung des Absoluten, wie immer man sie denken mag, entwertet nicht, wie kurzsichtige Gegner meinen, Welt und Weltleben, sondern strafft die Kräfte und macht durch alle Durchgangsstufen hindurch die Seele stark in ihrer Gewißheit eines letzten, zukünftigen absoluten Sinnes und Zieles menschlicher Arbeit.“ Den Abschluß dieses Gedankens bildet der berühmte, später von Barth aufgenommene Satz: „Das Jenseits ist die Kraft des Diesseits.“
[46] Ebd. 100.   [47] Ebd. 98.   [48] ZThK 12, 150.

der Abhandlung über „Die christliche Weltanschauung und die
wissenschaftlichen Gegenströmungen"[49] hob Troeltsch „die Entdeckung der Bedeutung des Zweckes für das Sittliche" im neuzeitlichen Denken hervor: „Ohne eine solche Zweckvorstellung würde
der sittliche Imperativ etwas Sinnloses, Unverständliches und
Gleichgültiges sein, das niemals auf den Willen zu wirken vermöch-
te."[50] Dabei betont Troeltsch schon hier die Eigenständigkeit und
Unableitbarkeit der geistigen Zwecke. Dieser Ansatzpunkt wurde
zwei Jahre später in den religionspsychologischen Darlegungen seines Aufsatzes über „Die Selbständigkeit der Religion" weiterentwickelt. Troeltsch bemühte sich hier, die Selbständigkeit der moralischen und ästhetischen Wahrnehmungen gegenüber der sinnlichen
Erfahrung darzutun. Es handle sich dabei nicht um ein „Erzeugnis
der Tätigkeit des Geistes selbst", sondern „um Erfahrung und
Wahrnehmung unsinnlicher, vom Menschen unabhängiger, nicht
dem Individuum, sondern dem Geiste überhaupt geltender Gesetze,
um Ideen, die ... aus den Tiefen des Lebens hervorbrechen ..."[51].
Die religiöse Erfahrung aber ist von solchen Erfahrungen idealer
Ordnung noch einmal spezifisch verschieden, obwohl sie eng mit ihnen zusammengehört. Den Unterschied bildet nach Troeltsch „die
in der Selbstaussage der Religion liegende Beziehung auf eine unendliche oder nach Maßgabe unseres Verständnisses unendliche
Macht, in welcher Beziehung immer der praktische Charakter der
Religion als Streben nach einem höchsten Gut unausrottbar mitgesetzt ist"[52]. Hier ist also der Begriff des höchsten Gutes ausdrücklich gebunden an die religiöse Erfahrung einer dem Bewußtsein begegnenden göttlichen Macht[53]. Aber nicht nur die ethische, son-

---

[49] ZThK 3, 1893, 493–528, ZThK 4, 1894, 167–231 (= Ges. Schriften II, 227–327).
[50] ZThK 3, 518 f.
[51] ZThK 5, 388 f. vgl. 390 f.: Die idealen „Wahrnehmungen geistiger Wirk-
lichkeiten" werden im Unterschied zur sinnlichen Wahrnehmung nur „in unab-
lösbarer Begleitung energischer, den ganzen Menschen ergreifender Gefühle, in
relativer Abhängigkeit von dem Eingehen und der Hingabe des Willens, der sich
für sie bilden und sammeln muß", erfahren.
[52] Ebd. 396, vgl. den ganzen Zusammenhang 392–397, sowie ZThK 6, 1896,
179, wo ebenfalls die an das Bewußtsein „mit ganz bestimmten idealen Forderungen herantretende Macht" als Eigentümlichkeit des „religiösen Objekts" gekennzeichnet wird.
[53] Man vergleiche damit die Art, wie wir nach Schleiermacher das Bewußtsein der schlechthinnigen Abhängigkeit auf die Vorstellung Gottes als des „Wo-
her" der Abhängigkeit „zurückschieben", die Gottesvorstellung also auf die „un-
mittelbarste Reflexion über" das Abhängigkeitsgefühl zurückgeht und nicht etwa
dieses bedingt und hervorruft (Der christliche Glaube, 2. Aufl. 1830, § 4, 4).
[54] ZThK 5, 392.

dern auch die ästhetische Erfahrung setzt für die Selbständigkeit
ihrer geistigen Inhalte nach Troeltsch den religiösen Glauben voraus in dem Sinne, daß der Glaube an solche Ordnungen den religiösen Glauben „zu seiner Grundlage fordert" (ebd.). In welcher Weise
das der Fall ist, deutet wohl eine Bemerkung über die „Evidenz"
der idealen Wahrnehmungen an, von der Troeltsch sagt, sie beruhe
„auf ihrer den Geist erhebenden und leitenden Macht, der man sich
hingeben muß, wenn man die Keime dieser Ideen nicht vertrocknen
lassen will"[54]. Hier erscheint wohl nicht ohne Grund der Begriff
der „Macht", der vier Seiten weiter den besonderen Gegenstand der
religiösen Erfahrung bezeichnet.

Troeltsch hat durch seine Deutung des Guten oder der Güter als
Zwecke ihrem Inhalt von vornherein eine Priorität und Selbständigkeit gegenüber dem sittlichen Handeln gegeben, die in dem
ethischen Konzept Schleiermachers keinen Platz hatte, da dieser den
Begriff des Gutes gegen die Kantische Isolierung des Handelns von
seinen Resultaten geltend zu machen suchte. Die Verschiedenheit
des Interesses von Troeltsch kommt besonders in seiner Bemühung
um die Selbständigkeit der Religion — nicht so sehr gegenüber Moral und Metaphysik, als vielmehr — gegenüber der sinnlichen Erfahrung zum Ausdruck. Auf der Selbständigkeit der Religion vermöge der in ihr sich bekundenden göttlichen „Macht" beruht letztlich die Selbständigkeit auch der anderen Formen geistiger Wahrnehmung in Ethik und Ästhetik. Darin zeichnet sich eine ganz andere Richtung des Denkens ab als bei Schleiermacher. Troeltsch jedoch ist sich dieser tiefgreifenden Differenz nicht bewußt gewesen.
Einen sachlichen Unterschied zu Schleiermacher fand er nur in seinem Interesse, ebenso wie die religiöse Erfahrung überhaupt, so
auch den Verlauf der Geschichte der Religionen als Ergebnis göttlicher Einwirkungen auf die Menschen zu verstehen. Im übrigen sei
seine Auffassung „die Schleiermachers und der ihm nahestehenden
Theologen und Philosophen"[55]. In Wirklichkeit ist der Gedanke
göttlicher Wirkungen auf den Menschen in der Geschichte der Religionen Schleiermacher nicht fremd gewesen. Nur hat er darin nicht
wie Troeltsch Einwirkungen einer den Menschen begegnenden
göttlichen „Macht" erblicken können, weil er auch die religiöse Erfahrung als solche nicht als eine derartige Begegnung göttlicher und
menschlicher Wirklichkeit dachte, sondern als Aufgang des trans-
zendenten Grundes alles Seienden im unmittelbaren Selbstbewußtsein des Menschen. Die mangelnde Klarheit über die Tiefe dieser
Differenz zwischen Schleiermachers Denken und dem eigenen An-

---

[55] E. Troeltsch: Geschichte und Metaphysik, in: ZThK 8, 1898, 30, vgl. 28 ff.
und 55.

satz hat bei Troeltsch die volle Durchbildung des eigenen Entwurfs gerade auch in seiner Ethik beeinträchtigt. Troeltsch glaubte mit Schleiermacher übereinzustimmen in der Annahme, „daß der menschliche Geist ein in sich zusammenhängendes Ganzes mannigfacher Entwicklung seiner Grundtriebe ist, die von einer gewissen Tendenz vorwärts getrieben in Wechselwirkung mit der materiellen Welt den Inhalt des Geistes schaffen und vollenden"[56]. Wie das geschieht, hat Troeltsch am eindrucksvollsten in seiner Absolutheitsschrift beschrieben: „. . . neben den Gebilden des naturhaften Bedürfens erheben sich die in den Tiefen der Seelen sich bildenden Lebensinhalte und Lebensideale, die nicht bloße Produkte, sondern schöpferische Regulatoren des geschichtlichen Lebens sind und ihre Geltungsansprüche nicht auf die kausale Notwendigkeit ihrer Entstehung, sondern auf ihre Wahrheit begründen."[57] Erinnert der Ausgangspunkt dieses Gedankens in der Tat an Schleiermacher – ebenso wie an Dilthey[58] – so tritt doch mit der Emergenz der Lebensideale oder Werte, die an ihrem Anspruch auf Wahrheit gemessen sein wollen, ein neues, Troeltsch eigentümliches Moment in den Gedankengang ein. Aus der Voraussetzung der ursprünglichen Gemeinsamkeit und „Gleichartigkeit" des menschlichen Geistes wird nun allerdings – wieder in Anlehnung an Schleiermacher – verständlich, daß „die verschiedenen Wertbildungen der Menschheit etwas Gemeinsames haben, das mit innerer Notwendigkeit dazu zwingt, die Werte gegeneinander abzuwägen und, wie die eigene Persönlichkeit, so die menschliche Geschichte von der hierbei gewonnenen Überzeugung aus zu normieren und zu beurteilen"[59]. So kommt es auch dazu, „daß in diesen

---

[56] Ebd. 28, vgl. 42, wo Troeltsch allerdings fortfährt, daß der aus dieser Wechselwirkung hervorgehenden Entwicklung „ein endgiltiges und abschließendes Ziel gesteckt sei".

[57] Die Absolutheit des Christentums und die Religionsgeschichte, 2. Aufl. 1912, 56; vgl. ZThK 8, 1898, 30 ff.

[58] Die Beziehung zu Dilthey habe ich in „Wissenschaftstheorie und Theologie" 1973, 106 ff. in den Vordergrund gerückt und in Vergleich zu Diltheys hermeneutischer Geschichtsdeutung das Hervortreten des Zweckbegriffs bei Troeltsch als „Verengung auf eine handlungstheoretische Perspektive" (107) kritisiert (vgl. 111 f.). Unter einem andern Gesichtspunkt jedoch, besonders im Vergleich zu Schleiermacher, vertritt der Zweckbegriff die Transzendenz der Inhalte, auf die sich menschliches Handeln richtet, gegenüber dem Handlungsvollzug selber. Freilich wäre dieser Gedanke durch eine Hermeneutik der dem Handeln vorgegebenen Sinnerfahrung differenzierter und angemessener zu entfalten als es der Zweckbegriff erlaubt.

[59] Absolutheit 56 f. Das Stichwort „gleichartig" ebd. 60. Vgl. auch ZThK 8, 1898, 38, Ges. Schriften II, 745 f., sowie „Psychologie und Erkenntnistheorie in der Religionswissenschaft", 1905, 9.

individuellen Bildungen Werte von gemeinsamer Grundrichtung und der Fähigkeit der Auseinandersetzung miteinander auftreten, die in dieser Auseinandersetzung eine letzte, durch innere Wahrheit und Notwendigkeit begründete Entscheidung hervorbringen"[60]. Für eine derartige Entscheidung bedarf es eines Maßstabes, aber dieser Maßstab zur Urteilsbildung über die miteinander streitenden Ideale wird aus ihrem Streit selber erzeugt. Die Tatsache dieses Streites offenbart ja bereits eine Konvergenz auf eine Einheit der Wahrheit, auf ein „gemeinsames Ziel" der „Gesamtentwicklung" hin. „Der Maßstab kann sich nur im freien Kampf der Ideen miteinander erst erzeugen."[61] Der absolute Wert, der den Kampf der Ideen definitiv entscheidet, liegt freilich „in dem Jenseits der Geschichte, das nur der Ahnung und dem Glauben zugänglich ist"[62]. Aber dieses geschichtstranszendente Ziel kann sich „offenbaren" als „immer neue schöpferische Synthese, die dem Absoluten die im Moment mögliche Gestalt gibt und doch das Gefühl einer bloßen Annäherung an die wahren letzten allgemeingültigen Werte in sich trägt"[63]. Auch hier handelt es sich wieder „um jedesmal vorschwebende *Ziele und Ideale*, die in jeder Lebensform eine individuell geartete Verwirklichung finden, und die in keiner voll verwirklicht sind, sondern nur als letzter, auf die Bahn der Verwirklichung geleiteter Endzweck vorschweben"[64].

Die in diesen Gedankengängen entwickelte „Ontologie der menschlichen Vernunft oder ... des menschlichen Geistes", die nach Troeltsch auf einem Glauben „an Einheit und Zielstrebigkeit des Geistes" beruht[65], berührt sich in dem ersten Punkt, in der Annahme einer ursprünglichen Einheit des Geistes, zweifellos eng mit Schleiermacher, weicht dagegen mit dem Gedanken der Zielstrebigkeit von ihm ab. Das wird an der Wendung von dem Handeln „vorschwebenden" Zielen und Idealen und besonders an der von einem vorschwebenden Endzweck besonders deutlich. Die durch die Unklarheit über sein Verhältnis zu Schleiermacher bedingte Zweideutigkeit in Troeltschs Gedankengang besteht darin, daß einerseits der ganze Prozeß der Bildung und Wechselwirkung der „Ideale" als Auswirkung einer ursprünglichen Einheit des Geistes beschrieben werden kann[66], andererseits aber — und bei Troeltsch vorwiegend — diese Einheit selber als zukünftige verstanden sein kann, so daß in der Konvergenz der Geistesbildungen die Macht ihrer gemeinsa-

[60] Absolutheit 57.
[61] Ebd. 65. Zu den in der Entwicklung „konvergierenden Richtungen" vgl. 68 f.
[62] Ebd. 57 f. vgl 68 ff., auch 100, 148.
[63] Ebd. 58, vgl. 64.   [64] Ebd. 68.
[65] ZThK 8, 1898, 41.   [66] So ebd. 44 f.

men künftigen Bestimmung zum Ausdruck kommt: Das den geschichtlichen Gebilden innewohnende Gemeinsame und Allgemeingültige ist, wie Troeltsch ausdrücklich sagen kann, nicht durch einen aus ihnen abstrahierten Allgemeinbegriff zu fassen, ist überhaupt „nicht der Begriff eines tatsächlichen, in seiner menschlichen
Verwirklichung sich erschöpfenden Allgemeinen, sondern der Begriff eines gemeinsam vorschwebenden, in der Geschichte jeweils
verschieden stark und klar angebahnten, aber immer vorschwebenden Zieles"[67], das „als Ganzes und Fertiges doch der Geschichte
jenseitig ist" als die jenseits der Geschichte liegende Zukunft des
Absoluten[68]. In solchen Formulierungen wird die geistige Einheit
der individuellen Ideal- und Zweckbildungen in die Zukunft gerückt. Die im Geschichtsprozeß sich vollziehende Konvergenz der
geschichtlichen Gebilde und die ihnen innewohnende Einheit und
Gemeinsamkeit wird als Ausdruck ihrer Zukunftsbestimmung verstanden. Zugleich aber wird solche Gemeinsamkeit in anderen Äußerungen von Troeltsch als Wirkung einer ursprünglichen Einheit
des Geistes gedacht, eine Annahme, in der Schleiermachers Identi-
tätsphilosophie und Kantischer Apriorismus zusammenwirken. Die
Spannung zwischen den beiden Polen von Ursprung und Zukunft
in Troeltschs Denken blieb bis zuletzt unausgeglichen. So heißt es
in einem seiner letzten Vorträge: „Und wie so ein letztes gemeinsames Ziel im Unbekannten, Zukünftigen und vielleicht Jenseitigen
liegt, so liegt ein gemeinsamer Grund in dem ans Licht und ins Bewußtsein drängenden göttlichen Geiste, der im endlichen einge-
schlossen ist und aus dessen letzter Einheit mit dem endlichen Geiste die ganze vielfältige Bewegung erst hervorgeht."[69] Ausdrücklich spricht Troeltsch hier von zwei „Polen", „dem göttlichen
Grund und dem göttlichen Ziel". In seinen theologischen Schriften
dominiert deutlich der Gesichtspunkt des Zieles, aber Troeltsch hat
ihm doch nie definitiv den Vorzug gegenüber der Vorstellung des
absoluten Ursprungs gegeben, diese etwa in den Gedanken der Zukunft des Absoluten aufgehoben, weil er immer wieder zurück-
scheute vor einer genaueren Klärung seines Begriffs des Absoluten.

Soweit er in der Linie seiner teleologischen Metaphysik das Absolute als die Zukunft der Geschichte aller historisch-relativen Ide-
albildung gegenüberstellte, vermochte Troeltsch den eschatologischen Sinn der Botschaft Jesu vom zukünftigen Gottesreich scharf
zur Geltung zu bringen. Auf dieser Linie seines Denkens liegt, wie
er in dem Aufsatz über „Grundprobleme der Ethik" die „Allmacht

[67] Absolutheit 70, vgl. 68 f.
[68] Ebd. 69, 80, 146, vgl. 99 f., sowie auch schon ZThK 3, 1893, 526.
[69] Der Historismus und seine Überwindung, ed. F. v. Hügel, 1924, 82.

des eschatologischen Gedankens über das Evangelium ... als den grandiosen Ausdruck des alleinigen Werthes des religiösen Zweckes" herausarbeitete. Alle innerweltlichen Rücksichten und Zwecke" werden unter dem Druck der eschatologischen Naherwartung „vergleichgiltigt und überflogen"[70]. Troeltsch hat nicht nur die innere Logik dieses exegetischen Sachverhaltes eindringlich herausgearbeitet, sondern ihn auch in überzeugender Weise mit der inhaltlich so anders gerichteten, späteren Entwicklung der christlichen Ethik zu verbinden gewußt. Dabei brauchte er weder die spätere Zuwendung zur Welt als Abfall vom Evangelium zu verurteilen, noch den Radikalismus der urchristlichen Eschatologie durch hermeneutische Künste abzumildern. Er bestritt lediglich, daß die urchristliche Ethik wegen ihres eschatologischen Radikalismus mit Renan „als Urform des Klosters zu betrachten" sei[71]. Der persönliche Gottesgedanke des Christentums enthalte von vornherein „den Gedanken eines auch die Welt gestaltenden und heiligenden Zweckes" und stelle „die menschliche Arbeit unter die Aufgabe einer die Weltzwecke heiligenden und dem Gesamtzweck dienstbar machenden Gemeinschaft von Persönlichkeiten". Damit diese im christlichen Gottesgedanken begründete Tendenz sich auswirkt, ist „nur erforderlich, daß der religiöse Zweck die alles andere verflüchtigende Gewalt seiner unmittelbar bevorstehenden Verwirklichung verliere. Er mochte nur unter dieser Bedingung als der höchste und alles beherrschende erkannt werden können und mochte nur aus der Eschatologie geboren werden können. Aber er kann bestehen bleiben, auch wenn diese unmittelbare Vergegenwärtigung in die Zukunft rückt, und belebt sich nur neu aus der Versenkung in das Bild der klassischen Urzeit, wo er als alleiniger mit der Macht der Gegenwart vor dem Herzen stand. Dann aber muß die Welt und ihre Ordnung, die damals nicht verworfen, sondern als von Gott stammend für den Rest der Tage hingenommen wurden, die aber einen eigenen Wert für sich nicht hatten, wieder in das Licht der Dauer treten und eben damit positive Aufgaben der Heiligung und Bewältigung stellen. Um des Gottes willen, der der Gott der Schöpfung ist und von dem daher die Welt mit allen Gütern in ihr stammt, ist die Welt, sobald sie ein dauerndes Feld der Arbeit wird, auch positiv zu würdigen und sind ihre Zwecke mit dem letzten von Gott eröffneten Zwecke nach Möglichkeit zu verschmelzen"[72]. Troeltsch hat damit auf die schwierigen Fragen nach der bleibenden Bedeutung der urchristlichen Naherwartung und nach der theologischen Bewältigung und Sinndeutung der Tatsache ihres baldigen Verblassens eine Antwort

---

[70] ZThK 12, 151.   [71] Ebd. 153.   [72] Ebd. 154.

gegeben, die den Katastrophenthesen der sog. „konsequenten Eschatologie" der Schule A. Schweitzers ebenso überlegen ist wie den Verfallstheorien der Christentumsgeschichte, die sich so leicht an die Beobachtung des Abstandes der nachapostolischen Entwicklung und der Gegenwart des Christentums von seinem Ursprung heften. Man wird in dieser These Troeltschs, die im Kern auch heute noch nichts von ihrer Gültigkeit verloren hat[73], eines seiner wichtigsten Verdienste um die Theologie erblicken dürfen. Hätte sie von Anfang an die Würdigung gefunden, die sie verdient, so hätte sich die Theologiegeschichte dieses Jahrhunderts manche Umwege ersparen können, viel unnötiges schlechtes Gewissen im Hinblick auf den Verlauf der Geschichte des Christentums ebenso wie die quälenden Probleme und hermeneutischen Verbiegungen, die aus einer ungeschichtlichen Auffassung der Schriftautorität durch den Zwang zu unvermittelter Beziehung der urchristlichen Aussagen auf die jeweilige Gegenwart resultieren. Die bleibende Bedeutung der urchristlichen Anschauung vom Primat der kommenden Gottesherrschaft als des höchsten Gutes gegenüber allen andern Gütern hat Troeltsch nun auf das Problem der „Spannung" geführt, die zwischen dem höchsten Gut der Gottesherrschaft und „den aus dem Weltleben herausgebildeten, unabhängig vom Christentum in ihren Zwecksetzungen entstehenden und sich entwickelnden und in ihrer Sphäre als Selbstzwecke sich empfindenden sittlichen Culturgütern" auftreten muß[74]. Troeltsch erblickte darin ein Problem nicht erst der modernen, säkular gewordenen Welt im Verhältnis zu ihren christlichen Ursprüngen, sondern ein Problem fundamentaler Natur, das das Christentum seit seinen Anfängen begleitet habe und aus einem Sachverhalt noch größerer Allgemeinheit entspringt, nämlich aus einer Polarität der „beiden Haupttypen der religiösen und der innerweltlichen Zwecksetzung". Auf ihr beruhe sowohl der „Reichtum unseres Lebens" als auch seine Schwierigkeit; „aus ihr geht aber auch immer von neuem das heiße Bestreben nach Vereinheitlichung hervor". Der fundamentale Sachverhalt ist nach Troeltsch, „daß das Sittliche von Hause aus nichts Einheitliches, sondern etwas Vielspältiges ist, daß der Mensch in einer Mehrzahl sittlicher Zwecke heranwächst, deren Vereinheitlichung erst das Problem und nicht der Ausgangspunkt ist . . .". Eben darin ist aber

---

[73] Einer Ergänzung bedarf sie nur im Hinblick auf die von Jesu Botschaft ausgehende Erfahrung der Gegenwart des zukünftigen Heils Gottes in ihm, die mit dem Zurücktreten der Naherwartung noch an Bedeutung gewann und sich zum Inkarnationsglauben entfaltete. Im Hinblick auf die Rolle des Erlösungsgedankens hat Troeltsch immerhin auch diesen Sachverhalt gesehen (ebd. 160).
[74] Ebd. 154, vgl. 163 ff.

auch nach Troeltsch das sittliche Leben auf Religion angewiesen: „die *Vereinheitlichung* wird sich immer von der religiös-sittlichen Idee aus herstellen müssen"[75]. Die allgemeine Polarität von religiösem Zweck und säkularen Kulturzwecken mußte nach Troeltsch auch im Christentum zum Problem werden. Doch gilt schon allgemein, daß wegen des Ausgangs der Religion „von dem schöpferischen, alles umfassenden Gotteswillen . . . der religiöse Zweck nicht bloß die Ersetzung und Beseitigung der innerweltlichen Zwecke bedeuten" kann. „So muß gerade der christliche Gottesglaube mit seiner positiven Schätzung der von Gott geschaffenen Welt . . . es möglich machen, in den absoluten Zweck der Gottesgemeinschaft die innerweltlichen Zwecke aufzunehmen."[76] Daraus folgert Troeltsch als ethische Aufgabe, immer von neuem einen *Kompromiß* zu finden[77] zwischen den innerweltlichen Zwecken „im Dienste des Staates, des Rechts, der Wissenschaft, der Kunst" und den Forderungen des religiösen Zwecks, dessen Kraft darauf beruht, daß er unerläßlich ist für die Vereinheitlichung der innerweltlichen Zwecke.

Diese Sicht ist grundlegend geworden für Troeltschs großes Werk über die Soziallehren der christlichen Kirchen und Gruppen. Schon die Entwicklung der Alten Kirche zu einer zunehmend positiven Berücksichtigung der weltlichen Verhältnisse in Fragen wie Besitz, Arbeit, ständische Gliederung der Gesellschaft, Handel, Familie, Sklaverei, Staat, erschien ihm als Ausdruck eines „Kompromisses" mit der Welt, nicht zuletzt im Hinblick auf die Ausbildung der Theorie eines relativen, auf die durch den Sündenfall geschaffenen Zustände bezogenen Naturrechts[78]. Das christliche Mittelalter entwickelte dann das Ideal einer christlichen Einheitskultur; aber dieses Ideal beruhte faktisch schon auf den früheren Kompromissen mit der Welt und führte nach Troeltsch zu Gegenbewegungen „sektiererischer" Erneuerung der urchristlichen Ideale, Gegenbewegungen, die seiner Ansicht nach für das Zerbrechen der mittelalterlichen Einheitskultur entscheidend geworden sind[79]. Das neuzeitliche Christentum hat nach Troeltsch keine vergleichbare Stabilisierung einer solchen Kompromißlösung erreicht, am ehesten noch im Neucalvinismus, dessen Wirkung er aber auch schon verblassen sieht. Die Aufgabe bleibt dennoch bestehen[80].

---

[75] Ebd. 167 f.   [76] Ebd. 169.   [77] Ebd. 171 ff., vgl. 164.
[78] Der Ausdruck „Kompromiß" begegnet verhältnismäßig selten – so Soziallehren 90, 116, – aber an gewichtiger Stelle in dem zusammenfassenden Rückblick auf die altkirchliche Periode 179 f.
[79] Soziallehren 422 ff., vgl. 179 f.
[80] Siehe bes. die zusammenfassenden Bemerkungen zum ganzen Werk 972 ff.

So plausibel dieses Konzept auf den ersten Blick aussieht, seine theoretischen Grundlagen leiden doch an den Unklarheiten, die sich im Gang dieser Untersuchung wiederholt bemerkbar machten. Ein erstes Indiz dafür ist die Unstimmigkeit zwischen dem systematischen Konzept des Kompromisses von religiösen und weltlichen Zwecksetzungen einerseits und der einleuchtenden Erklärung, die Troeltsch für die Kontinuität der geschichtlichen Entwicklung des Christentums vom eschatologischen Radikalismus seiner Anfangszeit zur positiven Annahme der Welt und ihrer Gegebenheiten in der Folgezeit gegeben hat. Wenn diese Entwicklung im christlichen Gottesgedanken selber begründet ist, insofern Gott der Schöpfer dieser Welt ist und ihr Heil will, dann scheint es nicht notwendigerweise einen Kompromiß zu bedeuten, wenn das Christentum sich auf die Bedingungen der kulturellen Welt, in die seine Botschaft eintritt, einläßt, um sie in sich zu integrieren. Wie solche Integration vollzogen wird, das erst entscheidet über die Frage, ob das um den Preis eines Kompromisses mit dem christlichen Glauben entgegengesetzten Gegebenheiten und Auffassungen geschehen ist oder nicht. Solcher Kompromiß aber kann natürlich nicht zur ethischen Aufgabe erklärt werden, sondern bezeichnet ihr Scheitern, das Scheitern der Aufgabe christlicher „Transformation" der vorgefundenen kulturellen Gegebenheiten[81]. Troeltsch hat den Ausdruck „Kompromiß" in weiterem Sinne gebraucht für jedes Eingehen des Christentums auf die faktischen Bedingungen der Kulturwelt. Doch wenn das durch den Gottesgedanken selbst geboten ist, so wird, wie gesagt, der Begriff „Kompromiß" irreführend. Er bietet eine zu äußerliche Beschreibung der „Kultursynthesen", die sich in der Geschichte des Christentums immer wieder vollzogen haben, deren Glaubwürdigkeit jedoch an der Überzeugung von ihrer christlichen Authentizität hängt.

Troeltschs Begriff des Kompromisses verrät eine Auffassung des Gottesreiches im Sinne eines Gegensatzes des Absoluten zum Relativen. Darin besteht die Einseitigkeit seiner Deutung des Gottesreiches als der absoluten Zukunft, die als solche der geschichtlichen

---

[81] So hat bekanntlich, in stillschweigender Abweichung von seinem Lehrer Troeltsch, H. R. Niebuhr in dem letzten der von ihm unterschiedenen Typen der Verhältnisbestimmung von „Christ and Culture" (1951) die christliche Aufgabe gegenüber der weltlichen Kultur formuliert. Bereitschaft zum Kompromiß wird mit Recht gefordert, wo die endlichen Interessen von Individuen und Gruppen in Widerstreit miteinander geraten. Das unendliche Interesse Gottes und seiner Herrschaft jedoch erträgt keinen Kompromiß, der das erste Gebot verletzte. Die unterschiedlichen menschlichen Anschauungen von Gott und seiner Herrschaft mögen in ihrer Relativität der Pflicht zum Kompromiß unterliegen, aber nicht die Gottesherrschaft selber.

Welt entgegengesetzt ist. Die Konfrontation der Welt durch diese
Zukunft des Absoluten in der eschatologischen Botschaft des Urchristentums kommt bei Troeltsch machtvoll zum Ausdruck, nicht
in der gleichen Weise hingegen die Gegenwart dieser Zukunft im
Auftreten und der Person Jesu[82]. Das Problem läßt sich bis auf
Troeltschs Grundbegriff des „Zweckes" zurückverfolgen: Die Kategorie des Zweckes verbindet Gegenwart und Zukunft nur, indem
sie beide auseinanderhält[83]. Wenn die bezweckte Zukunft Gegenwart wird, hört sie auf, Zweck zu sein. Indem aber das Reich Gottes
als höchster Zweck der Gegenwart nur entgegengesetzt wird, ergibt
sich paradoxerweise die Verselbständigung einer innerweltlichen
Sphäre, in der die Verwiesenheit menschlichen Verhaltens auf Zukunft sich in einer Pluralität innerweltlicher Zwecke konkretisiert.
Bei diesen aber zeigt sich dieselbe Unerfülltheit der Gegenwart, die
„Unzureichendheit der weltlichen Zwecke", um deretwillen eben
der Gedanke eines letzten, einheitlich alles umfassenden „Zweckes"
immer wieder gebildet wird[84]. Wenn die weltlichen Zwecke aber
der Sache nach so unselbständig, weil mit solchem Ungenügen verbunden sind, wie kann dann im Ernst von ihrer Selbständigkeit
und Selbstzwecklichkeit[85] die Rede sein? Eher scheint die Wahrheit über diese innerweltlichen Zwecke, gerade insofern sie verselbständigt werden, dann durch die Erfahrung an den Tag gebracht
zu werden, die Troeltsch wiederholt als die Ausgangslage des Christentums gekennzeichnet hat: „Die christliche Sittlichkeit konnte
nur entstehen aus einem Boden, wo die innerweltlichen Zwecke
nicht mehr befriedigten, aus einem zerstörten Volksleben, und sie
hat ihren eigentlichen Entwicklungsboden erst gefunden auf dem
Boden der alten Kulturwelt, die bereits von sich aus das Ergebnis
der Unzureichendheit der weltlichen Zwecke gefunden hatte."[86]
Man wird eine Bestätigung dieser Einsicht Troeltschs darin erkennen dürfen, daß die Erfahrung der Erschütterung der christlich-eu-
ropäischen Kulturwelt im ersten Weltkriege zumindest in der Theologie eine neue Hinwendung zur „Allmacht des eschatologischen

---

[82] Der Schlußabsatz der „Soziallehren" mit seiner Hervorhebung des Gedankens, das Reich Gottes sei „inwendig in uns" (986), kontrastiert merkwürdig mit
der sonst dominierenden Linie in Troeltschs Aussagen über das Reich Gottes. Be-
zeichnenderweise aber stellt sich dieses „inwendig in uns" bei Troeltsch wiederum als zweideutig dar, nämlich nicht nur als „Inwendigkeit" der göttlichen Zukunft in uns, sondern zugleich – oder primär? – als Inwendigkeit der (wenn
auch christlich motivierten) geistigen Produktivität „alles Menschentums".
[83] Dieser Gesichtspunkt ist schon in „Wissenschaftstheorie und Theologie",
1973, 111 f. berührt worden.
[84] ZThK 12, 1902, 168, vgl. 170.
[85] Ebd. 164 f., 170.   [86] Ebd. 170, vgl Soziallehren 30 ff.

Gedankens über das Evangelium" veranlaßt hat, eine neue „Unterwerfung aller Gedanken unter die unmittelbare Herrschaft des letzten Zweckes"[87]. Der Versuch Barths, die Theologie vom Gedanken der Souveränität Gottes her neu zu begründen, hat gerade auch in Troeltschs Interpretation des von Jesus verkündeten Gottesreiches eine Wurzel, wenn nicht seiner Motivation, so doch seiner problemgeschichtlichen Legitimation. Barth hat allerdings in der Durchführung dieses Ansatzes das mit der Kategorie des Zweckes verbundene Grundproblem der Theologie Troeltschs, den Dualismus von Reich Gottes und Welt, nicht zu überwinden vermocht. Er hat diesen Dualismus freilich weniger zum Problem gemacht als vielmehr praktiziert unter Voraussetzung jener „absoluten Kluft zwischen Christentum und Nichtchristentum", um deren Aufweis Troeltsch W. Herrmann bemüht sah[88], während Barth diese Kluft als gegeben annahm, und zwar nicht nur im Hinblick auf außerchristliche Religion, sondern — über Herrmann hinaus — auch in bezug auf alle „natürliche" Erfahrung. Gerade die Exklusivität seines offenbarungstheologischen Ansatzes vereitelte die Intention Barths, die Welt ohne Einschränkung als Gottes Welt zu denken, und führte statt dessen zu einer Selbstisolierung des christlichen Glaubens und Denkens in einem imaginären Oberhalb der realen Welt des Menschen. Troeltsch hat die Gefahren des Herrmannschen Dualismus gesehen, aber er teilte selber die Problematik dieser Position, die allerdings bei ihm anders in Erscheinung trat. Der in der Kategorie des Zweckes enthaltene Dualismus zwischen Gegenwart und absoluter Zukunft führte bei Troeltsch zur Verselbständigung der weltlichen Gegenwart des „Geistes" gegenüber dem Absoluten, trotz der erklärten Relativität aller geschichtlichen Gebilde, wobei die Verselbständigung freilich durch die Frage nach der die Selbständigkeit der geistigen „Ideale" begründenden „Macht" auch wieder verflüchtigt wird. Immerhin hat Troeltsch durch den Begriff des Zweckes die Welt der menschlichen Erfahrung und kulturellen Tätigkeit auf das höchste Gut des Gottesreiches bezogen. Das Gottesreich als das höchste Gut zu denken, erfordert mehr als der Begriff des Zweckes herzugeben vermag. Aber jedenfalls wird es als das höchste Gut *für den Menschen* gedacht werden müssen, darum nicht im Gegensatz zu seiner Erfahrung und seiner Welt, sondern in Beziehung zu ihr und als Einbeziehung seines Lebens und seiner Welt. Daran muß sich das Gottesreich als das höchste Gut des Menschen erweisen, und nur insoweit das geschieht, ist die Aufhebung der Ethik in die Dogmatik vollzogen, zu der Barth sich durch

---

[87] Ebd. 151.   [88] Ebd. 158, vgl. 131 f.

Troeltsch selber herausgefordert sah, wenn mit der Priorität des Gottesreiches im theologischen Denken Ernst gemacht werden sollte[89].

---

[89] Vgl. die Ausführungen von W. Groll a.a.O. 106 ff. zu Barths Interpretation von Troeltschs Satz „Das Jenseits ist die Kraft des Diesseits", bes. 116 ff.

Luthers Lehre von den zwei Reichen

I

In mehreren Stellungnahmen während des letzten Krieges hat Karl Barth die Theologie Luthers und das Luthertum als mitverantwortlich für die Ermöglichung des Nationalsozialismus bezeichnet. Die lutherische Lehre von einer selbständigen „Autorität des Staates" habe „dem deutschen Heidentum gewissermaßen Luft verschafft", und zwar durch die „Absonderung der Schöpfung und des Gesetzes vom Evangelium"[1]. Dadurch sei dem Nationalsozialismus die „Aufmachung und Tarnung als Aufrichtung wahrer obrigkeitlicher Autorität" ermöglicht worden (121). Den „Irrtum Martin Luthers hinsichtlich des Verhältnisses von Gesetz und Evangelium, von weltlicher und geistlicher Ordnung und Macht" (113) erblickte Barth in der Verselbständigung des weltlichen Bereichs und damit in seiner Immunisierung gegen den alle Lebensbereiche umfassenden Anspruch der Herrschaft Christi.

Trifft diese Kritik die Lehre Luthers von den beiden Reichen, dem Reiche Gottes und dem der Welt, und von den beiden Herrschaftsweisen (Regimenten) Gottes über diese beiden Reiche? Darüber ist viel gestritten worden. Dabei wurde wiederholt darauf hingewiesen, daß Luther keineswegs einer völligen Verselbständigung des Staates gegenüber dem Evangelium das Wort geredet und keineswegs einen aller Kritik an den Herrschenden entsagenden Untertanengehorsam vertreten hat. Auch den Bereich des Staates ordnete er der Herrschaft Gottes zu, und zwar der Herrschaft desselben Gottes, der in der Kirche regiert durch den heiligen Geist. Ferner hat Luther dem Predigtamt der Kirche eine Aufgabe auch gegenüber der Obrigkeit zugewiesen; denn zum Predigtamt gehört, daß der Prediger „alle stende berichtet und unterweiset, wie sie eusserlich inn ihren ampten und stenden sich halten sollen, da mit sie fur Gott recht tun ... Denn ein prediger bestettigt, sterckt und hilfft erhalten alle Oberkeit, allen zeitlichen friede, steuret den auffrurerischen, leret

---

[1] K. Barth, Eine Schweizer Stimme, Zürich 1945, 122. Die folgenden Zitate im Text verweisen auf dieses Werk.

gehorsam, sitten, zucht und ehre, Unterricht Vater ampt, Mutter ampt, Kinder ampt, Knecht ampt, und summa alle weltliche emter und stende"[2]. Daß das Bestätigen und Stärken der Obrigkeit sich nicht in billigem und liebedienerischem Beifall äußert, sondern unter Umständen in harter Kritik, das hat Luther selbst durch sein Verhalten bei vielen Gelegenheiten, auch im Bauernkrieg, mit unerschrockener Zivilcourage gezeigt. Die Grundlage für solche Kritik fand er im „naturlich Recht", das er dem von Menschen gesetzten, positiven Recht entgegensetzte und an das er den Staat für gebunden hielt[3]. Die von Luther betonte Selbständigkeit des Staates bedeutete also jedenfalls keinen Freibrief für die Willkür der Herrschenden, wenn auch das Naturrecht, an das die Obrigkeit gebunden ist, nicht im Sinne einer lex aeterna verstanden wurde, sondern im elastischeren Sinne eines „naturlich recht, des alle Vernunfft voll ist" (279). So fordert Luther auch, daß „das oberst recht und meyster alles rechten bleybe die vernunfft" (272), die die Rechte und Gesetze im Geiste der Billigkeit handhabt und den Umständen entsprechend ändert[4].

Daß der eine Gott Herr ist nicht nur in der Kirche, sondern auch im weltlichen Regiment, daß die Regierenden an das der Vernunft als natürlich und recht Erkennbare gebunden sind und daß die Predigt der Kirche auch die weltliche Obrigkeit zu unterweisen und durch Kritik und Ermahnung zu stärken hat, das gehört bei Luther zusammen. Die enge Verbundenheit dieser Motive zeigt sich besonders auffällig daran, daß Luther die Stimme der Vernunft und der Natur für identisch mit der der Liebe erklärt. „Denn die natur leret wie die Liebe thut, — das ich thun soll, was ich myr wolt gethan haben." Daher kann Luther „der liebe unnd natur recht" den Büchern der Juristen gegenüberstellen, die in jedem Fall an diesem Maßstab zu messen sind (279).

Aus alledem geht hervor, daß Luther nicht daran dachte, den Staat der Willkür der Machthaber zu überlassen oder einer Eigengesetzlichkeit, die ihn unabhängig sein lassen könnte vom Willen Gottes. Das schließt nicht aus, daß es in Luthers Unterscheidungen

[2] So Luther in seiner Predigt, daß man Kinder zur Schulen halten soll (1530), WA 30 II, 537, 22 ff.
[3] Von weltlicher Obrigkeit 1523,WA 11, 278 f. Die folgenden Seitenverweise beziehen sich auf diese Schrift.
[4] Zum Gedanken der Billigkeit bei Luther vgl. etwa WA 19, 631 f. (Ob Kriegsleute auch in seligem Stande sein können, 1526), sowie U. Duchrow, Christenheit und Weltverantwortung. Traditionsgeschichte und systematische Struktur der Zweireichelehre, 1970, 498 f. Zum Naturrecht bei Luther siehe E. Wolf, Zur Frage des Naturrechts bei Thomas v. Aquin und Luther, in: Peregrinatio 1954, 183—213.

von zwei Reichen und zwei Regimenten Züge geben könnte, die für sich genommen in eine andere Richtung drängen, als die soeben behandelten Motive sie erkennen lassen und eine Ausgliederung der weltlichen Obrigkeit aus dem Motivationszusammenhang des Christentums nahelegen. Dahin gehört, daß die grundlegende Begriffsbestimmung des Staates, der weltlichen Obrigkeit, bei Luther eigentümlich formal gefaßt ist, nämlich „das welltlich schwerd und recht handhaben zur straff der bößen und zu schutz der fromen" (248). Formal ist diese Bestimmung vor allem dadurch, daß sie absieht vom konkreten geschichtlichen Boden, auf dem das politische Gemeinwesen seine jeweilige Gestalt gewinnt. Insbesondere sieht Luther mit der Allgemeinheit seiner Begriffsbestimmung der weltlichen Obrigkeit davon ab, ob es sich um ein politisches Gemeinwesen auf dem Boden des Christentums (der christianitas) handelt oder nicht. Luther konnte sogar betonen, daß die Heiden „in solchen Sachen weit über die Christen geschickt" seien[5], und auf das türkische Staatswesen als ein vorbildliches Beispiel weltlicher Obrigkeit hinweisen. Derartige Aussagen implizieren offenbar einen nun in der Tat gegenüber aller spezifisch christlichen Motivation neutralen Begriff von politischer Herrschaft überhaupt, und man mag sich fragen, ob natürliches Recht und Vernunft unter so verschiedenen Bedingungen wohl noch konkret dasselbe besagen, und insbesondere, ob sie hier wie dort mit „der Liebe Recht" identisch sein können. Die hier bestehenden Probleme werden uns im Fortgang dieser Erwägungen noch weiter beschäftigen müssen. Hier ist zunächst nur festzuhalten: Zwar nicht das sehr komplexe Gesamtbild der Aussagen Luthers zur politischen Ethik, wohl aber eine gerade in seinen grundlegend gemeinten, formalen Begriffsbestimmungen angelegte Linie seiner Gedanken tendiert zu einer Gleichgültigkeit der Prinzipien, auf denen der Staat beruht, gegen den religiösen Boden, auf dem das konkrete politische Gemeinwesen sich bildet. Diese Tendenz scheint, wie sich noch deutlicher herausstellen wird, in einer Spannung zu stehen zu anderen Gedanken Luthers, von denen einige schon kurz berührt wurden und die die Einheit des christlichen Gottes als des sowohl durch das geistliche als auch durch das weltliche Regiment letztlich allein Herrschenden herausstellen bis dahin, daß dem christlichen Predigtamt eine gewichtige Aufgabe zur Belehrung der weltlichen Machthaber über ihr Amt zugewiesen wird. Die Neutralität des formal gefaßten Begriffs der weltlichen Obrigkeit und ihrer Aufgaben gegenüber der konkreten Verbindung des politischen Gemeinwesens mit einer bestimmten Religion, auf deren Boden es sich bildet, erschwert es nun aber doch

---

[5] WA 51, 242.

erheblich, die seinerzeit von Barth erhobenen Vorwürfe gegen die
Zweireichelehre einfach von der Hand zu weisen. Treffen sie auch
nicht das Ganze der Position Luthers, so doch eine nicht eben nebensächliche Gedankenlinie in dem offenbar spannungsvollen Kom-
plex seiner Äußerungen zum Fragenkreis des politischen Lebens.
Mit der Behauptung einer gewissen Unabhängigkeit und Eigengesetzlichkeit politischer Herrschaft in Luthers Lehre von den beiden Regimenten hängen zwei weitere Probleme eng zusammen, die
hier wenigstens in Kürze Erwähnung finden sollen: Da ist erstens
der von E. Troeltsch[6] erhobene Vorwurf einer doppelten Moral in
Luthers Konzeption, je nachdem ob der Christ als Christ für sich
selbst Unrecht hinnimmt, oder aber als Träger eines weltlichen Amtes sich selbst der Mittel der Gewalt und des Schwertes bedient.
Man hat demgegenüber immer wieder darauf hingewiesen, daß die
Übernahme eines weltlichen Amtes durch den Christen bei Luther
aus der Liebe motiviert wird, die sich um der Mitmenschen willen
der Bewahrung des öffentlichen Friedens widmet, und dabei geht es
wegen der Sünde der Menschen nun einmal nicht ohne Gebrauch
von Gewalt ab. So richtig das ist; es bleibt dennoch ein Rest des Un-
behagens, da der Christ mit der Übernahme eines öffentlichen Amtes Glied einer Institution wird, deren Verhalten im ganzen nur selten durch seine eigene persönliche Motivation ausschlaggebend
beeinflußbar ist[7]. Die Eigenart von Institutionen ist nicht ohne weiteres identisch mit den Einstellungen der sie repräsentierenden Personen. Sie erschöpft sich aber auch nicht in zeitlos allgemeinen Sach-
aufgaben, sondern empfängt ihr Gepräge aus den eigentümlichen
geschichtlichen Bedingungen ihrer Realisierung. Damit erhebt sich
wiederum die Frage, ob das Wesen politischer Ordnung unabhängig von dem geschichtlichen Boden der religiös-kulturellen Überlie-

---

[6] E. Troeltsch, Gesammelte Schriften I, 485 ff.
[7] U. Duchrow 542 f. scheint einem ähnlichen Unbehagen Ausdruck zu geben,
wenn er schreibt, der Hinweis auf die Motivierung der Wahrnehmung weltlicher
Ämter durch den Christen genüge noch nicht, da auch unter solchen Umständen
die Bergpredigt für das politische Handeln der Christen irrelevant bleiben könne. Ob allerdings seine Hinweise im Anschluß an G. Scharffenorth auf eine Beziehung der allgemein gehaltenen Äußerungen Luthers zur damaligen juristischen Diskussion über die Aufhebung des Reichsinstituts der Fehde hier weiter-
zuhelfen vermögen, erscheint als fraglich, selbst wenn dieser Zusammenhang
sich hinreichend erhärten ließe; denn die Frage nach dem Verhältnis zwischen
der Motivation des einzelnen und seiner Funktion als Träger einer durch die
Struktur der Gesellschaft geprägten Rolle bleibt davon unberührt. Dieses Problem ist auch keineswegs erst durch die „neuzeitlich-bürgerliche Wirklichkeit"
und ihren Dualismus von Privatsphäre und Öffentlichkeit (548) gegeben, sondern hat soziologisch fundamentaleren Charakter.

ferung, auf dem sie erwächst, angemessen in den Blick kommen kann.

Hat Luther seine Aussage zum politischen Leben auf die handelnden Personen beschränkt oder hat er auch die Institutionen, in denen sich das Handeln der Personen vollzieht, mitbedacht? In der neueren Forschung zur Zwei-Reiche-Lehre Luthers herrscht die Tendenz vor, das Reich Gottes wie das Reich der Welt nicht als Herrschaftsbereich, sondern als Bezeichnung für jeweils eine Personengruppe zu deuten; denn Luther pflegt diese Unterscheidung als Gegensatz zweier Menschengruppen einzuführen: „Hie müssen wyr Adams kinder und alle menschen teylen ynn zwey teyll, die ersten zum reych Gottis, die andern zum reych der welt."[8] Zum Reich Gottes gehören „alle recht glewbigen ynn Christo und unter Christo; denn Christus ist der könig und herr ym reych Gottis". Zum Reich der Welt — und damit unter das Gesetz — „gehören alle, die nicht Christen sind" (251), und sie werden durch das von Gott verordnete weltliche Regiment gezwungen, „das sie eußerlich müssen frid hallten und still sein on yhren danck" (ebd.). In der Tat zielt also die Unterscheidung der beiden Reiche und die ihr zugeordnete Unterscheidung zweier Regierungsweisen Gottes auf eine Einteilung der Menschheit in zwei Personengruppen. Diese Beobachtung darf jedoch, wie neuerdings mit Recht betont worden ist[9], nicht zu der Meinung führen, als sei Luther an der institutionellen Prägung des menschlichen Handelns überhaupt nicht interessiert gewesen. In der Tat zeigt seine Berufsethik, daß Luther durchaus das Handeln der Menschen in seiner konkreten Bindung an bestimmte Ämter und Berufe ins Auge gefaßt hat. Die institutionelle Konkretheit des Handelns in diesem Sinne ist sogar zu seinen zentralen Einsichten zu rechnen. Dennoch scheint Luther die Verschiedenheit der Rollen und „Ämter" — von den Rollen als Vater, Mutter, Kind, Knecht bis zu der des Fürsten — als vorgegeben betrachtet zu haben. Das konkrete gesellschaftliche Rollengefüge scheint ihn kaum im Hinblick auf seine geschichtliche Herkunft, seine Eigengesetzlichkeiten und seine etwaige Veränderbarkeit beschäftigt zu haben. Damit kommen wir von einer anderen Seite her noch einmal auf das Grundproblem der Verselbständigung des weltlichen Lebenszusammenhangs bei Luther zurück. Der zumindest in einigen seiner grundlegenden Aussagen liegenden Tendenz zur Vergleichgültigung des religiös bestimmten Bodens des politischen Gemeinwesens entspricht die eigentümlich unproblematische Übernahme eines

---

[8] WA 11, 249.
[9] So G. Scharffenorth, Römer 13 in der Geschichte des politischen Denkens, Diss. Heidelberg 1964. Ihr schließt sich U. Duchrow a.a.O. 523 ff. an.

vorgegebenen Rollensystems, wo es um das konkrete Handeln der
Individuen im gesellschaftlichen Lebenszusammenhang geht. Wiederum gibt es auf der anderen Seite theologisch motivierte Stellungnahmen Luthers zu institutionellen Problemen seiner Zeit, besonders im Bereich der Bildungspolitik. Es ergibt sich so wiederum
der Eindruck, daß das komplexe Ganze der Stellung Luthers zum
politischen Leben von Spannungen durchzogen ist, die offenbar keinen systematischen Ausgleich gefunden haben. Um diese Spannungen genauer zu verstehen, wenden wir uns nun den geschichtlichen
Wurzeln der Zwei-Reiche-Lehre Luthers zu.

II

Es ist bereits erwähnt worden, daß Luther mit der Unterscheidung zweier Reiche die Unterscheidung zwischen zwei Regierungsweisen Gottes, zwei Regimenten Gottes verbindet. Der erste Gedanke, die Gegenüberstellung zweier Reiche, stammt von Augustin.
Der zweite, die Lehre von zwei Regimenten Gottes, geht auf die
mittelalterliche Theorie der zwei Gewalten — einer weltlichen und einer geistlichen — in der Christenheit zurück. In der Verbindung
dieser beiden Gedankenlinien ist der originale Beitrag Luthers zur
politischen Theologie zu suchen.

Augustin stellte schon wie Luther das Reich Gottes, die civitas
Dei, dem Reich der Welt, das für ihn zugleich das Reich des Teufels
war, gegenüber wie eine Menschengruppe einer anderen. Beide
Menschengruppen gehen bis auf Adam zurück, so wie wir bei Lu-
ther hörten, daß Adams Kinder und das heißt alle Menschen in zwei
Kategorien zu teilen seien. Die einen, die die Bürgerschaft Gottes
bilden, sind dadurch gekennzeichnet, daß sie Gott lieben bis zur
Verleugnung ihrer selbst; die andern lieben sich selbst bis zu dem
Grade, daß sie Gott hassen. Das hat übrigens Nietzsche unübertreff-
lich formuliert: „Wenn es einen Gott gäbe, wie hielte ich es aus,
kein Gott zu sein?" Die diese zweite Menschengruppe bestimmende
Willensrichtung des Hochmutes, der superbia, findet nach Augustin
im politischen Leben, in der politischen Herrschaft, ihren charakte-
ristischen Ausdruck, und insbesondere gilt das für das römische
Weltreich, dessen Zusammenbruch im Westen mit Alarichs Eroberung Roms 410 den Anlaß für die Abfassung von De Civitate Dei
gebildet hat[10].

Mit seiner Gegenüberstellung der beiden civitates stand Augustin

---

[10] Siehe H. v. Campenhausen, Augustin und der Fall von Rom, in: Tradition
und Leben. Kräfte der Kirchengeschichte. Aufsätze und Vorträge, 1960, 253 ff.

in der Tradition der jüdischen und christlichen Apokalyptik, die das Kommen des Reiches Gottes im Gegensatz zur Reihe der Weltreiche, in denen der Frevel der Menschen gegen Gott zunehmend hervortritt, erwartete. Das Reich Gottes ist zwar zukünftig, aber die Frommen, die gegenwärtig schon auf Gottes Herrschaft hoffen, werden nach jüdischer wie nach christlicher Auffassung an ihm teilhaben, wenn es kommt, durch die Auferstehung der Toten. Ebenso werden die Frommen des Alten Testamentes bis zurück zu den Erzvätern am kommenden Gottesreich Anteil haben: So entsteht die Vorstellung von zwei Menschengruppen, deren Gegensatz in seinen Anfängen bis auf Adam zurückgeht. Im Neuen Testament fand diese Vorstellung einen Ausgangs- oder Anhaltspunkt bei Paulus, da Paulus Christus als den neuen Menschen dem ersten Adam und damit der alten, todverfallenen Menschheit gegenüberstellte[11].

In apokalyptischer Perspektive erschien die politische Struktur der Weltreiche gewöhnlich in einem negativen Licht. Augustin dagegen hat trotz seiner scharfen Kritik des politischen Machtstrebens und insbesondere der römischen superbia doch einen positiven Wert der politischen Ordnung festgehalten, sofern sie nämlich einen wenigstens vorläufigen Friedenszustand begründet. Obwohl die Menschen auf dem Wege der Selbstliebe nicht zur wahren Erfüllung der ihrer Natur eingeborenen Friedenssehnsucht zu gelangen vermögen, kann es doch selbst unter solchen Bedingungen zu einem irdischen Abbild des himmlischen Friedens kommen, den allein Gott gewähren kann. Und auch die Christen, die Bürger der civitas Dei, stehen diesem irdischen Frieden nicht gleichgültig gegenüber, sondern befolgen, bewahren und schützen die Einrichtungen, die ihm dienen. Augustin hat damit auf der Linie der paulinischen Aussagen im 13. Kapitel des Römerbriefs die positive Haltung der Christen zum politischen Leben, soweit es dabei um die Bewahrung des Friedens geht, zum Ausdruck gebracht. Er bezeichnet die positive Funktion des politischen Friedens noch nicht, wie später Luther, als Gegenstand eines weltlichen Regimentes Gottes, aber Luthers Lehre hat der Sache nach hier einen Ausgangspunkt. Auch Luther bestimmt die Aufgabe weltlicher Obrigkeit als Bewahrung und Schutz des Friedens. Er fügt hinzu die Aufgabe der Bewahrung des Rechtes[12] und vor allem den Gedanken eines weltlichen Regimentes in Unterscheidung vom geistlichen Regiment Gottes über seine Kirche.

---

[11] Damit verband sich die ebenfalls bei Paulus aufgenommene platonische Unterscheidung zwischen dem inneren Menschen, der Vernunft, und dem äußeren, durch sinnliche Motive bestimmten Menschen. Dazu Duchrow a.a.O. 61 ff. 92 ff.

[12] Siehe dazu Duchrow 486 ff., 506 ff., 511 ff.

Die Unterscheidung der beiden Herrschaftsweisen Gottes hat, wie gesagt, ihren Ursprung im Mittelalter. In der christlichen Einheitsgesellschaft des Mittelalters fehlte die anschauliche Gegebenheit einer nichtchristlichen Gesellschaft, einer civitas Diaboli, gegenüber der christlichen Kirche und in ihrem eigenen Bereich, und statt dessen trat die Unterscheidung zwischen geistlicher und weltlicher Gewalt innerhalb der einen Christenheit in den Vordergrund. Diese Unterscheidung hatte ihre Vorgeschichte im Gegenüber von Bischöfen und Kaiser im byzantinischen Reich, wo der Kaiser als Glied der Kirche dem Amt des Bischofs unterstand, so wie dieser als Bürger des Reiches Untertan des Kaisers war. Das selbständige Gegenüber des Bischofs zum Kaiser war besonders durch Ambrosius von Mailand in seinen Beziehungen zu Kaiser Theodosius dem Großen ausgebildet worden. Es fand seine für das Mittelalter grundlegende prinzipielle Formulierung durch den Papst Gelasius I., der bei Gelegenheit der monophysitischen Streitigkeiten an Kaiser Anastasius schrieb: „Zwei sind es ja, erhabener Kaiser, von denen diese Welt (!) vornehmlich regiert wird: die geheiligte Autorität der Bischöfe und die königliche Gewalt. Von diesen beiden ist das Gewicht der Priester um so schwerer als sie auch für eben diese Könige der Menschen im göttlichen Gericht Rechenschaft ablegen müssen."[13] Die „Welt", die durch diese Gewalten, auctoritas und potestas, regiert wird, ist hier natürlich bereits identisch mit der Christenheit; es handelt sich nicht um eine von ihr verschiedene oder sogar ihr feindliche Welt. Die von Gelasius herausgestellte Präponderanz der priesterlichen auctoritas ist dabei zunächst nicht im Sinne eines Anspruchs auf *politischen Vorrang* zu verstehen, sondern im Sinne eines moralischen Vorrangs. In diesem Sinne ist sie zwar nicht vom byzantinischen Kaisertum, wie es durch Justinian I. erneuert wurde, wohl aber von Karl dem Großen beziehungsweise seinem Berater Alcuin akzeptiert worden. Unbeschadet dessen verstanden sich die Kaiser im Westen wie im Osten selbst als Nachfolger Christi, nämlich als irdische Repräsentanten der himmlischen Königsherrschaft Christi, während der Papst ihnen nur als vicarius Petri galt[14]. Der

---

[13] Duo sunt quippe, imperator auguste, quibus principaliter mundus hic regitur, auctoritas sacrata pontificium et regalis potestas, in quibus tanto gravius pondus est sacerdotum quanto etiam pro ipsis regibus hominum in divino reddituri sunt examine rationem (Mirbt-Aland, Quellen zur Geschichte des Papsttums, I, 1967[6], 222 Nr. 462). Der Einfluß dieses Satzes auf die Diskussion des Mittelalters wurde vermittelt durch seine Übernahme in den Text der Pseudoisidorischen Dekretalen und des Decretum Gratiani. Literatur bei Duchrow 328.

[14] Erst im Hochmittelalter, im Zusammenhang des Investiturstreits, haben die Päpste den Titel eines vicarius Christi mit Erfolg für sich beanspruchen können.

Kaiser war also selbst Träger eines geistlichen Amtes, verbunden mit der Verantwortung für das Wohl der Christenheit auf Erden, nicht nur weltlicher Machthaber. Die beiden Gewalten, auctoritas und regnum, waren insofern noch nicht als geistliche und weltliche Gewalt geschieden, obwohl die terminologische Unterscheidung von potestas spiritualis und potestas saecularis sich bereits bei Alcuin findet[15]. Die Kaiser verstanden ihr regnum in unmittelbarem Zusammenhang mit dem himmlischen Jerusalem, das in der Kaiserkrone symbolisch dargestellt wurde, als irdische Gestalt des Reiches Gottes. Von daher hat das ottonische Kaisertum wie das byzantinische auch kirchliche Rechte beanspruchen können, besonders bei der Einsetzung der Bischöfe. Erst durch den Ausgang des Kampfes um dieses Recht im Investiturstreit wurde der Kaiser wirklich auf die weltliche Gewalt beschränkt, obwohl auch das staufische Kaisertum, indem es sich als Fortsetzung des römischen verstand und sich darum auf das römische Recht Justinians berief, noch die weltliche Repräsentanz der Einheit der Christenheit für sich beanspruchte. Diese Gedanken wirken bis zu Karl V. und über ihn hinaus nach. Sie haben jedoch nicht mehr eine Selbständigkeit der kaiserlichen Gewalt als eines sakralen Amtes der Christenheit begründen können. Die Übertragung des Kaisertums (translatio imperii) nicht nur auf den einzelnen Kaiser bei seiner Krönung, sondern auch von Rom auf das germanische Kaisertum des Mittelalters wurde vielmehr als ein Recht der Kirche, das heißt des Papstes beansprucht bis zu dem Grade, daß Bonifaz VIII. die Übertragung der weltlichen Gewalt in der Christenheit überhaupt als Vorrecht der Kirche und darum nicht nur die Kaiser, sondern auch die Könige als Lehensträger der Kirche ansehen konnte. Außer seiner selbständigen sakralen Funktion verlor das Kaisertum seit dem 11. Jahrhundert auch seinen Anspruch auf Universalität. Während Rainald von Dassel noch an einem Herrschaftsanspruch des Kaisers über die westeuropäischen Königreiche festhielt, erkannten diese den Kaiser wohl als den ersten im Range, nicht aber eine rechtliche Abhängigkeit von ihm an[16], und seit dem Ende des 12. Jahrhunderts wurde auch die Gleichrangigkeit der Könige mit dem Kaiser behauptet[17]. Nichts bezeichnet diesen Wandel im Verständnis des Kaisertums, der sich

[15] Duchrow 335. Doch bezeichnet Alcuin auch den Kaiser als Lehrer (doctor) und Prediger (praedicator) der Christenheit (ebd. Anm. 52).
[16] Duchrow 378, vgl. das in der Kanonistik des 12. Jh. ausgebildete Prinzip: rex, imperator in regno suo, superiorem in temporalibus non recognoscit.
[17] Alanus ab Insulis: Et quod dictum est de imperatore, dictum habeatur de quolibet rege vel principe, qui nulli subest. unusquisque enim tantum iuris habet in regno suo, quantum imperator in imperio (Glosse zu Comp. I, 2. 20. 7, zit. bei Duchrow 397).

natürlich nicht im gleichen Maße und Tempo im Selbstverständnis der Kaiser vollzogen hat, schärfer als die Tatsache, daß im 14. Jahrhundert die Vorkämpfer für die Unabhängigkeit der kaiserlichen Gewalt vom Papste, nämlich Marsilius von Padua und Wilhelm von Ockham, diese Unabhängigkeit nur als eine solche der potestas saecularis überhaupt, ohne Rücksicht auf die besondere Stellung des kaiserlichen Amtes im corpus christianum zu begründen wußten. Die Unabhängigkeit des Kaisertums vom Papste scheint damals nur noch um den Preis seiner völligen Säkularisierung und durch Beschränkung der Kirche auf das spirituelle Leben im Sinne der franziskanischen Bewegung vorstellbar gewesen zu sein.

Damit ist die historische Ausgangslage für Luthers Begriff des weltlichen Regimentes an einem entscheidenden Punkt erreicht. Bei Luther erscheint der Kaiser zwar noch als Oberherr der Fürsten, und Luther hat daher den protestantischen Fürsten nur zögernd ein Recht auf bewaffneten Widerstand gegen den Kaiser zugebilligt, bis er sich um 1530 davon überzeugen ließ, daß die Gewalt der Landesfürsten eine unmittelbare und die des Kaisers eine im Sinne des Kaiserwahlrechtes von ihnen abgeleitete sei. Als ein sakrales Amt in der Christenheit hat Luther jedoch das Kaisertum nicht mehr gesehen. Die schon bei Marsilius und Ockham hervortretende Wendung zu einer rein weltlichen Auffassung der kaiserlichen Gewalt ist bei Luther schon selbstverständliche Grundlage seiner Äußerungen geworden. Auch wenn man darin einen Problemverlust erblicken muß, wäre es anachronistisch, ihn Luther zum Vorwurf zu machen. Er hat in dieser Sache die Perspektive seiner Zeit geteilt, die freilich stärker als das in der Literatur zu seiner Zwei-Reiche-Lehre gewöhnlich geschieht, in ihrer Zeitbedingtheit gesehen werden und nicht vorschnell aus der Perspektive der neuzeitlichen Trennung von Staat und Kirche für allgemeingültig genommen werden sollte.

Luthers Einschätzung des Kaisertums als rein säkulare Gewalt ist nun charakteristisch für sein Verhältnis zur mittelalterlichen Zwei-Gewalten-Theorie überhaupt. Es wird nämlich von der geschilderten Entwicklung her verständlich, daß Luther — wie schon Marsilius und Ockham — jedenfalls in seinen grundsätzlichen theoretischen Äußerungen nicht mehr von einer Polarität zweier Gewalten im Rahmen der einen Christenheit her dachte. Sein politisches Denken entfaltete sich auf dem Boden der Voraussetzung, daß die Selbständigkeit der weltlichen Gewalt, um die es Luther zunächst gegenüber den Anmaßungen der Kirche ging, aus der eigentümlichen Natur und dem Eigenrecht politischer Herrschaft als solcher und allgemein begründet werden müsse, nicht aber aus der Selbständigkeit der politischen Funktion in einer durch das Christentum geprägten Gesellschaft und im christlichen Überlieferungszusammenhang. Im Unterschied zur byzantinischen Reichsidee, aber auch zur mittelalterlichen Zwei-Gewalten-Theorie stellt sich für Luther gar nicht mehr das Problem einer besonderen Struktur der politischen Lebensform auf dem Boden des Christentums. Faktisch ist allerdings auch Luthers Zwei-Reiche-Lehre als christlich theologische Theorie eine Ausprägung christlichen Selbstverständnisses, eine Abwandlung christlicher Wesensbestimmung des politischen Lebens in seinem Gegenüber zur Kirche. Das Gegenüber von religiöser und politischer Autorität ist ja bei aller Verschiedenheit seiner Ausprägungen im Laufe der christlichen Geschichte ein sehr charakteristisches Merkmal der durch das Christentum bestimmten Gesellschaftsstruktur, ein Merkmal, in dem sich das eschatologische Bewußtsein des Christentums, sein Wissen um die Vorläufigkeit aller gegenwärtigen Lebensordnung gegenüber der endgültigen Bestimmung des Menschen vor Gott bekundet. In die Reihe der Ausprägungen dieses Grundmotivs fügt sich auch Luthers Zwei-Reiche-Lehre ein. Luther ist sich dessen auch insoweit bewußt gewesen, als er seine Gedanken als theologische Lehre vortrug, nicht aber in dem Sinne, daß diese Gedanken auch Ausdruck einer wesentlich durch das Christentum bestimmten Geschichte menschlicher Gesellschaft waren und wiederum in diese Geschichte eingriffen. Das zu erkennen war Luther gehindert durch sein Verständnis der Schriftautorität als eines göttlich souveränen Gegenübers zu aller menschlichen Geschichte. So hat er nicht reflektiert, was es bedeutet, auf dem Boden — nun nicht nur des Wortes Gottes, sondern — des geschichtlich gewachsenen Christentums die Frage nach dem Auftrag und Sinn politischer Gewalt zu stellen. Vielmehr hat er auf der Linie des Marsilius und Ockhams in seiner theoretischen Reflexion das Thema der politischen Herrschaft so behandelt, als ob es ganz gleichgültig wäre, ob man es mit auf dem Boden des Christentums gewachsenen politischen Lebensformen oder mit ganz anders gearteten Gestalten politischer Ordnung zu tun hat. Seine Lehre gibt zwar eine christlich theologische Interpretation und Rechtfertigung der politischen Gewalt, aber in der Weise, daß ein Selbstverständnis in diesem Sinne für das Wesen der weltlichen Gewalt als solcher unerheblich und nur für die Personen, die als Christen weltliche Ämter wahrnehmen, relevant ist. Diese grundsätzliche theoretische Einstellung der Abstraktion von der Tatsache einer durch das Christentum geschichtlich geprägten Gesellschaft, der christianitas, hat Luther aber nicht durchweg festgehalten. Wie bei Marsilius und Ockham, so hatte auch bei Luther diese abstrakte Betrachtungsweise durchaus eine Funktion in den innerchristlichen Auseinandersetzungen um das Verhältnis zwischen Kirche und politischer Gewalt, nämlich die Funktion der Begründung des Anspruchs der politischen Gewalten im Gesellschaftszusammenhang des Christentums auf Selbständigkeit gegenüber der kirchlichen Hierarchie. Auch sonst setzte sich der theoretischen Abstraktion seiner Lehre von der weltlichen Gewalt gegenüber das Gewicht der faktisch bestehenden Verflochtenheit von Christentum und Gesellschaft im Denken Luthers durch. So hat er nicht nur in seiner Frühzeit, in der Schrift an den christlichen Adel 1520, den Trägern politischer Herrschaft eine Verantwortung für das Wohl der Kirche im Leben der Christenheit zugesprochen, sondern auch später noch, wenn auch nicht ohne Zögern, einem vikariierenden Aufsichtsrecht jener besonderen Mitglieder der christlichen Gemeinde über die Organisation der Kirche zugestimmt, die Bedeutung religiöser Einheit für die Einheit des politischen Gemeinwesens anerkannt und umgekehrt für die Predigt Recht und Pflicht zur Belehrung der Obrigkeit in Anspruch genommen. Hält man sich nur diesen letzten Aspekt vor Augen und versucht man sich vorzustellen, wie anders die soziale Stellung der Kirche in einem wirklich dem Christentum fremd gegenüberstehenden Staatswesen aussähe, in dem die Kirche bestenfalls noch als privater Verein geduldet wäre, aber unter Voraussetzung ihrer politischen Loyalität und also ohne jenes Recht der öffentlichen Kritik, das Luther selbstverständlich für die christliche Predigt in Anspruch genommen hat, — dann wird deutlich, wie stark der geschichtliche Ort seiner eigenen politischen Theorie und diese selbst faktisch durch den gegebenen Rahmen einer von christlichen Überlieferungen bestimmten Gesellschaft geprägt ist. Der aus der zeitbedingten Problemlage, aus dem Bemühen um Rechtfertigung der Selbständigkeit des Staates innerhalb der spätmittelalterlichen Gesellschaft gegenüber kirchlichen Suprematieansprüchen, verständliche Umstand, daß Luther jenen geschichtlichen Ort seiner Lehre in seinen grundlegenden Aussagen über die politische Gewalt nicht mitreflektiert hat, sondern davon abstrahierte und weltliche Gewalt ganz allgemein ohne Rücksicht auf ihre etwaige Modifikation im Zusammenhang des Christentums bestimmte, — dieser Umstand erklärt die eingangs beobachteten Spannungen in den Aussagen Luthers über die weltliche Gewalt und ihr Verhältnis zur Kirche.

Werfen wir nun noch einen Blick auf die systematische Gestalt, die Luthers theologische Interpretation dem Verhältnis der in sich selbständig begründeten politischen Herrschaft zur Kirche gegeben hat. Erstens hat Luther die Aufgaben der Kirche auf den Bereich des Spirituellen, des inneren Lebens eingeschränkt. Er folgte damit

nicht nur einer alten philosophisch-theologischen Tradition, nämlich der Unterscheidung des inneren vom äußeren Menschen und
ihrer Zuordnung zur Unterscheidung der beiden Menschengruppen
des alten und des neuen Adam; Luther bewegte sich vielmehr mit
diesen Gedanken auch auf der Linie der aktuellen, von der franziskanischen Spiritualität ausgelösten und das Spätmittelalter in mancherlei Variationen bestimmenden Tendenz des Kirchenverständnis-
ses und der dazugehörigen Wendung gegen die verweltlichte Gestalt der Kirche. Aber Luther geht einen Schritt weiter, indem er
zweitens die geistliche Gewalt wie die weltliche als Regiment Gottes
und nicht als eine Menschen anvertraute potestas in den Blick nimmt.
Durch diesen Wechsel der Blickrichtung von menschlichen Voll-
machten hin auf Gottes eigenes Tun — eine für Luthers Denken im
ganzen überaus charakteristische und zentral in seiner Rechtfertigungslehre begründete Wendung — hat Luther den Problemhorizont der mittelalterlichen Zwei-Gewalten-Theorie überschritten. Ob
er freilich deren Probleme und Gesichtspunkte dabei noch in seinen
eigenen Entwurf zu integrieren vermochte, bleibt zweifelhaft. Aber
die Deutung der beiden Regimente als Regimente Gottes ermöglich-
te es ihm nun, die rein säkulare Begründung politischer Herrschaft
dennoch theologisch zu interpretieren, nämlich als unmittelbare Beauftragung auch nichtchristlicher Obrigkeit durch Gott selbst, und
ferner diese Sicht des Staates mit seinem eigenen Kirchenverständ-
nis durch einen einheitlichen Gesichtspunkt zu verbinden. Auf diese
Weise konnte Luther zum Ausdruck bringen, daß der Mensch, obwohl er Gott gegenüber nur der Empfangende sein kann, dennoch
im weltlichen wie im geistlichen Amt zur Mitwirkung am Liebes-
werk Gottes an der Welt berufen ist. Drittens hat Luther die Unterscheidung der beiden Regimente verknüpft mit der augustinischen
Unterscheidung der beiden Reiche. Die Funktion dieser Verknüpfung, ihre Leistung, ist in erster Linie in der Begründung der Notwendigkeit politischer Herrschaft und zugleich in der Begrenzung
ihrer Ansprüche zu suchen. Wenn nämlich politische Herrschaft
ihre Aufgabe darin findet, im Reich der Welt, also unter den der
Sünde und dem Teufel verfallenen Menschen, äußerlich für Frieden und Recht zu sorgen, die Auswirkungen der Sünde im Zaum zu
halten, dann ergibt sich daraus schon, daß politische Herrschaft
ihre Grenze findet an der Innerlichkeit des Menschen und keine
Diktatur über die Gewissen und die Überzeugungen der Menschen
üben darf. In dieser Begründung und Begrenzung weltlicher Herrschaft kommt bei Luther nun doch eine spezifisch theologische Betrachtungsweise zum Zuge, die nur auf dem Boden einer christlich
geprägten Gesellschaft geschichtlich wirksam werden konnte. Die

Elemente dieser theologischen Qualifikation politischer Herrschaft bestehen bei Luther allerdings nur aus der Lehre von der Sünde und der Unterscheidung zwischen äußerem und innerem Menschen. Der Bezug auf die Erlösung bleibt dem theoretischen Begriff weltlicher Obrigkeit äußerlich; er findet sich nur in dem der weltlichen Ordnung selbst äußerlichen Bezug des göttlichen Erhaltungswillens auf Gottes in Christus realisierte und durch die Kirche vermittelte Erlösungsabsicht. Dieser Bezug ist dem politischen Leben als solchem nicht eigen. Eine Beziehung des politischen Lebens selbst auf die christliche Hoffnung, auf das himmlische Jerusalem, in dem die politische Bestimmung des Menschen so vollkommen verwirklicht sein soll, daß es dann keiner besonderen Kirche, keines Tempels mehr bedarf, sucht man bei Luther vergebens. Daher gehört für ihn die politische Ordnung auch nicht zur Bestimmung des Menschen als solchen, die in der Zukunft des Gottesreiches ihre Erfüllung finden wird, sondern gilt lediglich als eine Notordnung Gottes gegen die Sünde, als ein göttliches Interim, das in der eschatologischen Zukunft verschwinden wird und dessen die Christen von sich aus schon jetzt nicht bedürfen.

III

Die Lehre Luthers von den beiden Reichen und von den beiden Regimenten Gottes stellt sich bei genauer Betrachtung als eine sehr zeitbedingte Ausprägung politischen Denkens im Überlieferungszusammenhang christlicher Theologie dar. Damit erhebt sich die Frage, wie es mit ihrer bleibenden Bedeutung bestellt ist. Die Lehre Luthers als das abschließende und wegweisende Wort einer christlichen Theorie des Politischen anzusehen, wird durch die Beobachtungen, die sich in diesen Erwägungen ergaben, kaum nahegelegt. Dazu ist die Synthese der christlichen Tradition politischer Theologie, die Luthers Theorie bietet, zu einseitig. Es fehlen zentrale Motive dieser Tradition wie der positive Wesensbezug der Hoffnung auf das himmlische Jerusalem, auf das kommende Reich Gottes, zum politischen Leben. Die Deutung des Staates als einer bloßen Notordnung Gottes gegen die Sünde bleibt demgegenüber zu eng, so wenig ihre Teilwahrheit geleugnet werden soll. Das Fehlen jenes positiven Bezuges hängt eng zusammen mit dem Mangel, daß Luther die Fragen nach spezifisch christlichen Strukturzügen politischen Lebens unberücksichtigt ließ und damit auch den geschichtlichen Boden seines eigenen theologischen Entwurfes zum Thema der weltlichen Gewalt theoretisch nur sehr unvollständig reflektiert hat.

Sein abstrakter, von den geschichtlichen Bedingungen der Christenheit abgelöster Begriff von weltlicher Obrigkeit erklärt auch, daß Luthers politische Theorie so eigentümlich unberührt blieb von den Tendenzen seiner Zeit zur Verselbständigung der Staatsräson der Territorialherrschaften und darüber hinaus zum Absolutismus und daß eine der Lehre Luthers folgende Kirche sich gerade darum als so wehrlos gegen diese Tendenzen erwies. So wenig die Urteile Barths historisch der Leistung der Zwei-Reiche-Lehre Luthers unter den geschichtlichen Bedingungen ihrer Zeit gerecht werden, so sehr bleibt es doch wahr, daß die Lücken, die in dieser Synthese blieben, geschichtlichen Tendenzen Eingang in den von ihm beeinflußten christlichen Überlieferungsbereich gewährten, die Luther weder erkannt noch beabsichtigt hat und die gerade dadurch geschichtliche Folgen gehabt haben, die Barth und andere Kritiker mit Recht als verhängnisvoll gekennzeichnet haben.

Die bei Luther übergangenen Motive einer christlichen Aneignung und Durchdringung der politischen Thematik haben ihre klassische Gestalt in der von Origenes vorbereiteten byzantinischen Konzeption eines christlichen Kaisertums gefunden, einer Konzeption, die sich vom Selbstverständnis der vorchristlichen römischen Kaiser durchaus tiefgreifend unterschied, vor allem dadurch, daß der Kaiser als Glied der von den Bischöfen geleiteten Kirche gesehen wurde und also im Gegenüber zu der bei den Bischöfen liegenden geistlichen Autorität, ohne die Selbstherrlichkeit des römischen Gottkaisertums. Wer nicht so einfach über die schwerwiegenden Probleme hinwegzusehen vermag, mit denen die lutherische Zwei-Reiche-Lehre wie überhaupt die auf Augustin fußenden politischen Traditionen der westlichen Christenheit belastet sind, der wird nicht so ohne weiteres einstimmen können in die heute übliche Verdammung der eusebianischen Reichstheologie, der an ihr orientierten Kaiseridee des Mittelalters und der Konzeption einer durch das Christentum bestimmten und das heißt doch auch strukturell veränderten Gesellschaft, eines corpus Christianum. Es ist wahr, daß diese Konzeptionen nicht nur heute unwiederholbar sind, sondern auch ihrerseits durch Einseitigkeiten belastet sind, die sie schon für ihre Entstehungszeit als fragwürdig erscheinen lassen. Das Selbstverständnis des christlichen Kaisers als des irdischen Repräsentanten der himmlischen Königsherrschaft Christi ließ das Bewußtsein der eschatologischen Differenz der politischen Gegenwart und ihrer Unvollkommenheit zur kommenden Gottesherrschaft mehr oder weniger vermissen, damit auch das Bewußtsein für die faktische Macht der Sünde in jeder, auch einer christlich geprägten politischen Ordnung und die Scheu vor dem Gericht Gottes über die Sünde auch

im politischen Leben und im Gang der Geschichte. Augustin hat
unter dem Eindruck der Eroberung Roms durch Alarich alle diese
von der byzantinischen Reichstheologie übergangenen Motive ins
Licht gerückt: den der apokalyptischen Überlieferung vertrauten
Gegensatz des künftigen, aber bei den Gerechten schon jetzt auf
verborgene Weise gegenwärtigen Gottesreiches zu den politischen
Reichen dieser Welt; die Herrschaft der Sünde im politischen Leben
als Machtgier und Selbstüberhebung (superbia), die Hinfälligkeit
jeder gegenwärtigen politischen Ordnung vor dem in der Geschichte wirksamen Gericht Gottes über die Sünde. Aber Augustin hat anstelle des Staates allzu arglos die Kirche als die Gegenwartsgestalt
der civitas Dei ausgegeben[18]. Schon bei Augustin kommt nicht
mehr zum Ausdruck, daß das künftige Gottesreich der politischen
Gemeinschaft des Staates und nicht der Kirche korrespondiert, daß
die Kirche und nicht das politische Leben den Charakter einer göttlichen Interimsordnung hat. Deshalb kommt schon bei Augustin die
bei aller eschatologisch begründeten Vorläufigkeit gegenwärtiger
politischer Lebensordnung und trotz ihrer Verkehrung durch die
Sünde der Menschen bestehende positive Beziehung des politischen
Lebens zum Inhalt der erhofften Gottesherrschaft, nämlich zu Frieden und Gerechtigkeit, nicht voll zu ihrem Recht. Seine so bedeutsame positive Würdigung des politischen Friedens ist durch eine ge-
genläufige Tendenz zu den tragenden Grundgedanken seines großen Werkes über die civitas Dei gekennzeichnet und läßt die Spannung des apokalyptisch begründeten Dualismus zu Augustins le-
benslangem Bemühen um Integration und Überbietung der griechischen Philosophie im christlichen Denken erkennen. Damit erweist
sich Augustins Werk der byzantinischen Reichstheologie als nur
teilweise, wenn auch in zentralen Stücken überlegen. Weil er die
positive Beziehung zwischen Gerechtigkeit und Frieden der kommenden Gottesherrschaft und dem gegenwärtigen politischen Leben nur verkürzt festzuhalten vermochte und überdies die Identifizierung des christlichen Imperiums mit der Gottesherrschaft durch
deren nicht weniger verhängnisvolle Identifizierung mit der Kirche
ersetzte, blieb sein Werk in mancher Hinsicht kaum weniger einseitig als die eusebianische Reichstheologie.

Die Schranken der lutherischen Zwei-Reiche-Lehre sind großen-
teils durch ihren Augustinismus bedingt. Wie Augustin, so hat auch
Luther den positiven Bezug des erhofften Gottesreiches zur Thematik des politischen Lebens nicht zur Geltung gebracht und dieses
statt dessen nur als Notordnung gegen die Sünde gewürdigt. Die ei-

---

[18] Duchrow 258 ff. dürfte die Problematik dieser These zu sehr bagatellisie-
ren.

gentümliche Abstraktion seiner politischen Prinzipien von der historischen Situation, in der er seine Lehre entwickelte, unterscheidet jedoch Luther von seinem großen Vorbild. Das Werk Augustins über den Gottesstaat ist weitgehend als Verarbeitung der geschichtlichen Erfahrung seiner Zeit in theologischen Kategorien zu begreifen. Luther hingegen hat die geschichtlichen Zusammenhänge der politischen Situation seiner Zeit allenfalls in der Weise in seinen Grundgedanken zur politischen Ordnung berücksichtigt, daß er von ihnen absah. Das mag teilweise aus der territorialstaatlichen Enge der deutschen Verhältnisse des 16. Jahrhunderts verständlich werden, die eine Verarbeitung der eigenen Zeit in weltgeschichtlichen Kategorien nicht begünstigten. Die Isolierung seiner politischen Grundgedanken aus dem konkreten Vermittlungszusammenhang der geschichtlichen Erfahrung des Christentums seiner Zeit hat aber darüber hinaus ihren historischen Grund in der spätmittelalterlichen Situation, in der man die Selbständigkeit des Staates gegenüber der Kirche nur so wahrzunehmen wußte, daß man von der damals durchaus gegebenen Voraussetzung einer christlich geprägten Gesellschaft absah, wo es um die Begründung der staatlichen Gewalt ging. Hängt damit die verhängnisvolle Ungeschütztheit der Lehre Luthers gegen die Tendenzen seiner Zeit zur Verselbständigung der Staatsräson zusammen, so andererseits doch auch sein Fortschritt über Augustins Gegenüberstellung der beiden civitates hinaus. Bei Luther kann man wie kaum irgendwo sonst den wachen Sinn für die Vorläufigkeit aller innerweltlichen Lebensordnung, der kirchlichen wie der politischen, gegenüber der Zukunft des Heils und des Gerichtes Gottes finden. Man kann sich von Luther an die eschatologisch begründete Unaufgebbarkeit der gegenseitigen Selbständigkeit von Kirche und Staatsgewalt gerade auch in einer auf dem Boden christlicher Überlieferung sich bildenden und neubildenden Gesellschaft erinnern lassen. Man kann von ihm eine über Augustin hinausgehende Zuwendung zu den Aufgaben der Welt lernen, die aus der Bewegung der dieser Welt zugewandten Liebe Gottes motiviert ist. Aber die Inspiration zur Veränderung der politischen Verhältnisse aus der Kraft der schon die Gegenwart erhellenden Vision der eschatologischen Gottesherrschaft ist bei Luther nicht zu finden. Sie ist anderswo zum Durchbruch gekommen, auf der Linie der sogenannten reformatorischen Linken, bei den Dissenters der großen englischen Revolution des 17. Jahrhunderts. Hier ist der Durchbruch von der christlichen Freiheit des Glaubens zur Idee der politischen Freiheit vollzogen worden und das stolze Bewußtsein entstanden, daß Christen auch ihre politische Lebensform sehr wohl selbst in die Hand nehmen können. Luther war dieser das

Tor zur Ideenwelt der modernen Demokratie öffnenden Einsicht nahe genug; denn sie wurde gewonnen als Folgerung aus seinem Gedanken des allgemeinen Priestertums der Gläubigen, der Teilhabe der Glaubenden am Priestertum und auch am Königtum Christi. Daß Luther jene Verbindung nicht herstellte, das Tor zum politischen Thema der Neuzeit nicht durchschritt, zeigt, wie sehr seine politische Theorie den Problemen des Mittelalters noch in der Ablösung von seinem geschichtlichen Leben verhaftet blieb. So steht Luther zwar mit seiner bahnbrechenden Erneuerung der christlichen Freiheit aus der Unmittelbarkeit des Glaubens zu Gott am Quellpunkt auch der politischen Thematik der Neuzeit, aber seine Lehre von der weltlichen Gewalt kann für uns nur noch die Bedeutung eines Korrektivs haben gegen den schwärmerischen Enthusiasmus, der sich mit der Idee der Freiheit so leicht verbindet.

Christlicher Glaube und Gesellschaft

Nach der Darstellung des Johannesevangeliums hat Christus auf die Frage des Pilatus, ob er der König der Juden sei, geantwortet: Mein Reich ist nicht von dieser Welt (Joh. 19,36). Dieses Wort ist einer der Ausgangspunkte einer langen Reihe von Versuchen zur Bestimmung des Verhältnisses des christlichen Glaubens zu Gesellschaft und Staat geworden. Das johanneische Christuswort bot einen Anlaß und scheinbar auch eine Anweisung dazu, dieses Verhältnis im Sinne des Gegensatzes zu bestimmen. Die klassische Gestalt einer solchen Konzeption liegt in Augustins Lehre von den beiden Reichen oder civitates vor, der civitas Dei und der civitas terrena. Luthers Lehre von den beiden Reichen ist eine späte Variante dieser augustinischen Konzeption. Sie betonte gegenüber den Tendenzen der mittelalterlichen Kirche zur Veräußerlichung und zur Anmaßung weltlicher Machtbefugnisse die Innerlichkeit des Reiches Gottes und Christi als eines Reiches des Glaubens und der Herzensgerechtigkeit. Demgegenüber läßt sich im Reich der Welt nur eine äußerliche Gerechtigkeit aufrechterhalten durch ein weltliches Regiment, das auch die Bösen zwingt, äußerlich Frieden zu halten und sich der Rechtsordnung zu fügen. Eine solche, in der augustinischen Tradition selbst begründete Betonung der Innerlichkeit des Reiches Gottes und Christi läßt sich leicht zu der geläufig gewordenen Ansicht vergröbern, daß Religion und Glaube nur Sache der Innerlichkeit seien und daher mit Politik nichts zu schaffen haben. Eine Vergröberung ist das insofern, als nicht nur Augustin den weltlichen Frieden durchaus als ein positives Gut zu würdigen wußte, sondern gerade auch nach Luthers Lehre das weltliche Regiment von Gott eingesetzt ist und daher sehr wohl Gegenstand der Kritik durch die christliche Verkündigung sein kann, wie es andererseits auch zu seiner Legitimierung der Berufung auf Gott bedarf. Doch diese Gesichtspunkte sind in der Neuzeit aus später noch zu erörternden Gründen zurückgetreten. Der Gedanke der Innerlichkeit des Gottesreiches und also der Innerlichkeit von Religion und Glaube überhaupt hat dagegen sehr viel stärker gewirkt, nämlich in der Richtung auf eine gänzliche Loslösung des Glaubens von den Aufgaben der Politik und der gesellschaftlichen Ordnung.

Scheinbar ist auch eine solche radikale Verinnerlichung des Glaubens noch gerechtfertigt durch das Christuswort: „Mein Reich ist nicht von dieser Welt." Dieser Eindruck verstärkt sich noch, wenn man das Jesuswort Lk. 17,21 mit Luther übersetzt: „Das Reich Gottes ist inwendig in euch." Aber das ist nicht der Sinn dieses Wortes. Es heißt vielmehr, daß das Gottesreich nicht Sache von Zukunftsberechnungen ist, daß seine Zukunft vielmehr „mitten unter euch" mächtig wird. Und wenn der johanneische Christus vor Pilatus von der Andersartigkeit seines Reiches gegenüber den Königreichen „von dieser Welt" spricht, so ist ebenfalls nicht die Innerlichkeit der Seele gegenüber der Äußerlichkeit des Politischen gemeint. Es heißt auch nicht etwa, das Reich Christi sei nicht *in* dieser Welt, sondern es heißt, sein Reich sei nicht *von* dieser Welt. Ebenso sind nach Johannes auch die Glaubenden zwar *in* der Welt, aber nicht *von* der Welt, weil sie vielmehr von Gott her neugeboren sind (Joh. 17,11 ff.; vgl. 3,6 f.). Daß das Reich Christi nicht von dieser Welt ist, äußert sich darin, daß seine Jünger nicht für ihn kämpfen, um ihn vor seinen Feinden zu bewahren: es ist also kein Reich, das auf Gewalt begründet ist. Dennoch überläßt es „diese Welt" keineswegs sich selbst, sondern beansprucht Souveränität auch über die politische Ordnung. Darum sagt der johanneische Christus zu Pilatus: „Du hättest keine Macht gegen mich, wenn sie dir nicht von oben her gegeben wäre" (19,11).

Im Hintergrund dieser geheimnisvoll klingenden Aussagen stehen die Anschauungen der jüdischen apokalyptischen Schriften vom Verhältnis der Weltreiche zum Gottesreich. So schildert das Danielbuch (Dan. 7), wie die Weltreiche des Alten Orient eines nach dem andern aus den Chaoswassern aufsteigen, aus dem Nichts, das der Weltschöpfung vorausging. Das Reich Gottes hingegen, das sie alle überwinden und ablösen wird, kommt von oben, mit den Wolken des Himmels, und sein Symbol ist die Gestalt eines Menschen im Gegensatz zu den Tiersymbolen, die die Wappentiere der Weltreiche darstellen. Das bedeutet: Erst das Reich Gottes, das von oben kommt, wird die Menschlichkeit des Menschen verwirklichen, nämlich die Hoffnung auf Frieden und Gerechtigkeit, die die alttestamentliche Prophetie mit der Erwartung verband, daß Gott selbst zur Herrschaft kommt und seinen Rechtswillen in der Welt durchsetzt.

Solche Anschauungen stehen hinter dem Wort des johanneischen Christus vor Pilatus. Indem er zu Pilatus sagt: „Mein Reich ist nicht von dieser Welt", antwortet er auf die Frage des Pilatus, ob er der König der Juden sei. Der johanneische Christus gibt mit seiner Antwort zu erkennen, daß er die damals von den Zeloten erstrebte

Erneuerung des jüdischen Königtums nicht für das messianische Reich hält, dem seine Botschaft dient. Ihr geht es nicht um ein Reich, das durch menschliche Gewalt im Aufstand gegen die Herrschaft des römischen Weltreiches zu errichten wäre, sondern um das Reich Gottes, das nicht von unten, von den Menschen, sondern von oben, von Gott kommt. Aber dieses von oben kommende Reich ist schon jetzt wirksam; denn Pilatus hätte keine Gewalt über Jesus, wäre sie ihm nicht von oben gegeben. Das Verhältnis der beiden Reiche ist also nicht das einer schiedlich-friedlichen Aufteilung der Wirklichkeit, so daß die politische Ordnung der Autonomie der Politiker überlassen bliebe und der Glaube sich auf die Innerlichkeit zu beschränken hätte. Vielmehr steht das Reich Gottes der Welt in allen Bereichen als ihre Zukunft bevor. In der Perspektive des Glaubens gibt es keinen Raum für eine Eigengesetzlichkeit des Politischen gegenüber dem Reiche Gottes, es sei denn im Sinne der Widersetzlichkeit der Welt gegen die Gottesherrschaft: Dagegen aber richtet sich in der christlichen Tradition die Ankündigung des Gerichtes Gottes über den Hochmut der Welt, der sich im Streben nach politischer Herrschaft in besonderer Weise manifestiert. Aus solchem Glauben an die Zukunft der Gottesherrschaft, deren König der auferstandene und erhöhte Christus ist, erwuchs im frühen Christentum die weltverändernde Dynamik, die schließlich zur Umwälzung des römischen Weltreiches führte, weil sie ihm seine religiösen Grundlagen entzog. Von da an bis tief in die Neuzeit hinein blieb im Bereich des Christentums nur unter der Bedingung Raum für politische Gewalt, daß die politischen Machthaber sich zumindest prinzipiell dazu bekannten, ihre Gewalt „von oben" empfangen zu haben, so daß ihr Gebrauch daher auch an den Maßstäben des Gotteswillens zu messen war, wie ihn die biblischen Schriften erkennen lassen und wie ihn die Kirche verkündigt.

Es ist deutlich, daß das Verhältnis von Christentum und Gesellschaft in der Gegenwart diesem Bilde nicht mehr entspricht. Schon die Frage nach einem *Beitrag* der Christen zur politischen und gesellschaftlichen Problematik sieht sich heute der Gegenfrage gegenüber, ob ein solcher Beitrag nicht unerheblich für die Gesellschaft ist. Um solche Fragen beantworten zu können, muß man sich zuvor klarmachen, woran es eigentlich liegt, daß die politischen Gewalten heute zumeist nicht einmal mehr das Lippenbekenntnis dazu aufbringen, daß ihnen ihre Gewalt „von oben" gegeben sei. Im politischen Bewußtsein der Gegenwart hat vielmehr die Trennung von Staat und Religion, die Privatisierung des religiösen Bekenntnisses für die Verhältnisbestimmung zwischen Christentum und Gesellschaft grundlegende Bedeutung erlangt. Die Gründe für diese ver-

änderte Sachlage werden sich in den Veränderungen im Verhältnis
von Staat und Kirche zeigen, wie sie im Laufe der Neuzeit eingetreten sind. Dazu sind jedoch zunächst einige Erwägungen über das
Verhältnis von Staat und Kirche im Christentum überhaupt erforderlich. Es gehört nämlich zu den Besonderheiten der christlichen
Religion, daß sich in ihr eine so ausgeprägte institutionelle Doppel-
heit, ein Gegenüber von Kirche und Staat entwickelt hat, und wir
müssen uns die Gründe dafür vor Augen halten, um die Tragweite
der Veränderungen, die die Neuzeit in diesem Verhältnis gebracht
hat, ermessen zu können.

Das Gottesreich der prophetischen Verheißungen und der jüdischen Hoffnung ist in seinem Inhalt politisch. Erst das Gottesreich,
die Herrschaft Gottes selbst wird die Aufgabe endgültig lösen, um
die sich alle politische Ordnung bemüht, an der aber alle menschlichen Herrschaftsordnungen scheitern, nämlich die Verwirklichung
von Frieden und Gerechtigkeit unter den Menschen. Wenn Jesus
die Nähe der Gottesherrschaft verkündete und ihre Gegenwart in
seinem eigenen Auftreten proklamierte, dann ging es dabei um diese politische Hoffnung. Das ist oft vergessen und von der politischen Theologie unserer Tage mit Recht wieder gesehen und betont
worden. Aber dieses politische Reich Gottes wurde bei Jesus auf erstaunlich unpolitische Weise Gegenwart, nämlich nicht auf dem
Wege über eine Reform oder Revolution der gesellschaftlichen Verhältnisse, sondern über die Frage nach der Einstellung des Einzelnen zur Zukunft Gottes, zum Kommen der Gottesherrschaft. Für
den Einzelnen und durch ihn, der sich schon jetzt ganz auf die Zukunft Gottes einläßt, ist die Gottesherrschaft bereits jetzt Gegenwart. Darauf beruht sowohl die Auszeichnung des Individuums in der
christlichen Religion als auch die Sonderstellung der Kirche gegenüber dem Staat: Beides setzt voraus, daß die Bestimmung des Menschen als eine politische Bestimmung noch nicht definitiv realisiert
ist und durch politisches Handeln, durch Veränderungen der gesellschaftlichen Ordnung auch nicht definitiv realisiert werden
kann. Das ist eine Überzeugung, die das Christentum auch gegenüber der konstantinischen und nachkonstantinischen Begründung
politischer Ordnung auf den christlichen Glauben selbst festgehalten hat: Auch eine auf dem Boden des Christentums begründete politische Ordnung ist nicht das Reich Gottes. Auch sie behält vorläufigen Charakter. Eben darum bleibt die Kirche selbständig auch gegenüber einer christlich begründeten politischen Ordnung. Denn
die Kirche vermittelt durch ihre Verkündigung und durch ihre gottesdienstliche Gemeinschaft dem Einzelnen schon jetzt die Teilhabe
am künftigen Heil, die Gegenwart des Gottesreiches, die in der po-

litischen Ordnung nie schon definitive Gestalt gewonnen hat, obwohl die Hoffnung auf die Gottesherrschaft politischen Inhalt hat.
In diesem Punkt stimmt das christliche Glaubensbewußtsein in
bemerkenswerter Weise mit dem Urteil von Karl Marx überein, daß
der Mensch eben deshalb eine religiöse Verwirklichung seines Wesens konzipiert, weil sein menschliches Wesen keine definitive irdische, politische Verwirklichung hat. Christentum und Marxismus
gehen erst darin auseinander, daß der Christ nicht an eine definitive Realisierung der Humanität durch Änderung der bestehenden
gesellschaftlichen Strukturen zu glauben vermag. In derartigen Erwartungen kann christlicher Glaube nur eine Illusion erblicken, die
immer wieder zu inhumanen Konsequenzen führt, weil sie politischen Zwang durch einen dogmatischen Glauben rechtfertigt und
umgekehrt dazu tendiert, solchen Glauben selbst politisch zu erzwingen. Die Verwirklichung der Bestimmung des Menschen —
das wäre die gemeinschaftliche Verwirklichung der menschlichen
Bestimmung aller Individuen. Sie ist letztlich nicht durch menschliches Handeln politisch zu realisieren, weil die Entfremdung der
Menschen von ihrem wahren Wesen nicht nur an äußeren Verhält-
nissen hängt, sondern auch in jedem Einzelnen innerlich begründet
ist durch jene Selbstverfehlung, die die christliche Lehre Sünde
nennt. Die Unerreichbarkeit einer definitiven Verwirklichung der
menschlichen Bestimmung aller Individuen zur Gemeinschaft untereinander durch politisches Handeln geht aber auch schon aus der
Tatsache hervor, daß in jeder denkbaren politischen Ordnung die
gemeinschaftlichen Angelegenheiten aller Bürger von einigen unter
ihnen verwaltet werden müssen, so daß unter den gegenwärtigen
Naturbedingungen menschlicher Existenz keine politische Ordnung
ohne Herrschaft von Menschen über Menschen möglich ist und
folglich auch nicht ohne Gegensätze zwischen Individuen und Gesellschaft. Die Bestimmung des Menschen ist also politisch nicht definitiv realisiert und auch nicht durch politisches Handeln definitiv
realisierbar. Das ändert nichts daran, daß die Bestimmung des
Menschen in der Tat politisch ist, nämlich nur gemeinschaftlich
von allen Individuen und für alle Individuen verwirklicht werden
kann. Das ist aber nur da möglich, wo die Einheit der Individuen
nicht durch menschliche Herrschaft, sondern durch die Herrschaft
Gottes begründet wird. Erst wenn Gottes Herrschaft über die Menschen kommt, werden alle Individuen in der Weise von einem gemeinsamen Geist beseelt sein, daß sie einander unverkürzt respektieren und jeder in der Beziehung zu allen andern die Erfüllung seines Lebens finden wird. Daher wird erst mit dem Kommen der Gottesherrschaft, wie Daniel das zum Ausdruck gebracht hat, die

Menschlichkeit des Menschen volle Wirklichkeit werden. Wenn Jesus nun dennoch dem Einzelnen schon gegenwärtig die Gegenwart des Reiches Gottes und also die künftige Bestimmung des Menschen überhaupt erschlossen hat, so setzt das Bewußtsein solcher Gegenwart des.Heils das Bewußtsein der Vorläufigkeit jeder gegenwärtigen politischen Ordnung voraus. Die institutionelle Selbständigkeit der Kirche dem Staat gegenüber hält im Christentum dieses Bewußtsein von der Vorläufigkeit der politischen Ordnung und *damit* die gegenwärtige Möglichkeit der Freiheit für den Einzelnen offen. Wenn die Bestimmung des Menschen und damit seine Freiheit nicht definitiv durch politisches Handeln realisierbar ist, dann ist die Freiheit des Einzelnen nur in Differenz zur jeweiligen politischen Lebensordnung offenzuhalten. Das geschieht, indem dem Einzelnen inmitten der Vorläufigkeit der jeweiligen Weltverhältnisse der Zugang zur Endgültigkeit seiner Bestimmung als Mensch erschlossen wird, und das ist das Thema des Glaubens an Gott wie auch der Verkündigung der Kirche, und dafür steht die Kirche ein in ihrer Selbstständigkeit gegenüber dem Staat.

Daß die Kirche den Staat in seine Schranken zu weisen hat, indem sie ihn an seine Vorläufigkeit erinnert, hat nun aber in der Geschichte des Christentums dahin geführt, daß die Kirche sich selbst als die Gegenwart der Gottesherrschaft in der Welt verstand. So hat die mittelalterliche westliche Kirche in ihren Amtsträgern die Autorität Gottes selbst sowohl gegenüber dem Staat als auch gegenüber den Gläubigen in einer Weise für sich in Anspruch genommen, bei der ihre eigene Vorläufigkeit gegenüber der Zukunft Gottes und seines Reiches ihr aus dem Blick geriet. Letztlich an diesem überzogenen Anspruch ist die mittelalterliche Kirche zerbrochen, und die Fernwirkungen dieses Bruches, der in der Glaubensspaltung des 16. Jahrhunderts definitiv wurde, bestimmen heute noch die Situation der Christenheit. Ohne sie ist weder die Säkularisierung der neuzeitlichen Kulturwelt, noch die Neutralität des neuzeitlichen Staates in Fragen der Religion und die Privatisierung des religiösen Bekenntnisses verständlich. Wenn der Beitrag des christlichen Glaubens zur Problematik der Gesellschaft heute als unerheblich angezweifelt werden kann, dann liegen die Wurzeln dieser Situation in der bis heute fortdauernden Glaubensspaltung des 16. Jahrhunderts.

Bis ins 16. und 17. Jahrhundert war die Überzeugung selbstverständlich, daß die Einheit der Religion die unerläßliche Grundlage für die Einheit der Gesellschaft sei. Denn nur religiöser Glaube vermag die Legitimität politischer Ordnung zu begründen, sowie zugleich als kritischer Maßstab der Ausübung politischer Macht zu fungieren und die gemeinsame Loyalität der Bürger gegenüber ihrem Gemeinwesen zu motivieren. Diese Gründe haben ihre Plausibilität auch heute noch nicht verloren. Dennoch haben sich die heute herrschenden politischen Anschauungen weit entfernt von der These, daß die Einheit der Gesellschaft auf die Einheit der Religion begründet sein müsse. Das Jahrhundert der Religionskriege in Europa brachte nämlich die entgegengesetzte Erfahrung mit sich, daß der Konfessionsstreit die Einheit der Gesellschaft zerreißt, der Staat also religiös neutral bleiben muß, wenn überhaupt der gesellschaftliche Friede erhalten bleiben soll. Bei dieser religiösen Neutralität ging es zunächst allerdings nur um die innerchristlichen Konfessionsgegensätze. Wenn Religion zur Privatsache erklärt wurde, so betraf das in erster Linie nur die strittigen Auffassungen des Christentums. In einem allgemeinen, von den Gegensätzen des konfessionellen Streits gelösten und daher mehr oder weniger vagen Sinne haben die meisten neuzeitlichen Staaten sich in ihren Verfassungen durchaus noch als christlich gebunden verstanden. Das gilt ja auch noch für das Grundgesetz der Bundesrepublik. Infolge der Privatisierung des religiösen Bekenntnisses ist aber auf die Dauer faktisch eine zunehmende politische und gesellschaftliche Ohnmacht des christlichen Glaubens eingetreten, weil das Christentum bis heute keine andere institutionelle Gestalt seines Glaubens gefunden hat als die konfessionell zerstrittenen Kirchen, so sehr deren Gegensätze sich heute auch abgeschliffen haben mögen. Die Konfessionsgegensätze im Christentum bilden die historische Legitimation für die Neutralität des Staates gegenüber der Religion. Die Folge ist, daß christlich motivierten Äußerungen zu Fragen von Staat und Gesellschaft heute von vornherein etwas Subjektiv-Beliebiges anhaftet und daß Äußerungen der Kirchen allenfalls darum Gewicht beigemessen wird, weil sie mehr oder weniger große Wählergruppen mit ihren Überzeugungen und Interessen repräsentieren, nicht aber darum, weil die Stimme der Kirche die geistigen Grundlagen unseres politischen Lebens überhaupt repräsentiert.

Durch das Prinzip der religiösen Neutralität des Staates ist in der Neuzeit das Bewußtsein davon verdrängt worden, daß politische Ordnung ohne Religion gar nicht möglich ist. Nur eine dem Belieben aller Individuen und insbesondere auch dem der politische Herrschaft ausübenden Individuen entzogene, allgemein überzeugende „Wahrheit" über den Menschen und seine Bestimmung vermag die Loyalität der Individuen gegenüber dem Staat zu begründen. Insofern beruht die These von der Neutralität des Staates gegenüber der Religion auf einer Selbsttäuschung, wenn sie nicht im Einzelfall bewußte Heuchelei darstellt. Die faktische Bedeutung

von religiösen oder quasireligiösen Überzeugungen für die gegenwärtigen Staaten ist sehr viel größer, als es die These von der Neutralität des Staates gegenüber der Religion wahrhaben will. Entweder ist die Gemeinsamkeit des christlichen Bewußtseins in einer Gesellschaft trotz konfessioneller Unterschiede so stark, daß damit allein schon eine hinreichende Basis für die Einheit des Gemeinwesens gegeben ist, eine Gemeinsamkeit, deren Stärke auch Toleranz
gegenüber Minoritäten ermöglicht, die abweichende Überzeugungen hegen; oder aber an die Stelle des christlichen Glaubens tritt
eine andere Gestalt religiösen Bewußtseins: dazu sind in der Neuzeit die verschiedenen Formen der *civil religion* zu rechnen, an erster Stelle der Nationalismus, der sich oft mit einem säkularisierten
Erwählungsglauben verbunden hat, oder andere Formen politischer
Ideologie, wie in jüngster Zeit besonders die verschiedenen Schattie-
rungen des Sozialismus. In jedem dieser Fälle wird die Funktion einer Begründung des eine Gesellschaft einenden Wahrheitsbewußt-
seins auf andere Weise als durch die institutionalisierten kirchlichen
Gestalten des Christentums wahrgenommen. Bei den verschiedenen
Formen der *civil religion* handelt es sich überdies um mit dem
christlichen Glauben überhaupt konkurrierende Formen religiösen
oder quasireligiösen Glaubens. Man darf sich darüber durch die
Thesen der Neutralität des modernen Staates gegenüber der Religion und der Trennung von Staat und Religion nicht täuschen lassen. Sonst wird einerseits der christliche Glaube korrumpiert durch
unreflektiertes Eingehen auf die jeweils herrschenden Formen einer
civil religion. Und andererseits werden Staat und Gesellschaft im
Glauben an ihre religiöse und weltanschauliche Neutralität und im
aufgeklärten Bewußtsein ihrer Ideologiefreiheit unsanft überrascht
durch massive Wellen einer Reideologisierung. Für das letztere
scheint mir die westdeutsche Nachkriegsgeschichte ein besonders in-
struktives Beispiel darzustellen. In der Ablösung der Tendenz zur
Entideologisierung des öffentlichen Lebens seit der frühen Nachkriegszeit durch eine neue Welle ideologischer Aufladung dürfte
der illusionäre Charakter der These von der religiös-weltanschauli-
chen Neutralität des Staates besonders deutlich hervortreten. Es
entspricht einem verständlichen menschlichen Bedürfnis, vor allem
bei der Jugend, daß das ideologische Vakuum auf die Dauer als un-
befriedigend empfunden wurde, insbesondere nach dem Nieder-
gang des öffentlichen Ansehens, das die christlichen Kirchen in der
frühen Nachkriegszeit besaßen.

Die Selbsttäuschung, die in der These von der religiösen Neutralität des Staates liegt, ist für die auf die Ideale von Freiheit und Toleranz gegründete Staatenwelt, die im Wirkungsbereich des Christen-

tums entstanden ist, besonders gefährlich. Die Ideale des neuzeitlichen Verfassungsstaates, die Menschenrechte und besonders die Idee der Freiheit, beruhen entscheidend auf dem christlichen Glauben, wie das vor allem Hegel erkannt hat. Sie repräsentieren allerdings eine autoritätskritische und tolerante Form christlichen Glaubens, die erst aus den Erfahrungen der Konfessionskriege geboren wurde und bis heute keine angemessene institutionelle Gestalt gefunden hat, sondern institutionell ungesichert in den Konfessionskirchen lebt. Das ändert nichts daran, daß diese politischen Ideen und besonders das Freiheitsbewußtsein der Neuzeit ihre Kräfte aus dem Fortgang christlicher Überlieferung ziehen. Darum vernachlässigt eine auf Freiheit begründete politische Ordnung die Grundlagen ihrer eigenen Existenz, wenn sie sich oberflächlich im Sinne der Trennung von Staat und Religion versteht. Der Gedanke der Freiheit wird dann zunächst seines tieferen religiösen Gehalts beraubt, seiner sittlichen Verbindlichkeit entleert, zur Rechtfertigung privater Beliebigkeit banalisiert und damit schließlich der Verhöhnung als bürgerliche Illusion preisgegeben. Damit ist dann die Zeit reif für neue Formen eines ideologischen Totalengagements. Der Zerstörung der letztlich religiösen Grundlage der politischen Ordnung in der sittlichen Gesinnung folgt dann ihr politischer Verfall, ihre Ausartung zu Erscheinungen der Ohnmacht und des Mißbrauchs, die schließlich dem Ruf nach ihrem Umsturz den Anschein von Plausibilität verleihen können.

Auf diese Problematik muß sich heute, so scheint mir, eine sachgerechte und tief genug eindringende Diskussion des Themas Christentum und Gesellschaft konzentrieren. Was kann von seiten des christlichen Glaubens geschehen, um die mit diesem Glauben verbundenen, letztlich in ihm begründeten Elemente einer an den Ideen von Freiheit und Toleranz orientierten gesellschaftlichen Lebenswelt gegen die Gefahr der Erosion zu schützen? Die Aufgabe ist deswegen so schwierig, weil durch die moderne These von der religiösen Neutralität des Staates der christliche Glaube prinzipiell in die Sphäre privater Beliebigkeit verwiesen ist. Er ist dadurch nicht nur politisch weitgehend ohnmächtig — was natürlich nicht in gleichem Maße von den Kirchen als Gruppenrepräsentanten gilt — der Glaube ist durch seine Privatisierung auch im eigenen Wahrheitsbewußtsein bedroht, weil behauptete Wahrheit ohne zumindest den Anspruch auf Allgemeingültigkeit nicht bestehen kann.

Eine Rückkehr zu vorneuzeitlichen Formen des Verhältnisses von Staat und Religion ist natürlich nicht möglich und auch nicht wünschbar. Wo Dogmenzwang und autoritäre Amtskompetenzen zur Grundlage staatlicher Ordnung werden, da kann das Bewußtsein der Freiheit sich nicht entfalten, das die Frucht christlichen Heilsglaubens ist. Hier hat die Trennung von Staat und Religion, wie sie sich seit dem Ende des Zeitalters der Konfessionskriege durchgesetzt hat, ihr bleibendes Recht. Die Lehre aus dieser geschichtlichen Erfahrung der blutigen Konsequenzen dogmatischer Unduldsamkeit bedeutet, daß es keine Begründung des politischen Lebens auf Religion mehr geben darf, die zu Gewissensterror und Glaubenshaß führt. Es ist die Tragik der neuzeitlichen Geschichte des Christentums, daß seine kirchlich repräsentativen Organe und Amtsträger an der Schwelle dieser Epoche vor der Aufgabe versagt haben, die dogmatisch-autoritäre Form des Christentums von seinen genuinen Ursprüngen her innerlich zu überwinden. Statt dessen ist als direkte Folge eines dogmatisch-autoritären Selbstverständnisses zunächst die Glaubensspaltung eingetreten, die sodann in das Zeitalter der Religionskriege mündete und deren Folgen die Kirchen mehr oder weniger, aber zunehmend ins politische Abseits abgedrängt haben. Ein weiteres Beharren auf der Partikularität der konfessionellen Positionen und Gegenpositionen bei wechselseitiger Ausschließlichkeit kann die Kirchen nur noch tiefer in eine sektenhafte Ghettoexistenz verstricken. Umgekehrt scheint eine Revision der Privatisierung der Religion, wie sie sich seit Beginn der Neuzeit entwickelt hat, nur dann möglich, wenn das Christentum auch in seiner institutionellen, kirchlichen Gestalt die konfessionell trennenden Gegensätze der Vergangenheit überwindet und ohne Verlust der Identität des Christusbekenntnisses zur institutionellen Darstellung einer neuen Universalität oder Katholizität des christlichen Glaubens gelangt, die der Pluralität von Sondertraditionen und Glaubensformulierungen im gemeinsamen Bewußtsein ihrer geschichtlichen Bedingtheit und Vorläufigkeit weitgehenden Spielraum gewähren kann und aus demselben Grunde ein tolerantes Verhältnis zu anderen religiösen Traditionen zu gewinnen vermag. Das Christentum kann seinen Anspruch auf allgemeingültige Wahrheit heute nur dann sinnvoll vertreten, wenn es das Moment des Pluralismus in sein eigenes Wahrheitsbewußtsein und in die Einheit seiner institutionellen Gestalt mit aufnimmt, statt nur in der Form partikularer, wenn auch mehr oder weniger homogener Interessengruppen in der Gesellschaft aufzutreten. Eine Überwindung der konfessionellen Gegensätze, die zugleich die Pluralität historisch gewachsener Ausprägungen des Christentums im Glaubensbewußtsein wie im liturgischen Leben und in der Kirchenordnung respektiert, bahnt sich in unserem Jahrhundert durch die ökumenische Bewegung an, die ja nur durch fortschreitende Verständigung und gegenseitige Anerkennung der verschiedenen konfessionellen

Kirchen an ihr Ziel gelangen kann: Eine solche Überwindung des Trennenden in der konfessionellen Differenzierung des Christentums würde die christliche Kirche befähigen, wirklich Zeichen und Werkzeug der Einheit der Menschheit zu sein, wie es das zweite Vatikanische Konzil im Eingang seiner Konstitution über die Kirche formulierte, wie es aber die aus der Kirchenspaltung des 16. Jahrhunderts hervorgegangenen konfessionellen Gestalten des Christentums heute nicht mehr in glaubwürdiger Weise zu sein vermögen. Die Tragweite der ökumenischen Bewegung für das Verhältnis von Staat und Religion wird erkennbar, wenn man bedenkt, in wie hohem Maße die Neutralität des Staates gegenüber der Religion mit allen daraus erwachsenden Folgen ein Ergebnis der Konfessionsgegensätze gewesen ist, auf deren Überwindung die ökumenische Bewegung zielt. Auch die Säkularisierung der neuzeitlichen Kultur und die damit an sich nicht notwendig gegebene, tatsächlich aber doch damit verbundene, zumindest oberflächliche Entfremdung vom Christentum ist als eine direkte Folge der konfessionellen Zerstrittenheit des Christentums und der daraus resultierenden Verselbständigung des Staates als Träger einer säkularen Kultur zu beurteilen. Eine ökumenische Verständigung der Konfessionskirchen im Sinne gegenseitiger Anerkennung und Verbindung im Rahmen einer neuen Katholizität des Christentums würde sicherlich diese ganze Entwicklung nicht einfach rückgängig machen können. Es mag durchaus sein, daß auch eine ökumenische Universalkirche noch kognitive Minderheit im Zusammenhang der modernen Gesellschaft bliebe. Aber sie könnte das Selbstverständnis der christlichen Kirche als Zeichen des kommenden Gottesreiches und so als Zeichen und Werkzeug der eschatologischen Einheit der Menschheit in einer Weise zur Darstellung bringen, wie das den aus den Glaubensspaltungen des 16. Jahrhunderts hervorgegangenen Konfessionskirchen nicht mehr möglich ist. Durch die ökumenische Verständigung der Konfessionskirchen kann das Christentum— spät, aber vielleicht nicht zu spät — heute die Lösung der Aufgabe nachholen, deren Versäumnis zu Konfessionsspaltung, Religionskriegen, Säkularisierung des öffentlichen Lebens und Privatisierung der Religion in der Neuzeit geführt hat: Durch die Aufnahme der Elemente von Pluralismus und Toleranz in sein eigenes Selbstverständnis wird es befähigt, seinen Wahrheitsanspruch mit neuer Glaubwürdigkeit zu vertreten, ohne sich damit dem Vorwurf eines die Freiheit einengenden Autoritarismus auszusetzen. Erst eine in diesem Sinne ökumenische Kirche kann von der politischen Ordnung der Gesellschaft erwarten, daß sie sich an der Zukunft der Gottesherrschaft über die Menschheit orientiert, will sie nicht dem Gericht Gottes verfallen.

Für die neuzeitliche Demokratie, wie sie sich von ihren Anfängen in England und Amerika entwickelt hat, bedeutet das die Erinnerung an ihre eigenen religiösen Ursprünge. Die Herrschaft von Menschen konnte abgebaut werden, weil Gott allein die Herrschaft gebührt. Die Fähigkeit zur Selbstregierung konnte in Anspruch genommen werden, weil alle Christen teilhaben an Christi Königtum, wie an seinem Priestertum. Der Beitrag des christlichen Glaubens zur demokratischen Gesellschaft der Gegenwart muß in erster Linie darin bestehen, diese christlichen Ursprünge der modernen Demokratie ins Bewußtsein zu heben und die demokratische Freiheit als Ausdruck christlichen Geistes anzuerkennen, um sie dann freilich auch bei diesem ihrem Ursprung zu behaften.

Dabei leistet der christliche Glaube zweitens einen Beitrag für die demokratische Gesellschaft durch Aufdeckung der Gefahr einer Auflösung des säkularen Staates dort, wo dieser die Bedingungen seiner pluralistischen Lebensform vergißt. Diese Bedingungen liegen in einem Grundrechtskonsens, der seine Grundlagen letztlich in religiösen Überzeugungen hat, wie sie im Christentum erwachsen und überliefert sind. In der christlichen Unterscheidung von Kirche und Staat liegen die sachlichen Wurzeln noch der neuzeitlichen Säkularität. Es ist sehr die Frage, ob ein säkularer Staat ohne zugrundeliegende religiöse Überzeugungen, die eine Sphäre säkularer Kultur von sich aus freigeben, auf die Dauer überhaupt bestehen kann. Ebenso dürfte das Funktionieren eines pluralistischen Gesellschaftssystems davon abhängen, daß in der betreffenden Gesellschaft ein hinreichendes Maß an Übereinstimmung in letztlich religiösen Überzeugungen besteht, die den Vorrang der Freiheit gegenüber anderen Werten und damit die Wünschbarkeit von Pluralität begründen und daamit schließlich auch Toleranz gegenüber Auffassungen ermöglichen, die selbst nicht auf dem Boden dieses religiös begründeten Konsenses stehen. Gerade die USA, deren Gesellschaft dieser Beschreibung vielleicht am weitgehendsten entspricht, zeichnet sich durch ein hohes Maß an Übereinstimmung in einem christlich fundierten freiheitlichen Wertbewußtsein aus, und diese Übereinstimmung ermöglicht allererst das hohe Maß an Pluralität und Toleranz, das in dieser Gesellschaft besteht. Das bedeutet umgekehrt, daß dort, wo diese religiöse Basis nicht vorhanden ist oder zerfällt, auch der Pluralismus einer freiheitlichen Gesellschaft gefährdet ist.

Der Beitrag des Christentums zur Erhaltung einer freiheitlichen Gesellschaft wird sich drittens besonders darauf beziehen, die Grundwerte von Freiheit und Gleichheit gegen Entstellungen zu schützen, die sie ad absurdum führen können. Dabei ist es besonders wichtig zu sehen, daß die Prinzipien von Freiheit und Gleichheit in der modernen Demokratie antik-stoische und christliche Motive miteinander verbinden, die untereinander in einem Spannungsverhältnis stehen. Für die stoische Philosophie sind die Menschen von Natur aus gleich und gleicherweise frei, ein Zustand, der nur durch die Entwicklung der Gesellschaft verdorben worden ist. Für den christlichen Glauben hingegen sind die Menschen *vor Gott* gleich, d. h. sie werden gleich in Christus, und sie empfangen die Freiheit, zu der sie bestimmt sind, durch den Glauben an Christus. Freiheit und Gleichheit der Menschen erscheinen hier als ihre göttliche *Bestimmung*, nicht einfach als gegebener natürlicher Zustand. Dadurch vermag der christliche Glaube zugleich der faktischen natürlichen Ungleichheit und der faktischen Unfreiheit der Menschen Rechnung zu tragen, um sie über sich selbst hinaus zur Teilhabe an ihrer eigentlichen Bestimmung zu befähigen. Das geschieht durch die Brüderlichkeit im christlichen Sinne des Wortes. Erst durch Berufung auf die im Glauben ergriffene Bestimmung des Menschen zu Freiheit und Gleichheit ist in der Neuzeit die Erneuerung der Demokratie ermöglicht worden gegenüber dem Hinweis auf die tatsächliche Ungleichheit und Unfreiheit der Menschen. Wo hingegen das stoische Element in den Gedanken von Freiheit und Gleichheit in den Vordergrund tritt, wird die faktische Ungleichheit übersprungen und werden Ungleiche mehr oder weniger gewaltsam als gleich behandelt, und die Freiheit wird nicht als verpflichtender Anruf der eigentlichen Bestimmung des Menschen, ihrer Heilszukunft, begriffen, sondern als Freigabe individuellen Beliebens. Dabei werden die Prinzipien von Freiheit und Gleichheit durch den Kontrast zur gesellschaftlichen Wirklichkeit unglaubwürdig. Der Verfall besonders des Freiheitsverständnisses ließe sich konkret an der Eigentumsproblematik in unserer Gesellschaft und an der Diskussion über den Schwangerschaftsabbruch zeigen, der Verfall des Gleichheitsgedankens am Mißbrauch des Begriffs der Demokratisierung, der weitgehend darauf beruht, daß Ungleiches formal gleich behandelt wird, ohne daß dabei die Vorbedingung einer *Bildung* zur Gleichheit berücksichtigt wird. Die möglichen konkreten Beiträge des christlichen Glaubens zu den Problemen der modernen Gesellschaft ließen sich vielleicht durchweg als Aufgaben der Konkretisierung der Prinzipien von Freiheit und Gleichheit in einem kritisch gereinigten Sinn definieren.

Auf solche Weise könnte das Christentum den Anspruch der Gottesherrschaft auf das gegenwärtige gesellschaftliche und politische Leben der Menschen neu artikulieren, so daß dieser Anspruch nicht mißverstanden und zur Seite geschoben werden kann als Machtanspruch partikularer Gruppierungen, als die die Konfessionskirchen heute erscheinen, für ihre subjektiven und daher allgemein unverbindlichen Überzeugungen.

Nation und Menschheit*

Vor fast sechs Jahrzehnten hat *Friedrich Meinecke* die Entwicklung des deutschen politischen Bewußtseins im Spannungsfeld von „Weltbürgertum und Nationalstaat" beschrieben. Es hat den Anschein, daß dieses Thema nach all den Katastrophen unseres Jahrhunderts heute wieder aktuell geworden ist. In den hinter uns liegenden Jahren ist der nationale Gedanke vielfach schon totgesagt worden. Heute belebt er sich zusehends wieder; und schon werden die übernationalen Leitgedanken, die der Nachkriegszeit allein eine sinnvolle Wegweisung des politischen Denkens und Handelns bedeuteten, im Namen nationaler Werte eingeschränkt. Vielleicht gelangen wir hier an eine Wegscheide des politischen Denkens im Nachkriegsdeutschland. Jedenfalls scheint es nötig zu sein, daß jeder politisch denkende Bürger seine Urteile und Vorurteile über nationale und übernationale Ideale politischen Handelns aufs neue überprüft.

Welcher Beitrag zu dieser Aufgabe kann aus dem Erbe christlicher Überlieferung gewonnen werden? Kann überhaupt erwartet werden, daß die christliche Theologie einen Beitrag zu dieser Frage zu leisten hat? Nun, es handelt sich hier um eine Frage, die seit der altkirchlichen Zeit mit zentralen Themen der christlichen Überlieferung eng verbunden gewesen ist. Ich spreche ausdrücklich von christlicher Überlieferung, nicht von protestantischer oder katholischer Lehre. Denn es scheint mir, auf dem Felde der politischen Ethik ebenso wie in anderen theologischen Fragen müssen heute die Schranken überwunden werden, von denen die traditionellen konfessionellen Formen des Christentums beengt sind. Die ursprüngliche Kraft biblischer Motive ist in Geschichte und Überlieferung der verschiedenen christlichen Kirchen wirksam geworden und muß in ihrer ganzen Fülle der Gegenwart erschlossen werden. Ich beschränke mich daher nicht auf die Perspektive der lutherischen Zwei-Reiche-Lehre, die man wohl besser als Lehre von den zwei Herrschaftsweisen Gottes — in der Welt und in der Kirche — be-

---

* Vorgetragen anläßlich der 12. Bundestagung des Evangelischen Arbeitskreises der CDU/CSU am 27. Mai 1965 in Bonn.

zeichnen sollte. Ebensowenig reichen naturrechtliche Erwägungen aus, um eine spezifisch christliche politische Ethik zu begründen. Beide Betrachtungsweisen lassen spezifisch christliche Motive zu wenig wirksam werden. Eine christliche politische Ethik sollte geprägt sein von der Erwartung des Gottesreiches, der kommenden Weltherrschaft Gottes. Ein darauf ausgerichtetes Denken wäre jedenfalls dem Zielpunkt alttestamentlicher Hoffnung und dem Zentrum der Botschaft Jesu selbst am nächsten.

Im Zusammenhang mit dem Gedanken des Reiches Gottes ist schon in der alten Kirche der Vorrang nationaler oder übernationaler Gesichtspunkte für die Ordnung des politischen Lebens diskutiert worden. Hier werde ich mit einem *ersten* Abschnitt einsetzen. Sodann wird ein *zweiter* Abschnitt die veränderte Situation würdigen, die ein heutiges kosmopolitisches Denken unterscheidet vom altkirchlichen und mittelalterlichen Reichsgedanken. In diesem Zusammenhang ist auf die Beziehungen zwischen kosmopolitischer und demokratischer Gesinnung einzugehen. Genauer, es wird der übernationale, menschheitliche Sinn der demokratischen Ideen zur Sprache kommen. Der *dritte* Teil wird sich speziell dem Thema der Nation und des Nationalbewußtseins aus der Sicht einer Ethik des Gottesreiches zuwenden

I.

Das Zeitalter der amtlichen Christenverfolgungen im römischen Reiche war noch nicht zu Ende, als der große alexandrinische Theologe *Origenes* daranging, die negative Einstellung der Christen gegenüber dem Imperium Romanum zu überwinden. Er konnte und wollte im Reich des Augustus nicht mehr nur eine Ausgeburt des Antichrist erblicken.

Auf Augustus bezog er das messianische Wort des 72. Psalms: „Aufgegangen ist in seinen Tagen Gerechtigkeit und eine Fülle des Friedens." In der Reichsgründung des Augustus fand Origenes das Walten der göttlichen Vorsehung am Werk, die die irdischen Voraussetzungen für die universale Verbreitung des christlichen Glaubens schuf: „Gott bereitete die Nationen für seine Lehre vor. Sie sollten unter dem einen römischen Basileus stehen und nicht unter dem Vorwande, es gebe viele Gemeinwesen, viele Nationalitäten, ohne Verbindung untereinander sein."[1] Sein heidnischer Gegner, der Philosoph *Kelsos*, an den sich Origenes mit diesen Worten wendete, hatte dem christlichen Monotheismus vorgeworfen, die Vereh-

---

[1] Origenes, Contra Kelsos. II, 3.

rung nur eines Gottes bedeute Aufruhr; denn sie zerstöre die nationalen Besonderheiten, auf deren Achtung und Pflege der Zusammenhalt des römischen Reiches beruhe. Dagegen sagt Origenes, die nationalen Besonderheiten werden am Jüngsten Tage, beim Anbruch des Gottesreiches, ohnehin verschwinden. Indem nun das politische Werk des Augustus die nationale Zerrissenheit bereits überwunden hat, wirkt es in derselben Richtung wie die christliche Botschaft, nämlich für das Reich Gottes, das alle Völker zusammenfassen wird.

Im folgenden Jahrhundert führte *Euseb von Caesarea* als Zeitgenosse der konstantinischen Wende die Gedanken des Origenes weiter. Im Anschluß an das Lukasevangelium (Lk. 2,1) fand er eine Fügung der göttlichen Vorsehung in der Gleichzeitigkeit des Erscheinens Christi und der Aufrichtung des Imperiums durch Augustus. Er sagt: „Als aber der Herr und Heiland erschien und zugleich mit seiner Ankunft Augustus als der erste unter den Römern über die Nationalitäten Herr wurde, da löste sich die pluralistische Vielherrschaft auf, und Friede erfaßte die ganze Erde.“[2] Für Euseb wie für Origenes gehören die Überwindung der nationalen Zersplitterung und die Überwindung des Polytheismus zusammen. Daher konnte Euseb in Konstantin den Vollender des von Augustus begonnenen Werkes erblicken. Hatte doch Konstantin nicht nur das Reich des Augustus erneuert, sondern auch die politische Einheit des Imperiums mit der Einzigkeit des christlichen Gottes verbunden.

Die theologische Verknüpfung der universalen christlichen Botschaft mit dem politischen Universalreich Konstantins und seiner Nachfolger ist häufig verurteilt worden. Man hat es geradezu als geschmacklos empfunden, das von den Propheten verheißene Friedensreich, das doch als das Reich Gottes angekündigt wurde, mit dem weltlichen Reich der Römer in Verbindung zu bringen. Aber wir sollten uns dessen erinnern, daß die *Verheißung der kommenden Friedensherrschaft Gottes* über alle Völker im Alten Testament einen entschieden politischen Sinn hatte. Vom verheißenen Gottesreich erwartete man die Erfüllung und Vollendung der politischen Ordnung, der Rechtsordnung in den menschlichen Beziehungen. Im Reiche Gottes soll das Zusammenleben der Menschen seine wahrhaft menschliche Gestalt finden. Die Hoffnung auf das kommende Reich Gottes darf diesen ursprünglichen, politischen Charakter nicht verlieren. Sie wird sonst blaß und irrelevant für das konkrete Verhalten der Menschen. Umgekehrt ist von der christlichen Botschaft immer dann eine auch politische Dynamik ausgegangen, wo den Menschen der politische Sinn der Reich-Gottes-Hoffnung auf-

---

[2] Euseb, Demonstratio evangelica VII, 2, 22.

ging. Gewiß ist das Reich Gottes, das Jesus verkündigt hat, „nicht von dieser Welt" (Joh. 18,36). Aber es ist die Zukunft dieser Welt, und die Christen haben Anlaß, schon die gegenwärtige Welt im Lichte der ihr verheißenen Zukunft zu sehen und also gerade im politischen Bereich nach vorläufigen Zeichen dieser Hoffnung auszuschauen, nach vorläufiger Realisierung dieser Hoffnung zu trachten. Es ist ja die eigentümliche Botschaft Jesu gewesen, daß das kommende Reich Gottes als künftiges schon jetzt die Gegenwart bestimmt. Das muß angesichts des ursprünglich politischen Charakters der Reichshoffnung auch für das politische Leben gelten, nicht nur für das Privatleben der Christen. Und im politischen Leben wird es vor allem um die Frage nach einer universalen Friedens- und Gerechtigkeitsordnung gehen; deren endgültige Verwirklichung ist ja der Inhalt der biblischen Verheißung der Gottesherrschaft.

So hatten die altkirchlichen Theologen durchaus guten Grund, die christliche Hoffnung auf das Reich Gottes mit dem Imperium Romanum in Verbindung zu bringen. Und die Christen der Gegenwart haben allen Anlaß zu der Frage, welche vorläufige Gestalt die christliche Hoffnung einer universalen Friedens- und Rechtsordnung unter den weltpolitischen Bedingungen der Gegenwart annehmen kann. Dabei droht heute wie damals die Gefahr, daß die christliche Botschaft zur Verklärung des Bestehenden mißbraucht wird. Dieser Gefahr ist schon die alte Kirche in ihrem Verhältnis zum byzantinischen Kaisertum nicht immer entgangen. Die Gefahr ist aber dann gebannt, wenn wir uns in Demut dessen bewußt bleiben, daß alle christliche Lebensgestaltung bestenfalls Stückwerk und Vorläufer sein kann gegenüber der endgültigen Zukunft des Gottesreiches. Weder die Vereinigten Staaten von Europa noch die Verwandlung der Vereinten Nationen in eine echte überstaatliche Autorität mit gewissen höchsten Souveränitätsrechten würden das Reich Gottes auf Erden endgültig heraufführen. Aber es könnte sehr wohl sein, daß in dieser Richtung Bemühungen wirksam werden müßten, die der gegenwärtig bestmöglichen, wenn auch vorläufigen Gestalt des verheißenen Gottesreiches gelten. Auf manchen Sätzen, in denen *John F. Kennedy* seine Vision einer friedlichen und gerechteren Ordnung des menschlichen Zusammenlebens auf der ganzen Erde formulierte, liegt ein Abglanz der alttestamentlichen Verheißungen eines künftigen universalen Friedensreiches. Kennedys Ideen bilden vielleicht die für unsere Gegenwart deutlichste Veranschaulichung eines christlich inspirierten politischen Universalismus. Doch wie gesagt, wir werden nicht wie frühere Zeiten die Aufrichtung des Reiches Gottes als eine Sache verstehen, die durch menschliche Anstrengung zustande gebracht werden könnte. Die Vorläufigkeit aller gegenwärtig möglichen christlichen Lebensgestaltung muß uns stets bewußt bleiben. Diese Vorläufigkeit gilt für alle ‚guten Werke', für die privaten wie für die öffentlichen. Und darin besteht doch wohl christliche Demut, daß wir den Abstand unserer eigenen Werke von der Herrlichkeit der Zukunft Gottes nicht vergessen. Diesen Abstand wahrzunehmen, bewirkt nun aber — recht verstanden — keine Lähmung des Willens zur Tat. Im Gegenteil, gerade die Wahrnehmung des Abstands zwischen der verheißenen Zukunft des göttlichen Friedensreiches und den Zuständen der Gegenwart kann Impulse zur Veränderung der Gegenwart auslösen. Die Hoffnung auf das verheißene Friedensreich Gottes kann unsere Phantasie und unseren Willen beflügeln, damit wir überwinden, was an den jeweils gegenwärtigen Zuständen als besonders unzulänglich erkannt wird.

II.

Die zuletzt angestellten Erwägungen über gegenwärtige Möglichkeiten eines christlich inspirierten, politischen Universalismus setzen stillschweigend voraus, daß das verheißene Gottesreich des Friedens und der Gerechtigkeit für uns heute nicht mehr in einer Weltmonarchie gegenwärtige politische Gestalt annehmen wird. Die Weltmonarchie war für die alte Christenheit das irdische Abbild der Weltherrschaft Gottes. Das spätere Gottesgnadentum territorial begrenzter Reiche stellt demgegenüber bereits eine Verfallserscheinung dar. Nur der Weltmonarch war als Repräsentant der Weltherrschaft Gottes zu verstehen. Nun liegt aber eine unvermeidliche Zweideutigkeit monarchischer Herrschaft — theologisch gesehen — darin, daß der Monarch ebensosehr als Konkurrent wie als Repräsentant der Herrschaft Gottes erscheinen muß, sofern er nämlich die höchste irdische Instanz ist, gegen deren Entscheidungen an keine andere Instanz mehr appelliert werden kann. Jesus Christus ist gerade deswegen der Messias, der Repräsentant der Herrschaft Gottes gegenüber der Menschheit, weil er nicht die Herrschaft über sie suchte und behauptete, sondern um seiner Verkündigung der Gottesherrschaft willen sich dem Kreuzestode auslieferte. Deshalb ist durch Jesus Christus der Gegensatz zwischen Herrschern und Beherrschten überwunden. Er ist auch für die Christen überwunden, weil sie durch Glauben, Taufe und Herrenmahl mit Jesus Christus verbunden sind. Sie haben damit sowohl an seinem Priestertum als auch an seinem Königtum teil. Deshalb ist die Monarchie, jedenfalls die absolute Monarchie mit ihrem prinzipiellen Gegensatz zwischen Herrscher und Volk, dem Christentum nicht voll gemäß. Dem allgemeinen Priestertum entspricht ein allgemeines Königtum der Christen. Dieser Gedanke enthält historisch und dogmatisch die christliche *Wurzel der modernen Demokratie*.

Sicherlich geht die moderne Demokratie nicht nur auf eine christliche, sondern auch auf *antike Wurzeln* zurück. *Gleichheit und Freiheit* der Vollbürger bildeten die Grundlage schon der altgriechischen Demokratie. Stoische Philosophen waren die ersten, die allen Menschen als Menschen die Rechte der Freiheit und Gleichheit zuerkannten. Aber aus der griechischen Geschichte schien sich die Lehre zu ergeben, daß demokratische Verfassungen nicht dauerhaft sind, weil die Bürger den erforderlichen Gemeinsinn nicht aufbringen. Darum schien eine politische Ordnung nur durch die Herrschaft eines Einzelnen gewährleistet. Gleichheit und Freiheit galten als Kennzeichen eines leider längst vergangenen, goldenen Zeitalters der Menschheit.

Analog zu solchen stoischen Gedanken beurteilte die *christliche Theologie* Freiheit und Gleichheit der Menschen als Eigenschaften ihrer ursprünglichen Natur, die aber durch den Sündenfall verlorengingen und erst in der künftigen Seligkeit des Gottesreiches wiedererlangt werden. Für den Hauptstrom christlicher Theologie gehören also ähnlich wie für die stoische Philosophie Freiheit und Gleichheit eigentlich zum Menschsein des Menschen, sind aber durch die Verderbnis der Menschheit verlorengegangen. Doch für das Christentum waren Freiheit und Gleichheit nicht nur mit der fernen Vorzeit eines goldenen Zeitalters verbunden, sondern auch Sache der Zukunft Gottes, die die Gleichheit aller Menschen vor Gott an den Tag bringen wird. Und in der christlichen Theologie steckte weiter auch die Möglichkeit, die zukünftige Herrlichkeit des Menschen schon für die Gegenwart in Anspruch zu nehmen — um der Gemeinschaft der Christen mit Christus willen, der der neue Mensch, der wahre Mensch ist[3]. Der christliche Glaube hat also zwei entscheidende Schritte über die stoische Gedankenwelt hinaus ermöglicht. Die Menschen waren nicht nur in der Vorzeit einmal frei und gleich, sie werden es auch wieder sein — und dies nicht erst in einer fernen Zukunft. Die Menschen können vielmehr auch

---

[3] Der baptistische Prediger Robinson etwa, aus dessen holländischer Gemeinde 1620 die ersten Pilgerväter nach Nordamerika gingen, hielt trotz aller schlechten Erfahrungen der bisherigen Geschichte eine demokratische Ordnung des Gemeinwesens unter Christen für möglich, weil sie alle an Christi Königtum und Priestertum teilhaben. Vgl. G. P. Gooch, English Democratic Ideas in the 17th Century (1898), Neudruck der 2. Auflage, New York 1959, 65 f., vgl. auch 230 f. zu John Fox.

gegenwärtig von dieser ihrer humanen Natur und Bestimmung Gebrauch machen; denn ihre Gemeinschaft mit Christus befähigt sie, sich über die Schranken ihres gegenwärtigen Daseins und ihrer eigenen Schwachheit zu erheben.

Der Universalismus der christlichen Hoffnung auf eine die ganze Menschheit vereinende politische Ordnung des Friedens und der Gerechtigkeit gehört eng mit den demokratischen Ideen zusammen. Das gilt erstens von den demokratischen Prinzipien her. Diese richten sich auf den *Menschen als Menschen,* auf alle Menschen, nicht nur auf die Glieder dieser oder jener Nation. Daher ist dem demokratischen Denken von Hause aus ein weltbürgerlicher Zug eigentümlich. Viele Vorkämpfer demokratischer Ideen haben von demokratischen Einrichtungen zugleich eine Angleichung und Annäherung der Völker erwartet, eine Tendenz zum politischen Zusammenwachsen der Menschheit. Heute wissen wir, daß diese Tendenz nicht automatisch zum Durchbruch kommt. Der Nationalismus kann auch ein demokratisches Staatswesen befallen, und dann kann ein Völkerhaß entstehen, der früheren Zeiten unbekannt war. Das menschheitliche Pathos der demokratischen Ideen bedarf der Verbindung mit dem Ziel einer menschheitsumfassenden Friedensordnung. Umgekehrt enthält die Hoffnung auf eine universale Friedensordnung Züge, die erst in einer durch Freiheit und Gleichheit bestimmten Gesellschaft zu ihrer vollen Entfaltung gelangen können. Von dem verheißenen Friedensreich nämlich wird erwartet, daß es das Menschsein des Menschen *in der Gemeinschaft* verwirklicht. So ist das Gottesreich der alttestamentlichen Hoffnung schon bei Daniel durch die Symbolgestalt eines Menschen bezeichnet worden, um den Charakter seiner Herrschaft abzuheben von der Gewaltherrschaft der Weltreiche, die durch Tiergestalten symbolisiert werden. Wir haben vorhin schon hervorgehoben, daß die Herrschaft Christi jede Gewaltherrschaft beendet, weil sie durch das Kreuz Jesu und durch die sakramentale Gemeinschaft der Glaubenden mit ihm den Gegensatz von Herrscher und Beherrschten überhaupt überwindet. So war denn auch das Urchristentum überzeugt, daß die Erfüllung des Menschseins der Menschen im Gottesreich alle Unterschiede der Herkunft und der sozialen Stellung unwesentlich werden läßt. Insofern hat die christliche Theologie mit Recht in den stoischen Gedanken einer ursprünglichen Freiheit und Gleichheit aller Menschen etwas ihr Verwandtes erblickt. Sie hat sich diese stoischen Gedanken angeeignet und sie in eine Verheißung für die Zukunft der Menschheit verwandelt.

Die christliche Aneignung der stoischen Gedanken verändert den Sinn von Freiheit und Gleichheit und damit die Grundlage der De-

mokratie. Für stoisches Denken gehören Freiheit und Gleichheit zur
ursprünglichen menschlichen Natur, und daher gelten in stoischer
Sicht auch die Menschen der Gegenwart, trotz aller im Laufe der
Geschichte eingerissenen Ungleichheiten, als im Kern gleich und als
gleicherweise frei, wenn man nur durch die von der Gesellschaft geschaffenen Unterschiede hindurchzudringen weiß[4]. Das Christentum jedoch beurteilt die zwischen den Menschen bestehenden Unterschiede nicht als unwesentlich gegenüber den tatsächlich vorhandenen Gemeinsamkeiten. Unerheblich sind jene Unterschiede nur
im Vergleich zu der gemeinsamen Bestimmung der Menschen zur
Gemeinschaft im Reiche Gottes. Das Christentum versteht die Menschen nicht als gleich und gleichermaßen frei in dem, was sie
schon sind, sondern als berufen zu einer noch nicht vorhandenen,
aber geglaubten Freiheit und Gleichheit vor Gott. Die demokratischen Ideale sind leicht angreifbar, wenn sie im stoischen Sinne einer schon vorhandenen Gleichheit und Freiheit gedeutet werden.
Diese Gleichheit ist nur die Abstraktion von allen Unterschieden,
nicht nur von den Unterschieden der Herkunft und des Besitzes,
sondern auch von denen der Begabung und Leistung; und wo diese
abstrakte Gleichheit der Menschen zum Maßstab politischen Handelns wird, da sind schwerwiegende Ungerechtigkeiten – nämlich
die Einebnung alles Besonderen und Ausgezeichneten – kaum zu
vermeiden.

Der christliche Gedanke der Gleichheit aber meint nicht, daß alle
auf ein Mittelmaß heruntergebracht werden sollen, wo dann jede
Stimme jeder anderen gleich gilt, sondern Gleichheit im christlichen Sinne bedeutet, daß alle erhoben werden sollen zur Teilnahme
an den höchsten menschlichen Möglichkeiten. Solche Gleichheit
muß immer wieder erst geschaffen werden, sie ist nie schon da. Und
sie wird geschaffen allein durch die Macht der *Brüderlichkeit*. Dieses dritte Grundwort der modernen Demokratie, das am deutlichsten auf ihre christliche Wurzel hinweist, wird allzuleicht vergessen
neben Freiheit und Gleichheit. Aber es ist die Macht der Brüderlichkeit, die Macht der schaffenden Liebe, die allein das Verschiedene zur Gemeinschaft verbindet und mit der Gemeinschaft eine
Gleichheit hervorbringt, die zuvor nicht vorhanden war. Die Brüderlichkeit muß helfen, daß die Individuen die Schranken ihres gegenwärtigen Daseins überwinden, um frei für ihre gemeinsame

---

[4] So meint auch G. Leibholz, es „erscheinen die zwischen den Menschen tatsächlich bestehenden Unterschiede heute letzthin als ‚unwesentlich', als ‚unerheblich' gegenüber den Eigenschaften, die sie miteinander verbinden" (Struktur-
probleme der modernen Demokratie, Karlsruhe 1958, 86). Leibholz irrt aber,
wenn er *diesen* Gleichheitsgedanken auf das Christentum zurückführt.

menschliche Bestimmung zu werden. Brüderlichkeit bedeutet, jedem eine echte Chance zu geben zu voller Teilnahme an allen Gütern der Gesellschaft. *Abraham Lincoln* hat darin den eigentlichen Sinn des Gleichheitsgedankens erkannt[5]: Es ist nicht jeder gleich, und es kann auch nicht jeder gleich behandelt werden, aber jedem kann und muß eine echte Chance, die gleichen Ziele zu erreichen, gegeben werden. Dieser Gedanke Lincolns, daß jedem eine Chance gegeben werden müsse, macht deutlich, welchen Sinn es hat, von der Gleichheit zu reden, die erst noch hervorgebracht werden muß[6].

Unsere bisherigen Erwägungen haben gezeigt: Der universale Gedanke der Menschheit, dem eine christliche Ethik des Reiches Gottes besonders verpflichtet sein wird, hat nicht nur eine ‚außenpolitische‘ Relevanz für ein Streben nach einer die Völker umfassenden Friedensordnung der Menschheit. Er hat auch ‚innenpolitisch‘ wegweisende Kraft, weil es bei den demokratischen Idealen um den Menschen als solchen geht. Aber ein demokratisches Gemeinwesen kann nicht im ersten Anlauf die ganze Menschheit umfassen. Es muß sich im Zusammenleben und in den politischen Institutionen jeweils eines besonderen Volks, auf dem Boden eines begrenzten Staatsgebiets entwickeln. Damit können wir uns nun nicht länger der Frage nach dem Stellenwert entziehen, der der nationalen Gemeinschaft im Rahmen einer Ethik der Gottesherrschaft zukommt. Nur in diesem Rahmen aber kann die Nation überhaupt Thema einer christlichen Ethik werden, die bei ihrer Sache bleibt. Darum kommen wir erst jetzt, auf dem Wege über die demokratische Menschheitsidee, auf das Phänomen der Nation zurück. Auch so ist es theologisch gar nicht leicht einzusehen, wie es überhaupt zu einem Zusammengehen von Christentum und Vaterland hat kommen können, das doch in der Geschichte durch viele Beispiele belegt ist.

III.

Die *Nationen* scheinen immer dann zum unmittelbaren politischen Partner der christlichen Kirchen geworden zu sein, wenn die christliche Reich-Gottes-Hoffnung keinen entsprechend universalen Ausdruck im politischen Leben finden konnte oder wenn der Ge-

---

[5] Vgl. W.-D. Marsch, Christlicher Glaube und demokratisches Ethos, dargestellt am Lebenswerk Abraham Lincolns, Hamburg 1958, 200 f., Anm. 42.

[6] Daraus ergibt sich auch, daß der Bildungspolitik ein hervorragender Platz bei der Gestaltung des gesellschaftlichen Lebens zukommen muß. Das entspricht dem christlichen Gedanken der Gleichheit der *Berufung* zu wahrem Menschentum.

danke des Reiches Gottes so verändert wurde, daß man eine ihm entsprechende politische Wirklichkeit gar nicht mehr suchte. Beides ist für den westeuropäischen Bereich zum ersten Male in der *Spätantike* eingetreten. Das universale römische Reich, jedenfalls sein westlicher Teil, zerbrach unter den Stürmen der Völkerwanderung, und zugleich wurde der Begriff des Reiches Gottes entpolitisiert. Die beiden Vorgänge hängen zusammen. Die Schwäche der byzantinischen wie auch später der mittelalterlichen Reichstheologie ist es gewesen, das christliche Imperium als den irdischen Repräsentanten der Gottesherrschaft für unzerstörbar zu halten. Darüber wurde die kritische Funktion der christlichen Zukunftshoffnung gegenüber jeder gegenwärtigen Lebensgestaltung vergessen. Desto stärker kam die Vorläufigkeit und Vergänglichkeit auch des Imperium Romanum den Menschen zum Bewußtsein beim Untergang des weströmischen Reiches. Es lag nahe, daß nun mit der verabsolutierten byzantinischen Reichstheologie überhaupt jede Verbindung zwischen Reich-Gottes-Hoffnung und politischem Leben aufgegeben wurde. Insofern hat *Augustin* die geschichtliche Erfahrung seiner Zeit ausgedrückt, wenn er das Reich Gottes den weltlichen politischen Ordnungen entgegensetzte[7].

Dadurch ist Augustin der erste Verfechter einer Zwei-Reiche-Lehre geworden. Und wir sehen schon hier, daß in einer solchen Auffassung zwar die Differenz des Reiches Gottes von allen politischen Gebilden der Menschen scharf zum Ausdruck kommt, daß aber diese Differenz unfruchtbar bleibt, weil die Scheidung der beiden Bereiche dazu führt, daß das Reich Gottes nicht mehr als kritische Macht zur Überwindung der Beschränktheiten der jeweiligen politischen Gegenwart wirksam wird. Allerdings hat Augustin das Reich Gottes nicht gänzlich in ein Jenseits der Geschichte verwiesen. Er hat es von der Politik geschieden, nur um es in der Kirche verkörpert zu finden, die in allen Wirren seiner Zeit unerschüttert dastand.

Die Verbindung von Reich Gottes und Kirche hat weitreichende geschichtliche Wirkungen gehabt. Zunächst fühlte sich die Kirche nun im frühen Mittelalter als Erbin des römischen Imperiums, als die einzige universale Institution der Christenheit. Im politischen Bereich sah sie sich nur den Völkern gegenüber[8]. Als Theorie für das Zusammenwirken der Kirche und der politischen Gewalten innerhalb der einen Christenheit bildete sich dann der Gedanke der

---

[7] Vgl. H. Frhr. v. Campenhausen, Augustin und der Fall von Rom, in: Weltgeschichte und Gottesgericht, Stuttgart 1947, 2 ff.
[8] Vgl. H. Löwe, Von Theoderich dem Großen zu Karl dem Großen, Darmstadt 1958, 18 ff.

„*zwei Gewalten*", der weltlichen und der geistlichen, heraus. Dabei brauchte die weltliche Gewalt, die dem Reich Gottes durch Erhaltung von Frieden und Gerechtigkeit zu dienen hat, kein universales Imperium mehr zu sein. In ihrem Kampf gegen die Ansprüche des mittelalterlichen Kaisertums konnte die Kirche sich mit den Nationen verbünden gegen die Idee einer universalen weltlichen Ordnung der Christenheit. Nach dem Verfall des Kaisertums ist die katholische Kirche bis in die Gegenwart wieder als die einzige universale Instanz der ganzen Christenheit gegenüber dem Partikularismus der Nationen aufgetreten.

Das ist die eine Form eines Zusammengehens von Kirche und Nationalstaaten. Die andere begegnet in der *Zwei-Reiche-Lehre Luthers* oder doch in deren Gefolge. Auch diese Lehre geht auf die mittelalterliche Theorie der beiden Gewalten zurück. Aber bei Luther ist die geistliche Gewalt der Kirche keine universale Institution mehr. Daher mußte hier die Gefahr besonders groß werden, daß die Kirche in Abhängigkeit von den Territorialherrschaften und später von den Nationalstaaten geriet.

Luther stand insofern in der Tradition der augustinischen Zwei-Reiche-Lehre, als er das politische Leben nicht mehr im Lichte der Reich-Gottes-Hoffnung sah. Daher kam ihm die theologische Bedeutung der Frage nach einer universalen politischen Ordnung als wenigstens vorläufiger Gestalt des verheißenen göttlichen Friedensreiches gar nicht mehr in den Blick. Nur darum konnte er die mannigfachen Territorialherrschaften, die Vorläufer der späteren Nationalstaaten, ohne weiteres als den Normalfall einer weltlichen Obrigkeit akzeptieren. Das aber war ein höchst bedenklicher Schritt. Man mag der Zwei-Reiche-Lehre Luthers manche Vorzüge nachrühmen: Sie war sich der Differenz zwischen Reich Gottes und politischer Gegenwart, aber auch der Differenz zwischen Kirche und Staat scharf bewußt. Es ist auch nicht wahr, daß sie den Christen zu bloßer Passivität gegenüber den politischen Gewalten angeleitet habe. Aber die Differenz zwischen Reich Gottes und politischer Gegenwart konnte keine Dynamik zur Veränderung der gegenwärtigen Zustände mehr entfalten. Statt dessen wurde das Feld des politischen Handelns Mächten überlassen, die nicht wie das christliche Kaisertum durch ihr eigenes Wesen christlichen Zielsetzungen verpflichtet waren. Gewiß hat es christlich gesonnene Landesväter gegeben. Aber die politischen Lebensinteressen der Territorialstaaten des 16. Jahrhunderts und erst recht die der späteren Nationalstaaten hatten mit christlichen Motiven und Zielsetzungen wenig zu tun. Hier liegt die Problematik der Zwei-Reiche-Lehre Luthers.

Wie die Staatsräson der Territorialstaaten über christliche Motive und Zielsetzungen hinwegging, darauf brauche ich hier nicht weiter einzugehen. Dagegen müssen wir unser Augenmerk als nächstes dem *Widerspruch zwischen Christentum und modernem Nationalismus* zuwenden, obwohl damit noch nicht alles über das Phänomen der Nation im Lichte einer christlichen politischen Ethik gesagt ist. Die neuzeitliche Erhebung der Nation zum Leitbild des politischen Handelns ist den übernationalen Traditionen des Christentums und ihrer Quelle, der christlichen Hoffnung auf das Reich Gottes für alle Menschen, klar entgegengesetzt. Das wird gerade an der Weise deutlich, wie der Nationalismus sein Selbstbewußtsein an biblische Gedanken angeknüpft hat. Es handelt sich dabei um Verkehrungen biblischer Gedanken bis hin zur Vergottung des Volkes. So ist der Gedanke des auserwählten Volkes auf moderne Nationen wie England oder Deutschland übertragen worden, um ihnen den Glanz einer religiösen Sendung zu verleihen. Aber die Neigung, das eigene Volk nach Analogie des alten Israel als auserwählt zu denken, verkannte die heilsgeschichtliche Einzigartigkeit Israels, die in seiner Kennzeichnung als auserwähltes Volk Gottes ausgedrückt ist. Außerdem lag das Ziel der Erwählung dieses Volkes in der Gewinnung der ganzen Menschheit für den Gott Israels. Dieses Ziel ist mit Jesus Christus und in der universalen christlichen Mission im Prinzip erreicht, insofern als hier die Wendung von der Erwählung nur eines Volkes zur Berufung aller Menschen zum christlichen Heil vollzogen ist. Der Gedanke des auserwählten Volkes bedeutet von nun an einen Rückfall hinter die christliche Wende zur ganzen Menschheit. Die nationalistische Säkularisierung dieses Gedankens muß darum als antichristlich beurteilt werden.

Der nationale Gedanke hat in der Neuzeit nicht zufällig zur Verdrängung christlicher Motive aus der politischen Willensbildung beigetragen. Wo die nationalen Interessen den Leitstern der Staatsräson und der Politik bilden, da befinden wir uns in einer Sphäre, der die christliche Erwartung des Gottesreichs als einer Rechts- und Friedensordnung für die ganze Menschheit fremd ist. Die christlichen Kirchen haben die auf dieser Linie unvermeidlich Entfremdung des politischen Lebens vom Geist des Christentums zu wenig erkannt und zu leicht genommen. Sie haben sich zwar keineswegs durchweg am Kult des Nationalen beteiligt, auch in Deutschland nicht[9]. Aber sie haben es nicht verstanden, die Enge des nationalen Denkens durch weitergreifende politische Zielsetzungen zu überwinden und so in Beziehung zum universalen Horizont christlicher Hoffnung zu bringen. Die Kirchen hatten sich im Zeichen der

---

[9] Siehe dazu R. Wittram, Das Nationale als europäisches Problem, Göttingen 1954, bes. 109—148: Kirche und Nationalismus.

Zwei-Gewalten-Theorien mit dem Nationalismus arrangiert. Dabei wären sie, wenn irgend jemand, berufen gewesen, einer Entwicklung entgegenzutreten, die zur gegenseitigen Zerfleischung der europäischen Nationen im Zeichen nationaler Wahnideen geführt hat. Man sage nicht, diese Entwicklung sei nur die Folge vermeidbarer Übersteigerungen des nationalen Gedankens gewesen. Solche Urteile begegnen in letzter Zeit häufiger[10]. Ich fürchte, sie enthalten eine Verharmlosung des wahren Sachverhalts. Wo die Nation zum Mittelpunkt des politischen Denkens wird, da muß es schließlich zum Kampf um den Vorrang kommen. Auch die romantischen Wegbereiter des deutschen Nationalismus haben nicht den Völkerhaß gepredigt, sondern glaubten an ein harmonisches Zusammenleben der Nationen. Und doch führten ihre Ideen nicht nur zum kulturellen, sondern auch zum machtpolitischen Wettbewerb der Nationen und damit zum Kampf um die Vorherrschaft. Jenes harmonische Zusammenleben der Völker, das einem *Herder* oder *Schleiermacher* vorschwebte, ist nur im Rahmen übergeordneter Zielsetzungen und übernationaler Institutionen auf die Dauer möglich.

All das bedeutet nicht, daß eine christliche politische Ethik der Nation jede Bedeutung für das politische Denken und Handeln abzusprechen hätte. Nationale Zusammengehörigkeit durch gemeinsame Sprache, gemeinsame Kultur, gemeinsames geschichtliches Schicksal oder durch Verbindung alles dessen — das ist zweifellos eine geschichtliche Gegebenheit, die als solche Beachtung fordert, an der niemand einfach vorbeigehen kann. Über ihre Bedeutung muß man sich so oder so klarzuwerden suchen. Als nächste Analogie zur nationalen Verbundenheit drängt sich dabei der Gedanke an die Familiengemeinschaft auf, die aber weniger dem Einfluß geschichtlicher Veränderungen unterworfen ist als die Nation. Die theologische Ethik des vorigen Jahrhunderts hat nun vielfach das Volk wie auch die Familie als eine *„Schöpfungsordnung"* Gottes aufgefaßt. Dieser Begriff ist mehrschichtig. Zunächst ist er ein theologischer Ausdruck für die Feststellung, daß es faktisch Nationen gibt und daß jeder Mensch sich im Zusammenhang eines Volkes vorfindet. Darüber hinaus aber soll der Begriff der Schöpfungsordnung auch eine Verpflichtung des einzelnen der Familie oder dem Volk gegenüber begründen. Hier wird seine Problematik sichtbar. Denn der Begriff der Schöpfungsordnung vermag nicht, die Nation in eine Beziehung zu spezifisch christlichen Gedanken zu bringen. Schon deshalb ist es bedenklich, daß die Rede vom Volk als Schöp-

---

[10] Diese Auffassung hat jüngst auch in der theologischen Diskussion ihren Ausdruck gefunden, in der Schrift von A. Evertz, Der Abfall der evangelischen Kirche vom Vaterland, Velbert/Kettwig 1964, bes. 23 ff.

fungsordnung über die Feststellung des Vorhandenseins von Nationen hinaus aus diesem ihrem Vorhandensein eine besondere Verpflichtung für ihre Glieder ableiten will. Die Behauptung, daß die Erhaltung der nationalen Besonderheiten Gottes Wille sei, läßt sich aber aus dem bloßen Vorhandensein einer Nation auch gar nicht begründen. Schließlich haben sich Umfang und Eigenart der Nationen im Laufe der Geschichte vielfach verändert. Einige Völker sind untergegangen, andere sind neu entstanden. Die bloße Tatsache eines bestehenden nationalen Zusammenhalts kann für die Glieder einer Nation keinen „Imperativ der Volkstreue" begründen[11]. Daher bleibt die Deutung der Tatsache nationaler Verbundenheit durch den Begriff der Schöpfungsordnung fragwürdig, zumal da er sich als anfällig für nationalistischen Mißbrauch erwiesen hat.

Ein anderes Licht fällt auf die Tatsache nationaler Zusammengehörigkeit der Menschen eines Volkes von der *christlichen Hoffnung auf das kommende Gottesreich* her. Die Gemeinschaft aller Menschen in einem Reich des Friedens und der Gerechtigkeit ist nicht unvermittelt durch einen weltweiten Zusammenschluß der Individuen zu erreichen. Sie ist nur als eine Gemeinschaft einiger großer Gruppen möglich, die wiederum in sich Vereinigungen kleinerer Gruppen darstellen. Die Entwicklung und Erhaltung eines Zusammengehörigkeitsbewußtseins überall dort, wo Gemeinsamkeiten vorhanden sind, ist der einzige Weg zu größeren politischen Einheiten. Nicht die isolierten Individuen, sondern erst die von ihnen gebildeten Gruppen können sich zu größeren Gemeinschaften zusammenschließen. In diesem Sinne hat auch die nationale Zusammengehörigkeit eine positive Bedeutung: als unumgängliche Stufe zur größeren Gemeinschaft der Menschheit. Darin ist zugleich auch das Kriterium enthalten, das den nationalen Egoismus begrenzt.

Von hier aus läßt sich das Recht der Forderung nach dem Nationalstaat verstehen, die die nationalen Bewegungen des vorigen Jahrhunderts beseelte. Allerdings ergibt sich dieses Recht nicht schon aus der nationalen Gemeinsamkeit, sondern erst in Verbindung mit dem Anspruch auf politische Selbstbestimmung, der in der Menschenwürde begründet ist, in der Bestimmung der Menschen zu Freiheit und Gleichheit. Außerdem muß gesagt werden, daß die Forderung nach dem Nationalstaat nicht den prinzipiellen Charakter haben kann, den man ihr früher zuerkannt hat. Ein Nationalitätenstaat, wie das alte Österreich-Ungarn, braucht nicht un-

---

[11] So P. Althaus, Grundriß der Ethik, ²Gütersloh 1953, 125. Ähnlich A. Evertz, a.a.O. 12 ff. u. ö. Althaus erkennt freilich eine Grenze dieses Imperativs in besonderen Schicksalen einzelner und ganzer Volksgruppen an. Doch wodurch werden Geltung und Grenze des Imperativs dann bestimmt?

ter allen Umständen verwerflich zu sein. Diese Einsicht kann demjenigen nicht schwerfallen, für den die Aufgabe politischer Gemeinschaftsbildung ohnehin über die Grenzen der eigenen Nation hinausweist.

Die Deutung der nationalen Zusammengehörigkeit als Stufe zur größeren Gemeinschaft der Menschheit erlaubt die Pflege der nationalen Besonderheiten, der eigenen Sprache, Kultur und Sitte. Durch eine Vielfalt sich gegenseitig ergänzender Besonderheiten wird eine übergreifende politische Gesamtheit besser zusammengehalten als durch Uniformität. Allerdings wird die Pflege der Besonderheiten nur insoweit sinnvoll sein, wie sie einen Beitrag zum Leben der Gesamtheit darstellt.

Vor allem aber muß das Bemühen um eine *übernationale Rechts- und Friedensordnung* aller Pflege nationaler Besonderheiten übergeordnet sein. Denn die Harmonie der Nationen stellt sich, wie wir erfahren haben, nicht von selbst ein. Dabei werden auch übernationale Zusammenschlüsse am besten mit begrenzten Gruppierungen beginnen, anknüpfend an Gemeinsamkeiten der Geschichte und Kultur sowie an gemeinsame politische und wirtschaftliche Aufgaben. In unserer Zeit darf als exemplarisch für solche Zusammenschlüsse der Vorgang der europäischen Integration gelten. Derartige Vereinigungen von Nationen sollten aber wieder über ihre eigenen Grenzen hinaus auf die Idee einer gerechten und friedlichen Ordnung hinorientiert sein, die einmal die gesamte Menschheit umfassen soll, nicht nur die uns befreundete Welt, sondern auch unsere heutigen Gegner. So ist die angedeutete Stufenreihe partikularer Zusammenschlüsse, deren Anfang im innerpolitischen Leben eines jeden Volkes liegen muß und in der dann auch die nationale Gemeinschaft ihren Platz findet, ausgerichtet auf das universale Ziel einer die Menschheit umfassenden Friedensordnung. Wegen seiner Verbindung mit der biblischen Reich-Gottes-Hoffnung muß dieser Gedanke das Kriterium einer christlichen politischen Ethik sein. Als Kriterium angewandt besagt er zum Beispiel, daß die Idee eines einigen Europa ihre volle ethische Verbindlichkeit nur dann behält, wenn ein einiges Europa sich nicht abschließt gegen die übrige Welt und wenn es in seiner eigenen Kultur und demokratischen Ordnung die Menschlichkeit des Menschen so darzustellen weiß, daß davon eine Anziehungskraft auf die übrige Menschheit ausstrahlt. Für die nationalen Probleme Deutschlands bedeutet das angegebene Kriterium der biblischen Reich-Gottes-Hoffnung, daß unsere nationalen Interessen nicht als Selbstzweck behandelt werden dürfen, sondern nur im Zusammenhang übergeordneter Ziele zu verfolgen sind, deren nächstes die europäische Einheit bleibt. Dieser

Zusammenhang mit den übergeordneten politischen Zielen der europäischen Einheit und des Weltfriedens bestimmt die Grenze zwischen der berechtigten Pflege nationaler Gemeinsamkeiten und nationalistischen Übersteigerungen.

Lassen Sie mich an dieser Stelle noch etwas konkreter werden: Keine deutsche Politik kann auf das Bemühen um eine neue politische Realisierung unserer nationalen Verbundenheit mit den Millionen deutscher Menschen jenseits der Elbe verzichten. Daß die Form dieser politischen Gemeinschaft Ergebnis freier Selbstbestimmung des ganzen deutschen Volkes sein muß, versteht sich als eine Forderung, die aus der Würde des Menschen folgt, aus seiner Bestimmung zu freier und gleicher Menschlichkeit. Diese Forderung wird übrigens desto wirksamer sein, je überzeugender in diesem Teil Deutschlands jene Bestimmung des Menschen zur Darstellung kommt. Dagegen scheint mir die Forderung nach Wiederherstellung der Grenzen von 1937 heute nur auf einem ziemlich abstrakten nationalen Rechtsstandpunkt vertretbar zu sein. Soll denn die heute jenseits der Oder und Neiße wohnende polnische Bevölkerung wieder umgesiedelt werden? Und wohin? Sollen wir darauf warten, daß die Sowjetunion die alten polnischen Ostgebiete an Polen zurückgibt[12]? Das sind offenbar ganz irreale Hoffnungen, und das Weiterleben derartiger Zielsetzungen in Teilen der westdeutschen Bevölkerung sollte nicht noch offiziell ermutigt werden. Ich sage das auch im nationalen Interesse. Unser hartnäckiges Festhalten am Unerreichbaren könnte sehr wohl dahin führen, daß wir auch das auf mancherlei Umwegen vielleicht noch Erreichbare, nämlich die politische Einheit mit den Deutschen jenseits der Elbe, für lange Zeit verspielen werden. Ohne Verständigung mit unseren osteuropäischen Nachbarn, insbesondere mit Polen, kann dieses dringendste nationale Anliegen kaum Aussicht auf Verwirklichung haben. Man hört immer wieder, alle territorialen Regelungen seien auf einen Friedensvertrag zu vertagen. Aber wer sagt denn, daß nach zwanzig Jahren der Abschluß eines Friedensvertrags überhaupt

---

[12] Der Gedanke an eine gewaltsame Rücksiedlung der heute in den Ostgebieten lebenden Bevölkerung ist auch von den ostdeutschen Landesvertretungen wiederholt verworfen worden, zuletzt auf ihrem Kongreß am 22. 3. 1964 in Bonn. Es ist nur schwer zu verstehen, wie sich das Streben nach Wiederherstellung alter Besitzrechte damit vereinbaren läßt. Vor allem aber ist nicht abzusehen, wie irgendeine polnische Regierung aus freier Einsicht in alte deutsche Rechte zu einer Revision der jetzt bestehenden Grenze, geschweige denn zu einer Wiederherstellung der Grenzen von 1937 ihre Zustimmung geben könnte. Auch etwaige deutsche Versuche, Entschädigungen oder Wiederansiedlungsrechte für Vertriebene von der polnischen Seite zu erreichen, dürfte — wenn überhaupt — nur bei einer Anerkennung der heutigen Grenzen Chancen des Gelingens haben.

noch zu erwarten steht? Wird nicht ein solcher Vertrag von Jahr zu Jahr überflüssiger? An unserer Ostpolitik aber wird auf die Dauer sichtbar werden, in welchem Maße die deutsche Politik bereit ist, nationale Belange in eine übergeordnete, gesamteuropäische Konzeption einzugliedern und den Forderungen der Menschlichkeit unterzuordnen. Oder wird sie um gewisser nationaler Prinzipien willen für alle Zukunft die Augen verschließen vor der durch den Ausgang des Krieges geschaffenen und nach menschlichem Ermessen kaum noch zu revidierenden Situation? Diese Frage offen zu diskutieren, ist vielleicht für die Träger politischer Ämter unseres Staates heute nicht immer möglich. Desto mehr ist es eine Pflicht der übrigen Bürger, weil nur so eine Atmosphäre entstehen kann, in der eine deutsche Regierung eines Tages die Freiheit zu entsprechenden Handlungen hat.

Man hört immer wieder, uns Deutschen fehle es heute an nationalem Selbstbewußtsein. Diese Feststellung ist sehr richtig. Aber diesem Mangel liegt die Ungeklärtheit unserer gegenwärtigen politischen Situation zugrunde. Ein von nationalistischer Übersteigerung freies deutsches Nationalgefühl kann sich erst entwickeln, wenn wir uns entschließen, das Ergebnis des Krieges im Osten unseres Landes nicht länger aus unserem politischen Bewußtsein zu verdrängen. Erst dann kann man als Deutscher das Wort Vaterland wieder in den Mund nehmen ohne die Sorge, sich damit auf unabsehbare politische Abenteuer einzulassen. Freilich darf auch dann das Vaterland nie wieder die oberste Wertvorstellung unseres politischen Denkens und Handelns werden. Wir sollten unbeirrt von den Schwankungen der Tagespolitik am Ziel einer europäischen Einheit, die mehr als ein „Europa der Vaterländer" sein muß, festhalten und darüber hinaus unser Teil zu einer künftigen, besseren Friedensordnung der Menschheit beitragen. Eine Politik, die auf dieses universale Ziel gerichtet ist und der universalen Bestimmung des Menschen im Zusammenleben der Menschheit ebenso dient wie in der Bildung ihrer eigenen Bürger zu wahrer Freiheit und Gleichheit — eine solche Politik darf sich wohl darauf berufen, ihre Kraft aus den besten Wurzeln christlicher Überlieferung zu ziehen. Vermutlich würde sie zu gleicher Zeit den nationalen Bedürfnissen unseres Volkes den besten Dienst leisten.

Der Friede Gottes und der Weltfriede

Unter dem Druck der Sorge um den Weltfrieden will heute jedes Reden vom Frieden in anderem als unmittelbar politischem Sinne als belanglos erscheinen, wie eine Ablenkung von der brennenden Aufgabe, auf die es alle Kräfte der Einsichtigen zu konzentrieren gilt. Sich dem Frieden mit Gott, wohl gar im Sinne des Seelenfriedens zuzuwenden, kann leicht als Zynismus oder Bigotterie wirken angesichts des Schreckens, der die Zukunft der Menschheit im Atomzeitalter bedroht. Und doch könnte der Friede mit Gott mehr mit dem Weltfrieden zu tun haben, als es dem oberflächlichen Blick scheinen mag. Er könnte sich als Quelle einer Kraft erweisen, die den gewöhnlichen Bürger zu immer neuen Bemühungen für den Frieden befähigt und nicht die Resignation aufkommen läßt. daß der Friede letztlich doch nur von den Mächtigen dieser Erde bewahrt oder verspielt wird.

Die Pflicht zur Wahrhaftigkeit nötigt zu dem Eingeständnis, daß der Friede Gottes, von dem im Neuen Testament die Rede ist, nicht einfach identisch ist mit dem Weltfrieden. Jener göttliche Friede übersteigt bei weitem alles, was Gegenstand des Weltfriedens sein kann. Handelt es sich hier um die fortschreitende Beschränkung oder, wenn möglich, Abschaffung des Gebrauchs von Waffengewalt von seiten der Einzelstaaten beim Austrag internationaler Konflikte, so geht es beim Frieden Gottes um das Heil, um die Ganzheit unseres Daseins, eine Ganzheit, die in diesem Leben bestenfalls fragmentarisch aufleuchtet. Sie kann nicht von uns hervorgebracht, sondern nur als Gnade mitten im Vorläufigen gegenwärtig werden, als Vorschein des Vollkommenen inmitten von Leid und Alltäglichkeit. Im Vergleich dazu ist der Weltfriede, der als politische Ordnung verwirklicht werden muß, etwas sehr Vorläufiges, keineswegs schon Gegenwart des Heils oder goldenes Zeitalter. Zudem wird der Friede Gottes in den neutestamentlichen Schriften den christlichen Gemeinden oder auch einzelnen Menschen zugesprochen. Das geschieht fast immer im Hinblick auf ihre mitmenschlichen Beziehungen, aber ohne ausdrückliche Bezugnahme auf die Aufgabe des politischen und militärischen Friedens zwischen Völkern und Staaten. Das bedeutet natürlich nicht, daß der Friede, der von dem Gott

Jesu kommt, und von dem der Kolosserbrief sagt, daß er durch das Blut des Kreuzes Christi gestiftet sei (Kol. 1,20), mit der Dimension politischen Friedens gar nichts zu tun habe. Diese Dimension gehört vielmehr zum Hintergrund der neutestamentlichen Friedensworte. Wo in den großen prophetischen Verheißungen des Endheils im Alten Testament der Friede genannt oder beschrieben ist, da handelt es sich um den Völkerfrieden, freilich nicht nur um die Beschränkung internationaler Gewaltausübung, die wir als Weltfrieden verwirklicht zu sehen hoffen, sondern um eine Überwindung der Konflikte selbst, die Anlaß zu gewaltsamen Zusammenstößen gaben, und die Überwindung solcher Konflikte wird erwartet von einer gemeinsamen Verehrung Jahwes und von der Befolgung seines Gottesrechtes. Der allumfassende Friede bildet zusammen mit der Gerechtigkeit, die unlösbar zu ihm gehört, das wichtigste Kennzeichen der erhofften Gottesherrschaft, die einmal die Herrschaftsformen der Weltreiche ablösen soll. Im Lichtkegel solcher prophetischen Verheißungen muß auch die Botschaft Jesu von der nahen Herrschaft Gottes und alles Reden der neutestamentlichen Schriften vom Frieden Gottes verstanden werden. Soll der Mensch im Angesicht des göttlichen Geheimnisses ganz werden, also sein Heil gewinnen und also Frieden im Vollsinn des Wortes erlangen, dann kann dabei die politische Dimension der Bestimmung des Menschen nicht außer Betracht bleiben. Die Gottesherrschaft, die das Leben der Menschen heil werden läßt, schließt den politischen Frieden mit ein. Das steht im Hintergrund der neutestamentlichen Friedensworte. Aber darauf liegt in den neutestamentlichen Schriften nicht der Ton. Dieser Befund erklärt sich zum Teil dadurch, daß dem damaligen Judaea als Alternative zum Aufruhr gegen die römische Besatzungsmacht nur die politische Resignation geblieben war. Es ist verständlich, daß in dieser Situation die Pax Romana nicht als Erfüllung alttestamentlicher Friedensweissagungen gewertet wurde. Die Verbindung mit ihr legte sich erst später nahe, obwohl sie sich schon bei Lukas anbahnt. Doch der Hauptgrund für das Zurücktreten des politischen Friedensgedankens im Neuen Testament liegt woanders. Auch für Lukas hebt die Verwirklichung des von den Propheten verheißenen universalen Friedensreiches nicht im politischen Bereich an, sondern durch einen einzelnen Menschen, durch Jesus. Durch ihn ist für das Urchristentum der Friede Gottes schon gegenwärtige Wirklichkeit in den kleinen Gruppen derer, die an ihn glauben. Daß dieser Friede Gottes auf die ganze Menschheit zielt, hat ausdrücklich nur der Epheserbrief ausgesprochen (2,14 ff.): das Kreuz Christi habe, indem es das Gesetz ins Unrecht setzte, Frieden zwischen Juden und Heiden gestiftet. Die prophetischen Friedensverheißungen einerseits und die universale Sendung der Christen an die ganze Menschheit andererseits bestimmen den Horizont dieses urchristlichen Friedensverständnisses. Wie ist die Aussage zu verstehen, daß das Kreuz Jesu den Frieden gebracht habe, den die Propheten verheißen hatten? Der Epheserbrief meint damit offenbar, daß das Kreuz Jesu Christi den absoluten, die Heiden ausschließenden Anspruch der jüdischen Religion durchbrochen habe. Das darf vielleicht dahin verallgemeinert werden, daß das Kreuz Christi absolute Wahrheitsansprüche der Menschen gegeneinander durchbricht und dadurch Frieden stiftet, daß es die Menschen die Vorläufigkeit der sie trennenden Fronten sehen lehrt. Doch wieso das Kreuz Christi solches vermag, bedarf noch einmal einer tieferen Begründung. Man muß sich dazu vorerst auf die Ursachen der Friedlosigkeit besinnen, die das alltägliche Dasein der Menschen kennzeichnet. Wir mögen in flüchtigen Augenblikken erleben, wie sich unser Dasein zur Ganzheit des Glücks runden will. Im Alltag werden wir doch getrieben von Sorgen und Hast. Im Streben nach Selbstbehauptung und Sicherheit des Lebens zerrinnt die Zeit in unsern Händen, je älter wir werden, desto schneller. Dabei werden wir uneins mit jener unaussprechlichen Tiefe in allem Wirklichen, die auch die Macht über alles ist. Und darum streitet unser Leben, so wie wir es führen, gegen Gott. Wir bleiben ihm den Dank schuldig. Doch die Bemühungen, unser Dasein individuell und kollektiv zu sichern und gegen andere durchzusetzen, sind nicht einfach vermeidbar. Sie sind nötig, weil unablässig Beeinträchtigungen und Gefährdungen unser Leben bedrohen. Hinter jeder neuen Gefährdung und Beeinträchtigung des Glücks aber wartet der Tod, der endlich einen jeden ereilt. Der Angst vor dem Tode ist ausgeliefert, wer nicht aus dem Dank gegen Gott lebt, und in dieser Angst vor dem Tode liegt der tiefste Grund der Friedlosigkeit unseres Daseins. Erst in bezug darauf wird verständlich, inwiefern Jesu Tod Frieden brachte, und welcher Art der Friede ist, den er brachte. Er hat den ihm verbundenen Menschen Frieden gebracht dadurch, daß er den Tod überwand, der unser Dasein friedlos macht. Durch seinen Tod hat er uns die Hoffnung über den Tod hinaus gegeben, weil die Gemeinschaft mit ihm uns Anteil auch am Leben seiner Auferstehung von den Toten verbürgt. Darum konnte Paulus vom Frieden mit Gott sprechen, den wir durch den Glauben an Jesus Christus haben (Röm. 5,1), und dieser paulinische Gedanke dürfte der Anwendung auf das Verhältnis von Juden und Heiden im Epheserbrief schon zugrunde liegen. Wer, von der Todesfurcht befreit, Frieden mit Gott hat, kann der Beschränkung aller, auch der eigenen menschlichen Ansprüche standhalten.

Es ist wichtig für den christlichen Friedensgedanken, bis hinein in die politische Ethik, daß der Friede Gottes, den Jesus gebracht hat, in der Überwindung des Todes gründet und uns darum gerade durch den Tod Jesu eröffnet worden ist. Dadurch und nur dadurch gibt es Frieden mitten im Leiden, in der Ungerechtigkeit und Angst dieser Welt. Gerade darum kann der durch Jesu Tod und Auferstehung gestiftete Friede zu einer Quelle des Friedens auch für diese Welt werden. Es muß aber mit aller Deutlichkeit gesagt werden: Der Friede Gottes, der der Menschheit durch Jesus eröffnet ist, bleibt auch dann bestehen, wenn es uns nicht gelingen sollte, den Weltfrieden zu erhalten und zu sichern. Der Friede Gottes in Christus würde auch durch die Schrecken eines nuklearen Krieges nicht zur Farce, er würde vielmehr auch und gerade dann die letzte Hoffnung der Leidenden und der Sterbenden sein.

Das macht den Einsatz für den Weltfrieden nicht etwa überflüssig, sondern motiviert ihn. Wer nicht jetzt und hier, wo immer er kann, für den Frieden unter den Menschen wirkt, auch auf die Gefahr hin, daß alles vergeblich sein könnte —, der hat keinen Anteil an dem Frieden Gottes, der der Menschheit durch Tod und Auferstehung Jesu eröffnet ist. Ein vermeintlicher Seelenfriede des isolierten einzelnen, der sich nicht mehr für Mitmenschen und Gesellschaft verantwortlich weiß, trägt eher die Züge selbstzufriedener Trägheit als die des Friedens Gottes. Es gilt teilzunehmen an der inkarnatorischen Bewegung des Kommens Gottes, das Jesus verkündete und das sich vollzog, indem die Zukunftshoffnung des Gottesreiches und seines Friedens durch ihn zu einer gegenwärtigen Tatsache wurde. So will Gott jetzt schon Frieden inmitten des Unfriedens der Welt. Darum konnte Jesus die Friedensstifter selig preisen: sie werden Söhne Gottes heißen (Matth. 5,9). Sie werden von Gott als zu ihm gehörig erkannt werden, weil durch sie derselbe Geist wirkt, der aus dem Handeln Gottes in der Sendung Jesu spricht: der Geist des Friedens für diese am Unfrieden leidende Welt. Nur wer sich von diesem Geist des Friedens bewegen läßt, hat selbst teil am Frieden Gottes. Dabei richtet sich die Seligpreisung der Friedensstifter ursprünglich nicht nur an die Jünger, sondern in ihrer uneingeschränkten Allgemeinheit der Zusage an jeden, der Frieden stiftet. Wer so handelt, der ist erfüllt von dem Geist des Gottes, den Jesus verkündete, ob er sich als Christ bekennt oder nicht. Das begründet ein Zusammenwirken von Christen und Nichtchristen überall da, wo es um den Frieden geht, sei es um den innenpolitischen Frieden, das Gemeinwohl, das in den biblischen Schriften unmittelbar mit der Gerechtigkeit zusammengehört, sei es um die Beschränkung des

Gebrauches der Waffengewalt, die wir als Weltfrieden gesichert sehen möchten.

Für den Christen gibt es also einen „Zwang zum Frieden" nicht nur in dem Sinne, daß der Verzicht auf den Gebrauch nuklearer Waffen und die institutionelle Verankerung solchen Verzichtes im Zeitalter der heutigen, fortgeschrittenen Technik zur Bedingung des Überlebens geworden ist. Für den Christen ist der Einsatz für den Frieden darüber hinaus eine Sache der Treue zum Geist des Evangeliums. Auch in diesem Sinne besteht für ihn ein Zwang zum Frieden. Er kann nicht Christ sein, ohne Frieden zu halten und in seinem Lebenskreise Frieden zu stiften.

Die Geschichte der Christenheit gibt nun allerdings einen erschütternden Kommentar zu solchen Erwägungen. Sie ist kaum weniger kriegerisch verlaufen als die Geschichte anderer Kulturkreise, sondern hat deren kriegerische Bilanz, besonders in den letzten Jahrhunderten, eher übertroffen. Forscht man nach den Gründen dafür, so sind sie gewiß nicht ausschließlich im Versagen des christlichen Friedenswillens zu finden. Als den Christen im Römischen Reich die Verantwortung politischer Führung zufiel, konnten sie sich der Aufgabe einer Sicherung der inneren Friedensordnung des Imperiums nach außen auf die Dauer nicht entziehen, trotz langer Bedenken gegen die Vereinbarkeit des Kriegshandwerks mit dem Christenstande.

Man wird darin noch nicht grundsätzlich und in jedem Einzelfall einen Abfall vom Geist des Evangeliums erblicken dürfen, wenn man nicht dem Christen die Teilnahme an den Aufgaben des politischen Lebens überhaupt versagen will. Das aber würde dem politischen Sinn der alttestamentlichen Friedensverheißungen widersprechen, die doch den Horizont auch der neutestamentlichen Friedensbotschaft bilden. Und Christen, die das schmutzige Handwerk der Politik und der bewaffneten Gewalt prinzipiell verwerfen, befinden sich damit in der zweideutigen Lage, selbst Nutznießer derjenigen zu sein, die solche Aufgaben für die ganze Gesellschaft, also auch für die Christen, auf sich nehmen. Dennoch hat die Entscheidung einzelner sowie auch einiger christlicher Gemeinschaften, sich nicht an der Ausübung staatlicher Gewalt zu beteiligen, zeichenhafte Bedeutung für das Ganze der Christenheit. Nur, die einzige und allgemeine Antwort auf die Herausforderung zur Übernahme politischer Verantwortung konnte das nicht gut sein, ohne Verleugnung des Anspruchs der kommenden Gottesherrschaft auf die jeweilige Gegenwart auch im politischen Bereich. Daß der in politischer Verantwortung tätige Christ, sofern er seine politische Tätigkeit als Bewährung seiner christlichen Identität versteht, sich auch im Spannungsfeld politischer Konflikte um Frieden bemüht, ist selbstverständlich. Das wird auch in früheren Zeiten geschehen sein. Wir dürfen solches Bemühen der Christenheit früherer Generationen nicht einfach pauschal absprechen. Daß solche Lösungen nicht immer realisierbar waren, kann in vielen Fällen daran liegen, daß die Verhältnisse es anders nicht zuließen.

Aber damit läßt sich die kriegerische Geschichte der Christenheit nicht pauschal rechtfertigen. Das Schlimmste ist nicht, daß auch die Geschichte der Christenheit die leichtfertig vom Zaun gebrochenen und über alle moralischen und völkerrechtlichen Ufer getretenen Kriege kennt. Schlimmer ist, daß Kriege unter Mißbrauch des christlichen Namens geführt wurden, aus falschem missionarischen Eifer, ausgerechnet zur Ausbreitung des Glaubens an den Gekreuzigten, der die Feindesliebe verkündet und gelebt hatte. Und es sind Kriege geführt worden aus dogmatischer Unduldsamkeit im Namen dessen, der die Sanftmütigen selig pries. Das war nur möglich durch eine kirchliche Rechtgläubigkeit, die ihrer eigenen Einsicht die Endgültigkeit des Gottesreiches anmaßte. Dadurch versäumte sie es, der Gottesherrschaft als *kommender* Raum zu schaffen in einer Welt, die noch nicht das Reich Gottes ist und die durch die Botschaft von Gottes Zukunft über die Schranken ihrer Gegenwart, auch ihrer kirchlichen Gegenwart, hinausgewiesen wird. In den Konfessionskriegen des Reformationszeitalters, wie zuvor schon durch die Kreuzzüge und Bekehrungskriege, ist der Geist des Evangeliums in erschreckender Weise verkehrt worden. Aber wie die Ausübung kriegerischer Gewalt im Namen des Evangeliums, so hat auch die entgegengesetzte Alternative, die Emanzipation der Staatsräson vom Evangelium, die Völker der Christenheit in namenloses Unglück gestürzt, besonders durch den nun aufkommenden, das entstandene Vakuum ausfüllenden Glauben an die Nation als höchstes politisches Gut. Dieser Glaube ist durch die beiden großen Kriege unseres Jahrhunderts, durch die gegenseitige Selbstzerfleischung der Völker der europäischen Christenheit, endgültig ad absurdum geführt worden, wenn es auch immer noch Leute gibt, die die hier fälligen Lehren nicht ziehen mögen. Ähnliches gilt für die theologische Unterscheidung zweier Herrschaftsbereiche Gottes, der Erhaltungsordnung des Staates von der Erlösungsordnung der Kirche. In dieser Lehre drückt sich eine in der Neuzeit weit verbreitete Tendenz zur Trennung von Religion und Politik aus, die der Verselbständigung der territorialstaatlichen Staatsräson und damit späterhin auch dem Aufkommen des Nationalismus Vorschub geleistet hat. Diese Tendenz hat dazu beigetragen, daß das Christentum

in der Neuzeit vielfach nur noch der Sanktionierung anderweitig be-
gründeter Herrschaftssysteme gedient hat.

Sowohl durch die Intoleranz der Glaubenskriege als auch durch
die politische Abdankung des christlichen Glaubens also sind die
Kirchen der Welt das Zeugnis für die politische Relevanz der Friedensbotschaft des Evangeliums schuldig geblieben. Hier dürften die
Wurzeln für die Unfruchtbarkeit des christlichen Friedensgedankens in der Geschichte des Christentums liegen: im Dogmatismus
und der durch ihn erzeugten Intoleranz auf der einen, in der Absonderung eines sich selbst genügenden geistlichen Bereichs zur
Pflege der religiösen Innerlichkeit auf der anderen Seite.

Die Gefahr von Glaubenskriegen, jedenfalls von solchen unter
christlichem Vorzeichen, scheint heute nicht mehr aktuell zu sein.
Zwar bestand noch in den fünfziger Jahren die Gefahr, daß der
kalte Krieg für das christliche Abendland gegen den atheistischen
Kommunismus sich in einer bewaffneten Auseinandersetzung unter
ähnlichen Vorzeichen fortsetzte. Das ist hoffentlich vorbei. Desto
größer bleibt die andere Gefahr. Die hergebrachte Trennung von
Religion und Politik erhält sich zäh im allgemeinen Bewußtsein.
Dadurch wird der Sinn für eine christliche Sendung zum Frieden
auch im politischen Bereich geschwächt. Die Einsicht muß wachsen,
daß es sich hier nicht um eine Angelegenheit handelt, die den pro-
fessionellen Politikern überlassen bleiben könnte, sondern um eine
Grundfrage christlicher Identität, um die Treue zum Geist des
Evangeliums.

Dabei kann es nicht darum gehen, den Frieden Gottes und also
die Gottesherrschaft selbst unmittelbar politisch zu verwirklichen.
Wer dessen eingedenk bleibt, daß der Friede Gottes das Ganzwer-
den des Daseins bedeutet, die Gegenwart des Heils, das alles Leid
überwindet und alle Angst und Unsicherheit stillt, und wer sich erinnert, daß der Friede Gottes, der durch Jesus zugänglich geworden
ist, es daher mit dem Sieg über den Tod zu tun hat, der wird nicht
so leicht auf den Einfall kommen, man könnte in Gestalt irgendeiner neuen politischen Ordnung jenes endgültige Heil des Gottesfriedens herbeiführen. Wo solche Ansprüche erhoben werden, lassen
sie regelmäßig, durch die sie begleitende Intoleranz, die Züge des
Antichristen erkennen. Das politische Handeln des Christen kann
nur in sehr vorläufiger Weise zur Beilegung der Konflikte beitragen, die in der Welt, in der wir leben, immer wieder aufbrechen, im
politischen Kräftespiel ebenso wie in der mitmenschlichen Umgebung eines jeden. Dabei fordert die Aufgabe des Friedensstifters
nicht Distanzierung und Verdrängung von Konflikten, sondern deren Entschärfung und Beilegung. Sie bedeutet, auf allen Ebenen

Vorkehrungen zu treffen, die bestehende Konflikte daran hindern, sich in zerstörerischen Zusammenstößen zu entladen. Die Konflikte selbst, soweit sie Ausdruck gegensätzlicher Interessenlagen sind, lassen sich selten einfach beseitigen, aber sie lassen sich vielleicht entschärfen, so daß der Zusammenstoß vermieden wird, bis ihre kritische Phase überstanden ist.

In diesem Sinne gibt es einen Beitrag zum Frieden, auch zum Weltfrieden, der nicht nur den Regierungen vorbehalten ist, sondern an dem jeder beteiligt sein kann. Das ist die Bildung des öffentlichen Bewußtseins von der Notwendigkeit und von den Bedingungen des Friedens. Das öffentliche Bewußtsein kann zwar nur selten bestimmte Handlungen der Regierungen erzwingen. Aber es erleichtert oder erschwert den Regierenden, besonders in demokratischen Gesellschaften, bestimmte politische Entscheidungen. Natürlich wird das öffentliche Bewußtsein wieder weitgehend von den Auffassungen der Regierungen und der Parteien beeinflußt, aber es wird auch von anderen Seiten mitbestimmt, und zu diesem Prozeß kann jeder einzelne beitragen. Auch die christlichen Kirchen und eine Veranstaltung wie dieser Kirchentag sind an dem Prozeß der Bewußtseinsbildung beteiligt. Die mögliche Bedeutung eines solchen Beitrags zur Bewußtseinsbildung kann man sich klarmachen im Blick auf die bemerkenswerte Wendung zum Besseren, die die deutsche Ostpolitik im Laufe des letzten Jahres genommen hat. Man mag sich fragen, ob diese Wendung zu einem realistischeren Bemühen um Verständigung psychologisch möglich gewesen wäre ohne die evangelische Vertriebenendenkschrift und parallele Bemühungen wie den Briefwechsel zwischen dem deutschen und dem polnischen Episkopat. Die Wirkung solcher Aktionen war, daß ein jahrzehntealtes Tabu durchbrochen und durch die bloße Tatsache der öffentlichen Diskussion darüber seiner Selbstverständlichkeit beraubt wurde. Das wiederum wäre nicht möglich gewesen, wenn die Argumentation der Vertriebenendenkschrift nicht einem verbreiteten Unbehagen über den irrealen Charakter der früheren offiziellen Ostpolitik Ausdruck gegeben hätte. Man kann hier geradezu einen Modellfall für die möglichen Wirkungen eines Beitrages zur Bewußtseinsbildung finden. Ähnliches kann und muß auch für das umfassendere Thema der Friedenssicherung geschehen. Die Ostdenkschrift der evangelischen Kirche und verwandte Bemühungen haben ja bereits einen Teilaspekt der Friedensproblematik ins Licht gerückt. Ohne eine echte Versöhnung mit den osteuropäischen Nachbarn Deutschlands bleibt der Friede in Europa unsicher. Indem die Denkschrift für solche Versöhnung eintrat, ist sie zugleich implizit dem Nationalismus entgegengetreten, der bei uns wie anderswo eines der mächtigsten Hindernisse einer übernationalen Friedensordnung ist. Eine solche müßte ja die Souveränität der Nationalstaaten und ihre sonst unausweichlich zur Kollision treibenden Sonderinteressen beschränken. In dieser Richtung muß die Frage nach den Chancen und Hindernissen des Friedens weiter vorangetrieben werden. Gegenüber der bei uns wie anderwärts sich entwickelnden Renaissance der nationalen Idee als Bezugspunkt alles politischen Denkens und Handelns gilt es klar zu erkennen, daß der Nationalismus als politisches Prinzip der Verwirklichung einer weltumspannenden Friedensordnung entgegengesetzt ist. Wir brauchen nicht ein neues Nationalgefühl, wie man in letzter Zeit wieder häufiger hört, sondern wir brauchen ein Bewußtsein von den Aufgaben unseres Volkes im Rahmen der europäischen Völkergemeinschaft und einer Menschheit, deren überwiegender Teil heute noch nicht wie wir über die ökonomischen Bedingungen für ein menschenwürdiges Dasein verfügt. Wir brauchen kein neues Nationalgefühl, sondern ein klareres Bewußtsein von den Erfordernissen der einen Welt, in der die Menschheit morgen leben muß und die nur im Rahmen einer sei es institutionellen, sei es bloß faktischen globalen Friedensordnung realisierbar ist. Wir müssen mehr Interesse nehmen an der Frage, wie die materiellen Lebensbedingungen der beängstigend wachsenden Weltbevölkerung morgen gesichert werden sollen, damit Verzweiflungskämpfe der Armen gegen die Reichen vermeidbar werden. Wir müssen uns gefaßt machen auf die wirtschaftlichen Opfer, die damit auf uns als eines der reichen Völker dieser Erde zukommen, und wir müssen bereit werden, solche Opfer zu bringen, besonders wenn es gelingt, die Entwicklungshilfe sinnvoller und wirksamer zu organisieren. Das könnte geschehen, indem sie aus der nationalen Zuständigkeit auf internationale Institutionen übertragen wird, wie es der amerikanische Senator Fulbright vorgeschlagen hat. Damit erst würde die Entwicklungshilfe befreit von der zweideutigen Verbindung mit politischen und wirtschaftlichen Interessen der Gebernationen. Eine derart internationalisierte Entwicklungshilfe könnte durch ihr eigenes Gewicht ein Element der Integration der Menschheit werden. Sie könnte damit beitragen zum Entstehen einer Weltfriedensordnung, die nicht notwendigerweise vertraglich festgelegt sein muß, wenn sie nur faktisch funktioniert. Ihre Chancen freilich scheinen noch höchst unsicher zu sein, nicht nur wegen des Gegensatzes der Weltmächte, sondern auch angesichts des maßlosen Bevölkerungswachstums gerade in vielen Entwicklungsländern.

Eine besondere Verantwortung für die Vorbereitung des künftigen Menschheitsfriedens fällt heute den christlichen Kirchen zu.

Denn in der heutigen Weltsituation kann sich niemand mehr bei dem Gedanken beruhigen, daß das Interesse der Gesamtmenschheit bei irgendeiner der großen Mächte wohlaufgehoben sei. Es ist nach den Hoffnungen der Ära Kennedys für viele die schmerzliche Lehre des Vietnamkrieges, daß auch die Vereinigten Staaten von Amerika, trotz ihrer großen politischen Tradition, der machtpolitischen Verkehrung ihrer auf das Wohl der Menschheit gerichteten Intentionen erlegen sind — der „Arroganz der Macht", wie William Fulbright das genannt hat. Fulbright hat gezeigt, daß diese Verkehrung aus einer Fixierung auf den ideologischen Gegensatz zum Kommunismus hervorgegangen ist. Dieser Gegensatz sollte vielmehr überwunden werden durch die Idee der Menschheit als einer Gemeinschaft selbständiger und unabhängiger Nationen. Eine Gemeinschaft selbständiger Nationen wird aber heute nur unter der Bedingung von Souveränitätsverzichten zugunsten einer Weltfriedensordnung davor bewahrt bleiben können, an den Kollisionen ihrer nationalen Interessen zugrunde zu gehen. Die Christen müssen dazu beitragen, ihren Regierungen durch den Druck des öffentlichen Bewußtseins Schritte auf eine solche Weltfriedensordnung hin zu erleichtern. Wenn diese auch nicht das endgültige Friedensreich Gottes bringen wird, so kann sie doch dessen Anzeichen und Vorschein in der Weltpolitik der Gegenwart sein.

Wie soll man sich die erstrebte Friedensordnung vorstellen? Wirkliche Sicherheit gegen den Ausbruch eines Krieges bestünde erst dann, wenn es eine internationale Institution gäbe, die die Staaten mit Einschluß der Weltmächte zum Frieden zwingen könnte, also jeder der beiden Weltmächte militärisch überlegen wäre. Daher halten viele eine solche Institution, die zwangsläufig den Charakter einer obersten Weltregierung annähme, für den einzigen Ausweg aus dem Dilemma des Atomzeitalters. Doch ein Verzicht der Weltmächte auf ihre nukleare Macht zugunsten einer derartigen Institution scheint in der heutigen Weltlage unvorstellbar. Darüber hinaus ist es auch sehr fraglich, wie eine solche Institution ihrerseits zu hindern wäre an einem dann durch keine andere Macht mehr beschränkten Machtmißbrauch. Das macht die Wünschbarkeit einer derartigen internationalen Zentralgewalt zweifelhaft und läßt die Frage entstehen, ob die Menschheit nicht besser fahren würde mit einer etwas weniger vollständigen Sicherheit, die dennoch ein sehr viel höheres Maß an Sicherungen umfassen könnte und müßte als die gegenwärtige Situation.

Doch wie immer man sich das Endziel einer einigermaßen stabilen Friedensordnung vorstellt, für die Zwischenzeit ergeben sich sehr viel bescheidenere Aufgaben. Das sind in erster Linie Aufgaben der Rüstungsbeschränkung. Der Vorschlag, diese Aufgaben durch eine vollständige einseitige Abrüstung zu lösen, dürfte mit einem zu großen politischen Risiko für die abrüstende Seite verbunden sein, als daß seine Verwirklichung verantwortbar wäre. Aber auch eine vollständige gegenseitige Abrüstung wird kaum am Anfang stehen können. So stellt sich die Aufgabe eher dar als ein langwieriger Prozeß gegenseitiger Rüstungsbeschränkung, als dessen Fernziel bestenfalls eine weitgehende Abrüstung denkbar ist. Rüstungsbeschränkung braucht wiederum nicht notwendig die Form eines Abrüstungsvertrages zu haben, sondern kann — wie der amerikanische Gelehrte Thomas C. Schelling einleuchtend dargetan hat — in vielen Fällen sogar wirkungsvoller erfolgen durch stillschweigendes Einvernehmen zwischen den beiden Weltmächten. Die hier möglichen Einzelfortschritte entziehen sich im allgemeinen der Beeinflussung durch den schlichten Staatsbürger einer zweit- oder drittrangigen Macht wie der Bundesrepublik. Eine Ausnahme von dieser Feststellung bilden vielleicht solche Projekte wie der Vorschlag einer atomwaffenfreien Zone in Mitteleuropa, den der polnische Außenminister vor mehreren Jahren gemacht und seitdem mehrfach wiederholt hat. Dieser Vorschlag hat in der Bundesrepublik nicht die Würdigung gefunden, die er zu verdienen scheint. Ein Eingehen auf diesen Vorschlag wäre nach den jüngsten Wandlungen in der Struktur der NATO vielleicht eher möglich als früher. Das sollte jedenfalls nicht an dem seltsamen Interesse der Bundesregierung am Besitz atomarer Trägerwaffen scheitern. Es fiele schwer, dieses Interesse wie auch viele der Wünsche nach einer atomaren Mitbestimmung anders denn als Ausdruck eines abwegigen nationalen Statusbedürfnisses zu beurteilen, wenn nicht offenbar der Gedanke eines Tauschobjekts für die Deutschlandpolitik hineinspielte. Doch die Vorstellung, man könnte die Wiedervereinigung Deutschlands zu westlichen Bedingungen durch Gegenleistungen erreichen, zu denen auch der Verzicht auf eben deswegen vorläufig festzuhaltende atomare Trägerwaffen gehören könnte, dürfte Bestandteil eines inzwischen überholten und als nicht realisierbar erwiesenen Konzeptes der Deutschlandpolitik sein. Eine Regierung, die um einer solchen nationalen Fata Morgana willen auch heute noch die Beteiligung an einer atomwaffenfreien Zone in Mitteleuropa ablehnte, lüde die schwere Verantwortung auf sich, einen wichtigen Beitrag zum Weltfrieden zu versäumen. Andererseits könnten neuerliche deutsche Vorschläge für einen Gewaltverzicht durch ein spätes Eingehen auf den polnischen Vorschlag konkretere Form gewinnen, und die Bemühungen um Verständigung mit den östlichen Nachbarn Deutschlands würden dadurch vielleicht erleichtert. Heute auch sonst erhobene Forderungen nach einem deutschen Verzicht auf die kostspieligen Atomträgerwaffen und nach einer Umstellung der Bundeswehr auf reine Verteidigungsaufgaben ließen sich mit der Konzeption einer atomwaffenfreien Zone in Mitteleuropa verbinden, die damit ins Zentrum deutscher Bemühungen um einen Beitrag zum Weltfrieden rücken könnte.

Der Verhinderung des Krieges dienen neben den Bemühungen um Rüstungsbeschränkung die Aufdeckung und Beeinflussung psychischer Dispositionen in der Bevölkerung, die ggf. eine Bereitschaft zum Kriege begünstigen können. Die Aufklärung über aggressive Einstellungen und Projektionen sowie deren Abbau dürften wohl das Feld bezeichnen, auf dem jeder Bürger, gleich welcher gesellschaftlichen Stellung und Funktion, am leichtesten seinen Beitrag zum Frieden leisten kann.

Die Projektion der eigenen verdrängten Aggressivität in den Gegner kann sich, besonders bei der psychologischen Vorbereitung von Kriegen und zunehmend in deren Verlauf zu einer stufenweisen Dehumanisierung des Gegners steigern, der nicht mehr als Individuum, sondern nur noch als Fall einer feindlichen Kategorie gesehen wird. So charakterisiert Fulbright einen amerikanischen Kriegsbericht aus Vietnam, er beschreibe die Jagd auf einen einzelnen Vietkong nicht als Tötung eines Menschen, sondern als Vernichtung von etwas Abstraktem und Untermenschlichem, nämlich eines „Kommunisten". Wer gedächte da nicht unserer eigenen noch nicht allzuweit zurückliegenden Geschichte, in der durch das Etikett des Untermenschen das Gefühl menschlicher Solidarität gegenüber Juden, Bolschewisten und Polen geschwächt oder ausgelöscht werden sollte.

Die durchschlagendste Abhilfe für derartige Klischeevorstellungen wäre sicherlich der Abbau der Agressionen, aus denen sie letztlich erwachsen. Das kann im Einzelfall geschehen durch echte Liebe, die dem Kind oder dem Erwachsenen entgegengebracht wird und die seine Unsicherheit und Lebensangst überwindet. Es kann auch geschehen durch die gesellschaftliche Anerkennung, die der einzelne findet. Daher hat der innere Frieden in einer Gesellschaft, das Maß an Gerechtigkeit und gegenseitiger Anerkennung im Verhältnis zwischen den gesellschaftlichen Gruppen, unmittelbare Bedeutung auch für die Erhaltung des äußeren Friedens. Eine von übermäßigen Spannungen erfüllte Gesellschaft ist anfälliger für die Verteufelung eines äußeren Gegners, durch die sie eine gewisse Solidarität in den eigenen Reihen wiederherstellt.

Angesichts der vielfältigen Quellen der Aggressivität in der modernen Gesellschaft genügt es aber nicht, dehumanisierende Kli-

scheevorstellungen, besonders auch solche von andern Völkern, nur
an ihrer Wurzel zu bekämpfen. Dazu sind, wie gesagt, solcher Wurzeln oder Quellen der Aggressivität zu viele. Das dehumanisierende
Klischee muß entlarvt werden als Produkt der eigenen Aggressivität, und es muß als unehrenhaft der öffentlichen Verachtung an-
heimfallen. Entsprechende Klischeevorstellungen anderer Völker
von uns Deutschen dürften nicht durch Gegenklischees beantwortet
und damit fixiert werden, sondern sollten Bestürzung und Trauer
wecken und können nur mit großer Geduld wieder aufgelöst werden. Insbesondere gilt es, auch im Vertreter einer feindlichen Ideologie, im Angehörigen einer gegnerischen Nation den individuellen
Menschen zu sehen statt der ideologischen Klischees. Und — man
sollte es eigentlich nicht für nötig halten, das hinzuzufügen: Auch
deutsche Polizisten sollten in deutschen Studenten nicht primär
„Radaubrüder" erblicken. Um noch einmal William Fullbright zu zitieren: „Die Fähigkeit des Menschen zu zivilisiertem Benehmen
scheint in direktem Verhältnis zu seiner Wahrnehmung anderer als
individueller Menschen mit menschlichen Motiven und Gefühlen
zu stehen, während seine Fähigkeit zu barbarischem Betragen zu-
zunehmen scheint mit der Auffassung eines Gegners in abstrakten
Kategorien." Zur Auflösung dehumanisierender Klischeevorstellungen, die besonders gefährlich sind, wenn sie ideologische Züge annehmen, kann jeder einzelne mithelfen, indem er sich und andere
daran gewöhnt, auch im nationalen oder ideologischen Gegner zu-
allererst ein menschliches Individuum mit menschlichen Ängsten,
Motiven und Gefühlen zu sehen. Das könnte vielleicht der wichtigste Beitrag auch der Christen in allen Ländern zur Verhinderung
von Kriegen und zur Ermöglichung von Fortschritten auf dem
Wege zu einer Friedensordnung der Menschheit sein. Der Friede,
den Gott uns durch Tod und Auferstehung Jesu geschenkt hat, sollte uns befähigen, von den aus unsern eigenen Unsicherheiten und
Ängsten erzeugten Aggressionen freier zu werden und die verzerr-
ten Bilder von Menschen anderer Gruppen, anderer Nationen und
anderer weltanschaulicher Einstellungen beiseite zu schieben, die
sie und uns hindern, zueinander zu finden.

Der Verhinderung des Krieges dient schließlich auch seine moralische Ächtung. Hier stellt sich der Theologie eine besondere Aufgabe. Da die traditionelle theologische Ethik meistens die Möglichkeit
eines gerechten Krieges bejaht hat, bedarf jede Neuformulierung
des christlichen Friedensgedankens in diesem Punkt besonderer
Sorgfalt. Hier muß sich zeigen, ob der christliche Friedensgedanke
der immer durch Spannungen und Konflikte gekennzeichneten politischen Wirklichkeit standzuhalten vermag, ob er durch Kompro-

misse mit dem Lauf der Welt unwirksam wird oder die tatsächlichen Konfliktsituationen schwärmerisch überfliegt und dadurch ebenfalls unwirksam bleibt.

Zunächst muß zugegeben werden: Die Lehre vom gerechten Krieg hat nichts mit einer Verherrlichung des Krieges als solchen zu tun, sondern bemüht sich vielmehr um eine Einschränkung und Humanisierung des Krieges. Auch wer nicht bereit ist, sich durch heroische Vokabeln die grauenvolle Wirklichkeit des technisch perfektionierten Massenmordens vernebeln zu lassen, und wer sich insbesondere nicht täuschen läßt über das Medusenantlitz eines Krieges im Atomzeitalter — auch der so Ernüchterte muß sich noch der Frage stellen, ob nicht in bestimmten Situationen, etwa zur Verteidigung gegen unprovozierte Aggression, Krieg unvermeidlich und dann auch gerechtfertigt ist.

Um die Antwort vorwegzunehmen: Ich glaube nicht, daß sich die These halten läßt, der Gedanke des gerechten Krieges sei in früheren Zeiten einmal vertretbar — auch christlich vertretbar — gewesen, sei es aber jetzt nicht mehr wegen der Entwicklung der Atomwaffen. Die so unvergleichlich gewachsene Zerstörungsgewalt der nuklearen Waffen kann für sich allein den behaupteten kategorialen Unterschied nicht begründen. Der kriegerische Mord an einigen oder auch nur an einem einzigen Menschen, insbesondere an einem Zivilisten, kann christlichem Urteil nicht als eher annehmbar gelten im Vergleich zu solchem Mord an einer großen Zahl. Es darf nicht vergessen werden, daß die Gleichnisse Jesu dem Leben jedes einzelnen Menschen unendlichen Wert zuschreiben. Der Gott Jesu nimmt unendliches Interesse an dem einen einzigen verlorenen Schaf und an jedem „dieser Kleinsten", wie Jesus sagt, dessen Not wir hier vergessen. Die Quantität des Mordens ist gewiß nicht einfach moralisch neutral, aber schon der einzelne Mord ist keiner christlichen Rechtfertigung fähig. Das Ausmaß des Grauens, das der moderne Krieg entfesselt, muß dazu helfen, den Gedanken eines „gerechten Krieges" überhaupt als unhaltbar, jedenfalls für christliches Urteil, zu erkennen. Geschieht das nicht, so wird es schwerhalten, den Begriff des gerechten Krieges für im Atomzeitalter unanwendbar zu erklären, nur wegen der größeren Zerstörungsgewalt der nuklearen Waffen. Es gibt allerdings ein durchschlagenderes Argument für diese Auffassung: Das ist die Tatsache, daß beim augenblicklichen Stand der Rüstungstechnik der Einsatz nuklearer Waffen durch eine der Weltmächte gegen die andere mindestens das entsprechende Maß an Vernichtung auch für den Angreifer zur Folge hätte. Soweit diese Situation die Möglichkeit eines Sieges in einem nuklearen Krieg ausschließt, ist der traditionelle Begriff des gerechten

Krieges hier in der Tat unanwendbar, weil dieser Begriff außer einem gerechten Kriegsgrund auch ein gerechtes Kriegsziel erforderte, für das bei voraussehbarer gegenseitiger Vernichtung kein Raum bleibt, ganz zu schweigen von der ebenfalls erforderlichen Angemessenheit der angewandten Mittel. Aber diese Lage, die durch das Gleichgewicht des Schreckens gegeben ist, könnte sich durch weitere Fortschritte der Rüstungstechnik, z. B. durch die Antiraketenrakete, zumindest vorübergehend ändern, und wenn die Unanwendbarkeit des Begriffs des gerechten Krieges nur auf der Drohung gegenseitiger Vernichtung beruhte, so könnte sich dieser Boden als sehr schwankend erweisen, und es wäre damit zu rechnen, daß für eine veränderte rüstungspolitische Situation die Anwendbarkeit des Begriffs wieder diskutabel würde. Mir scheint, daß jedenfalls das christliche Nein zu einer Rechtfertigung des Krieges tiefer begründet sein und eine kritische Revision der traditionellen Begriffsbildung des gerechten Krieges überhaupt vornehmen ·muß, statt sich mit der Feststellung ihrer Unanwendbarkeit im Atomzeitalter, d. h., genau genommen, nur für den gegenwärtigen Stand der Rüstungstechnik, zu begnügen.

Das weitergehende Urteil muß lauten: Der Begriff des gerechten Krieges ist eine Fiktion. Es gibt keinen gerechten Krieg und hat vermutlich auch nie einen gegeben.

Dieses Urteil kann nicht als Ausdruck eines schwärmerischen Pazifismus abgetan werden. Die Verwerfung des Krieges bedeutet nicht, sich der Illusion einer Welt ohne Konflikte hinzugeben. Konflikt und Krieg sind grundsätzlich verschiedene Kategorien, und es gehört in das Kapitel der euphemistischen Verharmlosung des Krieges, wenn man ihn als bloßen Konflikt bezeichnet. Im Konflikt handelt es sich um einen Zusammenprall entgegengesetzter Interessen, der nach einem Ausgleich ruft. Der Krieg hingegen geht aus der Verzweiflung an der Möglichkeit eines Ausgleichs hervor und zielt auf die Vernichtung des Gegners oder jedenfalls seiner Kampfkraft. Es besteht daher kein Anlaß, Konflikt und Krieg analog zu beurteilen. Ferner behauptet der Satz, es habe vermutlich nie einen gerechten Krieg gegeben, nicht, daß Kriege immer vermeidbar gewesen seien. Es kann gerechte Gründe für einen Staat und seine Bürger geben, sich eines unprovozierten Angriffs mit Waffengewalt zu erwehren. Es kann ferner sogar gute Gründe geben, einem mit Sicherheit erwarteten Angriff zuvorzukommen. Aber — auch ein so entstandener Krieg ist noch kein gerechter Krieg, auch nicht von seiten der angegriffenen oder zum Verzweiflungsschritt des Präventivschlages getriebenen Partei. Der Krieg bleibt vielmehr ein unermeßliches und unkalkulierbares Übel, das durch die Eigengesetzlichkeit des wechselseitigen Vernichtungswillens die Kriegführenden weit über jedes noch so gerechte und vielleicht unausweichliche Motiv hinaustreibt, das an seinem Anfang gestanden haben mag. Das pflegt um so ungeheuerlichere Ausmaße anzunehmen, je länger der Krieg dauert. Nie dürfte eine kriegführende Partei, selbst wenn sie den Kampf aus noch so ehrenwerten Gründen aufgenommen hat, ebenso gerecht aus ihm hervorgegangen sein. Es ist nämlich eine Fiktion, daß sich ein einmal ausgebrochener Krieg auch dann noch in irgendwelchen moralischen Schranken halten ließe, wenn diese geeignet scheinen, das beherrschende Ziel der Niederwerfung des Gegners zu behindern. Weil der Vernichtungszwang das innere Gesetz des Krieges darstellt, dem sich auch derjenige nicht entziehen kann, der aus achtbaren Motiven, also etwa zur Abwehr eines unprovozierten Angriffs, den Kampf aufnimmt, darum kann Krieg nicht gerecht sein. Wenn Gerechtigkeit — im Sinne gegenseitig anerkannter Lebensformen — und Frieden auf das engste zusammengehören, so sieht der Begriff eines gerechten Krieges dem eines hölzernen Eisens allzu ähnlich. Nur wenn dem Kriege schlechthin und ausnahmslos das Prädikat der Gerechtigkeit verweigert wird, kann der Selbstgerechtigkeit der Kriegsparteien entgegengetreten werden, — einer Selbstgerechtigkeit, die gewöhnlich dazu beigetragen hat, das eigene moralische Empfinden abzustumpfen gegen an sich verwerfliche Handlungen, sobald sie die vermeintlich gerechte Sache der Niederwerfung des Gegners zu fördern schienen. Das Bewußtsein einer gerechten Sache gewährt eine Selbstberuhigung, die keiner kriegführenden Partei zugestanden werden darf. Nur so kann das mögliche Maß moralischen Druckes — das noch immer äußerst bescheiden sein wird — angewendet werden, damit die Beendigung der Kampfhandlungen beschleunigt wird.

In der gegenwärtigen weltpolitischen Situation dürften allerdings Kriege noch nicht völlig vermeidbar sein. Das gilt nicht nur für Verteidigungskriege. Solange es zwar eine moralische und völkerrechtliche Ächtung von Angriffskriegen, nicht aber eine zuverlässig wirksame Verhinderung militärischer Aggression gibt, wird auch der Entschluß zum Präventivkrieg in bestimmten Zwangslagen nicht als unbedingt verwerflich gelten können. Wo das doch der Fall ist, ergibt sich nur die Heuchelei von gegenseitigen Beschuldigungen der Kriegsparteien, den Angriff begonnen zu haben.

Auch gewaltsame Revolutionen und Bürgerkriege werden immer wieder ausbrechen, solange es keine andern Wege gibt, die in dem betreffenden Staat bestehenden Herrschaftsverhältnisse zu ändern. Eine internationale Friedensordnung, die bestehende Herrschaftsverhältnisse verewigte, würde keinen Raum mehr für die Frage nach einer das Bestehende verändernden Gerechtigkeit lassen. Friede ohne Gerechtigkeit aber bringt es nur zur Friedhofsruhe der Tyrannei. Revolutionen und Bürgerkriege werden erst dort unnötig und vermeidbar, wo es demokratische Einrichtungen gibt, die gewaltlosen Herrschaftswechsel ermöglichen. Dabei dürfen solche Institutionen nicht leere politische Form bleiben, die die bestehenden Herrschaftsverhältnisse unberührt fortdauern läßt.

Eine Weltfriedensordnung, die als eine Art Vordämmerung des Morgens der Gottesherrschaft zu begrüßen wäre, müßte sowohl die wirksame Verhinderung von Aggressionen als auch Spielregeln für gewaltlosen Herrschaftswechsel in den Einzelstaaten umfassen. Solange solche Spielregeln nicht allgemein anerkannt sind, wird mit der Ermunterung von Bürgerkriegen durch eine der Weltmächte und darum auch mit der gewaltsamen Intervention der andern Weltmacht gerechnet werden müssen. Das kann zu so tragischen Situationen führen wie in Ungarn oder Vietnam. Der Ungarnaufstand und der Vietnamkrieg haben deshalb tragischen Charakter, weil offenbar in beiden Fällen eine revolutionäre Bewegung, die im Ursprung nicht auf äußere Einmischung zurückging, von einer der Weltmächte als Ergebnis einer solchen Einmischung verdächtigt und durch einen Interventionskrieg beantwortet worden ist.

Es wäre leider eine Illusion, wollte man von dem moralischen Druck einer Ächtung des Krieges überhaupt schon eine Verhinderung oder auch nur eine rasche Beilegung von Kriegen erwarten. Solcher Druck kann nur indirekt wirken, zunächst auf die Regierungen des jeweiligen eigenen Landes, dann auch international durch die Weltöffentlichkeit, aber in beiden Fällen nur als ein Motiv unter anderen. Damit wenigstens das hier Mögliche geschieht, müssen im Rahmen einer demokratischen Öffentlichkeit auch Christen ihre Stellungnahme gemeinsam und öffentlich aussprechen. Das sollte vorbereitet werden in den Gemeinden, damit Erklärungen der repräsentativen Organisationen auf nationaler und internationaler Ebene zu diesen Fragen nicht in der Luft hängen, wie das heute weithin der Fall ist, sondern die Urteilsbildung innerhalb der Kirchen zusammenfassend aussprechen können. Daneben muß die Verbindung zu nichtchristlichen Gruppen, die in einer konkreten Frage der Friedenssicherung ähnliche Wege gehen, gesucht werden, um zu gemeinsamen Stellungnahmen zu gelangen.

Derartige Protestaktionen sind besonders da angebracht, wo — wie im Vietnamkrieg — eine der Weltmächte sich selbst in einen Krieg verwickelt hat, noch dazu durch Intervention in einen Bürgerkrieg. Während nämlich bei begrenzten Kriegen, an denen keine der Weltmächte unmittelbar beteiligt ist, eine schnelle Beendigung der Kampfhandlungen durch das gemeinsame Interesse der Weltmächte an der Erhaltung des Weltfriedens und durch gemeinsamen Druck auf die Kriegführenden erreicht werden kann, scheidet diese Möglichkeit aus, wo eine der Weltmächte unmittelbar engagiert ist. Hier bildet die heute noch schwache Stimme des moralischen Protestes eines der wenigen Gegengewichte. Hier liegt daher auch eine besondere Aufgabe christlichen Einsatzes für den Frieden, zumal gegenüber einer Macht, die sich für ihr politisches Handeln auf den Begriff der Freiheit und damit auch auf christliches Erbe beruft.

Es ist allerdings bedauerlich, daß die Möglichkeit zum öffentlichen Protest gegen einen solchen Krieg heute so gut wie nur in den westlichen Demokratien gegeben ist, während in Ländern mit anderer Staatsform der politischen Verantwortung der Christen viel engere Grenzen gezogen sind. Da es in der Natur demokratischer Protestaktionen liegt, daß sie sich zunächst an die eigene Regierung oder an dem eigenen Lande besonders verbundene Mächte richtet, mit denen der Protestierende sich ansonsten gern identifizieren möchte, so entsteht leicht der falsche Anschein, als ob solche Kritik sich ausschließlich und einseitig an die Adresse der westlichen Regierungen richtet. Doch können offensichtlich Erklärungen zum Fenster hinaus an Regimes, deren Völker keine Möglichkeit zu derartiger Kritik besitzen, dort nicht die Funktion einer demokratischen Kritik erfüllen, sondern würden lediglich als Echo regierungsamtlicher Stellungnahmen des Westens gewertet und würden so keinerlei Wirkung haben außer etwa der, die ideologischen Gegensätze zwischen Ost und West zu vertiefen. Es wäre zu wünschen, daß diese besonderen Bedingungen der Wahrnehmung der politischen Verantwortung des Christen auch auf seiten der jeweiligen Regierungen mit Verständnis erkannt und nicht mit unangebrachter Gereiztheit als linksprotestantisch oder linksintellektuell mißdeutet werden. In der Kritik wird die Solidarität mit dem eigenen demokratischen Staatswesen nicht etwa gebrochen, sondern geübt. Es sollte auch bei uns anerkannt werden, daß gerade durch die Wahrnehmung solcher Funktionen politischer Selbstkritik der Staatsbürger seine positive Beteiligung an der demokratischen Lebensform unserer Gesellschaft dokumentiert. Das gilt in besonderer Weise für die Christen, die so ihre Freiheit gegenüber dem Vorhandenen im Namen der Zukunft Gottes bewähren.

Es ist schon mehrfach angeklungen, welcher Art der Weltfriede sein müßte, der — soweit mein Urteil reicht — von Christen als Vorschein der Gottesherrschaft begrüßt werden dürfte. Er ist erstens charakterisiert durch eine zu erstrebende Weltfriedensordnung, die ein hinreichendes Maß an Selbständigkeit und Eigengewicht gegenüber den Nationen haben muß, um Aggressionen wirksam zu verhindern, damit auch Präventivkriege überflüssig werden. Zwar erfahren wir Christen durchaus auch den heute bestehenden, relativen Friedenszustand, soweit er reicht, dankbar als eine Gnade Gottes und als eine Spur seines Friedensreiches. Dieser gegenwärtige Friede wirkt oft wie ein Wunder. Aber es genügt nicht, dieses Wunder hinzunehmen. Erst recht dürfen wir uns nicht daran wie an etwas Selbstverständliches gewöhnen. Der Mensch soll nicht nur passiver Empfänger der Taten Gottes sein. Es ist seine Bestimmung, verantwortlich an der Herrschaft Gottes über die Welt teilzunehmen. Das kann für unsern Fragenkreis erst in einer Weltfriedensordnung seinen universalen, wenn auch vorläufigen Ausdruck finden. Das ist das erste. Dabei müßte diese Weltfriedensordnung jedoch zweitens Raum lassen für den Wandel von Herrschaftsverhältnissen, Raum für die Frage nach der besseren Gerechtigkeit — innerhalb der Staaten und in ihrem Verhältnis zueinander. Beides wird schwerlich geradenwegs durch eine Weltregierung zu erreichen sein, der die Weltmächte so viel militärische Macht abtreten müßten, daß sie stärker würde als jede von ihnen. Es ist nicht anzunehmen, daß die gegeneinanderstehenden Weltmächte sich zu so weitgehenden Souveränitätsverzichten entschließen könnten. Der näherliegende Weg scheint zu sein: das geduldige Bemühen um eine trotz aller Rückschläge doch im ganzen fortschreitende Kooperation der Weltmächte. Sie kann vielleicht nur im Ausnahmefall oder nachträglich vertraglich fixiert werden. Solche fortschreitende Kooperation müßte aber über das Militärische hinaus auch eine Verständigung über die zu erstrebenden Spielregeln bei der Veränderung von Herrschaftsverhältnissen einschließen, damit Bürgerkriege und Interventionen überflüssig werden.

Auf solchem Wege wäre eine pluralistische Weltgesellschaft denkbar, die durch zunehmende Verzahnung der Interessen und Verantwortlichkeiten entsteht. Sie wird sekundär gewiß auch institutionalisiert werden. Das kann jedoch kaum am Anfang stehen. Und es muß keineswegs in der Form zentralistischer Herrschaft durch eine Weltregierung geschehen, deren Macht einen Machtmißbrauch durch die Einzelstaaten völlig ausschlösse. Eher wäre ein internationales Äquivalent der Institutionen demokratischen Interessenausgleichs anzustreben. Christen sollten nicht aus den Augen verlieren, daß gerade der Pluralismus einander gegenseitig beschränkender Gewalten das menschliche Korrelat zur Einheit der Herrschaft Gottes sein kann, während die unumschränkte Gewalt einer einzigen Instanz allzu leicht antichristliche Züge annimmt.

Nur die Herrschaft Gottes ist zugleich allumfassend und human. Der einzige Mensch, der als einzelner die Herrschaft Gottes für die Menschheit repräsentierte, tat dies nicht durch Ausübung irgendwelcher politischen Machtfunktionen, sondern durch die Machtlosigkeit seines Verbrechertodes.

Ist der Friede wirklich unter uns? Wo bricht der universale Gottesfriede in unserer politischen Weltsituation an? Wenn irgendwo, dann in den Prozessen gegenseitiger Anerkennung und Kooperation noch so verschiedener Partner auf einer Basis der Gleichheit in ihrem Zusammenwirken zu einem menschenwürdigen Dasein aller, — über die Scheidelinien widerstreitender Sonderinteressen und Ideologien hinweg. Es ist in unsere eigene Hand gegeben, daß nicht das biblische Gegenbild des Gottesfriedens, der Katarakt apokalyptischer Vernichtung, unsere Erde in eine leblose Kraterlandschaft verwandelt.

Der Grundsatz der wechselseitigen Anerkennung und Kooperation noch so verschiedener Partner darf nicht auf die internationalen Beziehungen beschränkt bleiben. Gegenseitige Anerkennung verschiedener Lebensformen und Lebensanschauungen als möglicher Wege zum gemeinsam Menschlichen muß auch die Gesellschaftsstruktur der Staaten und das Leben der Familien durchdringen. Wo die Schranken der eigenen Position und deshalb die Lebensrechte der anderen anerkannt werden, da wird Gott die Ehre gegeben, dessen Wahrheit und Recht allein unbeschränkt sind. Und das wird auch der Gottesfriede sein, der im Kreuz Christi seinen Ursprung hat.

Zukunft und Einheit der Menschheit

Wie bei anderen Themen, so gibt es auch im Hinblick auf das Thema Zukunft keine vorweggegebene Übereinstimmung in der Terminologie, keine gemeinsame Sprache. Unterschiedliche Urteile über Sachverhalte hängen auf verborgene Weise mit unterschiedlichem Sprachgebrauch zusammen. Das ist bei Theologen nicht weniger der Fall als im weiteren Kontext intellektueller Auseinandersetzungen. Gelegentlich mag man argwöhnen, daß es bei Theologen sogar in höherem Maße der Fall ist, so daß wenigstens in dieser Hinsicht die Theologie sich auf einem von anderen Disziplinen nicht immer erreichten Gipfel fühlen kann. Das Fehlen einer allseitig angenommenen Sprachregelung ist jedoch auch wieder nicht so beklagenswert, wie es dem einen oder anderen erscheinen mag. Es begünstigt das Auftreten neuer Gesichtspunkte, die sonst möglicherweise von der Diskussion ausgeschlossen blieben. Außerdem spornt es dazu an, die Unterschiede der Sprache durch tieferes Eindringen in die Sache zu überwinden, und veranlaßt dadurch das Bemühen um eine tieferreichende Verständigung. In den Verschiedenheiten der Auffassung und des Sprachgebrauchs selbst zeigt sich, wenn sie nicht völlig geistlos sind, ein gemeinsamer Bezugspunkt, zumindest als Ausgangspunkt, von dem aus sich der Gedanke in gegensätzliche Richtungen wendet.

I

In solcher Weise darf man, wie mir scheint, auch einen gemeinsamen Bezugspunkt theologischen Redens von der Zukunft und säkularer Futurologie annehmen. Wenn Theologen von der Zukunft reden, so wird meistens in charakteristischer Weise die Neuheit des Zukünftigen betont. Dieses Element in Verbindung mit der Zukunft dürfte in ansonsten sehr verschiedenen theologischen Konzeptionen zentrale Bedeutung haben. Warum das so ist, ergibt sich aus dem Zusammenhang des eschatologischen Bewußtseins. Die Betonung der Neuheit im existentiellen Augenblick wie auch in der Andersheit Gottes und seiner Offenbarung gegenüber allem Menschlichen und Weltlichen gehen zurück auf das christlich eschatologische Bewußtsein und auf die Wiederentdeckung der Eschatologie seit Beginn dieses Jahrhunderts. Diese eschatologische Thematik bildet den gemeinsamen Bezugspunkt der verschiedensten theologischen Auffassungen von der Zukunft.

In der einen oder anderen Weise ist das Phänomen des Neuen für alles Reden von der Zukunft bedeutsam. Doch in der bei den säkularen Futurologen vorherrschenden Perspektive wird die Zukunft vorweggenommen, indem gegenwärtige Tendenzen extrapoliert oder Modelle entwickelt werden, die derartigen Trends begegnen sollen. In der Theologie jedoch geht es um eine Zukunft, die der gegenwärtigen Welt mit allen ihren Entwicklungstendenzen widerfährt und sogar in Gegensatz zu ihr tritt. Diese Auffassung der Zukunft ist sicherlich in besonderer Weise charakteristisch für die sogenannte Theologie der Hoffnung und andere theologische Konzeptionen, die in Europa auf der Grundlage der exegetischen Wiederentdeckung der frühchristlichen Eschatologie entwickelt worden sind[1]. Für das Werk Teilhard de Chardins trifft diese Verhältnisbestimmung von Zukunft und Gegenwart weniger zu: Zwar kann auch Teilhard die Priorität Omegas gegenüber dem Prozeß der Evolution betonen, aber andererseits denkt er diesen Prozeß unter dem Gesichtspunkt einer in seinen Anfängen angelegten teleologischen Tendenz (Orthogenese), so daß die Zukunft Omegas als Extrapolation dieses Prozesses erscheint[2]. Noch weniger dürften die verschiedenen Denkansätze in der Linie Whiteheads durch den Gedanken einer die Gegenwart konfrontierenden und nicht nur verlängernden Zukunft zu charakterisieren sein. Doch sogar hier erlaubt der Gedanke, daß Gott jedem neuen Ereignis sein besonderes Wesensziel (subjective aim) gewährt, eine Rezeption der christlichen Deutung der Gegenwart in der Perspektive ihrer eschatologischen Zukunft[3], zumindest in demselben Grade wie Bultmanns Konzeption der Zukünftigkeit christlicher Existenz. Die Deutung der Neuheit von Ereignissen als Ausdruck der einem jeden von ihnen von Gott gewährten Wesensziele läßt sich als Beschreibung der Zukünftigkeit nicht nur der menschlichen Existenz, sondern von Ereignissen überhaupt verstehen.

---

[1] Bei der Konferenz über „Hoffnung und die Zukunft des Menschen" in New York (Oktober 1971), für die dieser Vortrag geschrieben wurde, ging es besonders um ein Gespräch zwischen den eschatologisch orientierten theologischen Entwürfen aus Deutschland mit amerikanischen Theologen und Philosophen, die von Teilhard de Chardin oder von der Prozeßphilosophie Whiteheads ausgehen.

[2] Zu dieser Problematik bei Teilhard de Chardin vgl. meine Bemerkungen in: Acta Teilhardiana VIII, 1971, 5 ff. (Geist und Energie), bes. 8 f.

[3] Vgl. bes. J. B. Cobb, Christlicher Glaube nach dem Tode Gottes, 1971, 45 ff.

Für die christliche Theologie ist der Gottesgedanke aufs engste verbunden mit dem kontingent Neuen im Geschehen und so mit der Zukunft. Das äußert sich in der Lehre von der Inkarnation ebenso wie im Gedanken der Verheißung und der durch Verheißung ermutigten Hoffnung. Aber die Zukunft Gottes, die durch Verheißung angekündigt wird, tritt nicht einfach in Gegensatz zu den in der Welt bestehenden Strukturen. Einer der Gründe dafür liegt im Begriff der Verheißung selbst, weil Verheißung jedenfalls ein positives Verhältnis der angekündigten Zukunft zur gegenwärtigen Wirklichkeit ausdrückt. Im Gegensatz zur Drohung mit Gericht und Vernichtung beziehen sich Verheißungen positiv auf fundamentale Interessen in der existentiellen Situation derer, denen sie gegeben werden. Das entspricht der Dynamik der göttlichen Liebe, die die gegenwärtige Wirklichkeit des Geschöpfes nicht schlechthin verneint, sondern in ihrem eigentlichen Wesen bejaht, obwohl sie darauf aus sein mag, die geschöpfliche Wirklichkeit zu verändern in ein treueres Bild ihrer wahren Bestimmung. Diese durch alle Kritik hindurch positive Beziehung zur gegenwärtigen wie auch zur vergangenen Wirklichkeit ist letztgültig besiegelt durch den christlichen Glauben an die Inkarnation Gottes in Jesus Christus. Der Glaube an die Inkarnation bedeutet, daß die Zukunft das Vergangene und Gegenwärtige nicht einfach zerstören wird. Die Zukunft Gottes wird sich vielmehr in vieler Hinsicht als eine Extrapolation der Verkündigung und Geschichte Jesu von Nazareth erweisen, so wie diese umgekehrt den Einbruch der Zukunft Gottes in die Gegenwart zu ihrem Grund und Inhalt hatte.

Sogar noch der Gerichtsgedanke enthält eine solche positive Beziehung zur gegenwärtigen Wirklichkeit. Er drückt nicht einfach einen Zusammenstoß mit dem äußerlichen Zwang einer überlegenen Gewalt aus, sondern vielmehr die letzte Konsequenz aus der inneren Wesensart desjenigen Verhaltens, das sich das Urteil des Gerichtes zuzieht. Daher konnte geradezu gesagt werden, das göttliche Gericht bestehe darin, die Menschen dahinzugeben an ihre Begierden.

Aus alledem ergibt sich, daß futurologische Extrapolation gegenwärtig zu beobachtender Trends und theologische Konfrontation der Gegenwart mit der Zukunft Gottes einander nicht einfach ausschließen müssen. Besonders die von Futurologen entwickelten Modelle zur Bewältigung von nach den gegenwärtigen Entwicklungstendenzen zu erwartenden Gefährdungen des menschlichen Lebens können den theologischen Antizipationen der Zukunft des Menschen und der Welt im Sinne von Verheißung und Hoffnung in bedeutsamer Weise korrespondieren. Die tiefste Differenz zwischen beiden scheint darin zu bestehen, daß Extrapolation am sichersten im Hinblick auf die kurzfristige oder mittelfristige Zukunft erfolgt, während die Theologie es in erster Linie mit der letzten Bestimmung des Menschen und der Welt zu tun hat. Doch angesichts der zunehmend beschleunigten Veränderungen in der modernen Welt sucht die Futurologie heute auch die entferntere Zukunft, die der Theologe als eine mittelfristige Zukunft bezeichnen könnte, während auf der anderen Seite die Theologie die endgültige Zukunft Gottes, die ihr Thema ist, auf die gegenwärtigen Zustände bezieht, damit die Einbildungskraft dazu erleuchtet wird, Lösungen zu finden für die Bedürfnisse der Gegenwart und der unmittelbaren Zukunft.

II

Die theologische Annahme, daß die Zukunft nicht einfach eine Extrapolation und Verlängerung des Gegenwärtigen und Vergangenen, sondern eine Wirklichkeit eigenen Rechtes ist, beruht auf dem Gottesgedanken. Selbst wenn Gott nicht als die Macht der Zukunft selbst, sondern mehr im Sinne traditioneller Auffassungen als ewige Wesenheit verstanden wird, gehört es doch zum Schöpfungsglauben, daß Gott unablässig neue Geschöpfe hervorbringt und so jede Gegenwart mit einer von ihr verschiedenen Zukunft konfrontiert. Und auch in einer mehr traditionellen Sicht, die ohne Einschränkung Gott als gleichzeitig mit gegenwärtig existierenden endlichen Wesen denkt, gilt Gott nicht nur als der Schöpfer, sondern auch als die Zukunft des Menschen und der Welt; denn alle christliche Theologie stimmt darin überein, daß die ganze Schöpfung dazu bestimmt ist, an Gottes Herrlichkeit teilzunehmen und durch diese Teilnahme selbst verherrlicht zu werden.

Der Gedanke Gottes als die Zukunft der Welt bringt in besonders entschiedener Weise das theologische Verständnis der Zukunft als einer selbständigen, die Gegenwart mit sich konfrontierenden Wirklichkeit zum Ausdruck. Doch enthält er zugleich auch einen Berührungspunkt mit der extrapolierten Zukunft der Futurologie, und diesem Sachverhalt sollen sich die weiteren Erwägungen nun zuwenden.

Der Gott, der die gegenwärtige Welt mit ihrer Zukunft konfrontiert und der selbst die letzte Zukunft des Menschen ist, ist ein einziger Gott. Wenn aber der eine Gott die letzte Zukunft des Menschen ist, dann muß die weitere Entwicklung des Menschen zu einer wachsenden Einheit der Menschheit tendieren. Der Leitgedanke Teilhard de Chardins, der Gedanke der schöpferischen Vereini-

gung, stellt sich daher als eine notwendige Implikation der Einheit
Gottes da, sobald dieser eine Gott nicht nur als ehemaliger Ursprung seiner Schöpfung, sondern auch als das Ziel ihrer letzten Bestimmung und Vollendung gedacht wird, vorausgesetzt, daß seine
schöpferische Wirksamkeit nicht getrennt, sondern verbunden wird
mit seiner Zukunft, die durch das Purgatorium seines Gerichtes die
Versöhnung und Vereinigung aller Geschöpfe zustande bringen
will. An diesem Punkt steht Teilhards Vision der frühchristlichen
Erwartung des kommenden Gottesreiches sehr nahe und insbesondere einer Deutung dieser Erwartung, die sich dessen bewußt wird,
daß die Wirklichkeit des Schöpfers selbst mit dem Kommen seines
Reiches untrennbar verbunden ist.

Die Dynamik der Versöhnung ist in dieser Sicht nicht etwas Zusätzliches, das zur schöpferischen Wirksamkeit Gottes noch hinzu-
treten müßte als ein Handeln ganz anderer Art, sondern unbeding-
te, schöpferische und versöhnende Liebe kennzeichnet das Wirken
des Schöpfers selbst, und dadurch wird der Prozeß der Evolution
immer tiefer und tiefer in das Zentrum dieser schöpferischen Dynamik hineingezogen trotz aller kreatürlichen Tendenzen zur Selbst-
abschließung, Selbstbewahrung, Trägheit und Aggression. Sicherlich ist in diesem Sinne die Evolution der Menschheit als ein Prozeß
der Versöhnung, der die Schrecken der menschlichen Geschichte
überwindet, dem Herzen Gottes näher als die früheren Stadien in
der Entwicklung des Lebens, aber dabei hat der christliche Versöh-
nungsglaube es dennoch mit dem Herz der Macht zu tun, die alle
Dinge geschaffen hat.

Diese Betrachtungsweise ist zu einem erheblichen Grade Teilhard
de Chardin und den Theologien, die auf eine eschatologische Zukunft hin denken, gemeinsam. Schwieriger ist die Frage zu entscheiden, ob an diesem Punkt auch eine Entsprechung zur Prozeßphilosophie der Schule Whiteheads besteht. Sicherlich handelt auch
in Whiteheads Perspektive Gott als die Quelle der Einheit, indem er
jedem Ereignis sein subjektives Wesensziel gewährt, das jedes Ereignis realisiert, indem es seine Welt subjektiv integriert. Könnte nicht
diese subjektive Integration der vorgefundenen Welt durch jedes neue
Ereignis gedeutet werden in Graden der Partizipation an Gottes
Schöpfungsakt im Sinne der schöpferischen Einigung Teilhards? Die
Schwierigkeit ist nur, daß in Whiteheads eigenem Denken das schöpferische Prinzip (creativity) vom Gottesgedanken getrennt ist. Daraus
scheint nicht nur zu folgen, daß Whiteheads Gott schwerlich als
Schöpfer der Welt im präzisen Sinne der *creatio ex nihilo* verstanden werden kann, sondern auch — und das dürfte noch schwerwie-
gender sein — daß ein unbegrenzter Pluralismus, eine unbegrenzt

fortgehende Reihe von Ereignissen resultiert, von denen jedes wieder eine subjektive Einheit ist, aber nicht mit allen anderen konvergiert zu einer letzten Einheit alles Wirklichen. Es mag möglich sein, wie John Cobb es versucht, Whiteheads Gottesgedanken an diesem wichtigen Punkt in christlichem Sinne weiterzuentwickeln, indem das Prinzip des Schöpferischen (creativity) Gott als der höchsten Wirksamkeit (supreme entity) untergeordnet wird[4]. Allerdings kann eine solche Korrektur schwerlich ohne weitreichende Folgen für das Begriffsnetz von Whiteheads philosophischem System bleiben, zumal Gott, wenn man die Korrektur von Cobb akzeptiert, als Urheber des kontingent Existierenden vestanden werden muß und nicht nur jedes Ereignis mit einem formalen Ideal seiner selbst versieht. Doch welche Konsequenzen auch immer sich hier ergeben mögen, wenn das Prinzip des Schöpferischen der schöpferischen Aktivität Gottes untergeordnet wird, braucht Teilhards Gedanke einer Konvergenz des Prozesses der Evolution auf eine letzte Einheit hin durch Partizipation in dem einen Gott nicht mehr grundsätzlich von der Perspektive einer durch Whitehead inspirierten Prozeßtheologie ausgeschlossen zu bleiben. Im Gegenteil, wenn Liebe das letzte Motiv der schöpferischen Aktivität Gottes bildet und wenn es zur Liebe gehört, daß der Liebende sich selbst dem Geliebten mitteilt, jedenfalls in dem Grade, in dem das dem Geliebten zum Besten dient, dann ist die Vollendung des Prozesses der Evolution in einer Konvergenzbewegung, in der die Geschöpfe an der Einheit des Schöpfers selbst teilnehmen, verbunden mit dem tiefsten Wesen des Schöpfungsaktes also solchen. Das begründet natürlich keinen Anspruch von seiten der Geschöpfe auf Gott, aber es liegt in der inneren Logik der schöpferischen Liebe Gottes selbst.

III

Der Ausblick auf eine geeinte Menschheit erweist sich in den bisherigen Betrachtungen immer deutlicher als Kontaktstelle und Schnittpunkt der göttlichen Wirklichkeit auf der einen und der extrapolierten Tendenzen der menschlichen Geschichte und sogar der gesamten Evolution des organischen Lebens auf der anderen Seite.

In der christlichen Überlieferung ist der Gedanke eines Schnittpunktes göttlicher und menschlicher Wirklichkeit für das Privileg der Person Jesu Christi gehalten worden. Und in der Tat, Jesus Christus war nicht nur der Prophet des kommenden Reiches, son-

---

[4] J. B. Cobb, A Christian Natural Theology, Philadelphia (Westminster) 1965, 203 ff.

dern wurde auch dessen Messias und der Pionier und das Haupt einer neuen Menschheit. Doch gerade seine messianische Funktion erlaubt nicht, daß er die Gottesnähe sich selbst als Privileg vorbehielte, sondern besteht geradezu darin, anderen Teilhabe am Reich Gottes zu vermitteln. Das bedeutet, für Gerechtigkeit und Frieden unter allen Menschen einzutreten. Das Reich Gottes, dessen Kommen Jesus verkündete und das mit dem Geschehen seiner Verkündigung bereits seinen Hörern gegenwärtig wurde, ist identisch mit der letztgültigen Wirklichkeit Gottes selbst und verbunden mit der Versöhnung aller Menschen in einer Gesellschaft des Friedens und der Gerechtigkeit, wie sie die alttestamentlichen Propheten im Gegensatz zur sozialen und politischen Realität ihrer eigenen Zeit ankündigten. Der Glaube an einen liebenden Gott kann seine Rechtfertigung nur durch die Zukunft Gottes erfahren, wenn seine Liebe zur Vollendung kommen wird durch die Versöhnung alles Leidens und aller Verirrung seiner Geschöpfe.

Es ist ganz offensichtlich, daß dieser Gedanke des Reiches Gottes bei weitem alles übersteigt, was durch menschliche Anstrengung zuwege gebracht werden könnte. Aber trotz dieser seiner Transzendenz bildet der Gedanke des Reiches Gottes ein geeignetes Kriterium, an dem sich der Grad wirklicher Errungenschaften in sozialen und politischen Anstrengungen und Veränderungen messen läßt. Zwischen der Zukunft des Reiches und den scheinbar blind im Prozeß der menschlichen Geschichte wirkenden Kräften besteht eine Korrespondenz trotz aller Unzulänglichkeiten und Verkehrungen, von denen diese Geschichte voll ist. Sogar der gesellschaftliche und politische Drang zur Einheit der Menschheit bleibt ja tief zweideutig. Er ist immer auch das Feld eines Kampfes um die Macht. Und dennoch bezeugt seine Entsprechung zur universalen Einheit des kommenden Gottesreiches, daß menschliche Geschichte noch inmitten ihrer Perversionen die Schöpfung des Gottes bleibt, dessen Reich sie entgegengeht.

Für Teilhard de Chardin war das Phänomen einer konvergenten Drift in der Evolution der menschlichen Art und speziell in der modernen Phase der Menschheitsgeschichte von höchster Bedeutung. Während sich in der Evolution des Lebens gewöhnlich divergierende Tendenzen zeigen in der Bildung einer überreichen Vielfalt von Arten und von ungezählten Individuen, entsteht auf der Ebene der menschlichen Art eine gegenteilige Tendenz, eine Drift zur Einheit. Die entscheidende Bedingung dieser Wendung im Prozeß der Evolution ist in Teilhards Sicht die Fähigkeit des Menschen zur Reflexion. Leider hat Teilhard seinen Begriff der menschlichen Reflexion nicht genauer geklärt. Doch so viel ist deutlich, daß Reflexion es in

seiner Sicht mit der Fähigkeit des Menschen zur Bildung allgemeiner Begriffe zu tun hat, und diese Fähigkeit ermöglicht die Konvergenz der menschlichen Geschichte durch Vereinigung der Individu-
en. Der Hinweis, daß der Mensch gerade insofern ein soziales Wesen ist, als er das reflektierende Wesen ist, bedarf sicherlich einer
erheblich differenzierteren Ausarbeitung, als Teilhard sie gegeben
hat. Aber es handelt sich um eine entscheidende Einsicht, weil die
Wechselbeziehung zwischen Individuum und Gesellschaft den neu-
ralgischen Punkt aller menschlichen Probleme und insbesondere der
Probleme hinsichtlich der Zukunft des Menschen bildet. Teilhards
spärliche Bemerkungen über die Rolle der menschlichen Reflexion
ließen sich durch die Beobachtung ergänzen, daß die Fähigkeit des
Menschen zur Erfassung des Allgemeinen mit der Tatsache zusammengehört, daß der Mensch die Einheit seiner Existenz nicht in sich
selbst besitzt und darum ständig auf der Suche ist nach einer Einheit
über ihm selbst, in der er sich als Glied verstehen kann. George
Herbert Meads Feststellung, daß schon die Identität des Individuums ein gesellschaftliches Faktum ist, mag diese Beziehung illustrieren. Weil der Mensch in sich selbst keine endgültige Einheit
findet, darum ist die Einheit der Gesellschaft in einer ganz spezifischen Weise konstitutiv für die Identität des menschlichen Individuums, obwohl dieses auch wiederum auf der Suche nach der universalen Einheit alle bestehende gesellschaftliche Einheit übersteigt
und in Frage stellt.

In Verbindung mit der Reflektivität menschlicher Existenz gewinnt der unablässige und sich in der Moderne rapide beschleuni-
gende Bevölkerungszuwachs erst seine spezifische Bedeutung für die
Evolution der menschlichen Art. Mit dem Bevölkerungszuwachs
ging die Ausbreitung der menschlichen Art über die gesamte Erde
einher. Diese globale Ausbreitung hat faktisch die Form ökonomischer und politischer Expansion konkreter Gesellschaften angenommen, und deren Expansion führte zu Zusammenstößen und Kriegen. Diese Entwicklung ist in der Neuzeit wegen der Ausbildung und
Anwendung von Wissenschaft und Technik in eine Periode der Beschleunigung eingetreten und hat mit der atomaren Technik einen
kritischen Höhepunkt erreicht. Teilhard war vermutlich im Recht
mit der Annahme, daß dieser Prozeß einen zunehmenden Druck zur
Sozialisierung der Menschheit im Weltmaßstab hervorgebracht hat.
Die Bevölkerungszunahme als Folge moderner medizinischer Technik und verbesserter Verkehrs- und Handelsverbindungen im Gefolge der industriellen Revolution bildete nur die Anfangsphase der
Beschleunigung dieses Prozesses in der modernen Periode der
Menschheitsgeschichte. Mit der Entwicklung nuklearer Waffen er-

reichte die militärische Technik einen Punkt, der einen Zwang zum Frieden zumindest zwischen den Großmächten impliziert. Man hat gesagt, daß darin auf lange Sicht auch ein Zwang zu einer Art von Weltregierung der Menschheit angelegt ist[5]. Wie dem auch sei, jedenfalls hat Alvin Toffler mit Recht behauptet, daß heute schon „the network of social ties is so tightly woven that the consequences of contemporary events radiate instantaniously around the world"[6]. Die Erschütterungen, die der Krieg in Vietnam rund um den Erdball ausgelöst hat, bilden eine beredte Illustration dieser Feststellung.

IV

Teilhard de Chardin betrachtete den Trend zur Konvergenz in der neuzeitlichen Geschichte des Menschen mit großer Zuversicht. Gewiß hat er auch einige der negativen Aspekte erkannt, die mit der zunehmenden Bevölkerungsdichte verbunden sind. Er sah die Tendenz zu steigender Aggressivität, zu verstärkter nervöser Beanspruchung und zur Ausbreitung von Neurosen. Dennoch sind diese Probleme in seiner Sicht nur vorübergehender Natur. Die wachsende Bevölkerungsdichte wird, so meinte er, dazu führen, daß die Formen der Verbindung der Individuen und der Organisation ihres Zusammenlebens eine neue Ebene ihrer Entwicklung erreichen und daß so die Spannungen zwischen Menschen wieder nachlassen. Das mag sicherlich eine mögliche Lösung der in der gegenwärtigen historischen Situation beschlossenen Problematik sein, aber diese Lösung ist in keiner Weise gesichert, und die ihr eigenen Gefahren dürfen nicht übersehen oder unterschätzt werden. Teilhard selbst erkannte die Möglichkeit einer Perversion der modernen Konvergenz zur Einheit, nämlich durch die Manipulation und Standardisierung der Massen, die zum Ameisenhaufen eines allmächtigen Kollektivstaates führt statt zum Ideal der allgemeinen Brüderlichkeit der Menschen. Aber Teilhard schätzte diese alarmierenden Tendenzen als bloße vorübergehende Abweichungen von der Bahn der Evolution ein. Er unterschätzte den Abgrund der Entfremdung in einer gesellschaftlichen Entwicklung, die zur perfekten Manipulation einer „megamachine society", wie E. Fromm[7] das genannt hat, tendiert.

---

[5] So z. B. C. F. von Weizsäcker, Bedingungen des Friedens, 1964, 15 f., sowie ders. ähnlich, aber zurückhaltender in seinem Aufsatz: Zumutungen des Friedens, in: Streit um den Frieden, Hg. W. Beck/R. Schmid, 1967, 31 ff., bes. 41 ff.

[6] A. Toffler, Future Shock, New York 1971, 15.

[7] E. Fromm, The Revolution of Hope. Toward a Humanized Technology,

Auf der einen Seite ist es sicherlich richtig, daß es keine Zukunft für die Menschen geben wird ohne Assoziation mit allen anderen Menschen. Teilhards harte Urteile über die „Häresie" des Individualismus enthalten ein sehr erhebliches Wahrheitsmoment. Dieses Urteil trifft nicht nur die Tendenz zur Selbstisolierung durch Rückzug in das Privatleben im Sinne des traditionellen bürgerlichen Individualismus. Es ist besonders treffend im Hinblick auf gewisse romantische Reaktionen gegen die bürokratische Perfektion des „Systems" der Gesellschaft, Auffassungen, die sich selbst gern als radikal oder revolutionär stilisieren, aber in Wirklichkeit nur einen machtlosen Protest gegen die Restriktion artikulieren, die die moderne Gesellschaft dem individuellen Leben auferlegt. Solche romantischen Reaktionen bestehen gern auf dem Recht des einzelnen, alle seine natürlichen Gaben zu entwickeln und allen individuellen Bedürfnissen und Wünschen zu folgen. Derartige Tendenzen in den Subkulturen, wie auch im psychologischen und pädagogischen Denken unserer Zeit mögen durch ihre Farbigkeit bestechen und verdienen zumindest manchmal unsere Sympathie. Aber sie sind letzten Endes romantisch, weil die zunehmende Bevölkerungsdichte wie auch die zunehmende Vielzahl von Möglichkeiten und daher auch von Entscheidungen, die der einzelne zu treffen hat, das Gegenteil solcher romantischen Visionen erzwingen, nämlich ein höheres Maß von Disziplin, von gegenseitigem Respekt und gegenseitiger Rücksicht zwischen den Menschen. Die Enge des Zusammenlebens zwingt dazu, daß der Raum für ungebundene Willkür sogar in den Sanktuarien des Privatlebens, die auch in Zukunft für die Härten des gesellschaftlichen Lebens entschädigen müssen, um der Mitmenschen willen weiter eingeschränkt werden wird.

Der Druck auf zunehmende Vereinheitlichung hin ist im gesellschaftlichen Leben wie in der Weltpolitik enorm. Aber auf der anderen Seite bestehen die Spannungen zwischen Individuum und Gesellschaft weiter. Das allgemeine Interesse einer Gesellschaft kann nur von bestimmten Individuen artikuliert und durch ihr Handeln wahrgenommen werden. Darum wird immer wieder die Sache der Allgemeinheit von den zu ihrer Wahrnehmung berufenen Individuen im Dienste ihrer eigenen Zielsetzungen und Sonderinteressen ausgebeutet werden. Dabei dienen die anonymen Strukturen der gesellschaftlichen Organisation dazu, die Fortdauer der Herrschaft von Menschen über Menschen zu verbergen. Und das gilt nicht etwa nur von der kapitalistischen Wirtschaft der westlichen Welt. Es gilt auch für die Machtstrukturen in nicht-kapitali-

New York 1968, 29, vgl. 41. Fromm hat den Begriff von Lewis Mumford übernommen (29).

stischen Ländern. Die Ausbeutung des Gesamtinteresses durch Individuen, die mit seiner Wahrnehmung beauftragt sind, ist in den gegenwärtigen Bedingungen menschlicher Existenz so tief verwurzelt, daß für die voraussehbare Zukunft jeder Versuch endgültiger Überwindung der Entfremdung daran scheitern wird. Wer sich diesem Sachverhalt nicht stellt, verfällt unvermeidlich ideologischen Illusionen.

Die letzten Erwägungen tragen dazu bei, den Grundsatz zu bekräftigen, daß der einzelne der Zweck und Maßstab des Gesellschaftssystems bleiben muß. Natürlich kann dieser Grundsatz leicht mißbraucht oder mißverstanden werden als Freibrief für individualistische Willkür. Seine Rechtfertigung besteht in erster Linie darin, daß nur so der Mißbrauch politischer oder wirtschaftlicher Macht verhindert werden kann, vorausgesetzt, daß die letztere nicht selbst zur Privatsache erklärt wird. Über diese Funktion des erwähnten Grundsatzes hinaus aber enthält er eine Anerkennung der Tatsache, daß jede vorstellbare Verbesserung der menschlichen Lebensbedingungen die Situation der *Individuen* verbessern muß, da „die Menschheit" nun einmal nur in Gestalt individueller Menschen existiert. Sicherlich weist die Bestimmung des Individuums selbst über sein vereinzeltes Dasein hinaus. Aber jene Einheit jenseits seiner selbst, die seine reflektive Existenz ermöglicht, kann nur durch die Inspiration persönlicher Freiheit erlangt werden. Daher muß zwar nicht individuelle Willkür, wohl aber die freie Person der Maßstab bleiben zur Beurteilung der gesellschaftlichen Lebensform. Doch wodurch unterscheidet sich die verantwortliche Person, die respektiert und ermutigt werden soll, von individueller Willkür, der Schranken gezogen werden müssen, wo immer sie die sozialen oder natürlichen Lebensbedingungen anderer Menschen beeinträchtigt? Die Frage nach diesem Unterscheidungskriterium erweist sich letzten Endes als eine religiöse Frage, weil die Unterscheidung zwischen verantwortlicher Freiheit und rücksichtsloser Willkür von der jeweiligen Antwort auf die Frage abhängt, worin die Bestimmung des Menschen besteht. Was der jeweiligen Auffassung von der Bestimmung des Menschen entspricht, wird als Freiheit, was von ihr abweicht, wird als Willkür behandelt werden.

V

Die Zweideutigkeiten in der Konvergenzbewegung auf eine Einheit der Menschheit hin, die die gegenwärtige Periode der Menschheitsgeschichte kennzeichnet, sind im Gang unserer Erwägungen

nun deutlicher geworden. Sie leben aus den Spannungen zwischen
der individuellen und der gesellschaftlichen Bestimmung des Menschen. Auf der einen Seite besitzt das Individuum den Sinn seiner
Existenz nicht schon in sich selbst, in seinem privaten Dasein. Um
sich selbst zu gewinnen, bedarf es einer Einheit jenseits seiner
selbst, und diese ist konkret vorhanden in Gestalt der Gruppe oder
der Gesellschaft, zu der der einzelne gehört. Auf der anderen Seite
sollte die Gesellschaft selbst ihren Maßstab im Individuum haben,
weil es sonst unvermeidlich zur Unterdrückung von Individuen im
Namen des Gesamtinteresses der Gesellschaft kommt oder sogar im
Namen der Menschheit, die jedoch ebenso wie jenes faktisch durch
andere Individuen und ihre Urteile vertreten wird. Das ist die ver-
wickelte Situation, die allem Anschein nach keine einfache Überwindung der Entfremdung gestattet. Dabei steht neben der Entfremdung durch ein offizielles Bewußtsein, das dem Individuum
das Recht auf sein eigenes freies Urteil verbietet, die entgegengesetzte Entfremdung einer individualistischen Privatsphäre, die dem
Individuum das Bewußtsein einer Einheit der Wahrheit jenseits seiner eigenen willkürlichen Entscheidungen vorenthält und dennoch
dem einzelnen das Gefühl vermittelt, von anderen beherrscht zu
werden, die sich durch Ausnutzung seiner fundamentalen menschlichen Bedürfnisse bereichern.

Eine endgültige Lösung des Antagonismus von Individuum und
Gesellschaft bleibt offensichtlich ein eschatologisches Ideal. Es ist
unwahrscheinlich, daß eine solche Lösung unter den gegenwärtigen
Bedingungen der menschlichen Geschichte erreichbar wäre. Eine
Lösung wäre nur möglich, wenn die Menschen von Natur aus gut
wären in dem Sinne, daß sie ihre individuelle Befriedigung nur im
Rahmen des allgemeinen Besten erstreben und nicht das allgemeine
Beste als Mittel ihrer Eigeninteressen benutzen. Aber die Menschen
sind nicht gut in diesem Sinne, und daher kann der Antagonismus
zwischen einzelnem und Gesellschaft, wie auch zwischen den Individuen selbst unter den gegenwärtigen oder ihnen ähnlichen Lebensbedingungen nicht endgültig überwunden werden. Die endgültige
Überwindung aller Entfremdung würde die Vollendung der
menschlichen Bestimmung des einzelnen ebenso wie der Gesellschaft voraussetzen, und sie würde erfordern, daß allen Individuen
ein Platz in jener vollkommenen Gesellschaft zuteil wird. Genau
das ist der Sinn der eschatologischen Symbolik der jüdischen und
christlichen Tradition. Er kommt darin zum Ausdruck, daß das
Reich Gottes und die Auferstehung der Toten miteinander verbunden werden: Die Erwartung des Reiches Gottes enthält die Überzeugung, daß erst dann, wenn Gott allein regiert und kein Mensch

mehr politische Macht über Menschen besitzt, die Herrschaft von Menschen über Menschen und die damit unausweichlich verbundene Ungerechtigkeit ein Ende finden wird. Die Alternative zur Herrschaft von Menschen über Menschen also besteht nicht in der Idee der Selbstregierung; denn die Regierenden oder an der Verwaltung des Gemeinwohls Beteiligten bilden immer nur eine kleine Minderheit. Die wahre Alternative zur Herrschaft von Menschen über Menschen ist die Herrschaft Gottes. Sie allein kann menschliche Herrschaft beseitigen und eine Gesellschaft ohne Herrschaft von Menschen über Menschen hervorbringen und so die gesellschaftliche Bestimmung des Menschen verwirklichen.

Die zweite oben genannte Bedingung einer gesellschaftlichen Verwirklichung der menschlichen Bestimmung war die Teilhabe aller Individuen an ihr. Diese Bedingung läßt sich dahin präzisieren, daß die Teilhabe eines jeden entsprechend dem Maß seiner Fähigkeit zu solcher Teilnahme zu gewährleisten ist. Das kann natürlich nur erreicht werden, wenn alle menschlichen Individuen gegenwärtig sind. Eine Auferstehung der Toten ist notwendig, wenn alle Individuen aller Zeiten die ihnen zukommende Beteiligung an der vollkommenen Gesellschaft des Gottesreiches finden sollen. Nur unter dieser Bedingung kann davon gesprochen werden, daß die Bestimmung der Menschheit, die identisch ist mit der Vollzahl ihrer Individuen, erfüllt ist. Wenn die gesellschaftliche und die individuelle Bestimmung des Menschen einander bedingen, so daß sie nur zusammen realisiert werden können, dann ist die Gesamtzahl der menschlichen Individuen erforderlich für die Verwirklichung der gesellschaftlichen Bestimmung des Menschen. Es genügt dann nicht, für eine spätere Generation in einer mehr oder weniger entfernten Zukunft eine vollkommene Gesellschaft zu erhoffen. Das würde nur bedeuten, daß die gegenwärtige Generation dem vorgeblichen Glück einer künftigen geopfert würde, — ein Opfer, das gewöhnlich verlangt wird, ohne daß der Geopferte seine freie Zustimmung dazu gegeben hätte. Die symbolische Sprache der jüdisch-christlichen eschatologischen Erwartung nennt dagegen sehr präzise die Bedingungen für die endgültige Vollendung der Bestimmung des Menschen in einer wahrhaft menschlichen Gesellschaft.

VI

Was für eine Art von Zukunft ist es, auf die die symbolische Sprache der jüdisch-christlichen Eschatologie vorausweist? Es besteht kein Zweifel, daß die eschatologische Zukunft als wirkliche

Zukunft verstanden wurde in dem Sinne, daß sie gegenwärtig noch nicht ist, aber kommen soll. Darüber hinaus ist die eschatologische Zukunft oft verstanden worden als ein Ergebnis in einer Reihe mit den übrigen Ereignissen des Weltprozesses und der Menschheitsgeschichte. Aber hier erheben sich bereits die Fragen. Eine allgemeine Auferstehung der Toten würde offensichtlich ein Ereignis sein, das als Ereignis keinem anderen Ereignis zu vergleichen wäre. Wie läßt es sich dann als Glied derselben Ereignisreihe vorstellen, der die Ereignisse gewöhnlicher Art angehören? Wenn in irgendeinem Sinne eine allgemeine Auferstehung der Toten auf andere Ereignisse folgt, dann sollte man annehmen, daß auch die zeitliche Folge selbst von anderer Art wäre als Ereignisfolgen, deren Glieder sämtlich gewöhnliche Ereignisse sind. Man könnte an eine Deformation der gewöhnlichen Form der Zeitfolge denken in Analogie zur Krümmung des Raumes gemäß der Relativitätstheorie.

Die Zweifel im Hinblick auf den Übergang von gewöhnlichen historischen Ereignissen zu den Ereignissen, auf die sich die eschatologischen Symbole der christlichen Überlieferung beziehen, wachsen, wenn man in den jüdischen apokalyptischen Schriften liest, daß die Ereignisse, die in der Endzeit offenbar werden sollen, im Himmel bereits vorhanden sind. Diese Denkform findet sich auch im Neuen Testament, besonders im Johannesevangelium, wenn es heißt, daß das künftige Gericht bereits jetzt in der Begegnung mit Jesus Christus sich ereignet und daß diejenigen, die seinen Worten glauben, schon jetzt teilhaben am ewigen Leben. Ähnlich sagt der Kolosserbrief, daß die getauften Christen nicht nur mit dem Tod Christi vereint sind und dadurch die Hoffnung auf ihre künftige Auferweckung empfangen, wie Paulus es dargelegt hatte, sondern daß sie bereits am neuen Leben der Auferstehung teilhaben, obwohl dieses noch verborgen ist bei Gott. Und ist es nicht eine schlagende Entsprechung zu dieser Denkweise, wenn von Christus gesagt wird, daß er schon jetzt in der erhabenen Verborgenheit Gottes, im Himmel, über die Mächte, die die Welt beherrschen, regiere? Das messianische Königreich der Zukunft ist im Himmel schon gegenwärtig. Und so war für das Markusevangelium Jesus auf geheimnisvolle Weise schon während seines Erdenweges der Messias und der Sohn des Menschen. All das bedeutet, daß die eschatologische Zukunft in gewissem Sinne schon Gegenwart ist, allerdings in der Verborgenheit des göttlichen Geheimnisses, in der der eigentliche Sinn der Himmelsvorstellung besteht jenseits des räumlichen Bildes einer göttlichen Region über den Sternen. Die in all diesen Vorstellungen immer wiederkehrende Denkform findet ihre Anwendung sogar auf Gott selbst: Sein Reich und damit die öffentliche Ausübung seiner Macht ist noch Sache der eschatologischen Zukunft, und dennoch regiert Gott die Welt schon jetzt aus der Verborgenheit des Himmels.

Die eschatologische Zukunft ist identisch mit dem ewigen Wesen der Dinge, so wie die Zukunft des Reiches Gottes identisch ist mit seiner ewigen Wirklichkeit und Macht. Ist solche Zukunft darum keine wirkliche Zukunft? Doch, die eschatologische Zukunft ist wirkliche Zukunft, weil das Wesen der Dinge noch nicht zum Vorschein gekommen ist. Es ist noch nicht vollendet. Und doch handelt es sich um das Wesen der vergangenen und gegenwärtigen Dinge, also darum, was eigentlich ihr Sein ausmacht. Es muß also auch selbst eine Beziehung zum Vergangenen oder Gegenwärtigen besitzen. Wir müssen die traditionellen Auffassungen von Wesen und Ewigkeit in bezug auf ihr Verhältnis zur Zeit revidieren. Das Wesen der Dinge darf nicht als zeitlos aufgefaßt werden, sondern es ist abhängig vom Prozeß in der Zeit und wird erst durch dessen Ergebnis entschieden werden, obwohl es sich dabei um die Identität, um das Wassein längst vergangener Dinge handeln mag. Entsprechend darf Ewigkeit — als die Sphäre der Wesensstrukturen — nicht als zeitlos gedacht werden, sondern muß verstanden werden als konstituiert durch den historischen Prozeß und speziell durch seine Ergebnisse. Auf der anderen Seite ist die Zeit nicht einfach als Folge isolierter Momente zu denken, sondern als Folge von Ereignissen, die zur Identität (oder zum Wesen) von Dingen beitragen.

Während Teilhard sich um solche Fragen nicht kümmerte, bin ich mir bewußt, daß Whiteheadians solche Feststellung als befremdlich empfinden müssen. Ich kann jedoch in einer Reihe von wirklich nur momenthaften Ereignissen[8] nichts anderes als eine abstrakte Quantifizierung wirklicher Vorgänge erkennen, und ein derartiges quantitatives Modell eines Vorgangs muß — bemerkenswert genug — ergänzt werden durch die Annahme einer platonischen Sphäre von Wesenheiten, die jedoch bloße Möglichkeiten sind und zu ihrer Realisierung in den abstrakt quantitativ gedachten Prozeß eingehen müssen[9]. Doch in jedem Prozeß entsteht ein Etwas, und dieses Etwas ist weder lediglich ein Aggregat von momenthaften Ereignissen noch eine bloße Möglichkeit. Es entwickelt sich und besitzt Dauer, nicht nur als Objekt, sondern auch in sich selbst. Das ist nichts anderes, als was man die Substanz oder das Wesen der Dinge

---

[8] Nach Whitehead besteht alles dauerhaft Wirkliche aus Reihen von momenthaften Ereignissen (*occasions* oder *events*), die die letzten Elemente alles Wirklichen, die einzigen *actual entities*, bilden: A. N. Whitehead, Process and Reality, 1929, passim.

[9] Das sind die *eternal objects* der Philosophie Whiteheads.

genannt hat. Ich stimme der Prozeßphilosophie darin zu, daß der traditionelle Substanzbegriff problematisch ist, weil er von zeitlicher Existenz und Entwicklung getrennt wurde. Aber ich bin nicht überzeugt davon, daß es auch nur möglich wäre, auf den Begriff des Wesens überhaupt zu verzichten. Nehmen wir also Sein und Zeit, Wesen und zeitliche Existenz zusammen, dann werden wir verwickelt in die Paradoxien von Gegenwart und Zukunft, die oben angedeutet wurden. Dann wird eine letzte Zukunft endgültig darüber zu entscheiden haben, was das Wesen der Dinge ist. Diese Zukunft wird dann der Substanz der Dinge, über die sie entscheidet, nicht einfach äußerlich sein können. Auf der anderen Seite wird sie nicht einfach identisch sein mit dem Wesen, das durch sie entschieden wird. Das bringt uns zurück zu der Frage, auf was für eine Art von Zukunft die eschatologische Hoffnung sich bezieht. Jetzt kann die Antwort gegeben werden: Es handelt sich um die Wesenszukunft der Menschheit, um die Vollendung der Bestimmung des Menschen. Mit anderen Worten: die eschatologische Hoffnung antizipiert die Wirkung unbekannter künftiger Ereignisse auf das Wesen des Menschen, sowohl der Individuen als auch der Menschheit im ganzen. Die eschatologische Hoffnung beruht mithin ebenso auf Antizipation wie jede Annahme über die Natur eines Phänomens. Nur unterscheidet sie explizit zwischen der gegenwärtigen Situation der Menschen und seiner künftigen Bestimmung. Aber wie jede Antizipation läßt auch die eschatologische Hoffnung die Frage offen, welche Ereignisse im einzelnen die antizipierte Zukunft herbeiführen werden.

Das Syndrom von Zukunft und Ewigkeit, das so, wie es in der jüdisch-christlichen Eschatologie entwickelt worden ist, die Möglichkeit einer Antizipation der endgültigen Wahrheit eröffnet, ist für das Selbstverständnis des Menschen von besonderer Bedeutung. Die Hoffnung für den Menschen besteht niemals im Fortschritt schlechthin, sondern die entscheidende Frage ist, wohin eigentlich der Fortschritt fortschreitet. Menschen hoffen darauf, daß ein positives Ziel erreicht wird und daß das Erreichte nicht wieder verlorengeht. Hoffnung will Ewigkeit. Darin liegt der Maßstab wahrhaften Fortschritts, der nicht nur in beständiger und leerer Veränderung bestehen soll. Die Faszination des Fortschritts hängt davon ab, in welchem Grade sich in seinen Zielen Ewigkeit spiegelt. Dann nähert sich der Fortschritt dem Ziel nicht nur an, sondern hat auf dem Wege dahin schon an ihm teil, weil die Wesenszukunft schon hindurchdringt in die Gegenwart. Die Wesenszukunft, in der die wahre Bestimmung der gegenwärtigen Wirklichkeit liegt, partizipiert an der Ewigkeit und bildet daher die Tiefe der Wirklichkeit, das Geheimnis des Gegenwärtigen. Nur weil die Wesenszukunft in verborgener Weise schon gegenwärtig ist, kann sie antizipiert werden und schon jetzt unser persönliches Leben in seine Identität bringen, obwohl der Prozeß unseres Lebensweges noch offen ist. Eine Zukunft ohne Ewigkeit läuft auf sinnlose Veränderung hinaus, und wenn die Menschen solcher wesensleeren Zukunft ausgesetzt werden, so kommt es zum Zukunftsschock, weil sinnlose Veränderung unsere persönliche Identität gefährdet. Der beschleunigte Wechsel der Moden, das massenhafte Auftreten immer wieder neuer Gegebenheiten, auf die man sich einstellen muß, und die steigende Vielfalt in der sozialen Umwelt der Menschen der Gegenwart und der voraussehbaren Zukunft, Phänomene, die A. Toffler so eindrucksvoll beschrieben hat, verstärken die Gefahren des Zukunftsschocks, vergrößern für immer mehr Menschen die Schwierigkeiten, persönliche Identität in ihrem Leben zu erreichen. Auf der anderen Seite kann nur eine starke Personidentität dem sich beschleunigenden Karussel der Veränderungen, dem steigenden Angebot an Neuheiten und an Vielfalt der Wahlmöglichkeiten in unserer gesellschaftlichen Lebenswelt standhalten. Ich stimme der Ansicht von E. Fromm zu, daß bloße Anpassungsfähigkeit nicht genügt, um dieser Situation zu begegnen. Bloße Anpassung beraubt den Menschen seiner menschlichen Würde, indem sie ihn zu einem entfremdeten, wenn auch möglicherweise nützlichen Element der „megamachine society" macht. Um den menschlichen Charakter des privaten wie des öffentlichen Lebens zu bewahren, ist persönliche Identität der Individuen unerläßlich. Aber Identität ist nur möglich durch Antizipation des Ewigen. Darum geht es in E. Fromms Ruf nach „frames of orientation and devotion"[10], die nach seiner Meinung zu den unerläßlichen Bedingungen menschlicher Existenz gehören. Sie geben dem einzelnen einen Bezugsrahmen zur Orientierung über sich selbst und über seine unablässig sich verändernde Welt, und sie richten seine Hingabe auf die Grundlagen seiner menschlichen Bestimmung. Inmitten der zunehmenden Veränderlichkeit und der damit steigenden Vielfalt der Novitäten und Möglichkeiten wächst auch das Bedürfnis nach solchen „frames of orientation and devotion", um im Strom unseres Lebens Zonen der Stabilität zu begründen, in denen wir dem Zukunftsschock widerstehen können.

VII

Wenn man das menschliche Bedürfnis nach Zentren der Orientierung und Hingabe betont, stellt man die religiöse Frage. Der ein-

---

[10] E. Fromm, a.a.O. 62 ff.

zelne kann seine persönliche Identität nicht durch Anpassung an die wechselnden Moden der Gesellschaft gewinnen. Denn die Gesellschaft setzt sich aus Menschen zusammen, die ebenso fehlbar sind wie er selbst. In früheren Perioden der Geschichte, als die Gesellschaftsordnung noch als Abbild der ewigen Ordnung der Wirklichkeit verstanden wurde, war es leichter als heute, die in der Gesellschaft geltenden Maßstäbe guten Gewissens für die ewige Wahrheit selbst zu nehmen. In einer Periode rapider und sich immer noch beschleunigender sozialer Veränderungen ist das nicht mehr möglich. Doch selbst in jenen früheren historischen Perioden bedurfte die gesellschaftliche Ordnung ihrerseits einer religiösen Begründung. Wie Eric Voegelin[11] dargelegt hat, kann die Loyalität der Individuen gegenüber ihrer gesellschaftlichen Ordnung nur durch die Annahme begründet werden, daß die Prinzipien und die symbolischen Institutionen einer Gesellschaft das wahre Wesen aller Wirklichkeit repräsentieren. Auf diese Weise hat in der Geschichte immer wieder die Religion den Antagonismus zwischen Individuum und Gesellschaftsordnung überwunden. Auch die heute vorherrschenden Modelle gesellschaftlicher Ordnung sind in diesem allgemeinen Sinne religiös fundiert. Die sozialistischen Gesellschaftsmodelle beruhen auf der Annahme, daß der Sozialismus die Wahrheit der menschlichen Bestimmung zumindest für die gegenwärtige Periode der Geschichte darstellt. Die politischen Prinzipien der westlichen Demokratien beruhen in ähnlicher Weise auf der Annahme, daß es sich bei ihnen um grundlegende Bedingungen der Menschenwürde handelt. Doch sind die Prinzipien der Freiheit und Gleichheit der Menschen weder selbstevident, noch bestimmen sie tatsächlich unumschränkt die Strukturen der sozialen Lebenswelt in den Gesellschaften des Westens. Sie sind nicht selbstevident, weil empirisch gesehen die Individuen keineswegs gleich sind, vielmehr die natürliche Ungleichheit der Menschen ins Auge fällt, und zumindest ihre Majorität auch nicht unbeschränkt frei ist. Es gibt allenfalls eine Skala von Graden der Freiheit und Gleichheit. Daß diese beiden Prinzipien die tatsächliche Struktur des sozialen Lebens nicht unumschränkt bestimmen, war bekanntlich die Kritik von Karl Marx an der westlichen Demokratie: In der bürgerlichen Demokratie gibt es nur eine formale Gleichheit und eine formale Freiheit, die beide die tatsächliche Ungleichheit der Lebensbedingungen und damit der Mittel zum Gebrauch der Freiheit verdecken. Man mag einwenden, daß eine solche formale Freiheit immer noch besser ist als überhaupt keine, und das begründet in der Tat

[11] E. Voegelin, Die neue Wissenschaft der Politik, 1965², 83 ff. erfaßt diesen Sachverhalt im Begriff der Repräsentation.

die Überlegenheit der liberalen Demokratien bis auf den heutigen
Tag. Aber es ist keine sehr überzeugende Rechtfertigung für ihre
Vorzüglichkeit und begründet kein großes Vertrauen auf ihre Über-
lebenschancen angesichts der Möglichkeiten einer Liberalisierung
des Lebens in den sozialistischen Gesellschaften, die die bürgerlichen Demokratien des Westens wohl endgültig ihrer Faszination
für die politische Einbildungskraft berauben dürfte.

Die größte Schwäche der demokratischen Gesellschaften des Westens bleibt nach dem übereinstimmenden Urteil einer zunehmenden Zahl von Beobachtern, daß die Einheit der Gesellschaft in erster Linie auf dem ökonomischen Interesse beruht, das sowohl in
den Prozessen der Produktion als auch im Bereich des Konsums den
gemeinsamen Nenner für alle Individuen bildet. Fast alles andere
ist zur Privatsache reduziert und wird damit den Gesetzen des
Marktes überlassen, die wie bei anderen Gegenständen privater Bedürfnisse und Gelüste, so auch zwischen Produktion und Konsum
von Kulturgütern vermitteln. Der Kult der Privatsphäre ist nur die
Kehrseite der tendenziellen Beschränkung der objektiven Grundlagen unserer Gesellschaft auf das ökonomische Interesse. Aber das
Streben nach einem Sinn des menschlichen Lebens, der den einzelnen mit dem Rest der Menschheit verbindet, läßt sich weder auf
ökonomische Interessen, noch auf private Willkür reduzieren. Ein
großer Teil der Unruhe, die so viele für die Bedingungen menschlicher Lebensverwirklichung empfindliche Glieder der westlichen
Länder befallen hat, und daher auch das unerwartete Ausmaß der
Faszination, die von dem quasi-religiösen Charakter der sozialistischen Gesellschaftsordnungen ausgeht, dürfte von daher eine Erklärung finden.

Meine persönliche Schlußfolgerung daraus ist, daß die westlichen
Gesellschaften geradezu verzweifelt einer Erneuerung und Revision
ihres religiösen Erbes bedürfen, in dem die Wurzeln ihrer neuzeitlichen Anfänge liegen. Weil das Problem der Einheit einer Gesellschaft letzten Endes ein religiöses Problem ist, da sich im religiösen
Leben das Bewußtsein von der zukünftigen Bestimmung des Menschen ausspricht, das den Antagonismus zwischen Individuum und
Gesellschaft überbrückt, darum kann die religiöse Thematik auf die
Dauer kein ausschließlich privates Bedürfnis bleiben. Die Privatisierung der Religion in den Verfassungen der Neuzeit war sicherlich
notwendig angesichts der dogmatischen Intoleranz, die zu den Konfessionskriegen zu Beginn der Neuzeit geführt hatte. Konfessionelle
Intoleranz hatte den sozialen Frieden zerstört. Daher konnte die
christliche Religion nicht mehr die Grundlage für die Einheit der
Gesellschaft bilden. Und auch in Zukunft kann das Christentum

nicht wieder die geistige Einheit einer Gesellschaft repräsentieren, solange es nicht die konfessionellen Konflikte seiner Vergangenheit überwindet. Dabei kann das Christentum die Probleme seiner eigenen antagonistischen Traditionen nicht überwinden, ohne sich dem allgemeinen Problem der Pluralität im religiösen Denken und Leben zu stellen, das mit der Vorläufigkeit aller religiösen Erfahrung und Gewißheit im Gegensatz zur endgültigen Wahrheit über Gott und Mensch zusammenhängt, die noch nicht heraus ist, sondern noch Sache der Zukunft ist, auch wenn diese Zukunft in Jesus Christus schon antizipiert wurde. Solche Reflexion auf den vorläufigen Charakter des religiösen Bewußtseins kann nicht nur zur Versöhnung der einander widerstreitenden konfessionellen Überlieferungen des Christentums beitragen, sondern auch das christliche Bewußtsein für die Wahrheit anderer religiöser Traditionen und Perspektiven öffnen. Auf der anderen Seite bedeutet eine derartige Legitimation der Pluralität religiöser Erfahrung und religiösen Denkens innerhalb des Christentums und sogar über seine Grenzen hinaus bereits einen neuen und in seiner Weise einheitlichen Typus religiösen Denkens. Es scheint so, daß eben dieser Typus religiösen Denkens sich zunehmend als bedeutsam erweisen könnte für die Zukunft der Gesellschaft und für die sich bildende Einheit der Menschheit, wenn die religiösen oder quasi-religiösen Grundlagen des gesellschaftlichen Lebens sich nicht zu einer stärker autoritären und intoleranten Form zurückbilden sollen. Wenn letzteres vermieden werden soll und wenn die Pluralität in den Formen der Frömmigkeit und des religiösen Denkens gestärkt werden soll, ohne daß dabei die Einheit der Wahrheit verletzt wird, muß man sich darüber klar werden, daß die neue Gestalt religiösen Bewußtseins, die heute aus ungezählten ökumenischen Begegnungen und Dialogen erwächst, bereits keine rein private Angelegenheit mehr ist.

Es gibt heute ein verbreitetes Gefühl der Enttäuschung über die ökumenische Bewegung, und sicherlich gibt es dafür auch mancherlei Gründe. Aber man sollte nicht übersehen, daß die ökumenische Bewegung sich als der weitreichendste Beitrag des gegenwärtigen Christentums zur politischen Zukunft der Menschheit und insbesondere zu der der westlichen Welt herausstellen könnte. Diese Vermutung bezieht sich allerdings nicht in erster Linie auf die Erklärungen des Ökumenischen Rates der Kirchen zu den Problemen des sozialen und politischen Lebens. Es wäre ein Fehler, die Bedeutung ökumenischer Aktivitäten in erster Linie in diesem sozial-ethischen Bereich zu suchen. Die Relevanz von Kommentaren ökumenischer Organisationen und Repräsentanten zu sozialen und politischen Problemen hängt letzten Endes von ihrer im engeren Sinne religiösen Kompetenz ab. Und nicht die sozial-ethischen Verlautbarungen, sondern der theologische Dialog und die religiöse Versöhnung sind es, die, wenn sie zum Ziele kommen, wahrhaft revolutionäre Konsequenzen für das soziale und politische Leben haben werden, weil eben das religiöse Problem unmittelbar mit der sozialen und politischen Einheit der Gesellschaft verbunden ist. Wer das nicht schon aus anderen Gründen tut, der sollte seine Bemühungen auch deshalb der ökumenischen Einigung des Christentums widmen, weil es hier wie nirgendwo sonst um die langfristigen Aspekte der politischen Verantwortung des christlichen Glaubens geht. Der ökumenische Dialog ist der Ort, wo die eschatologische Bestimmung und Zukunft des Menschen und die Entwicklungstendenzen der Menschheit auf zunehmende Einheit hin am offensichtlichsten koinzidieren.

Christsein ohne Kirche

Von Zeit zu Zeit wird der christliche Leser der Tagespresse aufge-
schreckt durch Nachrichten über den niedrigen Stand des Kirchenbesuchs, Nachrichten, die anzukündigen scheinen, daß es mit dem
Christentum in unserer Gesellschaft bergab geht. Nur 15 % der Protestanten gehen sonntags regelmäßig zur Kirche und neuerdings in
bundesdeutschen Großstädten auch nur noch 25 % der Katholiken.
Solche Nachrichten geben dann auch immer wieder denjenigen
Stimmen Auftrieb, die die volkskirchliche Organisation unserer Kirchen mit Kindertaufe und Kirchensteuer für einen unaufrichtigen
Zustand halten und fordern, die Kirchen sollten sich zu Freiwillig-
keitskirchen wandeln, denen nur noch die wirklich engagierten
Christen angehören. Solche Forderungen gehen an der Tatsache
vorbei, daß die 75-85 % der Christen, die nicht regelmäßig zur Kirche gehen, dennoch ihre Kinder taufen und konfirmieren lassen, die
kirchliche Trauung in Anspruch nehmen und ein christliches Be-
gräbnis wünschen, sowie schließlich auch die Last ihrer Kirchen-
steuern tragen. Nichts berechtigt dazu, bei diesen Christen pauschal
eine innere Entfremdung vom Christentum zu vermuten. Wenn-
gleich in Einzelfällen sicherlich eine solche Entfremdung vorliegt
oder sich vollzieht, so bedeutet doch nicht einmal der Kirchenaus-
tritt immer auch eine Abwendung vom Christentum. Die abwerten-
de Qualifikation der dem kirchlichen Leben distanziert gegenüberstehenden Christen als bloßer „Gewohnheitschristen" hat Trutz
Rendtorff vor einigen Jahren in seinem Plädoyer für das „Christentum außerhalb der Kirchen" (1969) mit Recht zurückgewiesen:
Auch die Frömmigkeit des regelmäßigen Kirchgängers kann bloße
Gewohnheit sein und sich außerdem mit Zügen einer engen Gesinnung und Selbstgerechtigkeit verbinden, die gewiß nicht christlicher sind als die Haltung von vielen der kirchlich distanzierten
Christen. Der dem kirchlichen Leben mit Zurückhaltung gegen-
überstehende Christ ist oft unbefangener und hinsichtlich seines
Christseins weniger prätentiös als der Kirchenchrist. Oft stößt ihn
nur die besondere, im Leben der Gemeinde tonangebende Fröm-
migkeitsart ab. Und nicht selten genügt ein Wechsel des Pfarrers,

um einen solchen kirchlich distanzierten Christen wieder stärker für das kirchliche Leben zu interessieren.

Sind die Erscheinungsformen einer kirchlich distanzierten Christlichkeit in der Geschichte des Christentums völlig neu? Die alarmierenden Meldungen, die in abnehmenden Zahlen des Kirchenbesuchs schon das Ende der christlichen Religion sich ankündigen sehen, legen das nahe. Aber es hat sicherlich zumindest seit dem vierten Jahrhundert, als das Christentum zur Massenreligion wurde, Abstufungen der Kirchlichkeit, des kirchlichen Engagements gegeben. Im Mittelalter verband sich mit der Trennung von Klerus und Laien die Ausbildung einer in mehreren Schüben sich entwickelnden Laienkultur, die zum kirchlichen Leben einen mehr oder weniger großen Abstand hielt. Dennoch ist ein „Christentum außerhalb der Kirche" in den Dimensionen, wie es uns heute vertraut ist, zweifellos erst ein Produkt der Neuzeit. Und diese spezifisch neuzeitliche Form eines unkirchlichen Christentums läßt sich nicht einfach auf eine Linie mit jenen älteren Ausprägungen eines christlichen Laizismus stellen. Es hängt aufs engste zusammen mit der Spaltung der mittelalterlichen Christenheit in einander ausschließende und gegenseitig verdammende Konfessionskirchen. Besonders das Zeitalter der blutigen Religionskriege in den Niederlanden, in Frankreich, Deutschland und England zwischen 1550 und 1650 hat den Anspruch der gegeneinander stehenden, exklusiven Ansprüche für die eigene Konfession, die eine Kirche Christi zu verkörpern, für viele Menschen unglaubwürdig gemacht. So dichtete während des Dreißigjährigen Krieges Friedrich von Logau: „Wenn durch Töten, durch Verjagen Christus reformieren wollen, hätt' ans Kreuz er alle Juden, sie nicht ihn erhöhen sollen." Und ein anderes seiner Sinngedichte lautet: „Luthrisch, päpstisch und kalvinisch, diese Glauben alle drei / sind vorhanden: doch ist Zweifel, wo das Christentum denn sei." Die rücksichtslose Führung der Religionskriege, aber auch die bloße Tatsache der gegeneinander streitenden Ansprüche auf alleinigen Besitz der absoluten Wahrheit und der Gemeinschaft mit Gott mußte die in den konfessionellen Gegensatz verstrickten Kirchen unglaubwürdig machen. Der im großen und ganzen unentschiedene Ausgang der Religionskriege hat daraus eine permanente gegenseitige Infragestellung der Kirchen hervorgehen lassen, und die Skepsis gegen ihre militante Ausschließlichkeit brauchte keineswegs auf einer Ablehnung des Christentums überhaupt zu beruhen. Andererseits hat natürlich der Zwist der Konfessionen auch der Glaubwürdigkeit des Christentums überhaupt in der Neuzeit auf das schwerste geschadet.

Infolge des unentschiedenen Ausgangs der Religionskriege mußten in der Neuzeit das politische und das gesellschaftliche Leben auf eine neue, von den Konfessionsstreitigkeiten nicht betroffene Grundlage gestellt werden. Diese Entwicklung ging von den konfessionell gemischten Staaten aus, führte aber im Laufe der Jahrhunderte in ganz Europa und Amerika zur Verselbständigung des politischen, ökonomischen und gesellschaftlichen Lebens gegenüber der Religion. In gleichem Maße wurde das religiöse Bekenntnis mehr und mehr zur Privatsache: Die konfessionell gespaltenen Kirchen verloren ihren Anspruch auf Allgemeingültigkeit. Umgekehrt blieben Gesellschaft und Kultur in einem allgemeinen Sinne vom Christentum geprägt. Sogar die Grundlagen der neuen, konfessionell neutralen, gemeinsamen Lebenswelt mußten noch von christlichen Prinzipien her legitimiert werden: So wurde aus der reformatorischen Erkenntnis der christlichen Freiheit die Forderung der Toleranz, der Religionsfreiheit und in ihrer Folge auch die Forderung der allgemeinen bürgerlichen Freiheiten entwickelt. Die modernen Formulierungen der Menschenrechte sind — freilich erst unter dem Druck der geschichtlichen Erfahrungen — aus dem Gedanken der christlichen Freiheit erwachsen, aus der Freiheit von der Sünde, die der Glaube an Christus gewährt. Die Wendung zum allgemeingültig Menschlichen als Grundlegung einer neuen, konfessionell neutralen gemeinsamen Basis für das gesellschaftliche Zusammenleben, bedurfte zu Beginn der Neuzeit eben selbst noch der Legitimation aus den Prinzipien der christlichen Überlieferung. Aber diese Allgemeingültigkeit beanspruchende Form des Christlichen in Gestalt eines freiheitlichen, toleranten und zugleich gemeinschaftsverpflichteten Christentums konnte sich in den Kirchen und ihren konfessionellen Streitigkeiten nicht mehr angemessen repräsentiert finden.

Auf diese Weise ist es infolge der Konfessionsspaltung in der Neuzeit zur Entstehung eines „Christentums außerhalb der Kirche" gekommen. Diese Entwicklung verschärfte sich im Protestantismus dadurch, daß in den Kirchen als Reaktion gegen die rationalistische Aufklärung im 18. Jahrhundert, in Deutschland erst im 19. Jahrhundert die neupietistische Erweckungsbewegung mit ihrer Frömmigkeit zur Herrschaft gelangte, so daß fortan vielen Christen, die den pietistischen Geist nicht teilen konnten, die in den Kirchen herrschende Frömmigkeitsform als eng und fremd erscheinen mußte. Aus anderen Gründen, besonders in Auseinandersetzung mit dem hierarchischen Selbstverständnis des Episkopats, haben sich ähnliche Entwicklungen auch im katholischen Bereich ergeben und in neuerer Zeit erheblich an Breite gewonnen.

In der Perspektive des weltoffenen, den Kirchen aber mit Zurückhaltung gegenüberstehenden und teilweise ihnen entfremdeten „Christentums außerhalb der Kirche" legen die Kirchen viel zu viel Gewicht auf Fragen der Lehre, insbesondere auch auf die konfessionellen Lehrdifferenzen. Dennoch bleibt dieses Christentum außerhalb der Kirche für seinen Fortbestand auf die Kirchen angewiesen. Dafür gibt es verschiedene Gründe. Ich hebe zwei solcher Gründe hervor: *erstens*, die Angewiesenheit auf die Kirche für die Tradierbarkeit des Christentums, *zweitens* die Angewiesenheit auf die Kirche für die Bewältigung der Grenzsituationen des Lebens.

1. Die Kirchen vermitteln durch ihren Unterricht, durch ihre Theologie und Verkündigung, jene Grundkenntnisse über das Christentum, ohne die auch die Christen außerhalb der Kirche ihr Bewußtsein der Zugehörigkeit zum Christentum nicht bewahren könnten. Auch diese Christen bleiben also bei aller Distanz vom kirchlichen Leben auf die Kirchen angewiesen, und zwar gerade insofern als die Kirchen durch ihre Lehre das Bewußtsein davon, was für den christlichen Glauben eigentümlich und wesentlich ist, bewahren und weitergeben. Man kann sich persönlich in diesem oder jenem Punkt von der Form, in der das Wissen davon, was christlich ist, in den Kirchen weitergegeben wird, distanzieren, man kann es für den eigenen Gebrauch so oder so akzentuieren und modifizieren, um es dem eigenen Verstehen und der jeweiligen Lebenserfahrung einzuordnen. Aber auch solche individuelle Anpassung und Akzentuierung ist nur möglich unter der Voraussetzung, daß die christliche Lehre in den Kirchen weitergegeben wird. Die individuelle Bibellektüre genügt dafür nicht, ganz abgesehen von der Frage, in welchem Umfang man heute noch mit selbständiger Bibellektüre als einem Element der allgemeinen Bildung der Menschen rechnen kann.

Die Zusammenfassung der Glaubensinhalte durch die Lehre der Kirchen ist als Anleitung zur Bibellektüre, als Gegenstand der Auseinandersetzung auf Grund eigener Bibellektüre und oft auch als einzige Vermittlung der Kenntnis vom Christentum so oder so unerläßlich.

Gerade von der zu Recht oder Unrecht kritisch betrachteten *Lehre* der Kirchen bleibt also das Christentum außerhalb der Kirche abhängig, wenn es um die Bewahrung seiner christlichen Identität — besonders im Hinblick auf die nächste Generation — geht. Dabei ist es sein Unglück, daß das weltoffene, tolerante und freiheitlich gesonnene Christentum der Neuzeit keine eigene institutionelle Gestalt gefunden hat, sondern für seinen Fortbestand auf die Konfessionskirchen angewiesen ist, obwohl diese Kirchen für das Bewußtsein des neuzeitlichen Christen in ihrer konfessionellen Gestalt und wegen des Partikularismus dieser konfessionellen Besonderheiten keine Allgemeingültigkeit als institutionelle Ausprägungen des Christentums beanspruchen können. Wo die Konfessionskirchen dennoch solche Allgemeingültigkeit für ihre Sonderform des Christlichen beanspruchen, fallen sie unweigerlich zurück in die Mentalität des konfessionellen Haders, und durch nichts machen sich die Kirchen unglaubwürdiger als durch solche konfessionalistische Enge und fanatische Ausschließlichkeit. Viele Christen aber – und ihre Zahl ist im letzten Jahrzehnt vermutlich sehr gewachsen – wollen in erster Linie Christen sein und erst in zweiter Linie Protestanten oder Katholiken im Sinne der römisch-katholischen Kirche. Diese Christen bewahren mehr oder weniger ihre Loyalität gegenüber der Konfessionskirche, in der sie nun einmal aufgewachsen sind, ohne sie jedoch ohne Vorbehalt als die *allgemeingültige* institutionelle Form des Christlichen anerkennen zu können, als die die Konfessionskirchen sich selbst, zumindest im Sinne ihrer konfessionellen Traditionen, verstehen. Dabei können die Kirchen ihrerseits auf die Frage nach der Allgemeingültigkeit der christlichen Botschaft und des christlichen Glaubens nicht verzichten. Wie die Botschaft Jesu ohne den Anspruch der Endgültigkeit, mit dem er auftrat, nicht verstanden werden kann, so ist auch der christliche Glaube nicht denkbar ohne den Anspruch auf Allgemeingültigkeit für alle Menschen. Die christliche Missionsgeschichte seit dem Apostel Paulus beruht auf der Überzeugung von der allgemeinmenschlichen Wahrheit und Gültigkeit der christlichen Botschaft, und die christliche Theologie hat seit ihren Anfängen ihr Thema darin gefunden, die Allgemeingültigkeit der christlichen Überlieferung darzutun. Dabei haben sich die Formulierungen für den Inhalt des christlichen Glaubens immer wieder geändert und mußten sich ändern, um dem Verständnis der jeweiligen Zeit und ihrer Wirklichkeitserfahrung das menschlich Allgemeingültige in der christlichen Botschaft und Lehre deutlich zu machen. Die Konfessionskirchen aber repräsentieren heute nicht mehr die allgemeine Wirklichkeit und Wahrheit des Christentums. Sie sind seit der Reformationszeit zu, wie man das damals nannte, „Religionsparteien" geworden, zu bloß partikularen und gegenseitig ihre Glaubwürdigkeit erschütternden Darstellungsformen des Christlichen. Darum kann der Christ außerhalb der Kirche – in seiner Vertrautheit mit der gegenwärtigen Welt – im Einzelfall der alle Wahrheit der Wirklichkeit in sich vereinenden Allgemeinheit des Christlichen, der wahrhaften Katholizität, näherstehen als der Kirchenchrist, wenn dieser die Enge eines bloß konfessionellen Standpunkts mit der Wahrheit des Christlichen überhaupt verwechselt, z. B. die Enge einer pietistischen Sünden- und

Bekehrungsfrömmigkeit oder den ebenso engstirnigen Glauben an die formale Autorität bestimmter Ämter und Amtsträger, besonders dann, wenn deren Stellungnahmen offensichtlich einseitig und unsachlich sind. Dennoch bleibt der Christ, der sich an die allgemein menschliche Wahrheit des Christlichen, so wie sie ihm einleuchtet, gebunden fühlt und gerade darum der Konfessionskirche, aus der er herkommt, mit Reserven gegenübersteht, auf diese Konfessionskirche angewiesen, weil die öffentliche Auslegung und Überlieferung des Christentums, aus der der Glaube des einzelnen Christen lebt, nun einmal heute keine andere institutionelle Gestalt hat als die der Konfessionskirchen, trotz ihrer konfessionellen Beschränktheiten und Einseitigkeiten.

In dieser zwiespältigen Lage gegenüber dem konfessionellen Kirchentum hat der vornehmlich an der allgemeinmenschlichen Wahrheit des christlichen Glaubens und weniger an seinen konfessionellen Besonderheiten interessierte Christ *in der Sache* einen Bundesgenossen an der Theologie, allerdings nur insoweit die Theologie nicht lediglich advokatorische Propaganda für vorgegebene autoritative Positionen betreibt, sondern in rückhaltloser Kritik und Selbstkritik um die Frage nach dem allgemeinmenschlichen Wahrheitsgehalt der christlichen Überlieferung bemüht ist. Der um eben dieser Aufgabe willen unvermeidliche, hohe Grad an Kompliziertheit der theologischen Sprache beeinträchtigt allerdings leider die Möglichkeit des Nichtspezialisten, zu erkennen, daß und wo es in der Theologie um seine eigene Sache geht, nämlich eben um das menschlich Allgemeingültige im Christentum. Außerdem bleibt auch die christliche Theologie, bei allem Bemühen um die allgemeine Wahrheit der christlichen Überlieferung, auf das konfessionelle Kirchentum bezogen, weil das Christentum nun einmal bis heute keine bessere institutionelle Gestalt der Gemeinschaft der Christen gefunden hat als die der Konfessionskirchen.

2. Die letzten Erwägungen führen schon auf den zweiten und tieferen Grund, weshalb christlicher Glaube — auch der Glaube des den Kirchen distanziert gegenüberstehenden Christen — nicht gänzlich ohne Kirche bestehen kann: Der christliche Glaube bedarf des Lebenszusammenhangs einer Gemeinschaft und kann nur im Zusammenhang einer Gemeinschaft sein Leben voll entfalten. Das läßt bereits der Ursprung des Christentums aus der Religion Israels in aller wünschenswerten Deutlichkeit erkennen: Der Gott Israels ist ein Gott des Rechtes und des Friedens im Zusammenleben der Menschen. Darum erwählte er einzelne um der Erwählung eines Volkes willen und er erwählte ein Volk um der ganzen Menschheit willen. Mit der Verwirklichung der Herrschaft dieses Gottes durch

Frieden und Recht in dem von ihm erwählten Volk wäre zugleich die gemeinschaftliche Bestimmung aller Menschen, das gemeinsame Heil aller Menschen an diesem einen Volk verwirklicht; denn ein Zusammenleben der Menschen in Frieden und Gerechtigkeit ist die in aller politischen Geschichte unerfüllte Bestimmung der Menschen als gesellschaftliche Wesen und würde dem Leben jedes einzelnen Menschen seine Integrität und Ganzheit, sein Gelingen, ermöglichen. Es zeigt sich schon hier, daß die Gemeinschaftsbezogenheit und die menschliche Allgemeingültigkeit des Glaubens an den Gott Israels, der auch der Gott Jesu war, eng zusammengehören. Auch in Jesu Verkündigung der Nähe des Reiches Gottes ging es um den Gott des Friedens und der Gerechtigkeit unter den Menschen, so aber, daß die vergebende und mit dem Mitmenschen solidarische Liebe das Lebenszentrum aller wahren Gerechtigkeit ist. Jesu Botschaft von der Nähe der Gottesherrschaft mußte darum ihren Ausdruck finden in der Bildung einer Gemeinschaft von Menschen, die durch ihre Verbundenheit mit Jesus und seiner Botschaft zu einer neuen Verbundenheit untereinander gelangten und darin in ihrer Gemeinschaft die göttliche Bestimmung der Menschheit überhaupt zur Darstellung bringen. Das ist die christliche Kirche so, wie ihr Lebensgesetz im Abendmahl Jesu zum Ausdruck kommt: Die Gemeinschaft jedes einzelnen Christen mit Jesus begründet die Solidarität aller Christen untereinander. Darüber hinaus begründet und fordert die Verbundenheit mit Jesus eine Solidarität mit allen Menschen; denn der Gott Jesu ist der eine Gott aller Menschen, und daher hat sich die christliche Kirche seit ihren Anfängen verstanden als eine Gemeinschaft, die in ihrem Zusammenleben stellvertretend für alle Menschen schon jetzt in jenem Geist der Liebe, des Friedens und der Gerechtigkeit lebt, der die Verheißung der Vollendung aller menschlichen Gemeinschaft in sich trägt. Anders ausgedrückt: Die christliche Gemeinde bringt in ihrem Zusammenleben schon jetzt die Herrschaft Gottes zur Darstellung, die die Zukunft der Welt, die Zukunft der ganzen Menschheit ist. Der Gedanke der Herrschaft Gottes ist aber nicht etwa eine überflüssige Zutat zur Idee der gesellschaftlichen Bestimmung des Menschen für ein Zusammenleben in Frieden und Gerechtigkeit. Vielmehr ist nach biblischer und christlicher Erkenntnis die Herrschaft Gottes die Bedingung, unter der allein es zu Frieden und Gerechtigkeit unter den Menschen kommt. Wo Menschen herrschen, da wird immer wieder das Recht der Beherrschten verkürzt und der Frieden gebrochen werden. Nur wo statt aller menschlichen Herrschaft Gott selbst herrscht, können Frieden und Recht im Zusammenleben der Menschen sich ungehindert entfalten. Darum ist die Gemeinschaft

der Christen begründet auf die Gemeinschaft jedes einzelnen mit
Jesus Christus, der die Herrschaft Gottes zum entscheidenden Kriterium des Gelingens oder Mißlingens jedes Menschenlebens erklärte
und dabei die Herrschaft dieses Gottes als das Mächtigwerden seiner vergebenden Liebe verkündete.

Die christliche Kirche also versteht sich seit ihren Anfängen so,
daß in ihrer Gemeinschaft schon jetzt die künftige Gemeinschaft
aller Menschen im Reiche Gottes zur Darstellung kommt, in welchem die Sehnsucht der Menschen nach Friede und Gerechtigkeit
ihre Erfüllung finden soll. Wie aber sieht die Wirklichkeit der Kirchen aus? Da gibt es nicht nur Herrschaft von Menschen, von Bischöfen und Oberkirchenräten und Pastoren, wo doch Gott allein
herrschen sollte. Es fehlt auch vielfach der Geist der Liebe und Gerechtigkeit, — ja es fehlt jede konkrete Gemeinschaft überhaupt.
Man sitzt nebeneinander auf der Kirchenbank, ohne sich gegenseitig zu kennen. Denn das konkrete Zusammenleben der Menschen
spielt sich außerhalb der Kirche, im Beruf und in der Freizeit und
Familie ab. Allenfalls symbolisch, in der Liturgie ihrer Gottesdien-
ste, bringen die Kirchen noch die Gemeinschaft der Christen als
„Zeichen und Werkzeug der Einheit der Menschheit", wie es so
schön in den Erklärungen des Zweiten Vatikanischen Konzils und
der Weltkirchenkonferenz von Uppsala 1968 heißt, zur Darstellung.
Sie predigen zwar die Botschaft der Versöhnung und rufen in
manchmal etwas einseitiger Weise nach Solidarität mit fernen Völkern, aber sie zeigen sich nicht einmal in der Lage, diese Konfessionskirchen, sich gegenseitig miteinander zu versöhnen, ihre jahr-
hundertealten Verdammungsurteile gegeneinander aufzuheben,
sich gegenseitig als Teilkirchen der einen Kirche Christi anzuerkennen und miteinander nach Wegen zu suchen, um sich in der eigenen kirchlichen Lebensgestalt etwas deutlicher und schlichter als
eine in der Liebe Christi begründete Gemeinschaft darzustellen.

Dieser Zustand der Kirchen macht es jedem wachen Christen —
nicht nur dem Christen außerhalb der Kirche — schwer, sich mit
ihnen zu identifizieren, in ihnen eine Vorwegnahme der Gemeinschaft des Gottesreiches als eines Reiches der Liebe und des Friedens in Freiheit und Freude zu erkennen. Unsere getrennten Kirchen sind leichter bei der Hand, ihr „konfessionelles Erbe" zu pflegen und zu bewahren, ihre in Jahrhunderten eingelebten Gewohn-
heiten der Sprache und Frömmigkeit, ihre nun einmal bestehenden
Ämter und Zuständigkeiten zu verteidigen, als ernsthaft die Notwendigkeit ihrer Reformation ins Auge zu fassen, die Aufgabe ihrer
Neugestaltung als auf Gott und Christus begründetes „Zeichen und
Werkzeug der Einheit der Menschheit".

Vielleicht gibt es bei uns darum so viel „Christentum außerhalb der Kirche", weil es so schwer ist, sich mit diesem Zustand der getrennten Kirchen in ihrer Selbstgefälligkeit und Unbeweglichkeit zu identifizieren. Darüber verkümmert dann leicht der Lebensbezug des christlichen Glaubens auf ein in der Hoffnung auf das Reich Gottes und Christi neubegründetes Gemeinschaftsleben. Der Christ außerhalb der Kirche, aber auch der Kirchenchrist, der sich nicht in jenen frommen Kreisen zuhause fühlt, in denen man immer schon über alles Bescheid weiß, ob es nun das richtige Glaubensleben angeht oder die Organisation des Gemeindelebens, — dieser Christ also sieht sich sehr leicht eingeschränkt auf ein mehr oder weniger individualistisches Christentum. Solches individualistisches Christentum, wie wir es heute allenthalben finden, kann sehr wohl verbunden sein mit dem Bewußtsein eines Mangels, mit der Sehnsucht nach einer überzeugenderen Form christlicher Gemeinschaft, die vom Zusammenleben der Menschen in der Welt nicht einfach abgelöst sein dürfte. Aber wenn dieser Mangel und dieses Bedürfnis in den bestehenden Formen christlichen Gemeindelebens keine Erfüllung finden können, dann stellt sich eben leicht Resignation ein, und so kommt es zu jenem individualistischen Christentum außerhalb der Kirche, bei dem man sich keineswegs besonders behaglich zu fühlen braucht. Der Kirchenchrist unterscheidet sich dabei vom sog. Randsiedler vielleicht oft nur dadurch, daß er im gottesdienstlichen Leben der Gemeinde wenigstens noch die Symbole für jene durch die Liebe Christi vermittelte Gemeinschaft der Menschen im Reiche Gottes zu finden und zu erleben vermag. Auch wenn diese Gemeinschaft nicht mehr im ganzen Leben der Kirche ihren Ausdruck findet, so kann der Kirchenchrist vielleicht doch noch ihre symbolische Gegenwart im gottesdienstlichen Leben wahrnehmen. Im übrigen aber ist sein Christsein oft ebenso individualistisch wie das des Christen außerhalb der Kirche, — und umgekehrt: Auch der Christ, der am regelmäßigen gottesdienstlichen Leben der Kirche kaum oder gar nicht teilnimmt, möchte sein Leben an dessen großen Höhe- und Wendepunkten zumeist doch angeschlossen wissen an einen größeren, gemeinschaftlichen Sinnzusammenhang: Bei Geburt und Tod, beim Schritt aus der Kindheit in ein geistig selbständiges Dasein und bei der Eheschließung sucht darum auch der sonst außerhalb der Kirche stehende Christ die symbolische Verbindung mit einem in Gott gegründeten Lebenszusammenhang.

Die verantwortlichen Amtsträger der Kirchen pflegen die Distanz oder auch Entfernung so vieler Glieder ihrer Kirchen vom kirchlichen Leben mit Sorge, wenn nicht mit Mißbilligung zu betrachten. Aber mit bloßen Ermahnungen zu eifrigerem Kirchgang ist es hier nicht getan. Die für Gestalt und Organisation des kirchlichen Lebens von Amts wegen Verantwortlichen müssen die Ursachen christlicher Unkirchlichkeit vor allem in den Mängeln ihrer eigenen Amtsführung suchen; denn schließlich sind in erster Linie sie für die Gestalt der Kirchen und für das Gestaltwerden der einen Kirche Christi in ihnen verantwortlich, und ängstliches Beharren oder mangelnde Vorstellungskraft im Hinblick auf die Erneuerung der Kirche aus ihrem eigentlichen Wesen sind keine Entschuldigungsgründe für unterlassene Reformen. Aber auch ein Reformeifer in allerlei Nebensächlichkeiten entschuldigt nicht die Unterlassung der eigentlichen, zentralen Reform der Kirche im Sinne ihrer ursprünglichen Bestimmung, die in unserer Gegenwart immerhin wieder zu Bewußtsein gekommen ist, nämlich: Zeichen und Werkzeug der Einheit der Menschheit zu sein, Zeichen und Werkzeug einer nicht auf menschliche Herrschaft, sondern auf Gott begründeten *und nur so begründbaren* Gemeinschaft der Menschen untereinander in Frieden und Gerechtigkeit.

Aus diesem Wesensbegriff der Kirche ergeben sich unmittelbar drei Folgerungen, die zugleich Forderungen nach einer Reform der Kirchen sind, für die nun nicht nur deren Amtsträger, sondern zugleich auch jeder einzelne Christ verantwortlich ist:

1. Das von der christlichen Kirche darzustellende *Modell* menschlicher Gemeinschaft überhaupt darf seine Einheit nicht menschlicher Herrschaft verdanken, sondern nur der Herrschaft Gottes selbst. Seine Einheit darf nicht auf der geistlichen Herrschaft von Bischöfen beruhen und erst recht nicht auf der bürokratischen Herrschaft von Kirchenämtern. Allerdings hat die Gemeinschaft der Christen — wie jede menschliche Gemeinschaft — ein Amt nötig, das für die Einheit der Christen auf der Grundlage des gemeinsamen Glaubens zuständig ist. Dieses Amt hat in der christlichen Kirche eine klassische Ausprägung in Gestalt des Bischofsamtes gefunden, und ein solches Amt, das der Einheit der Christen aus ihrem gemeinsamen Glauben dient, ist auf allen Ebenen kirchlichen Lebens notwendig: auf der örtlichen Ebene, auf der regionalen und auch auf der Ebene der Gesamtchristenheit. Ohne ein solches, nach Zuständigkeitsbereichen gestuftes und gegliedertes Amt ist die Einheit der Christen nicht voll realisierbar, kann also die Gemeinschaft der Christen nicht „Zeichen und Werkzeug der Einheit der Menschheit" sein. Aber diese Ämter und Zuständigkeiten sind in der Geschichte der Kirche faktisch immer wieder in der Form einer Herrschaft der Amtsträger über die übrigen Christen ausgeübt worden, statt der Herrschaft Gottes im Unterschied zu aller menschlichen Herrschaft zu dienen. Wo immer ein kirchlicher Amtsträger

sich auf seine formale Autorität beruft zum Ausgleich für die fehlende sachliche Überzeugungskraft seiner Entscheidungen und Verlautbarungen, da besteht zumindest die unmittelbare Gefahr einer Verkehrung des Dienstes an der Herrschaft Gottes in menschliche Herrschaft. Das gilt für die Stellung des Pfarrers in seiner örtlichen Gemeinde nicht weniger als für den römischen Papst in seiner gesamtkirchlichen Zuständigkeit. Die formale Autorität des Amtes muß darum stärker und wirksamer an Prozesse der Urteilsbildung in den Gemeinden und in der Gesamtchristenheit gebunden werden als das heute der Fall ist, und zwar in allen Kirchen, nicht nur in der römisch-katholischen Kirche.

2. Zeichen und Werkzeug der Einheit der Menschheit ist nur die auf die Herrschaft Gottes und Christi begründete Gemeinschaft der Kirche. Nur der Glaube an Gottes Herrschaft, wie er Inhalt des Wirkens Christi war, vermag eine freie Gemeinschaft der Menschen in Frieden und Recht zu schaffen. Die Kirche kann diesem Auftrag nicht gerecht werden durch Unterstützung rein politischer Bewegungen, die nur auf einen Wechsel menschlicher Herrschaft hinzielen, ohne daß Frieden und Gerechtigkeit unter den Menschen dadurch entscheidend gefördert würden.

3. Die Kirche kann nur eine symbolische Bedeutung für die Bestimmung der Menschen zur vollkommenen Gemeinschaft des Friedens und der Gerechtigkeit im Reiche Gottes haben. Sie kann diese Einheit der Menschheit nicht von sich aus herbeiführen in einer Welt, deren Verhältnisse auf der Herrschaft von Menschen über Menschen beruhen, weil in allen Formen menschlichen Zusammenlebens die gemeinschaftlichen Interessen und Aufgaben aller durch einige Individuen wahrgenommen und gegebenenfalls auch gegenüber den übrigen Individuen durchgesetzt werden müssen. Durch alle Änderungen der Herrschaftsform und der Gesellschaftsordnung wird dieser fundamentale Sachverhalt nicht berührt. Sogar die christliche Kirche selbst, obwohl sie keine politische Gemeinschaft bildet, ist ständig gefährdet durch die Verkehrung ihrer Ämter zu Instrumenten geistlicher Herrschaft über die Menschen. Als Werkzeug der Einheit der Menschheit kann die Kirche sich nur betätigen durch die Wirkungen, die von der Symbolkraft ihrer Existenz als Zeichen dieser Einheit ausgehen. Eben das macht den sakramentalen Charakter des Lebens der Kirche im Sinne der traditionellen Augustinischen Definition des Sakramentsbegriffs aus. Und wie der Beitrag der Kirche für die Einheit der Menschheit an ihre Existenz als Zeichen dieser Einheit gebunden ist, so ist umgekehrt die symbolische Darstellung dieses ihres Wesens im Gottesdienst der Kirche von zentraler Bedeutung für Wesen und Funktion der Kirche selber.

Darum muß weiterhin das Abendmahl, in welchem dieses Wesen der Kirche seinen sichtbaren und konzentrierten Ausdruck findet, wieder neu als die Mitte des gottesdienstlichen Lebens entdeckt werden, damit der Gottesdienst der Kirche seine symbolische Funktion für die Zeichenhaftigkeit ihrer Existenz im Hinblick auf ihre Sendung für die Einheit der Menschheit wiedergewinnen kann. Die protestantischen Kirchen, besonders in Deutschland, müssen sich an dieser Stelle der Verarmung und Verdunkelung der zeichenhaften Funktion der Kirche im ganzen und ihres Gottesdienstes im besonderen bewußt werden, die dadurch eingetreten ist, daß das Abendmahl im gottesdienstlichen Leben des Protestantismus weithin an den Rand geraten ist.

4. Das Selbstverständnis der Kirche als Zeichen und Werkzeug für die Einheit der Menschheit enthält auch die Forderung nach einer Neuformulierung der christlichen Lehre, des christlichen Dogmas. Es ist keineswegs überall ersichtlich, daß es bei den Lehren der Kirchen um Bedingungen der wahrhaften Realisierung der Einheit der Menschheit unter der Herrschaft Gottes und der Funktion der christlichen Gemeinschaft für diese Aufgabe geht. Eine Sichtung und Neuformulierung der christlichen Lehre in dieser Richtung, nicht nur in der Arbeit der Theologen, sondern auch in offiziellen Dokumenten der Kirchen, wäre zweifellos geeignet, den möglichen Beitrag des christlichen Glaubens — und so auch der christlichen Glaubensgemeinschaft — für die allgemeine Lebensproblematik der heutigen Menschheit klarer und überzeugender zum Ausdruck zu bringen, als das in den traditionellen Lehrformulierungen der Kirchen weithin der Fall ist. Eine solche Neugestaltung der christlichen Lehre würde auch die endgültige Überwindung der aus vergangenen Zeiten ererbten konfessionellen Lehrgegensätze ermöglichen. Daß diesen Gegensätzen heute keine kirchentrennende Bedeutung mehr beigemessen werden sollte, weil sie nicht mehr zur Scheidung aus letzten Gründen des Christusglaubens zwingen, das ist in ökumenischen Theologengesprächen der letzten Jahre zu den verschiedensten einst umstrittenen Themen immer wieder festgestellt worden. Derartige negative Feststellungen bedürfen aber der Ergänzung durch eine neue gemeinsame Formulierung des wesentlichen Inhalts des christlichen Glaubens. Erst damit wäre die christliche Glaubensspaltung endgültig überwunden, und als Ausgangspunkt dazu bieten sich die analogen Aussagen des Zweiten Vatikanischen Konzils und der Weltkirchenkonferenz von Uppsala 1968 über das Wesen der Kirche an.

Die Überwindung der Glaubensspaltung der Christenheit ist die unerläßliche Voraussetzung dafür, daß das Christentum zum Zeichen für die Einheit der Menschheit werden kann. Ohne Überwindung des Konfessionsgegensatzes kann nicht überzeugend verwirklicht werden, was das Zweite Vatikanische Konzil und der Weltrat der Kirchen in Uppsala 1968 übereinstimmend als das Wesen der Kirche bezeichnet haben. Sicherlich ist dieses Wesen der Kirche auch gegenwärtig nicht völlig unsichtbar; aber es leidet unter schweren Entstellungen, und bis zur Unkenntlichkeit ist die allgemeinmenschliche Universalität, die wahre Katholizität der Kirche Christi entstellt unter uns durch die Spaltungen und gegenseitigen Verdammungen der Christen selber, sowie durch unsere Unfähigkeit zur versöhnenden Überwindung dieser ererbten Gegensätze. Das ist die vornehmste Aufgabe der Christenheit unseres Jahrhunderts. Alle anderen Reformen des kirchlichen Lebens blieben kraftlos ohne die Lösung dieses Problems, — ohne die gegenseitige Anerkennung der getrennten Christen, die ihren Ausdruck in der gemeinsamen Feier des Abendmahls finden muß.

Das moderne Phänomen eines Christentums außerhalb der Kirche, so fanden wir, ist in erster Linie begründet in der Unglaubwürdigkeit der konfessionell gespaltenen Kirchen mit ihren einander ausschließenden Ansprüchen, die eine Kirche Christi zu verkörpern. Diese fundamentale Unglaubwürdigkeit der heutigen Konfessionskirchen ist nur zu beheben durch die Überwindung des Konfessionsgegensatzes, durch die gegenseitige Anerkennung der Kirchen als Teilkirchen der einen Kirche Christi. Damit sind sicherlich nicht alle Fragen im Hinblick auf die Probleme der Identifikation des einzelnen Christen mit seiner Kirche gelöst. Doch je deutlicher es einer vereinten Christenheit gelingt, sich auf allen Ebenen menschlichen Zusammenlebens als Zeichen, Symbol und so auch als Werkzeug der Einheit der Menschheit darzustellen, umso weniger wird der Christ, dessen Zugehörigkeitsgefühl zum Christentum an dessen allgemeinmenschlicher Relevanz hängt, außerhalb der Kirche stehen müssen. Denn die Welt, in der wir leben, bedarf der wenigstens zeichenhaften Gegenwart einer tiefer begründeten, alle Menschen umfassenden Solidarität, die nicht nur auf der Gemeinsamkeit ökonomischer Erfordernisse und Interessen oder politischer Herrschaftssysteme und ihrer Parolen beruht.

Einheit der Kirche als Glaubens-
wirklichkeit und als ökumenisches Ziel

Die ökumenische Bewegung unseres Jahrhunderts ist entstanden aus einem neu geschärften Bewußtsein der Unerträglichkeit der christlichen Spaltungen. Aus dieser Erfahrung, wie sie sich besonders auf dem Missonsfeld aufdrängte, wo das Abendland seine eigenen Spaltungen anderen Völkern und ihren jungen Kirchen einimpfte, die mit dieser leid- und schuldvollen Geschichte nichts zu tun hatten, erwuchs ein mächtiger Impuls zur Vereinigung der Christen durch Dialog und Kooperation der getrennten Kirchen. Dabei ist die Einheit der Christen aber nicht nur das Ziel gutgemeinter menschlicher Bemühungen. Diese Bemühungen selbst ziehen vielmehr ihre Kraft und neue Zuversicht trotz aller Enttäuschungen, insbesondere auch die Kraft zur Geduld angesichts der Langsamkeit der Fortschritte im Prozeß der Einigung daraus, daß in Jesus Christus die Einheit aller Christen schon vorgegeben ist. Durch den Glauben an den einen Herrn und durch die gemeinsame Teilhabe an ihm in der Taufe und im Abendmahl sind alle Christen schon zur Einheit verbunden. Soweit jeder für sich an Christus teilhat, ist er auch schon in Christus mit allen anderen Christen verbunden zur Einheit des Leibes Christi: Das gilt für den Glauben, wenn anders der Glaube den Glaubenden real mit Christus verbindet, wie es das lutherische Verständnis des Glaubens als eines vertrauenden Sichverlassens, als eines Sichfestmachens außerhalb seiner selbst in Jesus Christus behauptet. Das gilt auch für die eine Taufe, durch die alle Christen dem Tode Christi verbunden sind und so die Hoffnung auf Teilhabe auch am Leben seiner Auferstehung teilen. Am deutlichsten aber tritt die Einheit aller Christen in Christus in Erscheinung durch das Sakrament des Abendmahles, durch die Eucharistie; von ihr sagt das Zweite Vatikanische Konzil in seinem Ökumenismusdekret mit Recht, daß durch die Eucharistie die Einheit der Kirche sowohl bezeichnet als auch bewirkt wird (n. 2).

Die Einheit ist also allen menschlichen Bemühungen schon vorgegeben durch die einfache Tatsache des Christseins der Christen, also durch die Verbundenheit eines jeden mit Jesus Christus. Und diese in Christus begründete und bestehende Einheit der Christen ist nichts anderes als jene Gemeinschaft, zu der wir Christen uns immer wieder im Gottesdienst mit den Worten des Apostolikums und des Nicaenums bekennen als zu der einen heiligen, allgemeinen und apostolischen Kirche. Darum geht es bei den Ökumenischen Bestrebungen in der Tat um *Wieder*vereinigung der Christen, nicht nur im Sinne der *Rückkehr* zu einem vor den Spaltungen der Christenheit geschichtlich vorhanden gewesenen Zustand, sondern, viel dringender noch, um Wiedervereinigung im Sinne der *Umkehr* zu der im Christusglauben schon bestehenden und für unser Christsein konstitutiven Einheit. Redintegratio unitatis — das heißt also Buße, Umkehr zu Jesus Christus selbst.

Im Lichte der in Jesus Christus vorgegebenen Einheit der Christen kann die Tatsache der christlichen Spaltungen nur als Ausdruck eines Abfalls, eines Abweges beurteilt werden, der die christliche Identität, das Christsein jedes einzelnen Christen zweifelhaft werden läßt und den Anspruch der getrennten Kirchen, Kirche Christi zu sein, unglaubwürdig macht. Die Entfremdung so vieler Menschen von den Kirchen im Verlaufe der neuzeitlichen Geschichte, die weitgehende Entchristlichung des öffentlichen und vielfach auch des privaten Lebens muß ganz konkret als Folge der Unglaubwürdigkeit der einander ausschließenden Konfessionskirchen in ihrem Anspruch, die eine Kirche Christi zu sein, begriffen werden. Wo die Säkularisierung der Neuzeit die Form einer Entfremdung vom Christentum angenommen hat, da ist das nicht als ein äußerliches Schicksal über die Kirchen gekommen, sondern als die Folge ihrer eigenen Sünden gegen die Einheit, als Folge der Kirchenspaltung des 16. Jahrhunderts und der unentschiedenen Religionskriege des 16. und 17. Jahrhunderts, die den Menschen in konfessionell gemischten Territorien gar keine andere Wahl ließen als ihr Zusammenleben auf einer von den konfessionellen Gegensätzen unberührten gemeinsamen Grundlage neu aufzubauen. Die Kirchen sollten sich durch die historischen Erfahrungen einer fortschreitenden Abwendung von ihnen und sogar vom Christentum selbst zur Buße rufen lassen. Als der Apostel Paulus die Korinther angesichts ihrer Parteikämpfe fragte: Ist denn etwa Christus zerteilt? (1. Kor. 1,13), da stand für ihn die Unmöglichkeit eines solchen Zustandes so fest, daß eine Antwort auf diese Frage sich erübrigte: Christus kann nicht geteilt werden. Mit welchem Entsetzen hätte Paulus wohl das Auseinanderfallen der Christenheit in einander ausschließende Kirchen betrachtet. Und wie fassungslos wäre er wohl angesichts der Selbstzufriedenheit der Christen und ihrer verantwortlichen Amtsträger gewesen, die darin zum Ausdruck kommt, daß sie viele Jahrhunderte mit der Tatsache dieser Spaltungen gelebt haben, ohne sich sonderlich dadurch beunruhigt und zumindest durch die geschichtlichen Folgen der Spaltung von Gott selbst in ihrer Rechthaberei und Bequemlichkeit in Frage gestellt zu fühlen.

Es genügt ja nicht, die Einheit der Christen in der einen Kirche als unsichtbare, in dieser bösen Welt verborgene Glaubenswirklichkeit anzusehen, als ob ihr die christlichen Spaltungen nichts anhaben könnten. Die These von der Unsichtbarkeit der Kirche hat nur da ein Wahrheitsmoment, wo von dem Wissen um eine die vorhandene kirchliche Wirklichkeit übersteigende, größere und umfassendere Einheit in Christus ein Antrieb ausgeht zur Sichtbarmachung dieser größeren Einheit. So hat es die Weltkirchenkonferenz von Neu-Delhi 1961 zum Ausdruck gebracht: Die unsichtbar in Jesu Christus vorgegebene Einheit muß sichtbar werden dadurch, daß an jedem Ort alle Christen „durch den Heiligen Geist in eine völlig verpflichtete Gemeinschaft geführt werden". Wo das nicht geschieht, muß das als Ausdruck des Unglaubens und des Widerstandes gegen das Wirken des heiligen Geistes betrachtet werden. Wie kraftlos wäre ein Glaube, der sich bei der Unsichtbarkeit der Einheit Christi in seinen Gläubigen beruhigen könnte. Die These von der Unsichtbarkeit der einen Kirche ist leider nicht selten zu solcher Selbstberuhigung und zur Rechtfertigung christlicher Trägheit und Bequemlichkeit angesichts der gespaltenen Christenheit mißbraucht worden. Muß ich hinzufügen, daß auch das Bekenntnis zur Sichtbarkeit der Kirche zur Rechtfertigung selbstzufriedener Bequemlichkeit mißbraucht werden kann, dann nämlich, wenn die eigene Teilkirche ohne Umstände und exklusiv als uneingeschränkt identisch mit der Kirche des Glaubens ausgegeben wird? Auch diese Form der Selbstrechtfertigung hat es in der Geschichte der christlichen Spaltungen auf allen Seiten gegeben.

Einer der Höhepunkte authentischer christlicher Spiritualität auf dem Zweiten Vatikanischen Konzil war das Bekenntnis zur Schuld aller Kirchen, einschließlich der eigenen römisch-katholischen Kirche, an den Spaltungen der Christenheit (UR II,7) und, damit zusammenhängend, die (wenn auch sehr zurückhaltende) Feststellung einer Beeinträchtigung des Ausdrucks und der Ausdrucksformen auch der eigenen Katholizität durch die Tatsache der christlichen Zerrissenheit (ib. I,4). Das Bekenntnis der gemeinsamen Schuld aller Kirchen an den bestehenden Spaltungen hat leider auf protestantischer Seite keinen ähnlich offiziellen und feierlichen Ausdruck durch Erklärungen der führenden protestantischen Amtsträger gefunden. Auch in dem Dokument der römischen Glaubenskongregation über das Geheimnis der Kirche (Mysterium Ecclesiae) vom Juli 1973 sucht man diese für die Sache der christlichen Einheit fundamentalen Einsichten des Konzils leider vergeblich. Alle christlichen Kirchen müssen sich zusammenfinden im Bekenntnis ihrer gemeinsamen Schuld an der christlichen Spaltung, sowie ihrer gemeinsamen Verantwortung auch für deren Folgen. Ohne solches Schuldbekenntnis kann die Kraft zur Umkehr nicht gefunden werden. Aber umgekehrt gilt auch, daß das Schuldbekenntnis kraftlos bleibt, wenn ihm nicht die tätige Umkehr folgt. Und wer es aufrichtig meint mit der Buße, der wird sich dabei nicht beliebig lange Zeit lassen können.

Von Amtsträgern beider Kirchen hört man neuerdings oft das Argument, man dürfe in der Sache der christlichen Einheit nichts überstürzen. Es sei doch auch in der Kürze der Zeit schon erstaunlich viel erreicht worden. Beides ist sicherlich richtig. Der Sache der christlichen Einheit wäre gewiß nicht gedient durch neue Abspaltungen von Gruppen, die auf dem Weg der Verständigung der Christen noch nicht so schnell vorangekommen sind wie andere es zu sein meinen. Und ohne Dankbarkeit über die Fortschritte in Verständigung und Zusammenarbeit könnte auch das schon Erreichte wieder gefährdet werden. Aber eine Pause der ökumenischen Entwicklung, eine künstliche Verlangsamung der Prozesse der Kooperation und Verständigung ist durch solche Erwägungen nicht zu rechtfertigen. Protestantische Amtsträger sollten sich täglich vor Augen halten, daß die Entstehung protestantischer Sonderkirchen nicht das Ergebnis des *Gelingens* der Reformation, sondern Ausdruck ihres *Scheiterns* gewesen ist und ist, daß die Reformatoren nie auf etwas anderes als auf die Reform der *ganzen* Christenheit abzielten. Und alle Amtsträger in den christlichen Kirchen sollten sich stärker dessen bewußt werden, daß sie eine besondere Verantwortung für die Einheit aller Christen und nicht nur für die Glieder der eigenen Kirchengemeinschaft tragen.

Wo man heute sog. ökumenischen „Enthusiasmus" mit kühler Reserve betrachtet und die Wiedervereinigung aller Christen als ein Ziel ansieht, dessen Realisierung noch viel Zeit erfordert, da scheint häufig die Tragweite der christlichen Zerrissenheit für die Identität der eigenen Kirche unterschätzt zu werden: Die Einheit aller Christen ist nicht eine zwar wünschenswerte, aber zur Not auch entbehrliche Zutat zum Sein der Kirche, sondern nach dem Dogma der alten Christenheit ist die Einheit zusammen mit der Apostolizität und Katholizität konstitutiv für das eigentümliche Sein und Wesen der ihrem Herrn geheiligten Gemeinschaft der Kirche. Das heißt aber: Das Sein der Kirche selbst steht in Frage, wo ihre Einheit nicht verwirklicht ist. Wie soll die Kirche — nach den Formulierungen sowohl des Zweiten Vatikanischen Konzils als auch der Weltkirchen-konferenz von Uppsala 1968 — „Zeichen und Werkzeug der Einheit der Menschheit" sein, wenn sie in sich gespalten ist in einander ausschließende Kirchengemeinschaften? Der Anspruch, Kirche Jesu Christi zu sein, wird im Munde der getrennten Kirchen und ihrer Amtsträger fragwürdig. Dieses Problem stellt sich in der heutigen Situation bedrängender als je zuvor, weil die getrennten Kirchen die Glieder der jeweils anderen Kirche heute als Christen anerkennen. Als vor Jahrhunderten die heute getrennten Kirchen ihre Verdammungsurteile gegeneinander fällten (die formal ja auch heute noch nicht aufgehoben sind), da konnte wenigstens jede Kirche sich selbst noch als die einzig wahre Kirche Christi verstehen, von der die Häretiker sich abgesondert hatten, womit sie sich vom Leibe Christi selbst abgesondert hatten. Heute ist der Sachverhalt auch nach offizieller katholischer Lehre ein anderer: Auch die von Rom getrennten Christen gelten als Jünger Christi, die am Leibe Christi teilhaben. Damit stellt sich aber die Frage, ob es für die Identität der Kirche als Kirche Christi nicht unerläßlich ist, alle Jünger Christi in ihrer Gemeinschaft zu vereinen. Ist Kirche im Sinne der Glaubensbekenntnisse der Alten Kirche voll realisiert, solange nicht alle Christen mit ihr vereinigt sind?

Das Zweite Vatikanische Konzil hat sowohl in seiner Kirchenkonstitution (I,8), als auch im Ökumenismusdekret (I,4) erklärt, daß die eine Kirche Christi in der römisch-katholischen Kirche „subsistiert". Diese Formulierung ist deutlich zurückhaltender als frühere Aussagen der römisch-katholischen Kirche über ihre ekklesiale Identität. Sie scheint durch den Verzicht auf einen ekklesialen Ausschließlichkeitsanspruch Möglichkeiten der Verständigung mit anderen Kirchen und der Ergänzung durch die von ihnen bewahrten „Elemente der Wahrheit" (LG I,8), damit aber zugleich die Möglichkeit einer vollständigeren Verwirklichung der Einheit und Katholizität der eigenen Kirche offen zu lassen. Die Formel von der Subsistenz der einen Kirche Christi in der katholischen Kirche ist 1973 von „Mysterium Ecclesiae" gegen die Auffassung geltend gemacht worden, als müsse die eine Kirche Christi überhaupt erst realisiert werden. In der Tat läßt sich nicht behaupten, daß die eine Kirche Christi noch gar nicht sichtbar existiere, gänzlich unsichtbar sei und überhaupt erst zur Sichtbarkeit gebracht werden müsse. Aber die Sichtbarkeit der Kirche Christi ist in jeder der heutigen Konfessionskirchen doch nur sehr gebrochen verwirklicht, solange keine Kirche alle diejenigen in sich vereint, die sie selbst als Jünger Christi anerkennt. In dieser Lage aber ist das Maß der Sichtbarkeit der

Kirche Christi in den heutigen Konfessionskirchen unter anderem auch abhängig von ihrer Offenheit auf eine größere und umfassendere Verwirklichung der Katholizität der Kirche Christi in einer alle Christen umfassenden Gemeinschaft hin, in der die heute noch einander ausschließenden Konfessionskirchen einmal Teilkirchen einer umfassenderen, wahrhaft katholischen Kirche sein können. Man kann als evangelischer Christ der vatikanischen Formel von der Subsistenz der einen Kirche Christi in der heutigen katholischen Kirche gerade deshalb zustimmen, weil diese Formel in den Dokumenten des Konzils keine exklusive Vollidentität zu behaupten scheint. Der evangelische Christ wird allerdings hinzufügen, daß die eine Kirche Christi auch in anderen heutigen Kirchen subsistiert, wenn auch die verschiedenen Kirchen differieren mögen nach dem Maße der Vollständigkeit und Reinheit, in welchem sie die Elemente des Heilsmysteriums Christi in sich bewahrt und verwirklicht haben. Kann die katholische Kirche sich auf eine solche These von einer mehrfachen Subsistenz der einen Kirche Christi in den heutigen getrennten Kirchen einlassen? Auch für den evangelischen Christen ist sie nur vollziehbar, wenn er über die Exklusivität und Enge des ursprünglichen protestantischen Kirchenbegriffs hinausgeht, der die Sichtbarkeit der Kirche auf die Reinheit der Lehre im Sinne protestantischer Schrifttheologie festlegte. Ohne die These von einer mehrfachen, wenn auch nach Graden ihrer Vollständigkeit abgestuften Subsistenz der Kirche Christi in den heutigen getrennten Kirchen würde es zuletzt doch bei einem exklusiven Anspruch für eine einzige der heute bestehenden Kirchen bleiben, die allenfalls noch die Wahrheitsfunken in sich zu versammeln hätte, die sich nach draußen verirrt haben. Ein solches Bild aber trifft die heutige ökumenische Situation der getrennten Kirchen nicht. Nur auf dem Wege gegenseitiger Anerkennung der heute getrennten Kirchen kann es zu einer volleren Verwirklichung der Einheit und Katholizität der Kirche Jesu Christi kommen, bei der auch das reiche christliche Erbe der heutigen römisch-katholischen Kirche in ihrer Lehre, ihrem gottesdienstlichen Leben und ihrer institutionellen Gestalt in neuer Weise für die Gesamtchristenheit fruchtbar werden könnte.

Eine wenn auch gebrochene Sichtbarkeit der einen Kirche Christi in den heute getrennten Konfessionskirchen ist also zu bejahen. Sie kann verschieden sein je nach dem Maße der Vollständigkeit und Reinheit der Bewahrung und Ausprägung des Heilsmysteriums Christi. In jedem Falle aber kann eine Sichtbarkeit des Heilsmysteriums Christi und seiner Kirche nur dort gegeben sein, wo das Bemühen um die größere Einheit aller Christen lebendig ist, denn wo solches Bemühen fehlt, da wird Kirche zur Sekte, zur von der Ganzheit des Leibes Christi sich absondernden Hairesis. Darum ist es so erschreckend, wenn führende Amtsträger der Kirchen sich über die ökumenische Bewegung so äußern, als ob man sich Zeit lassen könnte mit der Einheit aller Christen. Die Autorität dessen, der so reden wollte, in seiner Eigenschaft als Amtsträger der Kirche Christi, wäre damit in Frage gestellt. Gerade das Amt der Kirche ist ja auf allen Ebenen des kirchlichen Lebens in besonderem Maße der *Einheit* der Kirche verpflichtet. Darin dürfte die sachliche Legitimation vor allem der Ausbildung des Bischofsamtes in der Kirche liegen, daß das Bischofsamt die klassische Ausprägung des Amtes der Einheit in der Kirche darstellt, und zwar sowohl der Einheit der ihm anvertrauten Gläubigen mit der apostolischen Tradition und auf dem Grunde dieser Tradition auch untereinander, als auch der Einheit der eigenen Gemeinde mit allen anderen christlichen Gemeinden in der Einheit desselben apostolischen Glaubens. Die zentrale Bedeutung des Bischofsamtes für die Kirche hängt nicht am Nachweis seiner historischen Kontinuität bis in die Zeit der Apostel zurück. Einem solchen Nachweis stehen bekanntlich für die ersten beiden Jahrhunderte erhebliche historische Schwierigkeiten im Wege. Aber die Aufgabe, die Einheit der Christen im apostolischen Glauben und so in Jesus Christus selbst zu bewahren, hat es von den Anfängen des Christentums an gegeben, und die Entstehung des Bischofsamtes in der Kirche ist hinreichend legitimiert als klassische Ausprägung der institutionellen Wahrnehmung dieser Aufgabe. Sie ist zumindest implizit auch von den protestantischen Kirchen anerkannt worden, obwohl in den protestantischen Bekenntnisschriften der Verkündigungsauftrag und die Sakramentsverwaltung im Vordergrund der Beschreibung des kirchlichen Amtes stehen: Bei der Aufgabe der reinen Lehre und der rechten Sakramentsverwaltung ist immer auch die Bewahrung der Glieder der Gemeinde in dieser einen apostolischen Lehre und in der Einheit des Mysteriums Christi mitgesetzt. Der Auftrag zur Wahrung der Einheit der Christen, der das Bischofsamt in eine funktionale Entsprechung zur Grundlegung der Einheit der Kirche durch Jesus Christus selbst rückt, ist aber nur dann in Christus gemäßer Weise wahrgenommen, wenn dieser Auftrag in der Sorge für eine begrenzte Gemeinschaft von Christen — sei es auf örtlicher, regionaler oder überregionaler Ebene — sich zugleich auf alle Christen richtet, nämlich auf die Einheit der anvertrauten Gemeinde mit der Fülle des apostolischen Erbes und mit der Gesamtchristenheit. Darum gehört zum kirchlichen Amt auf allen Ebenen die Sorge um die Einheit aller Christen, der konziliare Aspekt des Bischofsamtes.

Darum sollte in der heutigen Situation der Christenheit jeder Amtsträger einer der getrennten Kirchen sich in seinem Handeln zugleich für die Christen außerhalb der eigenen Kirche mitverantwortlich wissen. Die ständige Mitberücksichtigung des positiven
Beitrages und der besonderen Mentalität der von der eigenen Kirche getrennten Christen könnte den Entscheidungen, den Erklärungen und dem Verhalten jedes Amtsträgers der heute getrennten
Kirchen eine heute noch ungewohnte Form (konziliarer) Katholizität verleihen. Erst recht wäre eine solche ständige Rücksicht auf die
von der eigenen Kirche getrennten Christen für den Träger eines
Amtes zu wünschen, das sich selbst als für alle Christen zuständiges
oberstes Leitungsamt der Christenheit versteht.

Die Wünschbarkeit und vielleicht sogar Notwendigkeit eines solchen obersten Leitungsamtes der Gesamtchristenheit wird in der
ökumenischen Diskussion am ehesten zugänglich von der Einsicht
in die konstitutive Bedeutung des Auftrags zur Wahrung der Einheit der Christen für das kirchliche Amt überhaupt. Diesen Gesichtspunkt in den Mittelpunkt des Amtsverständnisses gerückt und dadurch einen Zugang zur Diskussion der Bedeutung des Bischofsamtes und auch des Papsttums für die Kirche eröffnet zu haben,
scheint mir eines der wichtigsten Verdienste des umstrittenen und
vielfach verkannten Ämtermemorandums der ökumenischen Universitätsinstitute vom Frühjahr 1973 zu sein. Die Sache der christlichen Einheit bedarf der Wahrnehmung durch ein dafür zuständiges
Amt auf allen Ebenen des Lebens der Christenheit, — auf der örtlichen und der regionalen Ebene, aber auch auf überregionaler Ebene und auf der Ebene der Gesamtchristenheit. Auch die Gesamtchristenheit bedarf eines Amtes, das speziell für ihre Einheit zuständig ist und befugt ist, unter gewissen Bedingungen im Namen der
Gesamtchristenheit zu sprechen und zu handeln.

Welche Wohltat das für jeden Christen bedeuten kann, ist den
Christen unserer Generation weit über die Grenzen der römisch-ka-
tholischen Kirche hinaus an der charismatischen Gestalt Johannes
XXIII. zum Erlebnis geworden, der in manchen Situationen fak-
tisch als Sprecher aller Christen gehandelt hat. Aber — wie kann
das charismatische Handeln dieses Mannes in die institutionelle
Form eines höchsten, für die Einheit aller Christen zuständigen
Amtes gebracht werden?

Die evangelischen Christen wie auch alle anderen von Rom getrennten Christen entbehren heute ein solches Amt der Einheit der
Christenheit. Daß sie hier etwas entbehren, was — wie das Zweite
Vatikanische Konzil mit Recht bemerkt hat, — wesentlich zur Einheit der Kirche Christi gehört, — das muß im Bewußtsein der pro-

testantischen Kirchen sicherlich deutlicher hervortreten als das heute der Fall ist. Dazu ist es zunächst nötig, sich über die Eigenart des
kirchlichen Amtes überhaupt und über seine Bedeutung für die
Einheit der Kirche klarer zu werden. Die Augsburger Konfession
hat in ihrem Art. 7 gesagt, es genüge (satis est) zur Einheit der Kirche, sich über das Evangelium und die Sakramentsverwaltung zu
einigen. Diese Aussage muß angesichts der faktisch auch in den
evangelischen Bekenntnissen berücksichtigten Verantwortung des
kirchlichen Amtes für die Einheit der Christen erweitert werden:
Auch eine Verständigung über das für die Einheit der Christen verantwortliche Amt auf allen Ebenen des Lebens der Kirche ist für
die Einheit der Kirche notwendig. Und wenn ein solches Amt auf
allen Ebenen des kirchlichen Lebens notwendig ist, dann auch auf
der Ebene der Gesamtchristenheit.

Die römisch-katholische Kirche behauptet bekanntlich, ein solches Amt existiere schon, in Personalunion verbunden mit dem Amt
des Bischofs von Rom. Wenn man die Wünschbarkeit und Notwendigkeit eines für die Einheit aller Christen auf der Ebene der Gesamtchristenheit zuständigen Amtes einmal einsieht, wird man diesen Anspruch nicht von vornherein abweisen. Protestantische Emp-
findlichkeiten im Hinblick auf das Thema des Papsttums, die angesichts historischer Erfahrungen allerdings wohl auch verständlich
sind, sollten einer sachlichen Erwägung dieses Anspruchs des Bischofs von Rom nicht auf die Dauer im Wege stehen. Besser und
weiterführend scheint es mir zu sein, diesen Anspruch einmal beim
Wort zu nehmen: Müßte nicht, wenn die für die Einheit der Gesamtchristenheit speziell zuständige Instanz in Gestalt des Bischofs
von Rom schon existiert, die Einigung der getrennten Kirchen das
erste und dringendste Anliegen des Papstes sein? Müßte er nicht in
allen seinen Entscheidungen und Verlautbarungen die Nöte und
Probleme, aber auch den möglichen positiven Beitrag der heute
noch von Rom getrennten Christen mit berücksichtigen, statt nur
für die Erhaltung der gegenwärtig sich katholisch nennenden Kirche und ihrer Glieder im Glauben der Apostel zu sorgen? Es wäre
für die Sache der christlichen Einheit viel, vielleicht Entscheidendes
gewonnen, wenn es bei jeder Gelegenheit und in aller Öffentlichkeit deutlich würde, daß der Papst sich der Sache *aller* Christen,
auch der heute noch von Rom getrennten Christen, annimmt und
die *alle* Christen verbindende Gemeinschaft in Christus in seinem
Verhalten sichtbar werden läßt. Im gleichen Maße, in welchem der
römische Bischof über die heutigen Grenzen der römisch-katholischen Kirche hinaus die Probleme, Mentalitäten und den möglichen
Beitrag der übrigen Kirchen zum Leben der heutigen Christenheit

in sein Denken und in seine Entschlüsse eingehen läßt und das auch zum Ausdruck bringt, im gleichen Maße könnte sein Anspruch, Repräsentant der ganzen Christenheit zu sein, an Glaubwürdigkeit auch außerhalb der heutigen römisch-katholischen Kirche gewinnen. Das Beispiel Johannes' XXIII. zeigt, welche Möglichkeiten in dieser Richtung tatsächlich offen sind.

Den positiven Beitrag anderer Kirchen anzuerkennen, das müßte wohl in *erster* Linie bedeuten, ihrer Eigenart innerhalb eines erweiterten katholischen Selbstverständnisses Raum zu geben, ebenso wie diese anderen Kirchen den Reichtum der katholischen Tradition, wie die zentrale Bedeutung des Abendmahls für das gottesdienstliche Leben und des Bischofsamtes für die Gestalt der kirchlichen Gemeinschaft, wiederentdecken und sich neu aneignen sollten. In dieser Richtung ist auf beiden Seiten noch vieles zu tun, aber viel ist seit dem Zweiten Vatikanischen Konzil auch schon geschehen, sowohl auf der sog. Basis, im Leben der Gemeinden, als auch im theologischen Dialog.

Zweitens erfordert die Dringlichkeit der Sache der christlichen Einheit es, daß die von Rom getrennten Kirchen und die römisch-katholische Kirche offizielle Verhandlungen aufnehmen mit dem Ziel, die schon zwischen ihnen bestehenden Gemeinsamkeiten festzustellen und zu prüfen, ob und unter welchen Voraussetzungen eine gegenseitige Anerkennung als Kirche Christi möglich ist unter formeller Aufhebung der heute noch bestehenden gegenseitigen Anathemata aus früheren Jahrhunderten, jedenfalls für das gegenwärtige Verhältnis der Kirchen zueinander. Die durch das Zweite Vatikanische Konzil gewünschten und ermutigten Diskussionen der Theologen über die noch offenen Lehrgegensätze haben im vergangenen Jahrzehnt so weitgehende Fortschritte erzielt, daß nunmehr der Boden für offizielle Verhandlungen der Kirchenleitungen weitgehend vorbereitet ist. Zu definitiven Fortschritten bei der Überwindung der christlichen Spaltungen sind solche Verhandlungen natürlich unerläßlich. Die Initiative dazu aber kann nur vom Bischof von Rom ausgehen, und mit einer solchen Initiative würde der Papst den Anspruch seines Amtes auf universale Zuständigkeit für die Einheit aller Christen in einer Form zum Ausdruck bringen, die der heutigen Situation der Christenheit entspricht. Ein bedeutsamer Schritt zur Vorbereitung für ein Angebot offizieller Verhandlungen wäre bereits eine Erklärung der römisch-katholischen Kirche über die Voraussetzungen und Bedingungen einer solchen Anerkennung der von Rom getrennten Kirchen, denn es kann ja wohl nicht erwartet werden, daß diese Kirchen unter Verzicht auf ihre historische Eigenart die dogmatische, liturgische und rechtliche Gestalt der heutigen römisch-katholischen Kirche einfach übernehmen. Wenn vorausgesetzt werden kann, daß auf allen Seiten bekannt ist, daß auf solche Weise eine Wiedervereinigung aller Christen nicht zustande kommen kann, so fragt es sich, unter welchen Voraussetzungen und Bedingungen die römisch-katholische Kirche sich denn eigentlich zu entsprechenden Schritten in der Lage sähe. Die ökumenische Diskussion tappt in dieser Hinsicht heute weitgehend im Dunkeln.

In offiziellen Verhandlungen der Kirchen wäre *drittens* auch zu klären, in welcher Form die Einheit der Kirche Christi im Verhältnis der Kirchen zueinander künftig ihren Ausdruck finden soll. Dabei geht es nicht nur um die Abendmahlsgemeinschaft, die eine gegenseitige Anerkennung der kirchlichen Ämter voraussetzt. Es müssen auch entsprechende Grundlagen für das Zusammenwirken der Amtsträger auf lokaler, regionaler und überregionaler Ebene geschaffen werden. Und schließlich muß eine Verständigung über die Frage eines für die Gesamtchristenheit zuständigen Amtes erzielt werden. Ausgangspunkt einer solchen Verständigung könnte vielleicht eine neue Anwendung der Unterscheidung zwischen den Zuständigkeiten des Papstes als Patriarch der lateinischen Kirche und seinem Universalepiskopat für die ganze Christenheit sein, wie das in verschiedenen theologischen Beiträgen der letzten Jahre erwogen worden ist: Die Zuständigkeit des Papstes für die heutige römisch-katholische Kirche könnte auf diese Weise unterschieden werden von einer Zuständigkeit für alle Christen, deren Form und Bedingungen noch Gegenstand von Verhandlungen zwischen den Kirchen sein müssen.

Solche Verhandlungen müssen *viertens* der Vorbereitung eines neuen ökumenischen Konzils dienen, an dem die protestantischen und die orthodoxen, von Rom getrennten Kirchen gleichberechtigt teilnehmen. Nur ein Konzil kann die Grundlagen einer neuen „korporativen" Einheit (Bischof Tenhumberg) der christlichen Kirchen in einer für alle Kirchen verbindlichen Form erklären. Die Gebete aller Christen müssen sich auf ein solches Konzil richten. In der Zwischenzeit haben die verschiedenen, noch getrennten Kirchen Gelegenheit, ihre eigene Gestalt, ihr gottesdienstliches Leben und ihr Glaubensbewußtsein so zu vertiefen, ihre Verbundenheit mit Christus, dem einen Herrn aller Christen, so zu stärken, daß sie in ihrem eigenen Leben die Fähigkeit der Konziliarität gewinnen: die Fähigkeit, in der Gemeinschaft des Heiligen Geistes zu einem gemeinsamen Konzil zusammenzukommen.

Was bedeutet es für die getrennten Kirchen, sich auf eine gemeinsame Vergangenheit zu beziehen?

Die Bemühungen um die Einheit der Kirche können sich nicht auf die jeweilige Gegenwart beschränken. Die Aufgabe einer Verständigung der gegenwärtig getrennten Kirchen erfordert sowohl eine Verständigung über die Aufgaben der Zukunft als auch über die Geschichte der Spaltungen, die hinter der heutigen kirchlichen Zerrissenheit des Christentums liegt. In der Vergangenheit der heutigen Kirchen liegen die Ursachen, die zur Spaltung geführt haben. Fließt in dieser Vergangenheit auch die Kraftquelle zur Überwindung der gegenwärtigen Trennung? Das kann nicht ohne weiteres angenommen werden. Wenn es auch unbestreitbar ist, daß eine lange Periode der Gemeinsamkeit den heutigen Spaltungen vorausgegangen ist, so könnte doch diese Periode der Einheit unwiederbringlich sein, weil in den Epochen der Spaltung neue Fragestellungen aufgetreten sind, die zur Spaltung geführt haben, und hinter die man heute nicht einfach zurückgehen kann.

Allerdings hat jede christliche Kirche Anlaß, sich der Kirche des Frühchristentums zuzuwenden. Der Anlaß dazu ist nicht so sehr dadurch gegeben, daß die alte Kirche ungespalten gewesen wäre. Wenn auch die meisten heute bestehenden Spaltungen damals noch nicht eingetreten waren, so ist es doch schon in den ersten Jahrhunderten immer wieder zu Abspaltungen gekommen, die das idealisierende Bild von der ungespaltenen Kirche der alten Christenheit als fragwürdig erscheinen lassen. Das Interesse an der Kirche der ersten Jahrhunderte bedarf einer solchen Idealisierung nicht. Es ist hinreichend motiviert aus der Frage nach der christlichen Identität der heutigen Kirchen. Sind die heutigen Kirchen noch identisch mit der christlichen Kirche, wie sie seit der Zeit der Apostel bestanden hat? Ohne solche geschichtliche Kontinuität ist ein gegenwärtiges Selbstverständnis einer christlichen Kirche als einer aus dem Missionsauftrag der Apostel hervorgegangenen Glaubensgemeinschaft kaum möglich. Bei der Einheit der Kirche geht es nicht nur um die Beziehungen der heutigen Kirchen untereinander, sondern auch und sogar zuerst um das Verhältnis jeder der heutigen Kirchen zum Ursprung des Christentums und zu der von diesem Ursprung ausgegangenen Geschichte. Gerade in solcher Rückbeziehung auf den apostolischen Ursprung und auf die Kirche der frühen Christenheit machen sich nun aber auch die Gegensätze zwischen den heutigen Kirchen bemerkbar; denn jede von ihnen versteht sich selbst als die authentische Fortsetzung der christlichen Anfänge in der Gegenwart und erblickt in den anderen Kirchen die Abweichungen vom apostolischen Ursprung und der diesem Ursprung gemäßen Kirche der ersten Christen. Die Beziehung der getrennten Kirchen auf ihre gemeinsame Vergangenheit stellt sich also zunächst einmal als Streit um das Erbe der alten Christenheit dar.

Das läßt sich illustrieren am Verhältnis der Reformatoren und der Reformationskirchen zur alten Kirche und besonders zu den altkirchlichen Konzilien und Glaubenssymbolen. Zwar hat Luther keine kirchliche Lehrinstanz für formell unfehlbar gehalten und hat sich die Freiheit genommen, auch die Kirchenväter und die altkirchlichen Konzilien am Maßstab seiner eigenen Erkenntnis der *doctrina evangelii* zu beurteilen. Dennoch war Luther der Meinung, daß *de facto* die drei altkirchlichen Symbole, vor allem das Apostolikum, zutreffende kurze Zusammenfassungen des Evangeliums darstellen, und die Dogmen von Nicaea und Chalkedon galten ihm als Formulierung der „hohen Artikeln der göttlichen Majestät", die „in keinem Zank noch Streit" sind, wie er 1537 in den Schmalkaldischen Artikeln schrieb (WA 50, 197 f.). Zu diesen altkirchlichen Dogmen tritt die zu seiner Zeit umstrittene Lehre von „unserer Erlösung" bei Luther nicht einfach ergänzend hinzu, sondern insbesondere die Zweinaturenlehre diente ihm als Schlüssel zur Rechtfertigungslehre und konnte ihm sogar selbst „zum stärksten Ausdruck der Kreuzes- und Rechtfertigungslehre" werden[1]. Melanchthon sah ursprünglich den Zusammenhang weniger eng, berief sich jedoch im ersten Artikel der Augsburger Konfession 1530 auf das Nicaenum für die lutherische Gotteslehre und im dritten Artikel auf das Apostolikum für die christologischen Aussagen des Augsburger Bekenntnisses. Das war reichsrechtlich für die Protestanten von großer Bedeutung, weil sie sich damit als grundsätzlich auf dem Boden des katholischen Glaubens stehend darstellten und von den altkirchlichen Ketzergesetzen nicht betroffen waren. Seit 1539 hat Melanchthon die Bedeutung der drei alten Glaubensbekenntnisse und der

---

[1] So mit einer Formulierung E. Vogelsangs J. Koopmans, Das altkirchliche Dogma in der Reformation, 1955, 102.

ersten vier Konzilien noch stärker betont. So schrieb er 1545 in der sog. Wittenberger Reformation — also in einem Gutachten für Verhandlungen mit der römischen Kirche — die Lehre der Augsburgischen Konfession sei „einträchtig mit den *symbolis apostolico* und *Niceno* und mit den alten heiligen *conciliis*, und mit dem Verstand der ersten reinen Kirchen" (CR 5, 582). Ähnliche Wendungen finden sich im Wittenberger Universitätsstatut von 1546. Auch Calvin hat sich um diese Zeit, in der zweiten Ausgabe seiner Institutio christianae religionis 1543, nachdrücklich zu den Dogmen der ersten vier ökumenischen Konzilien bekannt: Sic priscas illas synodos, ut Nicaenam, Constantinopolitanam, Ephesinam primam, Chalcedonensem et similes, quae confutandis erroribus habitae sunt, libenter amplectimur, reveremurque ut sacrosanctas, quantum attinet ad fidei dogmata. Nihil enim continent, quam puram et nativam scripturae interpretationem, quam sancti patres spirituali prudentia ad frangendos religionis hostes qui tunc emerserant, accomodarunt (CR 30, 862). Ähnlich hat Calvin schon in der ersten Ausgabe seines Werkes 1536 die Bedeutung des Apostolikums hervorgehoben als compendium et quasi epitome quaedam fidei in quam consentit ecclesia catholica (CR 29, 56).

Bei Melanchthon wie bei Calvin gewann die faktische Übereinstimmung der alten Kirche mit der *doctrina evangelii* die grundsätzliche Bedeutung einer Anleitung für das Schriftverständnis[2]. Der Lehrkonsensus der alten Kirche wurde nun zu einem zusätzlichen Kriterium der gegenwärtigen Kirchenlehre neben der Schrift, zum Auslegungsmaßstab der Schrift, natürlich unter der Voraussetzung, daß dieser *consensus* der alten Christenheit nichts anderes enthalte als eben die Lehre der Schrift. Dieser alten und reineren Kirche entsprechen nach Melanchthon in der Gegenwart — wobei er nur die lateinischen Kirchen des Westens im Blick hat — allein die Kirchen, die sich zur Lehre Luthers bekennen (CR 28, 369). Die eine katholische Kirche tritt für Melanchthon zu seiner Zeit nur in den lutherischen Kirchen sichtbar in Erscheinung. Die Berufung auf die alte Kirche hat hier sowohl die Funktion, die eigene Rechtgläubigkeit zu erhärten, als auch sie der Gegenseite streitig zu machen. Diese Perspektive wurde im 17. Jahrhundert durch den Helmstedter Dogmatiker Georg Calixt erneuert und in neuer Weise akzentuiert. Der consensus der alten Kirche und die Übereinstimmung der lutherischen Lehre mit ihm wurde dabei vorausgesetzt, zugleich

---

[2] Bei Melanchthon kommt das in dem von ihm neugefaßten Wittenberger Doktoreid (O. Ritschl, Dogmengeschichte des Protestantismus I, 1908, 231 ff.), bei Calvin in der Berufung auf den Consensus der alten Kirche (ebd. 354 f.) zum Ausdruck.

aber sucht Calixt in jenem *consensus quinquesaecularis* die Grundlage für eine Einigung zunächst der protestantischen Kirchen untereinander, sowie in fernerer Zukunft dann auch für eine Einigung mit Rom. Das Beispiel von Calixt zeigt, wie die polemische Funktion der Berufung auf die alte Kirche sich in eine Irenik verwandeln konnte, die freilich in dieser Form Ausdruck einer ungeschichtlichen Romantik war, weil sie auf der Voraussetzung beruhte, daß man ohne weiteres zu einer früheren Phase der Kirchengeschichte zurückkehren könne. Die Faktoren, die die Veränderung dieses Zustandes bewirkt hatten und die Gegenwart von jener ideal gesehenen Vergangenheit trennen, bleiben dabei unberücksichtigt. Eben das macht das Illusionäre einer solchen romantischen Irenik aus. Sie übersieht insbesondere, daß in der idealisierten Vergangenheit des christlichen Altertums doch auch bereits die Ausgangspunkte für die mittelalterliche Papstkirche liegen, gegen die sich die protestantische Polemik richtete. Diese Schwierigkeit trifft auch schon Melanchthons Berufung auf die alte Kirche. Wenn man auch der mittelalterlichen Kirche die Veränderungen gegenüber ihren altkirchlichen Ursprüngen als Abweichung vorhalten konnte, so ließ sich doch auf der anderen Seite nicht leugnen, daß diese Veränderungen sich bereits in altkirchlicher Zeit angebahnt hatten.

Diese Seite des Sachverhaltes wurde von den strengen Lutheranern des 16. Jahrhunderts, deren führender Theologe Flacius Illyricus war, in den Vordergrund gerückt. Am Maßstab des Schriftprinzips fand Flacius in den Magdeburger Centurien schon bei der Kirche des dritten Jahrhunderts Abweichungen vom apostolischen Ursprung, die sich seit dem vierten Jahrhundert ausbreiteten und seit dem siebten Jahrhundert dominierend hervortraten[3]. Bei Flacius zeigt sich nach F. Chr. Baur, „wie überwiegend die Schattenseite in einer Geschichte der christlichen Kirche wird, in welcher der römische Bischof der leibhaftige Antichrist ist". Man muß sich aber vor Augen halten, daß diese Sicht der Kirchengeschichte sich in reformatorischer Perspektive in dem Maße aufdrängen mußte, in dem die mittelalterliche Papstkirche als Ergebnis einer Entwicklung begriffen wurde, deren Anfänge in der alten Christenheit liegen und die sich bei Flacius durch Anwendung des Maßstabes der Übereinstimmung mit der Schrift als zunehmende Entfernung von jenem Ausgangspunkt darstellte.

Die Deutung der Kirchengeschichte als einer schon früh beginnenden Verfallsgeschichte ist im 19. Jahrhundert durch A. Ritschl

---

[3] F. Chr. Baur, Die Epochen der kirchlichen Geschichtsschreibung, 1852, 48 f. Das folgende Zitat findet sich auf Seite 50.

und seine Schule unter veränderten Bedingungen erneuert worden. Die Abweichung von der apostolischen Zeit wurde jetzt nicht nur in der Ausbildung des päpstlichen Zentralismus gesucht, sondern auch in der Hellenisierung des urchristlichen Evangeliums gefunden, im Eindringen metaphysischer Denkweisen und heidnischer Mysterienfrömmigkeit in das frühe Christentum. Adolf von Harnack, bei dem diese Konzeption ihre klassische Gestalt gewann, fand die Anfänge der Hellenisierung des Evangeliums schon im Urchristentum selbst, ja schon beim Apostel Paulus. Und sein Begriff des Frühkatholizismus wurde nicht erst mit der Entstehung des römischen Primats, sondern schon mit dem monarchischen Episkopat des 2. Jahrhunderts, sowie mit der Ausbildung der Glaubensregel und des Schriftkanons als Instrumenten einer dem ursprünglichen Evangelium fremden Lehrgesetzlichkeit verknüpft. Die zuerst von Flacius entwickelte Konzeption der Kirchengeschichte als Verfallsgeschichte wurde von Harnack so weit vorangetrieben, daß der Verfallsprozeß bereits mitten im Urchristentum selbst begonnen haben sollte. Die gemeinsame Vergangenheit der getrennten christlichen Kirchen schrumpft so zusammen auf die Frage nach einem Kanon im Kanon, letztlich auf Jesus selbst.

In der altprotestantischen Position, wie sie durch Flacius verkörpert ist, hatten immerhin die Zeit der Apostel und der neutestamentliche Kanon noch ohne Abstriche als diesseits des Verfallsprozesses liegender reiner Ursprung des christlichen Glaubens gegolten, der allen christlichen Kirchen gemeinsam ist. Bei Harnack hingegen ist die Zweideutigkeit historischer Entwicklung auch in diese Ursprungszeit selbst eingedrungen, und zwar vermöge derselben Reflexion, die es unmöglich gemacht hatte, die Vorstellung von der Idealität des christlichen Altertums im Gegensatz zur mittelalterlichen Kirche festzuhalten. Wie in der patristischen Zeit die Wurzeln auch des Mittelalters liegen mußten, so mußte geschichtliche Betrachtung auch schon im Urchristentum die Anfänge des Frühkatholizismus suchen. Daher begründet die Schrift nach dem berühmten Wort von E. Käsemann nicht die Einheit der Kirche, sondern die Vielheit der Konfessionen. Jede der Konfessionskirchen findet in der Schrift ihre eigene Vergangenheit. Obwohl die Schrift das Zeugnis des gemeinsamen Ursprungs aller christlichen Kirchen ist, gehen doch auch schon in den urchristlichen Schriften die Linien auseinander, die zu den getrennten Kirchen einer späteren Zeit führen. Und noch aus einem anderen Grunde können die biblischen Schriften als Zeugnisse des gemeinsamen Ursprungs aller christlichen Kirchen nicht ohne weiteres so etwas wie ein gemeinsamer Nenner für sie sein: Das gegenwärtige Leben aller christlichen Kir-

chen hat sich von dem des Urchristentums unaufhaltsam entfernt.
Die Kirchen existieren heute in einer Welt, die von der der christlichen Antike grundlegend verschieden ist, und sie sind Problemen konfrontiert, und zwar zum großen Teil *gemeinsam* konfrontiert, die die Anfangszeit des Christentums noch nicht kannte. Von daher stellt sich die Frage, ob nicht eine gegenwärtige Gemeinsamkeit der christlichen Kirchen eher aus dem Zwang zur Bewältigung der einander ähnlichen Aufgaben und Schwierigkeiten aller christlichen Kirchen zu gewinnen ist als aus ihrem gemeinsamen Ursprung. Der gemeinsame Ursprung sagt noch nicht viel über Notwendigkeit und Möglichkeit gegenwärtiger Gemeinsamkeit.

Ein anderes Bild könnte sich nur dann ergeben, wenn die gemeinsame Vergangenheit der getrennten Kirchen zugleich auch ihre Zukunft wäre. Das gilt weder für das apostolische Zeitalter, noch für die Kirche der ersten ökumenischen Konzilien. Aber es ist der Fall bei der Person Jesu von Nazareth, der nicht nur der historische Ausgangspunkt aller geschichtlichen Formen christlichen Glaubens ist, sondern auch der wiederkommende Herr, auf dessen Zukunft sich die Hoffnung der Christen richtet. Weil der eine Jesus nicht nur der historische Ursprung der auseinanderstrebenden Entwicklungslinien der Kirchengeschichte ist, sondern auch die eine Zukunft aller Christen, ja der ganzen Menschheit, darum und nur darum geht von der gemeinsamen Vergangenheit der getrennten Kirchen der verpflichtende Ruf zu ihrer Wiedervereinigung aus. Weil die künftige Bestimmung der Christen zum Heil der Gottesherrschaft von ihrer Einheit in Christus untrennbar ist, darum bekunden die Spaltungen der Kirchengeschichte ein schuldhaftes Abirren der Kirchen von der ihnen vorgezeichneten Bestimmung. Und soweit die Sendung der Apostel und der Glaube der alten Kirche sich ebenfalls auf diese Zukunft Christi richten, insoweit kann nun doch auch die Besinnung auf die Aussagen der biblischen Schriften und auf die Entscheidungen der alten Kirche mehr sein als ein Rückblick auf eine gemeinsame Vergangenheit. Diese Aussagen und Entscheidungen können zum Hinweis werden auf die Zukunft Jesu Christi, auf die gemeinsame Zukunft und Bestimmung der getrennten Kirchen. So geschieht die Sendung der Apostel und alle christliche Mission seitdem im Hinblick auf die Zukunft des göttlichen Gerichtes über die Völker, die als Wiederkunft Christi zum Gericht erwartet worden ist. Und der Glaube der Christen hat die von Gott her geschehene Versöhnung der Menschheit mit Gott angesichts dieser Zukunft des Gerichtes zum Gegenstand. Die Zukunft des wiederkommenden Herrn wird zur Heilszukunft für alle, die ihm jetzt durch den Glauben verbunden und dadurch untereinander zur Gemeinschaft der Kirche vereint sind. Darum geht von der Zukunft Christi eine Nötigung zur Einheit der Christen aus. Diese Zukunft wird aber nicht identisch sein mit einer Rückkehr zur urchristlichen Zeit oder zu den Lebensformen der alten Kirche. Vielmehr muß angesichts der gemeinsamen aktuellen Probleme der christlichen Kirchen in jeder neuen Gegenwart aufs neue entschieden werden, was die christliche Sendung an die ganze Menschheit angesichts der Zukunft des göttlichen Gerichtes und was der wiederkommende Herr als die gemeinsame Zukunft der Christen von den Christen und ihren Kirchen fordern an Veränderungen ihrer bisherigen Lebensformen um der Konformität mit der Zukunft ihres Herrn willen. Das ist etwas anderes als romantische Hinwendung zu einer als normativ bejahten Vergangenheit, sei es nun die Vergangenheit der alten Kirche oder des Urchristentum. Solche Hinwendung zur Vergangenheit würde erkauft durch ein Absehen von den eigentümlichen Zügen und Aufgaben der eigenen geschichtlichen Situation, von allen jenen Zügen nämlich, die sich nicht reduzieren lassen auf die idealisierte Epoche eines klassischen Zeitalters. Die Verdrängung der Eigenart der eigenen Gegenwart und der damit verbundenen Aufgaben aber stößt auf den Widerstand der Geschichte. Wo es im Bereich des Protestantismus im 19. und 20. Jahrhundert tatsächlich zu Unionen gekommen ist, da hat man sich daher auch nicht, wie Calixt es erhoffte, auf dem Boden des Konsensus der ersten fünf Jahrhunderte geeinigt, sondern im Hinblick auf die veränderte geschichtliche Gegenwart, der sich die bis dahin getrennten Kirchen gegenübersahen und in deren Licht ihre überlieferten Gegensätze dem Glaubensverständnis als weniger fundamental erschienen.

Entscheidend für die Frage der christlichen Einheit ist die Frage nach Jesus Christus als der gemeinsamen Zukunft der Christen und ihrer heute getrennten Kirchen. Diese Zukunft Christi ist uns freilich nur erschlossen durch seine vergangene Geschichte, durch die von ihr ausgegangene Sendung der Apostel und durch den auf diese Zukunft gerichteten Glauben seiner Kirche. Doch eben nur insofern kann die gemeinsame Vergangenheit der Christen heute den Weg zu neuer Gemeinsamkeit und Einheit weisen, als wir es in dieser Vergangenheit mit der Zukunft der Kirche und der Welt zu tun haben. Von daher erscheint dann auch die Geschichte der christlichen Spaltungen in einem neuen Licht. Von der gemeinsamen Zukunft des einen Herrn her muß die getrennte Geschichte der Kirchen uns zu unserer gemeinsamen Vergangenheit werden, während der Partikularismus konfessionalistischen Selbstverständnisses umgekehrt noch im Gemeinsamen das Trennende vermutet. Wo man sich in den letzten Grundlagen des Glaubens getrennt glaubt, da kann Gemeinsamkeit nur scheinbar bestehen, und die scheinbare Gemeinsamkeit kann nur tieferliegende Gegensätze verdecken. Ein derartiges Mißtrauen hat oft das theologische Gespräch der getrennten Kirchen belastet und alle Verständigung verhindert. Wo jedoch die Zukunft Jesu Christi als die vorgegebene Einheit aller Christen und ihrer Kirchen den Gesichtspunkt bestimmt, da wird man auch in den Spaltungen der Vergangenheit und im getrennten Entwicklungsgang der verschiedenen Kirchen die gemeinsame, wenn auch notvoll und schuldhaft zerrissene Geschichte der einen Christenheit entdecken. Erst dann, wenn die Geschichte der anderen, bisher als häretisch geltenden Kirchen angenommen wird als Teil der eigenen Geschichte, erst dann wird die Bezugnahme auf die gemeinsame Vergangenheit der getrennten Kirchen frei werden vom Streit darum, welche Seite eigentlich dazu legitimiert ist, sich auf das christliche Altertum und auf die Zeit der Apostel zu berufen und sich selbst als authentische Erbin dieser Vergangenheit zu fühlen. Dieser Streit um das Erbe der christlichen Anfänge kann erst dann verstummen, wenn man in den Konflikten der Kirchengeschichte, in der getrennten Entwicklung der gespaltenen Christenheit die Einheit des gekreuzigten Christus gefunden hat, dessen Leiden die Kirchengeschichte fortsetzt durch ihre Zerrissenheit, die nur aus dem Glauben an die Zukunft des einen, auferstandenen Herrn versöhnt und überwunden wird.

Die Bedeutung der Eschatologie für das Verständnis der Apostolizät und der Katholizität der Kirche

Die Kennzeichnung der Kirche als „apostolisch" bringt nach üblichem Verständnis zum Ausdruck, daß sie mit den Aposteln Jesu Christi in Verbindung steht, und zwar in einer Verbindung, die ihr Dasein ebenso begründet wie ihr Wesen. In allen Konfessionen wird der apostolische Ursprung der Kirche als normativ für ihre Lehre und Gestalt angesehen. Dennoch bestehen tiefgehende Differenzen im genaueren Verständnis der normierenden Funktion des apostolischen Ursprungs und damit in den Antworten auf die Frage, wie und wodurch die gegenwärtige Kirche sich als ihrem apostolischen Ursprung gemäß und so selbst als apostolisch erweist. Wie können diese Differenzen vom gemeinsamen Glauben an den apostolischen Charakter der Kirche her überwunden werden? Genügt es dafür, auf die Ursprungszeit der Kirche zurückzugehen und die normative Bedeutung dieses apostolischen Zeitalters für alle spätere Geschichte der Kirche gewissenhafter zu erfassen, als das bisher geschah? Oder enthält dieses Programm selbst die Schwierigkeiten schon in sich, die zur Ausbildung jener Differenzen treiben? Ich versuche zu zeigen, daß die Gegensätze da ausweglos werden, wo die apostolische Vergangenheit als solche zur Norm der späteren Kirchengeschichte erklärt wird, daß jedoch andererseits im Gedanken des Apostolates ein eschatologisches Motiv steckt, das in Lehre und Wirken der Apostel zugleich über ihre eigene Zeit hinausdrängt und gerade dadurch — das Zeitbedingte des apostolischen Zeitalters hinter sich lassend — wegweisende Bedeutung für spätere Generationen haben kann, für Generationen, die gar nicht im Blickfeld des Urchristentums waren und sich doch auf dem Wege zu jener Zukunft befinden, an der das Wirken der Apostel orientiert war.

Gemeinschaft mit den Aposteln nahm die Kirche in erster Linie in Anspruch für ihre Lehre, für die Überlieferung, die sie weitergab. Die Ansätze dazu begegnen schon in den Pastoralbriefen. Aber auch für die Legitimierung ihres Hirtenamtes und überhaupt ihrer

Ordnung berief sich die Kirche bald auf die Apostel. Auf die Apostel führte sie später auch ihre Liturgie zurück, und bei ihnen suchte sie das Vorbild eines wahrhaft christlichen Lebens, einer *vita apostolica,* die ihrerseits wieder im Verlaufe der Kirchengeschichte vielfältige Deutungen erfuhr.

Schon in den antignostischen Streitigkeiten des zweiten Jahrhunderts erschien das bis dahin selbstverständliche Bewußtsein der verschiedenen örtlichen Kirchen, mit ihrem ganzen Leben den Aposteln nachzufolgen und damit des rechten Glaubens teilhaftig zu sein, als ein der Begründung und Rechtfertigung bedürftiger Anspruch. Solche Begründung und Rechtfertigung des schon vorhandenen Bewußtseins der Verbundenheit mit den Aposteln und ihrer Lehre vollzog erstmalig Irenäus, indem er die in der Kirche überlieferten und von den Gnostikern bestrittenen Glaubenslehren aus den Schriften der Apostel rechtfertigte. Die Autorität der Apostel selbst begründete Irenäus durch die Kraft des ihnen vom Auferstandenen verliehenen Heiligen Geistes, der sie zu vollkommener Erkenntnis befähigt habe (*adv. haer.* III, 1). Gegenüber der Berufung von Gnostikern — besonders Marcions — auf einzelne Apostel und apostolische Schriften im Gegensatz zu anderen hob er die Einmütigkeit der Apostel hervor (III, 13, 1), womit auch die Einheitlichkeit des Lehrinhalts ihrer Schriften sichergestellt war. Gegenüber der Berufung der Gnostiker auf nicht in den apostolischen Schriften niedergelegte Sondertraditionen legte Irenäus dar, daß auch die wahre Tradition nur bei den in ununterbrochener Sukzession ihrer Bischöfe von den Aposteln her stehenden Kirchen zu suchen sei (III, 3). Deren Priester haben von den Aposteln mit der Nachfolge im Episkopat zugleich auch „das sichere Charisma der Wahrheit" empfangen (IV, 26, 2). Die Behauptung der Gnostiker, daß „nur die imstande seien, aus den Schriften die Wahrheit zu finden, die die Tradition verstehen" (III, 2), wird also nicht bestritten, wie es der anderwärts formulierte Gedanke des Irenäus hätte nahelegen können, daß die Lehre der Apostel „offenbar, zuverlässig und vollständig" in den Schriften vorliege sowie in aller Öffentlichkeit ergangen sei (III, 15, 1). Vielmehr geht Irenäus auf die Behauptung ein, daß neben den Schriften zur Sicherung ihres rechten Verständnisses eine Tradition des „lebendigen Wortes" nötig sei. Irenäus will zeigen, daß diese Tradition *ebenfalls* nur in den apostolischen Kirchen zu finden sei. Tertullian hat diesen Gesichtspunkt noch schärfer betont. Bei beiden steht er in eigentümlicher Spannung zu ihrem Bemühen, die in der Auseinandersetzung mit der Gnosis kontroverse Kirchenlehre aus den apostolischen Schriften zu rechtfertigen. Das Zugeständnis, daß zum Verständnis der Schriften die lebendige

Stimme einer besonderen Tradition nötig sei, mußte die Betonung der *Schrift* als Kriterium der Lehre in Schwierigkeiten bringen. Das konnte Irenäus und Tertullian nur desḫalb entgehen, weil ihnen selbst die Lebenseinheit der von den Aposteln sich herleitenden Kirche mit den in ihr überlieferten apostolischen Schriften ganz selbstverständlich war. Das scheint trotz anderweitiger Veränderungen für die Alte Kirche und auch noch für das Mittelalter so geblieben zu sein. Erst im Ausgang des Mittelalters ist hierin eine Wandlung eingetreten. Infolge der Priorität, die seit der exegetischen Arbeit der Viktorinerschule im 12. Jahrhundert dem wörtlichen Schriftsinn für die theologische Lehre zuerkannt wurde, gewann die im Lehrbetrieb der theologischen Schulen methodisch betriebene Schriftauslegung ein solches Eigengewicht, daß eine gegensätzliche Auslegung durch das kirchliche Lehramt als Verletzung der Wahrheit erscheinen konnte. Derartige Konflikte hat es vereinzelt schon vor Luther gegeben, aber durch ihn gewann der Konflikt eine so grundsätzliche Bedeutung, daß die Entscheidung nötig wurde, welche der bisher harmonisch verbundenen apostolischen Instanzen — die Schrift oder das Lehramt — der anderen übergeordnet werden sollte. Beide alternativen Lösungswege mußten in Aporien führen. Wird dem Lehramt die letztinstanzliche Entscheidung über den Sinn der Schrift zuerkannt, so scheint die Schrift nicht mehr als selbständiges Kriterium für den apostolischen Charakter der kirchlichen Lehrtradition fungieren zu können. Dann aber kann die inhaltliche Übereinstimmung des gegenwärtigen Lehramtes mit den Lehren der Apostel sowie auch die Apostolizität des Lehramtes selbst fraglich werden. Auf der andern Seite hat der Fortgang der schulmäßigen Auslegung der biblischen Schriften „durch sich selbst" (nach dem Grundsatz *sacra scriptura sui ipsius interpres*) zur historisch-kritischen Exegese immer deutlicher zum Bewußtsein gebracht, wie groß der historische Abstand des apostolischen Zeitalters von allen späteren Perioden der Kirchengeschichte ist und nicht zuletzt von der jeweiligen Gegenwart des Auslegers. Damit mußte sich die Frage stellen: Wie ist Apostolizität als Übereinstimmung der heutigen Kirchen mit ihrem apostolischen Ursprung überhaupt möglich? Macht nicht bereits der historische Abstand des Auslegers von seinem Text den Normbegriff des Apostolischen unanwendbar, weil die eigene Gegenwart eben eine andere Welt bedeutet als die des apostolischen Zeitalters? Das Problem stellt sich schon bei den Anfängen der christlichen Geschichte; denn die Frage nach der Apostolizität der Kirche gehört schon einem anderen Zeitalter an als dem der Apostel. Eine historische Betrachtung vermag zwischen Paulus und den Jerusalemer Aposteln sowie im Verhältnis der verschiedenen apostolischen Schriften keine solche prinzipielle Übereinstimmung in der Lehre zu erkennen, wie sie Irenäus den Aposteln und ihren Schriften zuschrieb und wie sie für seinen Begriff der Apostolizität konstitutiv ist. Ebensowenig hält die Zurückführung der Bischofslisten bis auf die Apostel historischer Kritik stand, da vielmehr erst im zweiten Jahrhundert das Bischofsamt sich als das führende unter den verschiedenen frühchristlichen Gemeindeämtern durchgesetzt zu haben scheint. Solche Feststellungen müssen nicht unbedingt das Bewußtsein der Kirchen von ihrer Apostolizität widerlegen, machen aber die Frage dringlich, worin — angesichts der Verschiedenheit jeder späteren kirchlichen Periode von der apostolischen Zeit — der Zusammenhang mit den Aposteln eigentlich begründet ist. Als Antwort genügt im Zeitalter eines historischen Bewußtseins nicht mehr der Hinweis auf die Lehre der Apostel, als ob sie einmütig im Neuen Testament vorläge und für spätere Zeiten unverändert wiederholbar wäre. Es genügt auch nicht mehr der Hinweis auf die Einsetzung von Nachfolgern im Lehr- und Hirtenamt durch die Apostel, angesichts der historischen Probleme, die mit dem Ursprung des Episkopats verbunden sind, und angesichts des Umstandes, daß die Amtsnachfolge für sich allein die dauernde Übereinstimmung der Amtsträger mit dem Ursprung nicht zu garantieren vermag. Da der Wandel der Epochen unausweichlich ist, kann die Kontinuität des Apostolischen nur in einem Moment begründet sein, das nicht auf die Besonderheit der apostolischen Zeit begrenzt ist, sondern gerade über die Grenze dieses Zeitalters hinausdrängt. Ein solches Moment scheint im eschatologischen Motiv des urchristlichen Apostolates zu liegen. Dessen eingehendere Erörterung wird auf eine Verbindung von Apostolizität und Katholizität führen. Ihr gemeinsamer Bezug auf die Eschatologie wird schließlich ein Licht darauf werfen, inwiefern es sich bei beiden Prädikaten der Kirche um ein Bekenntnis des Glaubens, nicht einfach um empirische Feststellungen handelt.

I.

Die Voraussetzung der üblichen Betrachtung der Apostolizität liegt in der Einschränkung auf die Frage des Ursprungs der Kirche sowie ihrer bleibenden Verbindung mit diesem Ursprung. Diese Fragestellung erscheint als ergänzungsbedürftig. Es darf heute als allgemein anerkannt gelten, daß das Urchristentum durch ein eigentümlich eschatologisch geprägtes Bewußtsein gekennzeichnet war, durch das Bewußtsein, in der Gegenwart des Endgültigen zu leben, das für die Welt noch aussteht, aber in Jesus Christus und so für seine Gemeinde schon jetzt Wirklichkeit ist, für die Gemeinde freilich nur im Glauben an Christus und in der Erwartung einer künftigen Vollendung. Sollte nicht dieses eschatologische Bewußtsein des Urchristentums auch im Verständnis des Apostelamtes zum Ausdruck kommen, so daß es auch im Begriff des Apostolischen bewahrt werden müßte? Wenn die Kirche sich nicht nur in dem Sinne apostolisch nennt, daß sie einmal durch die Botschaft der Apostel begründet wurde, sondern auch in dem Sinne, daß sie selbst am Geist und Auftrag der Apostel teilhat und ihn — unbeschadet der Einmaligkeit des Apostolates und des apostolischen Zeitalters — in der Geschichte weiterträgt, so müssen in der Apostolizität der Kirche die tragenden Motive des urchristlichen Apostolates selbst eine Fortsetzung finden.

Der urchristliche Apostolat wurde begründet durch die Erscheinungen des Auferstandenen. Diese Feststellung stützt sich zunächst auf Paulus, der sich durch den Auferstandenen zum Apostel berufen wußte (Gal. 1,12 und 16; Röm. 1,5; 1.Kor. 15,10 und 9,1). Aber Paulus kannte auch einen Kreis von „allen Aposteln", der nicht mit dem Zwölferkreis identisch war. So bezeichnete er auch die Missionare Andronikus und Junius als „Apostel" in diesem Sinne (Röm. 16,7). Dieser weitere Kreis muß schon vor der Berufung des Paulus als *geschlossener* Kreis von „*allen* Aposteln" konstituiert gewesen sein, so daß Paulus seine eigene Berufung zum Apostel als eine unzeitige Geburt bezeichnen mußte (1.Kor. 15,8). Wenn dieser Apostelkreis von dem der Zwölf verschieden war, dann wird sein Ursprung bzw. das Apostelamt seiner Glieder am ehesten in Erscheinungen des Auferstandenen gesucht werden müssen, wie das ja auch 1.Kor. 15,7 berichtet wird. Der Kreis der Apostel umfaßte nach Paulus auch die Zwölf oder jedenfalls einige von ihnen (Gal. 1,17 ff.). Auch deren Apostelamt wird Paulus in den ihnen zuteil gewordenen Erscheinungen des Auferstandenen begründet gedacht haben, obwohl die Zwölf zuvor schon Jünger des irdischen Jesus gewesen waren und obwohl die Zwölfzahl, die die Zahl der Stämme Israels repräsentiert, auf diese vorösterliche Zeit zurückgehen dürfte. Die Bezugnahme auf einen ihm vorgegebenen Kreis der Apostel zeigt, daß Paulus im Hinblick auf die Verbindung von Apostolat und Berufung durch den Auferstandenen ein ihm vorgegebenes urchristliches Apostelverständnis geteilt haben dürfte. In den Evangelien werden allerdings die Zwölf bereits für die Zeit des irdischen Wirkens Jesu gelegentlich als Apostel bezeichnet (Mk. 6,30, Mt. 10,2, Lk. 6,13), aber das erklärt sich ungezwungen als ein Zurücktragen des denselben Personen aufgrund der Erscheinungen des

Auferstandenen zukommenden und später gewohnten Titels in die vorösterliche Situation. Nur Lukas behauptete, daß Jesus die Zwölf auch Apostel *genannt* habe (6,13). Das dürfte mit seiner Einschränkung des Apostelbegriffs auf den Zwölferkreis zusammenhängen (Apg. 1,21 ff.). Im übrigen findet sich auch in der Evangelientradition die Spur einer besonderen Beauftragung und Sendung der Jünger durch den Auferstandenen (Mt. 28,16 ff.). Sie entspricht sachlich der bei Paulus begegnenden urchristlichen Vorstellung von der Begründung des Apostolates.

Angesichts dieser Sachlage muß auch die dogmatische Besinnung über Begriff und Bedeutung des Apostelamtes von den bei Paulus zu gewinnenden Anhaltspunkten ausgehen. Bei ihnen handelt es sich eben nicht nur um eine Sondermeinung des Paulus. Eine solche haben wir höchstens in der Verteidigung seines eigenen Apostelamtes vor uns. Im übrigen weisen die paulinischen Ausführungen auf das ursprüngliche Verständnis der Eigenart und Bedeutung des Apostelamtes im Urchristentum überhaupt hin, soweit es uns noch erkennbar ist. Dogmatische Erwägungen darüber, was für das Amt des Apostels und für den Begriff des Apostolischen überhaupt konstitutiv sei, müssen sich also in erster Linie an der grundlegenden Bedeutung der Berufung und Sendung des Apostels durch den Auferstandenen orientieren. Man braucht deswegen nicht den lukanischen Apostelbegriff, der in der theologischen Besinnung auf das Amt des Apostels bisher in allen Konfessionen meist im Vordergrund stand, als irrelevant zu betrachten. Aber er kann nicht mehr den Ausgangspunkt der theologischen Besinnung bilden, sondern ist als eine Modifikation zu würdigen, die sich für Lukas aus seinem — durchaus nicht illegitimen — theologischen Interesse am Zusammenhang der Urkirche mit dem vorösterlichen Wirken und Lehren Jesu nahelegte. Dieses lukanische Interesse wird die Theologie bejahen können, ohne darum notwendig der historisch nicht aufrechtzuerhaltenden lukanischen Einschränkung des Apstelbegriffs auf den Zwölferkreis folgen zu müssen.

Was ergibt sich nun für das Wesen des Apostelamtes aus seiner Begründung durch Erscheinungen des Auferstandenen und seinen Auftrag? Zur Beantwortung dieser Frage ist davon auszugehen, was die Erscheinung des Auferstandenen hinsichtlich ihrer Bedeutsamkeit für die Jünger von der vorösterlichen Wirklichkeit Jesu unterscheidet. Das ist in erster Linie das eschatologische Leben aus dem Tode, das an Jesus schon Wirklichkeit ist. Eben darum ist die Auferstehungswirklichkeit Jesu zweitens die göttliche Bestätigung der ebenfalls eschatologischen Vollmacht, die der vorösterliche Jesus für sich in Anspruch nahm. Und darum bedeutet das Erscheinen

Jesu drittens die Erneuerung der Sendung, der er selbst sein Leben gewidmet hatte, für seine Jünger. Die Botschaft von der Gegenwartsmacht der nahenden Gottesherrschaft gewann dabei notwendig die neue Gestalt der Verkündigung des Anbruchs der Gottesherrschaft in Jesus selbst, in seinem Leben und Geschick, vor allem durch seine Auferstehung von den Toten. Die ausdrückliche Berufung und Sendung durch den Auferstandenen ist dann also nicht etwas, das äußerlich zu seinen Erscheinungen hinzukäme. Obwohl nicht alle Zeugen des Auferstandenen sein Erscheinen als Berufung und Sendung erfahren zu haben scheinen (etwa die 500 Brüder von 1.Kor. 15,6, die wohl kaum alle zum Kreis der Apostel zu rechnen sind) und obwohl die Sendung selbst in verschiedener Weise verstanden werden konnte – mit Beschränkung auf Israel oder ausgedehnt auf alle Völker –, so impliziert doch schon die Erscheinung des Auferstandenen nicht nur die Bestätigung seiner eigenen Sendung, sondern damit auch ihre Erneuerung für seine Jünger.

Der urchristliche Apostolat hat also seinen Ausgangspunkt im Widerfahrnis der an Jesus erschienenen eschatologischen Wirklichkeit der Totenauferstehung. Aber auch der *Auftrag* des Apostels hat eschatologischen Sinn. Das gilt insbesondere von der Heidenmission, die Paulus im Lichte eschatologischer Weissagungen wie Jes. 11,10 (Röm. 15,12) als Erfüllung der für die Endzeit erwarteten Völkerwallfahrt zum Zion verstanden hat. Eschatologischen Sinn hatte freilich auch schon die noch auf Israel beschränkte Mission der judenchristlichen Gemeinde. Sie rief auf zur Umkehr angesichts der Nähe der Gottesherrschaft, analog der Botschaft Jesu selbst, nun aber auf der Grundlage des durch ihn schon eröffneten Zugangs zum Heil. Die Bekehrung der Völker scheint solchem judenchristlichen Denken als das Gott selbst vorbehaltene Werk seiner Macht gegolten zu haben, das erst den universalen Anbruch seiner Herrschaft begleiten wird (J. Jeremias). An diesem Punkt gewann für das paulinische Verständnis des Apostolates das Kreuz Christi fundamentale Bedeutung, weil Paulus in der Kreuzigung Jesu seine Verwerfung durch Israel um des Gesetzes willen ausgedrückt fand (Gal. 3,13 ff.), so daß nunmehr der Ruf Gottes an die Völker ergeht ohne Gesetz. Das Tun des Apostels geschieht dabei nicht nur im Lichte der eschatologischen Tat Gottes in Jesus Christus, sondern es zielt darauf ab, den Inhalt eschatologischer Verheißung selbst zu vollziehen, wird selbst zum Instrument des Gotteshandelns, zum Bahnbrecher des nahenden Reiches. Die Gegenwartsmacht der kommenden Gottesherrschaft im Lehren und Wirken Jesu findet ihr apostolisches Gegenstück in der universalen Mission an alle Völker.

So erscheint der Apostel als Fortsetzer der eschatologischen Botschaft Jesu selbst. Aber er setzte sie in anderer Gestalt fort, insofern nämlich Jesus selbst zum Ausgangspunkt und Inhalt seiner Botschaft geworden war. Gerade durch diese Veränderung ihrer Gestalt blieb die Botschaft dieselbe. Die Botschaft Jesu von der durch sein eigenes Lehren und Wirken gegenwartsbestimmenden Macht der Gottesherrschaft konnte von seinen Aposteln nur als Verkündigung des Anbruchs des Endgültigen in Jesus selbst aufgenommen werden. Die Endgültigkeit des in Jesus Geschehenen aber wurde für die Gegenwart in Kraft gesetzt durch die universale Mission. Wenn so der eschatologische Sinn der Botschaft Jesu in der seiner Apostel nur durch Veränderung identisch blieb, so läßt sich auch erwarten, daß die eschatologische Sendung der Apostel von der durch sie begründeten Kirche nur durch Veränderung fortgeführt werden konnte, nämlich durch das Einbringen ihrer eigenen historischen Differenz zu den Aposteln und zum apostolischen Zeitalter im ganzen in ihr Selbstverständnis und in ihr Verständnis der Christusbotschaft als Botschaft an die jeweilige Gegenwart.

II.

Auf den ersten Blick entsteht leicht der Eindruck, daß die Kirche den eschatologischen Zug der apostolischen Sendung im Bewußtsein ihrer eigenen Apostolizität nicht bewahrt hat. Während die Sendung der Apostel vorblickte auf das in Jesu Auferstehung schon angebrochene Ende der Welt, scheint es bei der Apostolizität der Kirche eher um eine rückblickende Orientierung an Lehre und Wirken der Apostel zu gehen. Doch dieser erste Eindruck bedarf der Differenzierung. Sonst verstellen falsche Alternativen den Sachverhalt. Es könnte ja sein, daß sich in der Weise, wie die Kirche auf Lehre und Wirken der Apostel zurückblickte, das Bewußtsein ihrer eigenen Differenz zum apostolischen Zeitalter und damit die veränderte Gestalt ihrer eigenen apostolischen Sendung ausprägt. So hat die Kirche des 2. Jahrhunderts durch ihr entschiedenes Festhalten an den apostolischen Schriften und durch das Bemühen um Herleitung ihres gegenwärtigen Lebens vom apostolischen Ursprung zweifellos die Endgültigkeit und damit den eschatologischen Charakter der von den Aposteln verkündeten Botschaft zum Ausdruck gebracht, indem sie ihre eigene Zeit von der Einmaligkeit des apostolischen Zeitalters unterschied, aber zugleich sich in der Nachfolge der Apostel verstand und sich also durch die jenen zuteil gewordene eschatologische Sendung bestimmen ließ.

Apostolisch im Sinne der eschatologischen Sendung der Apostel ist freilich nicht schon das bloße *Konservieren* des Erbes an apostolischer Lehre. Apostolisch ist vielmehr die Darlegung der Endgültigkeit, also Wahrheit, des in der Person Jesu Geschehenen und von den Aposteln Verkündeten. Endgültigkeit bedeutet dabei die zukünftige Wahrheit der noch unvollendeten, also noch nicht in ihr Wesen gebrachten Welt. Darum ist apostolische Lehre nicht schon durch traditionelle Formulierung als solche ausgewiesen, sondern erst durch die gegenwartsbezogene, die jeweils gegenwärtige Daseinserfahrung erhellende Aussage der Endgültigkeit der Botschaft und Geschichte Jesu als der diese unvollendete Welt in ihre Vollendung bringenden Wahrheit. Insofern gehört das Moment der universalen Mission in der einen oder andern Form zur Apostolizität der Kirche. In diesem Sinne kann aber auch das Bekenntnis des vierten Jahrhunderts zur vollen Gottheit Jesu und das des folgenden zur Einheit von Gott und Mensch in ihm als apostolisch verstanden werden, obwohl die Trinitätslehre und die christologischen Formeln und Kriterien von Chalcedon der Gedankenwelt der apostolischen Zeit offensichtlich noch fern lagen und sich aus den neutestamentlichen Schriften nicht einfach ableiten lassen. Wesentlich für ihre Apostolizität ist allein, daß sie die unüberbietbare, endgültige Wahrheit der Erscheinung Jesu Christi zu klarem und in der Sprache ihrer Zeit gültigem Ausdruck brachten.

Lassen sich auch die abendländischen Auseinandersetzungen um die Gnadenlehre bis hin zur Reformation und zum Jansenismus aus einem Zusammenhang mit dem apostolischen Interesse an der Endgültigkeit der Person und Geschichte Jesu Christi verstehen? Man wird die Wirksamkeit dieses Motivs bei der Ausbildung der Gnadenlehre nicht bestreiten können. Die Angewiesenheit des Menschen auf die Gnade bedeutet für Augustin seine Abhängigkeit von Christus und von dessen Heilswerk, das die Gnade vermittelt, war also als Ausdruck der Endgültigkeit Christi nicht nur für die Menschheit im allgemeinen, sondern für die Lebensgeschichte jedes einzelnen gemeint. Gegen den pelagianischen Freiheitsgedanken konnte Augustin einwenden, wenn das Heil des einzelnen sich an seinem freien Gebrauch der durch Natur und göttliches Gesetz gegebenen äußeren Hilfen entscheide, dann sei Christus vergeblich in die Welt gekommen. Ähnlich konnte noch Luther gegen die Verdienstlichkeit argumentieren, die dem guten Gebrauch des freien Willens in Ergänzung des Gnadenwirkens zugeschrieben wurde. Es ging also in der radikal gefaßten Gnadenlehre um die Endgültigkeit — oder, wie Luther sagte, um die „Ehre" — Christi. Insofern läßt auch sie apostolischen Geist erkennen. Die spezifischen Gefährdungen der Gnadenlehre — daß der Gnadenbegriff sich gegenüber der besonderen Person und Geschichte Christi verselbständigen oder durch einen übersteigerten Extrinsezismus[1] der Gnade im Verhältnis zur Natur sein eigenes Thema, die Einbeziehung des Menschen in das endgültige Heil Christi verfehlen konnte — brauchen dabei nicht bagatellisiert zu werden. Die Apostolizität der Gnadenlehre zeigt sich weiter auch in ihrer spezifischen Tendenz zur Einbeziehung der individuellen Lebensgeschichte der Menschen in das Heil Christi. Daraus resultiert eine neue Thematisierung der Kirche als von der Inkarnation Gottes in dem einen Menschen Jesus unterschiedene Gnadengemeinschaft. Die Gnadenlehre entspricht damit dem komprehensiven Zug der apostolischen Sendung, der schon in der universalen Völkermission zum Ausdruck kam. Nur durch diese komprehensive Dynamik kann die Endgültigkeit Jesu Christi, der eschatologische Sinn seiner Person und Geschichte, zur Darstellung gelangen. Auch das mit diesen beiden zusammengehörende dritte Motiv wahrer Apostolizität hat die Gnadenlehre in individueller Applikation entfaltet, daß nämlich die heilbringende Wahrheit der Welt und des Menschen nicht in der Unvollkommenheit dessen, was schon ist, anschaulich wird, sondern nur als seine *Verwandlung* ins Heil, so wie es in der Auferstehung Jesu schon angebrochen ist.

Die bisherigen Erwägungen haben ergeben, daß man der kirchlichen Lehrentwicklung nicht pauschal den Vorwurf machen darf, die eschatologische Orientierung der apostolischen Sendung verloren zu haben. Faktisch ist dieses apostolische Motiv in der Geschichte der Kirche und ihrer Lehre durchaus wirksam geblieben, im Hinblick auf die Lehre besonders in der fortschreitenden dogmatischen Klärung der Endgültigkeit Jesu, ihrer komprehensiven Dynamik und — im Zeichen der Auferstehung des Gekreuzigten — ihrer versöhnenden Kraft. Das ausdrückliche Bewußtsein vom Wesen des Apostolischen ist jedoch offensichtlich hinter der Wirksamkeit des göttlichen und apostolischen Geistes in der Kirche zurückgeblieben. Für das theoretische Bewußtsein der Verbundenheit mit dem apostolischen Ursprung stand in allen Konfessionen einseitig das Bestreben im Vordergrund, die christliche Gegenwart durch die apostolische Ursprungszeit zu normieren und zu legitimieren, ohne viel

---

[1] Der Terminus Extrinsezismus bezeichnet in der gegenwärtigen katholischen Gnadenlehre ein Verständnis der Gnade, dem die innere Beziehung zum Begriff der Natur fehlt. Dabei wird scheinbar nur die Unabhängigkeit der Gnade von der Natur des Menschen aufs äußerste betont, tatsächlich (als unbeabsichtigte Folge) aber auch die menschliche Natur als noch nicht auf die Gnade bezogen ihr gegenüber verselbständigt, so daß die Gnadenbedürftigkeit der Natur von dieser selbst her nicht mehr einleuchtet.

Rücksicht darauf, daß Lehre und Lebensform des Urchristentums einem für die spätere Kirche vergangenen Zeitalter angehören. Indem man dem apostolischen Zeitalter Normativität zuschrieb, war man nicht mehr frei, das Beschränkte und Zeitbedingte seiner Lebensformen und Denkweisen anzuerkennen. Schon im 2. Jahrhundert bildete sich eine Tendenz zur Verherrlichung der Anfangszeit der Kirche heraus — in deutlicher Spannung zum Selbstverständnis etwa des Paulus, der sich des Abstandes seiner Gegenwart von der eschatologischen Vollendung klar bewußt war. Zweitens wurden die erst von der historischen Forschung wieder aufgedeckten Spannungen und Gegensätze zwischen den verschiedenen neutestamentlichen Schriften und die darin zum Ausdruck kommenden Gegensätze innerhalb des Urchristentums zugunsten einer frommen Meinung von der Einmütigkeit der Apostel aus dem Bewußtsein verdrängt. Man sah nicht mehr, daß beispielsweise das Verhältnis des Apostels Paulus zur Jerusalemer Gemeinde wohl durch ein Bemühen um Einmütigkeit gekennzeichnet, aber weit davon entfernt war, solche Einmütigkeit tatsächlich zu erreichen. Das allzu harmonische Bild vom Urchristentum dürfte mit dafür verantwortlich sein, daß der Entfaltung einander widerstreitender Meinungen von früh an zu wenig Raum in der Kirche zugestanden worden ist. Drittens brachte die Identifizierung des Apostolischen mit einer vergangenen Zeitgestalt des Denkens und der Lebensform die Gefahr mit sich, daß man entweder, weil man im Vergangenen die Norm des Gegenwärtigen suchte, für die neuen und eigentümlichen Aufgaben und Möglichkeiten der Gegenwart nicht frei wurde, oder aber die aktuellen Pointen in die überlieferten Texte hineinlesen mußte und die eigene Gegenwart nur in solcher Verfremdung in Angriff nehmen konnte. In allen drei Punkten führte der Wille zur Apostolizität im Sinne einer normativen Funktion des apostolischen Zeitalters mit seiner Gedankenwelt und seinen Lebensformen zur Verfehlung des historischen Sinnes der apostolischen Schriften und zum Versuch einer für heutiges Urteil historisch so nicht haltbaren Legitimierung bestimmter Traditionen und Institutionen als apostolisch, d. h. als auf die Anordnung der Apostel zurückgehend. Allerdings muß viertens hervorgehoben werden, daß gerade der Mangel an historischer Zuverlässigkeit im Gebrauch der Bezeichnung „apostolisch" und insbesondere der unhistorische Schriftgebrauch in Zeiten, denen Lehre und Lebensform der Apostel als normativ galten, eine durchaus positive Funktion haben konnte; denn nur auf diese Weise wurde Raum gewonnen für die neuen Bedürfnisse und Themen der jeweiligen Gegenwart und also für die im eschatologischen Sinne des Begriffs wahrhaft apostolische Aufgabe. Im Zeitalter eines kritischen historischen Bewußtseins jedoch läßt sich jene früher einmal sinnvolle Funktion der unhistorischen Schriftauslegung und der unhistorischen Inanspruchnahme apostolischer Herkunft nicht mehr naiv vollziehen, ohne gegen das allgemeine Wahrheitsbewußtsein zu verstoßen und damit die Glaubwürdigkeit des Christentums zu gefährden, die ein unabdingbares Interesse der wahren Apostolizität, der Endgültigkeit und komprehensiven Universalität der Person und Geschichte Jesu ist. Die Kirche braucht daher im Zeitalter des historischen Bewußtseins einen neuen Begriff von Apostolizität, der es erlaubt, die Differenz der eigenen Gegenwart von der apostolischen Zeit uneingeschränkt anzuerkennen, ohne darüber den Zusammenhang mit der Sendung der Apostel zu verlieren. Dazu kann die Beachtung des eschatologischen Motivs im urchristlichen Apostolat verhelfen. Kriterium apostolischer Lehre in diesem Sinne ist lediglich, ob und in welchem Maße es gelingt, die endgültige Wahrheit und komprehensive Universalität der Geschichte und Person Christi darzutun durch ihre im Sinne der Auferstehung Jesu verwandelnde und heilschaffende Bedeutsamkeit, durch ihre die Welt erleuchtende Kraft. Die Forderung der Apostolizität an die Lehre der Kirche kann weder die normative Geltung alles aus der apostolischen Zeit Bekannten für die Gegenwart bedeuten noch auch umgekehrt, daß nur das als gegenwärtig gültig anzusehen wäre, was sich aus der apostolischen Zeit herleiten läßt. Dementsprechend ist die wahre *vita apostolica* in einer Lebensführung der Kirche wie des einzelnen Christen zu suchen, die sich durchdringen läßt von der endgültigen, alles umgreifenden und befreiend verwandelnden Wahrheit Jesu. Die *vita apostolica* besteht jedoch nicht in der Kopie von vermeintlichen oder wirklichen Lebensformen der apostolischen Zeit, und sie wird auch nicht sichergestellt durch Herleitung dieser oder jener Lebensformen von Anordnungen der Apostel: Was zu jener Zeit apostolisch war, könnte heute irrelevant sein oder gar den apostolischen Aufgaben entgegenstehen. Durch diese Einsicht muß die Kirche frei werden zu ihrer eigenen Geschichtlichkeit im Unterschied zu der des apostolischen Zeitalters und bleibt doch gerade so auf der Linie der Sendung der Apostel.

Die Relevanz der eschatologischen Orientierung des Begriffs der Apostolizität läßt sich daran verdeutlichen, wie von daher die zwischen den Reformationskirchen und der römisch-katholischen Kirche strittige Auslegung des Apostolischen beleuchtet wird: Die Reformationskirchen sehen durchweg die Schrift als das Kriterium wahrer Apostolizität an. Die Anwendbarkeit dieses Kriteriums wurde jedoch problematisch im Zuge der Entwicklung des reformatorischen Schriftprinzips von der Auslegung der Schriften durch sich selbst zur historisch-kritischen Forschung. Wegen des historischen Abstandes der Gegenwart vom Urchristentum lassen sich aus den neutestamentlichen Schriften nicht mehr unvermittelt Anweisungen für apostolische Lehre und apostolisches Leben in der Gegenwart herleiten. Daher hat das Schriftprinzip in die Probleme der Hermeneutik hineingeführt, und diese konzentrieren sich in der Frage nach einem Sachkriterium für die jeweilige Neuformulierung des Sachgehaltes der neutestamentlichen Schriften. Bereits Luther hat ein solches Sachkriterium in der Christusverkündigung gesucht und diese als Kriterium auch der Apostolizität geltend gemacht. Da die Sendung der Apostel tatsächlich eine Sendung zur Christusverkündigung war, erscheint Luthers Kriterium als annehmbar, wenn Christusverkündigung als Auslegung der komprehensiven Universalität der Erscheinung Jesu und des durch ihn verwirklichten Heils verstanden wird; denn dies war, wie früher dargelegt, die Zielbestimmung der Sendung der Apostel.

Auf eine ähnliche Frage nach einem Sachkriterium scheint mir nun auch das römisch-katholische Verständnis der Apostolizität zu führen. In der römisch-katholischen Kirche gilt neben Schrift und Glaubensbekenntnis und mit der Vollmacht zu deren Auslegung das in der Nachfolge der Apostel stehende Lehr- und Hirtenamt der Bischöfe und des Papstes als Kriterium der Apostolizität. Das brauchte auch auf protestantischer Seite nicht von vornherein bestritten zu werden. Es geht ja dabei um die Fortsetzung der apostolischen Sendung in einer sich wandelnden Welt. Daß die Sendung der Apostel eine über das urchristliche Zeitalter hinausgehende Dynamik entwickelte, die als solche den fortdauernden Auftrag der Kirche begründet, ist darin begründet, daß die Sendung der Apostel nicht nur auf ihre eigene Zeit, sondern auf die eschatologische Vollendung und Gerichtszeit zielte, also auf das Ende aller menschlichen Geschichte. Gewiß betont man mit Recht die Einmaligkeit der Sendung der Apostel, insofern diese auf den unmittelbar empfangenen Auftrag des Auferstandenen zurückgeht. Aber das schließt Bedürfnis und sachliche Notwendigkeit einer Fortführung dieser Sendung im nachapostolischen Zeitalter der Kirche nicht aus. Da diese Sendung die Kirche als ganze begründet, hat man mit Recht betont, daß die apostolische Sukzession primär auf die ganze Gemeinde in Gestalt der verschiedenen örtlichen Kirchen zu beziehen ist und nicht ausschließlich auf ihr leitendes Amt (E. Schlink). Doch es läßt sich nicht leugnen, daß ein Verständnis der Apostolizität von der Sendung der Apostel her sich in besonderer Weise auf die Aufgabe der Leitung der Gemeinden im Lichte dieser Sendung —

wenn auch in sich verändernden institutionellen Formen — sowie
auf die Fortsetzung der Verkündigung der komprehensiven Universalität der Erscheinung und Geschichte Jesu als Heil für alle Welt
bezieht. Beide Aufgaben gehören innerlich zusammen. Daraus folgt
freilich nicht, daß die beiden Funktionen unbedingt in einer Hand
vereinigt sein müssen. Offen bleibt auch noch die Frage nach dem
Kriterium solcher Fortsetzung der apostolischen Sendung. Als ein
solches Kriterium genügt schwerlich die bloße Tatsache der Sukzession. Schon historisch ist die Vorstellung von einer mit der Einsetzung von Nachfolgern durch die Apostel selbst beginnenden, lük-
kenlosen Sukzession von Amtsträgern sehr anfechtbar, zumal das
Interesse an derartigen Sukzessionsreihen, die bis zu den Aposteln
zurückreichen, erst gegen Ende des 2. Jahrhunderts nachweisbar ist.
Darüber hinaus aber erhebt sich die sachliche Frage, wodurch es gesichert ist, daß der Nachfolger den Auftrag des Vorgängers sachgemäß fortsetzt. Schon Irenäus hat an dieser Stelle auf das Amtscharisma verwiesen. Wie kann jedoch ein Amtscharisma außer für den
Träger des Amtes auch für die ganze Gemeinschaft, der das Amt
dient, die Übereinstimmung des Amtsträgers mit seinem Auftrag
verbürgen? Der Hinweis auf das Amtscharisma darf die Frage nach
der Sachgemäßheit im Verhalten des Amtsträgers nicht einfach au-
toritativ niederschlagen. Er hilft nur dann weiter, wenn das Amtscharisma in Verbindung mit der Natur des Amtes selbst verstanden
wird, die den Amtsträger in seinem Verhalten bestimmt. Wenn das
Amtscharisma aber mit der Natur des Amtes zusammengehört,
dann gibt es die Möglichkeit einer öffentlichen Urteilsbildung darüber, was in einer gegebenen Situation zur Wahrnehmung des betreffenden Amtes gehört, ob der Amtsträger bei seinem tatsächlichen Verhalten sich von seinem Amtscharisma leiten ließ oder
nicht, ob er in Wahrnehmung seines Amtes gehandelt oder gesprochen hat oder nicht. Kriterium einer solchen Urteilsbildung kann
nur die Eigenart des Amtes selbst sein, sofern sie auch demjenigen
verständlich wird, der seinerseits nicht Amtsträger ist und also auch
nicht das spezielle Amtscharisma besitzt, aber an der Sache teilhat,
der das Amt dient. Kriterium der Urteilsbildung über die Wahrnehmung kirchlicher Ämter wird dann der eschatologische Charakter
der apostolischen Sendung sein, der die Notwendigkeit und auch
die Richtung der Fortsetzung dieser Sendung über die Zeit der
Apostel hinaus angibt. Von daher wäre bereits die institutionelle
Gestalt, die solche Sendung in der jeweiligen geschichtlichen Situation der Gesamtkirche zweckmäßigerweise annehmen sollte, zu erörtern, also die jeweilige Gliederung der einen Sendung in einer
Vielzahl von Ämtern. Anzahl, Arbeitsteilung und Zuordnung sol-

cher Ämter braucht keineswegs immer dieselbe zu bleiben. Neben der institutionellen Gliederung in verschiedene Ämter umfaßt die Frage nach der Sendung der Kirche in der jeweiligen Gegenwart auch die Sachentscheidungen, die um der Sendung der Christenheit in der Welt willen von Fall zu Fall zu treffen sind. Für beide Bereiche bedarf es eines Kriteriums. Dieses liegt im Wesen der apostolischen Sendung selbst, insofern sie Sendung zur Christusverkündigung ist. Dieses Ergebnis konvergiert mit Luthers Forderung, die Christusverkündigung als Kriterium des Apostolischen anzuerkennen. Freilich kann das nicht bedeuten, einen schon fertigen christologischen Maßstab anzuwenden. Vielmehr weist das Kriterium der Christusverkündigung auf die immer wieder neu sich stellende Aufgabe hin, der Menschheit die universale und komprehensive Heilsbedeutung Christi in dazu geeigneter Form zu bezeugen. Darin geht es außer der Lehre auch um die Lebensform der Kirche.

Das Verständnis der Apostolizität der Kirche vom eschatologischen Wesen der apostolischen Sendung her könnte so eine Möglichkeit eröffnen, autoritäre Formen christlicher Überlieferung, die sowohl im Amtsverständnis der römisch-katholischen als auch im Schriftverständnis der Reformationskirchen (sowie übrigens auch in deren Amtsbegriff) eine große Rolle gespielt haben und sich durch den Begriff der Apostolizität legitimierten, zu überwinden, ohne die apostolische Sendung selbst für Lehre und Leben der Kirche zu verlieren. Die eschatologische Orientierung des Begriffs der Apostolizität scheint ein neues Verständnis der kirchlichen Ämter zu fordern und zu ermöglichen. Diese sind ja nur von der apostolischen Sendung her zu legitimieren. Dabei wird eine den jeweiligen geschichtlichen Bedingungen Rechnung tragende Elastizität in der Gestaltung der Ämter möglich, die dennoch die Einheit und (im Maße ihres eschatologischen Bezuges) Unfehlbarkeit (weil Endgültigkeit) der fortgehenden apostolischen Sendung selbst nicht verletzt, sondern voraussetzt, ohne daß freilich solche Einheit und Unfehlbarkeit in der Wahrnehmung des Amtes immer in Erscheinung treten müßte. Inwieweit in der Struktur, Gliederung und Wahrnehmung der kirchlichen Ämter die ihnen zugrunde liegende apostolische Sendung in ihrer Einheit und Unfehlbarkeit tatsächlich zum Ausdruck kommt, wird Gegenstand einer Diskussion und Kritik bleiben müssen, die sich an der Aufgabe solcher Sendung orientieren kann, weil der Geist Christi allen Christen verliehen ist und weil die erlösende Wahrheit Christi alle Menschen überzeugen soll.

III.

Die universale Weite der apostolischen Sendung, die in ihrer eschatologischen Eigenart begründet ist, impliziert unmittelbar den Gedanken der Katholizität. Wenn die eschatologische Sendung der Apostel ihren notwendigen Ausdruck in der Universalität des Missionsauftrages gefunden hat, dann können christliche Gemeinden nur unter der Bedingung apostolisch bleiben, daß sie sich im Zusammenhang der fortgehenden universalen Mission und der Gesamtheit ihrer bisherigen Wirkungen verstehen. Deshalb kann eine christliche Kirche nur in dem Maße apostolisch sein, in welchem sie katholisch ist.

Die Betonung des katholischen Charakters der wahren Kirche und ihrer Lebensäußerungen ist seit dem Aufkommen des Begriffs im 2. Jahrhundert bei Ignatius von Antiochien und Polykarp von Smyrna eng mit dem Thema der christlichen Einheit verknüpft. So wie Irenäus gegen die gnostische Berufung auf einzelne Apostel und von ihnen angeblich ausgegangene Sonderüberlieferungen die Übereinstimmung aller Apostel untereinander hervorhob, so auch die Übereinstimmung der verschiedenen auf apostolische Gründung zurückgehenden Kirchen in der Gegenwart untereinander und insbesondere mit der römischen Kirche, der er zwar schwerlich eine monarchische Stellung, wohl aber wegen ihrer Größe, ihres Alters, ihres Ansehens und schließlich auch wegen ihrer Gründung und Leitung durch die berühmten Apostel Petrus und Paulus einen besonderen Rang im Kreise der apostolischen Kirchen zuerkannte (*adv. haer.* III,5). Diese Argumentation wendet noch nicht terminologisch, wohl aber der Sache nach den katholischen Konsensus gegen die Häretiker, die schon allein dadurch sich ins Unrecht setzen, daß sie sich isoliert auf Sondertraditionen stützen. Schon bei Tertullian wird auch ausdrücklich die „katholische" Glaubensregel den Sondertraditionen der Häretiker gegenübergestellt (*De praescr. haer.* 26).

Trotz der Verwandtschaft von Einheit und Katholizität der Kirche decken sich jedoch die beiden Attribute nicht. Bei der Einheit der Kirche geht es vor allem um die Gemeinschaft der schon bestehenden Kirchen untereinander. Die Katholizität hingegen greift über die Schranken der bestehenden Kirchen hinaus, sofern jede kirchliche Gegenwart noch Momente der Partikularität und Beschränktheit aufweist im Vergleich zu ihrem universalen Auftrag für die Menschheit. Die Einheit der Kirche ist ein innerkirchliches Thema, sowohl im Hinblick auf das Verhältnis der verschiedenen Kirchen zueinander als auch in bezug auf ihre Einheit mit dem Ursprung und der Norm christlicher Gemeinde und christlichen Glaubens überhaupt sowie schließlich auch im Hinblick auf das Verhältnis des einzelnen Christen zur Gemeinde. Die Katholizität der Kirche umfaßt darüber hinaus auch ihr Verhältnis zu der noch nicht vom christlichen Glauben durchdrungenen Welt. Man kann von der Katholizität oder Universalität der Kirche nicht sprechen ohne Bezug auf die Universalität des in Jesus Christus erschienenen Heils für die Menschheit und auf die universale Mission der Kirche, der ganzen Menschheit die Kunde von diesem Heil zu vermitteln und sie seiner teilhaftig werden zu lassen. Daß dieser apostolische Weltbezug der Kirche ein Wesensmoment ihrer Katholizität darstellt, ist vom Zweiten Vaticanum neu betont worden. Doch hat schon Kyrill von Jerusalem ausdrücklich dieses Moment im Begriff der Katholizität erwähnt (*Cat.* 18,23), neben der räumlichen Ausbreitung und der inhaltlichen Fülle.

Schon der quantitative Aspekt der Katholizität als universale Verbreitung der Kirche schließt ein über die Gesamtheit der gegenwärtigen Christenheit und die bisherige Christentumsgeschichte hinausschießendes Moment in sich, das auf die eschatologische Vollendung der Kirche vorausweist. Zur katholischen Gemeinschaft der Kirche sind ja nicht nur alle gegenwärtig bestehenden christlichen Gruppen zu rechnen, sondern ebenso die der Vergangenheit seit den Anfängen des Christentums und die der Zukunft bis hin zum Ende dieser Welt. Erst in der Herrlichkeit der eschatologischen Vollendung wird die Kirche voll und ganz als katholische verwirklicht sein, da die eschatologische Vollendung nicht nur das letzte Stadium der Weltgeschichte, sondern zugleich Vollendung und Gericht aller früheren Epochen sein wird. Die Katholizität der Kirche ist also im strengen Sinne ein eschatologischer Begriff. Sie *zielt* nicht nur auf das Eschaton wie die apostolische Sendung, sondern sie erlangt erst in der eschatologischen Herrlichkeit ihre volle Realität, die u. a. durch die Beseitigung des Gegensatzes von Kirche und säkularer Gesellschaft gekennzeichnet sein wird. Dieser eschatologische Sinn des Begriffs „katholische Kirche" bedeutet gewiß nicht, daß sie auf dem Wege der Geschichte zur eschatologischen Vollendung hin noch gar keine Realität hätte, aber die Kirche kann auf ihrem Wege durch die Geschichte jeweils nur partiell als katholische in Erscheinung treten. Das einfachste Beispiel dafür ist, daß jede einzelne Epoche der Kirchengeschichte nur von einigen wenigen Generationen gestaltet wird und nicht von den früheren und späteren Generationen, die ebenso zur einigen Gemeinschaft der durch die Zeiten hin beharrenden katholischen Kirche gehören.

Es ergibt sich, daß Katholizität in der fortgehenden, noch nicht

vollendeten Geschichte gebunden ist an eine je besondere und daher
immer auch beschränkte Gestalt christlichen Lebens, in dieser oder
jener christlichen Gemeinschaft, aber auch im Denken und Verhalten der einzelnen Christen. Die katholische Fülle erscheint in der
noch nicht vollendeten Geschichte nur in konkreten und als solchen
verschiedenen und partikularen Gestalten. Von daher gesehen stellt
sich die Auffassung, daß Katholizität eine Uniformität der Lebensform, der Ordnung der Kirche und ihrer Liturgie oder ihrer Lehre
erfordere, als ein Mißverständnis dar. Andererseits ist aber auch der
entgegengesetzte Gedanke verfehlt, daß die eine wahre Kirche unsichtbar bleibe. Diese Auffassung rechnet gar nicht damit, daß die
Fülle des Katholischen unter den besonderen Bedingungen der jeweiligen Situation in Erscheinung zu treten vermag. Allerdings ist
keine dieser konkreten Gestalten christlicher Kirche mit der Totalität des Katholischen identisch. Aber wo eine besondere Kirche, geprägt durch ihre besonderen Traditionen und bestimmt durch spezifische Nöte und Aufgaben, zugleich der Gesamtheit christlicher
Überlieferung — auch in anderen Konfessionen — sowie der Vielfalt der gegenwärtigen Wirklichkeit christlichen Geistes und der
Fülle und Neuartigkeit künftiger Möglichkeiten und Aufgaben der
Christenheit im ganzen sich offenhält, da kann eine Einzelkirche —
und ähnlich der einzelne Christ — trotz der tatsächlichen Schranken ihres Verständnisses und ihrer Lebensformen die katholische
Fülle inmitten der Geschichte repräsentieren. Weil jedoch jede solche Erscheinung katholischen Geistes in ihrer konkreten Erscheinung partikular und beschränkt bleibt, die eschatologische Fülle
noch nicht erreicht hat, darum kann keine Erscheinungsform der
einen katholischen Kirche den Anspruch rechtfertigen, daß alle anderen ihr gleichförmig werden müßten. Im Verhältnis der verschiedenen christlichen Gruppen zueinander kann die katholische Einheit nur in der Weise zum Ausdruck kommen, daß sie wechselseitig
die Gegenwart der katholischen Fülle der Wahrheit in den besonderen Lebensformen, Überlieferungen, Ordnungen und Bekenntnissen
der anderen respektieren und anerkennen. Der hoffnungsvolle Ausblick der einzelnen Gruppen aus ihren konkreten Schranken und
Gebundenheiten auf die Universalität der katholischen Wahrheit,
die an der triumphierenden Kirche der eschatologischen Vollendung
in Erscheinung treten wird, liefert keinen einfach zu handhabenden
Maßstab für solche wechselseitige Anerkennung. Doch da die Fülle
der vollendeten Kirche die geschichtliche Vielfalt in sich begreifen
und zusammengefaßt in ihrer Herrlichkeit darstellen wird, wie sie
sich auf dem Wege der Christenheit durch ihre Geschichte Schritt
für Schritt herausbildet, so muß jeder gegenwärtige Anspruch auf

Katholizität sich in dreierlei Hinsicht ausweisen: *erstens* durch ein Bemühen um Kontinuität mit der gesamtchristlichen Vergangenheit und ihrem Erbe, besonders mit den Ursprüngen, aus denen aller christlicher Glaube lebt; *zweitens* durch eine Weite, die den vielfältigen Ausprägungen Raum bietet, in denen der christliche Glaube in Vergangenheit und Gegenwart in Erscheinung getreten ist; *drittens* durch Offenheit für künftige neue Möglichkeiten christlichen Wirkens, besonders im Hinblick auf das Wohl der Menschheit, auf deren Heil die Sendung der Kirche zielt. Das sind Kriterien, an denen sich die gegenseitige Anerkennung der Wirksamkeit wahrhaft katholischen Geistes in verschiedenartigen Gestalten christlicher Überlieferung und Gemeinschaft orientieren kann. Solche wechselseitige Anerkennung braucht nicht gleiche Formen der Lehre und Ordnung vorauszusetzen, weder einen *consensus de doctrina* im traditionell lutherischen Sinne noch gleiche Ämterstruktur. Eher wird sie zur Ausbildung solcher Gemeinsamkeiten führen. Auch dann aber darf es nicht als Mangel erscheinen, wenn gemeinsame Formulierungen oder Institutionen verschieden ausgelegt und weiterentwickelt werden. In der Uniformität ginge die katholische Vielfalt verloren. Daher kann man auch nicht von vornherein dem Prozeß der Differenzierung, der Herausbildung von Besonderheiten und Unterschieden, Grenzen ziehen wollen. Das würde wiederum uniform geltende Prinzipien voraussetzen, wenn auch solche Uniformität sich auf die Sicherung eines allgemeinen Rahmens beschränkte. Das Leben der Kirche muß statt dessen den beiden Tendenzen zur Vereinheitlichung und zur Differenzierung Raum geben, Tendenzen, die sich im Leben jeder Gemeinschaft gegenseitig fordern und begrenzen. Dabei bildet sich die Tendenz zur Differenzierung aus durch den Gegensatz zu vorhandenen Lebens- und Denkformen, die nicht mehr als genügend empfunden werden. Je weiter die Differenzierung fortschreitet, desto mehr muß auch das Bedürfnis nach Vereinigung dieser Vielfalt wachsen, solange keine Uniformität von außen oktroyiert wird.

Im Sinne einer derartigen Pluralität von konkreten Gestalten, in denen die katholische Fülle zur Erscheinung kommt, wird auch das gegenseitige Verhältnis der verschiedenen regionalen oder konfessionellen Traditionen innerhalb der einen Christenheit aufzufassen sein. Die Pluralität solcher Traditionen in Kirchenordnung, Lehre und Liturgie schließt Katholizität nicht aus, solange eine jede von ihnen über die eigene Besonderheit hinaus sich offen hält für das christliche Recht der anderen und sich verantwortet, nicht nur vor der eigenen Überlieferung, sondern vor der gesamtchristlichen Geschichte und ihrem Erbe. Dabei können durchaus einige Ausprägungen christlicher Tradition in Geschichte und Gegenwart besondere Bedeutung für alle Christen gewinnen. So kann auch einer besonderen Kirche und den von ihr ausgegangenen Traditionen ein Vorrang innerhalb der Gesamtchristenheit zuerkannt werden. Eine solche Vorrangstellung kann, wie schon Irenäus sagte, aus Gründen des Alters, der Größe und des Ansehens, vor allem aber wegen des Erweises wahrhafter Apostolizität und Katholizität gerechtfertigt sein. Doch keine einzelne Kirche, keine einzelne Erscheinungsform christlicher Katholizität kann exklusiv identisch sein mit der einen katholischen Kirche, deren volle Offenbarung die Christen von der künftigen Vollendung erwarten und in deren vorläufiger Erscheinung sie leben, so wie sie sich in den mancherlei christlichen Gemeinschaften manifestiert. Daß Katholizität ein eschatologischer Begriff ist, hat zur Folge, daß keine, auch nicht die höchste gegenwärtige Erscheinungsform der Katholizität sie exklusiv für sich allein beanspruchen kann. Keiner von ihnen kommt die Stellung eines absoluten Monarchen in der Gesamtchristenheit zu. Derartige Ansprüche verdunkeln gerade die wahre Katholizität einer Kirche und entstellen ihre Gestalt durch konfessionelle Enge und Intoleranz. Den tatsächlichen Vorrang einer besonderen Kirche und Überlieferung in der gesamten Christenheit wird die Gemeinschaft der übrigen Kirchen um so lieber ehren und als Zeichen und Unterpfand der christlichen Einheit begrüßen, je deutlicher die wahre Katholizität dieser besonderen, also etwa der römischen Kirche in Erscheinung tritt, indem sie ihrer eigenen Unterschiedenheit von der katholischen Fülle der vollendeten Kirche eingedenk bleibt, sowohl in ihrer eigenen Ordnung und Lehre als auch in ihrem Verhältnis zur übrigen Christenheit. Die eschatologische Katholizität kann in der der Vollendung noch ermangelnden Gegenwart nur unter der Bedingung in Erscheinung treten, daß die stets partikulare Erscheinungsform nicht verwechselt wird mit der katholischen Fülle selbst.

In diesen Erörterungen ist bereits vorausgesetzt, daß Katholizität nicht nur raumzeitliche Universalität, sondern Inhaltsfülle bedeutet. Der Übergang zu diesem Gedanken geschah bereits durch den Vorblick auf die eschatologische Vollendung der Kirche, da sie die Vielfalt des in Raum und Zeit Getrennten in sich vereinigt und zur Teilnahme an der Fülle Gottes selbst verherrlicht.

Der Gedanke des Katholischen als Fülle der Wahrheit ist besonders mit dem Begriff der katholischen Lehre verbunden worden. Auch für diesen Bereich gilt jedoch, daß keine geschichtlich konkrete und als solche immer auch beschränkte Erscheinungsform der Lehre mit der ganzen Wahrheit identisch ist. Daher bedarf der Satz des Vinzenz von Lerin, katholische Lehre sei das, was überall, immer und von allen geglaubt worden ist, einer Modifikation; denn er scheint nur die extensive und quantitative Bedeutung des Wortes „katholisch" zugrunde zu legen, läßt dagegen den Aspekt der Fülle sowie erst recht deren eschatologischen Charakter außer acht. Von einem eschatologischen Begriff der Katholizität her wird man urteilen, daß die Fülle der christlichen Wahrheit jeweils in geschichtlichen Formen christlicher Lehre in Erscheinung tritt, aber nie schon ganz und vollständig zum Ausdruck gebracht ist. Daher bleibt es stets möglich, dasselbe — nämlich die eine Wahrheit Christi — nicht nur neu, sondern auch anders zu sagen, sogar im Gegensatz gegen frühere Lehrformulierungen, ohne daß damit notwendigerweise geleugnet wäre, daß diese früheren Formulierungen zu ihrer Zeit ein wenn auch beschränkter Ausdruck derselben Christuswahrheit gewesen sind. Sogar einander entgegengesetzte Lehrformulierungen, wie die des Trienter Konzils auf der einen, die der reformatorischen Bekenntnisse auf der andern Seite — Lehrformulierungen, die sich zu ihrer Zeit schroff widersprachen —, können von einem späteren Standpunkt aus beide als teilweise berechtigte, wenn auch in ihrer Erkenntnis und in ihrem Recht beschränkte (und zwar nicht nur wechselseitig durcheinander beschränkte) Ausdrucksformen der einen Wahrheit Christi anerkannt werden. Dabei muß allerdings von jedem neuen Standpunkt aus das Teilrecht der einen und der andern Seite in bezug auf das beide umfassende neue Verständnis der Christuswahrheit genauer angebbar sein, soll nicht die eine Wahrheit jede, auch jede vorläufige Gestalt für uns verlieren. Doch wenn wir Christen die ganze Wahrheit noch nicht jetzt haben, sondern sie von der eschatologischen Zukunft erwarten, von der wir jetzt nur hier und dort einen Vorschein erfahren, dann kann es echte Veränderungen überlieferter Lehre geben ohne Gefährdung der Identität der Wahrheit selbst. Denn die wahre Ehrfurcht vor der Tradition wird ja immer voraussetzen müssen, daß auch die Urheber überlieferter Lehre über ihre eigenen Formeln hinaus dem je immer größeren Gott zugewandt blieben. Nur eine christliche Lehre, die sich selbst mit der eschatologischen Wahrheit verwechselte, müßte befürchten, daß mit einer Änderung der Lehre unvermeidlich auch die Identität der Wahrheit selbst preisgegeben würde. Wieder ist das wirkliche Leben, die wirkliche Geschichte aller christlichen Kirchen in dieser Sache reicher als ihr bisheriges, oft erstaunlich enges Verständnis der Katholizität ihrer Lehre; denn nirgends ist nur das als katholische Wahrheit gelehrt worden, was überall, immer und von allen *in derselben Form* geglaubt worden wäre. Vielmehr hat der Fortschritt der Lehrbildung zwar nicht not-

wendigerweise den Glauben, wohl aber das Glaubensverständnis
früherer Generationen, aber auch zeitgenössischer Autoritäten, immer wieder korrigiert.
Von hier aus fällt ein Licht auf den Gegensatz von katholischer
Lehre und Häresie. Von einem eschatologisch orientierten Verständnis der katholischen Wahrheit her ist eine Lehre nicht schon deshalb als häretisch zu beurteilen, weil sie von einer anerkannten oder
sogar feierlich proklamierten Lehrnorm abweicht oder auch in Widerspruch zu ihr tritt. Häretisch wird eine Lehre erst dann, wenn
sie sich in einer Teilwahrheit abschließt und sich weigert, die Fülle
des christlichen Erbes und darüber hinaus die eschatologische Fülle
der katholischen Wahrheit in ihren Gesichtskreis aufzunehmen.

Alle diese Erwägungen wollen implizit bereits daran erinnern,
was es bedeutet, daß wir Christen uns dazu bekennen, eine heilige,
katholische und apostolische Kirche zu *glauben*. Wir konstatieren
nicht einfach ihr Vorhandensein. Die Katholizität der Kirche ist Gegenstand des Glaubens, weil ihre katholische Fülle erst in der eschatologischen Vollendung voll realisiert sein wird. Und die Apostolizität der Kirche ist Gegenstand des Glaubens, weil es sich dabei nicht
um eine Eigenschaft handelt, die der Kirche von ihrem Ursprung
her als natürliche Qualität anhaftet, sondern um eine Sendung, der
sie durch ihr Verhalten entspricht oder auch nicht entspricht und
die auf jene katholische Fülle zielt, die erst in der eschatologischen
Vollendung vollkommen realisiert sein wird. Dabei wird ohne Zweifel
die gegenwärtige Kirche, nicht erst die künftige, als apostolisch
und als katholisch geglaubt. Die gegenwärtige Wirksamkeit der
apostolischen Sendung zielt als Sendung an die Menschheit darauf ab, die katholische Fülle in der jeweiligen Gegenwart zu neuer
Erscheinung zu bringen. So wird der Glaube an die katholische
und apostolische Kirche für die Gegenwart produktiv. Und nur
da, wo Apostolizität und Katholizität der Kirche als Sache des
Glaubens verstanden werden — und nicht als Angelegenheit eines
bloßen Konstatierens, nur da kommen beide in der kirchlichen
Gegenwart zur Erscheinung als Vorschein der kommenden Gottesherrschaft selbst, in deren Dienst die Sendung der Apostel wie
die Jesu stand und mit deren Kommen die wahrhaft katholische
vollkommene Gesellschaft verwirklicht sein wird, die keiner Trennung von Kirche und politischem Gemeinwesen mehr bedarf.

Konfessionen und Einheit der Christen

1.

Die Pluralität christlicher Konfessionen hat zwar schon in der Trennung von westlicher und östlich-orthodoxer Christenheit ihren Ursprung. Vielleicht reicht sie noch weiter zurück bis ins 5. Jahrhundert, zur Abspaltung der monophysitischen und nestorianischen Kirchen. Man mag sogar fragen, ob nicht schon der Gegensatz von orthodoxen und arianischen Kirchen konfessionellen Charakter hatte. In der lateinischen Christenheit aber ist die Pluralität von Konfessionen ein modernes Phänomen, Ergebnis der Kirchenspaltung des 16. Jahrhunderts, die von keiner der damaligen „Religionsparteien" gewollt war. Im 16. Jahrhundert war die Vielheit der Konfessionen eine Vielheit sich gegenseitig ausschließender Modelle christlicher Einheit. Vom 17. bis zum 19. Jahrhundert wurde daraus eine Pluralität selbständiger Ausprägungen des Christentums, die sich voneinander als altgläubige und moderne oder als rechtgläubige und abgeirrte Glaubensformen schieden. In der ökumenischen Bewegung des 20. Jahrhunderts wird die Vielfalt der Konfessionen wieder auf die geglaubte Einheit der Kirche bezogen, und die ererbten Konfessionskirchen erscheinen nun leicht als bloßes Hindernis der christlichen Einheit. Auf der anderen Seite darf aber nicht übersehen werden, daß der Inhalt des Glaubens und die Formen christlichen Lebens und kirchlicher Verfassung bis heute noch überwiegend mit den unterschiedlichen konfessionellen Ausprägungen verbunden sind. Daher besteht die Gefahr, daß eine Abwendung von den konfessionellen Glaubens- und Lebensformen zugleich auch einen Verlust der christlichen Substanz bedeutet, die bisher nur oder doch weit überwiegend in solcher konfessionellen Bindung explizite Gestalt gewonnen hat. Daß eine der Konfessionen exklusiv die Wahrheit des christlichen Glaubens verkörpert und gar keiner Ergänzung durch die anderen christlichen Gemeinschaften bedarf, wird heute nur noch selten behauptet. Aber weil die Konfessionskirchen in der Pluralität ihrer Glaubens- und Lebensformen trotz der Gegensätzlichkeit ihrer Ausprägungen die Substanz der christlichen Glaubenstradition bewahren, darum sind die Konfessionskirchen doch noch mehr und anderes als die zählebigen, aber im Prinzip überlebten Restbestände einer hoffnungslos rückständigen und durch ihre Spaltungen verhängnisvollen Phase der Geschichte des Christentums. Die Konfessionskirchen können jedenfalls dann eine positive, zukunftsweisende Rolle für die Entwicklung des Christentums spielen, wenn sie sich als Treuhänder eines Erbes verstehen, das in eine neue christliche Einheit eingebracht werden soll. So gesehen behält die Pluralität der Konfessionen heute eine positive Funktion für die Einheit der Christen. Es geht darum, die christliche Substanz, die in den gegensätzlichen konfessionellen Ausprägungen bewahrt wird, fruchtbar werden zu lassen für ein neues Bewußtsein christlicher Gemeinsamkeit und in der Ausbildung neuer Formen christlichen Lebens, die auch innerhalb der heutigen Konfessionskirchen schon über die konfessionellen Gegensätze früherer Zeiten hinausweisen. Für die Sichtung der konfessionellen Traditionen sind dabei kritische Prinzipien erforderlich, und zur Gewinnung eines solchen Maßstabes empfiehlt sich eine Besinnung auf den eigentlichen Sinn des Bekennens und des Bekenntnisses im Leben der Kirche, um daran die konfessionellen Ausprägungen des Christentums in unseren Kirchen zu prüfen.

2.

Im Zentrum allen Bekennens und aller Bekenntnisbildung muß das Christusbekenntnis stehen. Es ist in seinem Ursprung Bekenntnis *zu* Jesus Christus, zu seiner Botschaft und zu seiner Person. Beim Bekennen geht es ursprünglich um die persönliche Gemeinschaft mit Jesus Christus, nicht um feierliche Selbstverpflichtung auf eine Reihe von Lehraussagen. In den Evangelien tritt dieser personale Charakter des Bekennens ausdrücklich hervor in dem doch wohl auf Jesus selbst zurückgehenden Wort Lk. 28,8 f.: „Jeder, der sich zu mir bekennt (ὁμολογήσῃ) vor den Menschen, zu dem wird sich der Menschensohn bekennen vor den Engeln Gottes." H. v. Campenhausen hat kürzlich auf die „gewaltige Nachgeschichte" dieses Spruches hingewiesen: „Überall, wo im Urchristentum das christologische Bekennen oder ein ihm korrespondierendes Verleugnen auftaucht, ist im Zweifelsfall eine direkte oder indirekte Nachwirkung dieses Jesus-Wortes zu vermuten."[1]

In welcher Form haben sich die ersten Christen zu Jesus bekannt? Gab es dafür überhaupt eine bestimmte Form? Das ist neu-

---

[1] H. v. Campenhausen: Das Bekenntnis im Urchristentum, in: ZNW 63, 1972, 210–53, Zitat 214.

erdings wieder recht unsicher, nachdem H. v. Campenhausen die bisher geläufige Annahme, daß sich im Neuen Testament Anspielungen auf Taufbekenntnisse und sogar Formelstücke aus urchristlichen Taufbekenntnissen finden, mit beachtlichen Argumenten in Zweifel gezogen hat. Danach wären bis weit ins zweite Jahrhundert hinein keine Taufbekenntnisse nachweisbar. Dennoch stellt die Taufe als solche natürlich einen Akt des Sichbekennens zu Jesus dar, und im höchsten Sinne gilt dasselbe für die „Bluttaufe", das Martyrium. Ob hingegen die christliche Deutung Jesu durch Titel wie Christus und Gottessohn schon stets als Bekenntnisakt zu bezeichnen ist, wie es mit anderen auch H. v. Campenhausen annimmt, erscheint als zweifelhaft. Nicht nur tritt das Verb „bekennen" nur selten in Verbindung mit solchen Titeln auf, auch der forensischen Situation eines Bekennens „vor den Menschen" entspricht die Bezeichnung Jesu durch solche Würdenamen nicht ohne weiteres. Das gilt auch für die Situation des sog. „Petrusbekenntnisses" Mk. 8,29. Das Fehlen einer ausdrücklichen Kennzeichnung als Bekenntnis in diesem Text wiegt daher schwerer als vielfach angenommen worden ist.

Ausdrücklich von „Bekennen" redet dagegen Paulus in einem viel beachteten Satz des Römerbriefes, der oft als Anspielung auf ein Taufbekenntnis verstanden worden ist: „Denn wenn du mit deinem Munde bekennst: ‚Jesus ist der Herr', und in deinem Herzen glaubst: ‚Gott hat ihn von den Toten auferweckt', so wirst du gerettet werden" (Röm. 10,9). In neuerer Zeit wird der Ruf „Herr ist Jesus" häufig als kultische Akklamation von der Form eines Bekenntnisses abgehoben. Doch immerhin kennzeichnet Paulus diesen Ruf ausdrücklich als ein Bekennen. Läßt sich ein Taufbekenntnis im Urchristentum nicht nachweisen und ist dann auch die paulinische Formel nicht als Anspielung auf ein Taufbekenntnis zu verstehen, so zeigt das, daß man den Begriff des Bekenntnisses nicht auf einen solchen Typus fixieren darf. Der Begriff des Bekenntnisses muß so offen gehalten werden, daß er auch dem expliziten paulinischen Sprachgebrauch Rechnung zu tragen vermag. Für Paulus vollzieht sich das Bekenntnis zu Jesus offenbar gerade in der Teilnahme an der kultischen Anrufung Jesu als des Herrn durch die Gemeinde.

Im Unterschied zu Jesu Spruch vom Bekennen läßt sich aus der Bemerkung des Paulus weiter entnehmen, daß sich das Bekennen zu Jesus in der gottesdienstlichen Anrufung der Gemeinde mit einer näheren Bestimmung dessen verbindet, wozu sich der Glaubende mit dem Namen Jesu bekennt: Er bekennt sich nicht einfach zu Jesus, sondern zu Jesus als dem Herrn (Röm. 10,9). Entsprechend endet die von Paulus im 2. Kapitel des Philipperbriefs zitierte ur-

16*

christliche Formel mit dem Bekenntnis zu Jesus als dem Herrn und Christus (Phil. 2,11). Diese Als-Struktur des Bekennens der Gemeinde bildet den Ausgangspunkt für die spätere Entwicklung zum Tauf- und Lehrbekenntnis. Im Römerbrief fügt Paulus schon hinzu, daß das Bekenntnis zu Jesus als dem Herrn den Glauben an seine Auferweckung durch Gott einschließt. Später wird daraus eine der inhaltlichen Näherbestimmungen des expliziten Bekennens selbst. Machen wir uns die Veränderung klar, die sich hier anbahnt. Solange Jesus mit seiner Verkündigung für jedermann leiblich gegenwärtig war, konnte eine inhaltliche Näherbestimmung des Bekenntnisses zu ihm entbehrlich sein. Zwar mag es schon auf vorösterliche Zeit zurückgehen, daß seine Jünger ihn als den erwarteten Messias identifizierten (Mk. 8,29) oder als „den Sohn" des Vaters, den er verkündete. Darin mag schon damals die Bedeutung Jesu, wie sie sich den Jüngern darstellte, als Grund ihres Sichbekennens zu ihm zum Ausdruck gekommen sein. Doch war die Festlegung auf ein solches Interpretament damals noch nicht Bedingung der Eindeutigkeit des Sichbekennens selber. Die entscheidende Frage, ob der Bekennende sich durch sein Bekenntnis wirklich auf Jesus selbst einläßt, konnte damals einfach dadurch entschieden werden, daß Jesus ein solches Bekenntnis annahm, und daher konnten die unterschiedlichen Deutungen seiner Person in der Schwebe bleiben. Die nachösterliche Gemeinde hingegen mußte sich anhand der mit dem Namen Jesu verbundenen Interpretamente dessen vergewissern, daß das Bekenntnis des einzelnen wirklich auf Jesus selbst gerichtet war, so wie ihn die erste Gemeinde kannte. Die Gemeinde trat darin an die Stelle Jesu selbst: Die Annahme des individuellen Bekenntnisses durch sie verbürgte dem einzelnen fortan die Annahme seines Bekenntnisses durch Jesus selbst. Umgekehrt bekannte sich der einzelne nun zu Jesus durch Übernahme des Bekenntnisses der Gemeinde zu ihm als Herr, Christus, Sohn Gottes. Hier verband sich das Motiv der Näherbestimmung des Bedeutung Jesu durch das mit seinem Namen verknüpfte Interpretament mit dem Motiv der Identifizierung des individuellen Bekennens als eines wirklich auf Jesus selbst gerichteten Aktes: Ob Jesus selbst im Bekenntnis gemeint war, das wurde nun daran gemessen, ob der Bekennende sich zu Jesus in der Bedeutung, die die Gemeinde mit ihm verband, bekannte. Das macht verständlich, daß Paulus der Teilnahme an der Akklamation Jesu als des Herrn, wie sie im Gemeindegottesdienst geübt wurde, Bekenntnischarakter zuschreiben konnte. Ähnliche Funktion wird das „Bekenntnis" zu Jesus als dem Sohn Gottes gehabt haben, wie es durch den ersten Johannesbrief bezeugt ist: „Wer bekennt, daß

Jesus der Sohn Gottes ist, in dem hat Gott bleibende Wohnung und er in Gott" (1 Joh. 4,15). Auch hier nimmt der einzelne teil an dem, was die Gemeinde tut, indem sie Jesus den Sohn Gottes nennt. Das Bekenntnis zu Jesus als dem Sohne Gottes verbindet den Bekennenden nach der Auffassung des ersten Johannesbriefs übrigens nicht nur mit Jesus selbst, sondern (dadurch) auch mit Gott. Dabei handelt es sich nicht etwa um ein spätes Theologumenon der Urchristenheit, sondern diese Feststellung entspricht durchaus dem Anspruch, mit dem Jesus aufgetreten war, daß sich nämlich am Verhalten der Menschen zu ihm ihr Gottesverhältnis entscheide. Indem sie diesen Sachverhalt explizit macht, läßt die Formulierung des ersten Johannesbriefs schon erkennen, wie das Bekenntnis zu Jesus den Ansatzpunkt für die Mehrgliedrigkeit der späteren christlichen Taufbekenntnisse in sich enthält. In die gleiche Richtung weist 1. Joh. 2,23: „Wer den Sohn bekennt, hat auch den Vater." In der Welt des hellenistischen, polytheistischen Volksglaubens gewann das Bekenntnis zum Vater als dem einen Gott seit dem 2. Jahrhundert selbständiges Gewicht, insbesondere auch in der Auseinandersetzung mit der Gnosis, der gegenüber es vor allem um die Feststellung gehen mußte, daß es sich bei diesem einen Gott um den Schöpfer der Welt handle. Die differenziertere Ausbildung des Christusbekenntnisses selbst wird im Urchristentum nicht nur durch die Vielzahl der mit dem Namen Jesu verbundenen Titel vorbereitet, sondern auch durch Verbalsätze wie, daß Gott Jesus von den Toten auferweckt hat (Röm. 10,9), oder daß Jesus Christus ins Fleisch gekommen ist (1. Joh. 4,2). Schließlich verbindet das Bekenntnis zu Jesus ebenso wie mit dem Vater auch mit dem von Jesus ausgegangenen und den Gläubigen des ewigen Lebens vergewissernden Geist: Das Bekenntnis zu Jesus als dem Kyrios ist das Kriterium des rechten Geistes; denn „niemand vermag zu sagen ,Herr ist Jesus' außer im Heiligen Geist (1. Kor. 12,3). Da das Bekenntnis zu Jesus in der nachösterlichen Situation durch Teilnahme an der gottesdienstlichen Anrufung Jesu in seiner Gemeinde geschieht, ist das Bekenntnis zu Jesus als dem Sohne Gottes immer zugleich das Bekenntnis zu dem von ihm ausgehenden Geist, der in der Kirche wirksam ist, in der Jesus als der Herr und als Sohn Gottes bekannt wird. Die trinitarische Ausgestaltung der späteren christlichen Taufbekenntnisse, deren Ausgangspunkt noch im urchristlichen Schrifttum erkennbar ist (Mt. 28,19), läßt sich also verstehen als Entfaltung des Christusbekenntnisses, als Entfaltung der Implikationen des persönlichen Bekennens zu Jesus hinsichtlich der ihm eigenen Bedeutung, nämlich im Hinblick auf seine Einheit mit Gott, die auch dem Glaubenden Gemeinschaft mit Gott verbürgt, aber auch als Entfaltung des kirchlichen Charakters des christlichen Bekennens: Der einzelne kann sich fortan nur so zu Jesus bekennen, daß er das Bekenntnis der Gemeinde zu ihrem Herrn übernimmt und sich damit zugleich auch zum Wirken des von Christus ausgegangenen Geistes in dieser Gemeinde bekennt.

Der Prozeß inhaltlicher Erweiterung der expliziten Näherbestimmungen des Bekenntnisses zu Jesus ist offenbar durch die Auseinandersetzung mit Irrlehren ausgelöst worden, die die Eindeutigkeit des einfachen Sichbekennens zu Jesus als dem Herrn, dem Christus und Gottessohn, gefährdeten. Das zeigt sich schon im ersten Johannesbrief und wenig später bei Ignatius von Antiochien[2]. Während Paulus sich noch mit der Feststellung begnügen konnte, daß das Einstimmen in die Akklamation der Gemeinde „Herr ist Jesus" den Glauben an seine Auferweckung durch Gott impliziert, geht es dem ersten Johannesbrief bereits um das explizite Bekenntnis, Jesus sei ins Fleisch gekommen. Diese Formel wird nun gegenüber der Irrlehre zum Zeichen der Einheit der Christen im Bekenntnis zu Jesus Christus. Eine ähnliche Funktion haben die inhaltlich differenzierten, partizipial gebauten Deklarationen des Ignatius, durch die dieser für die Gemeinden, an die er seine Briefe richtet, zusammenfaßt, wer der ist, zu dem sich die Gemeinde bekennt. Die Nuancierung dieser Zusammenfassungen ist bestimmt durch die aktuellen Auseinandersetzungen: Die menschliche Geburt und das wirkliche Leiden Jesu werden betont hervorgehoben. Daß die Kirche verbunden bleibe im Bekenntnis zu *diesem* Jesus Christus und daß niemand einem „leeren Wahn" verfalle (Magn. 11), das ist die Sorge des Bischofs von Antiochien, der die Einschärfung des wesentlichen Inhalts des gemeinsamen Glaubens durch seine formelhafte Zusammenfassung dient.

3.

Wir haben gesehen, wie sich schon im urchristlichen Christusbekenntnis die beiden Motive des Bekenntnisses zur *Person* Jesu und der Angabe seiner ein *Bekenntnis* zu ihm allererst begründenden Bedeutung verbunden haben und wie die Übernahme der für die Gemeinde mit Jesus verbundenen Bedeutung dem einzelnen verbürgt, daß sein Bekenntnis sich wirklich auf Jesus bezieht. Von hier aus ist das Gewicht zu verstehen, das die Einheit des Bekenntnisses, die Einmütigkeit im Verständnis der Jesus zuerkannten Bedeutung, für das Leben der Kirche gewonnen hat. An der Übereinstimmung

---

[2] H. v. Campenhausen, a. a. O. 235 ff., 241 ff.

der Jesus zugeschriebenen Bedeutung, wie auch hinsichtlich der Beziehungen zum Vater und zum Geist, ist zu ermessen, ob man im Bekenntnis *zu* Jesus verbunden ist, so daß man durch die Gemeinschaft mit Jesus untereinander zur Gemeinschaft *in Christus*, zur Gemeinschaft der Kirche verbunden ist.

Von hier aus ist die Funktion der Lehrbekenntnisse der altkirchlichen Konzilien zu verstehen. In Nicaea 325, in Konstantinopel 381, in Chalkedon 451 — immer geht es darum, daß die Übereinstimmung in den Aussagen über Jesus Christus, über sein Verhältnis zum Vater und über den Geist die Einheit in Christus, die Einheit im Bekenntnis zu Christus anzeigt und so die Einheit der Kirche begründet.

Dieselbe Funktion hat grundsätzlich auch die spätere Dogmenentwicklung noch erfüllt. Allerdings wird bei den Dogmenformulierungen der mittelalterlichen Kirche nicht immer zugleich das Ganze des Christusbekenntnisses ausgesagt. Die Verselbständigung von dogmatischen Einzelthemen zeigt an, daß die Lehre nun für sich thematisch wird. Aber immer noch geht es bei der Frage nach der rechten Lehre — auch wenn sie sich im einzelnen der Gnadenlehre, den Sakramenten oder anthropologischen Themen zuwendet — letzten Endes um die Bedeutung Jesu für den Glauben. Dasselbe gilt für die konfessionellen Lehrbekenntnisse des 16. und 17. Jahrhunderts. Trotzdem ist es unverkennbar, daß im Zuge dieser Entwicklung die fortschreitend differenzierten Probleme der Lehre über Jesus und der christlichen Lehre überhaupt ein Eigengewicht gewonnen haben, welches die Tatsache verdeckt, daß es sich bei derartigen dogmatischen Definitionen letztlich nur um die Identität des persönlichen Bekenntnisses zu Jesus handeln kann, um die Festlegung der Bedingungen, unter denen das Bekenntnis des Glaubens von der Gemeinschaft der Kirche als Bekenntnis zu Jesus anzuerkennen ist. Mit dieser Aufgabe verbinden sich jetzt andere, im Prinzip von ihr zu unterscheidende Interessen wie das an einer „Sprachregelung" (K. Rahner) für die in der Kirche stattfindende theologische Lehre. Solche Sprachregelung mag um der Einheit der Kirche willen wünschenswert sein, so sehr sie andererseits die Gefahr birgt, die lebendige Pluralität der Interpretationen der christlichen Überlieferung abzuschneiden. Doch sie hat auf jeden Fall nicht dieselbe Dignität wie die Feststellung der Bedingungen des persönlichen Bekenntnisses zu Jesus Christus.

Dieses personale Moment des Sichbekennens zu Jesus Christus muß der zentrale Bezugspunkt aller Bekenntnisaussagen der Kirche bleiben. Die Elemente der Lehre sind dabei nicht ausgeschlossen. Das personale Bekenntnis zu Jesus impliziert, wie gezeigt wurde, ein Verständnis der Bedeutung Jesu und der mit Jesus verbundenen Wirklichkeit Gottes des Vaters und des Geistes. Im Hinblick auf diese Bedeutungselemente, die ihrerseits Gegenstand der Lehre werden, vergewissern sich die Kirche und der einzelne gegenseitig, daß das Bekenntnis der Christen sich auf einen und denselben Jesus Christus richtet. Aber die lehrhaften Elemente müssen im Bekenntnis dienende Funktion behalten. Sie sind nicht um ihrer selbst willen Inhalt kirchlichen Bekennens. Würden die Aufgaben der Lehre und des Bekenntnisses nicht mehr unterschieden werden, so ergäbe sich die Tendenz zu einer Lehrgesetzlichkeit, der es schließlich als ein Mangel erscheinen kann, daß nicht alle Lehrinhalte bekenntnismäßig fixiert sind. Doch solche Lehrgesetzlichkeit muß als eine Fehlentwicklung erkannt werden. Keine Kirche bekennt sich zu einer Lehre als solcher, sondern die christlichen Kirchen bekennen sich durch ihre Lehre zu dem einen Jesus Christus.

4.

Die erste Konsequenz aus dieser Verbindung von personalem und sachlichem Element im Bekenntnisakt wie auch in der kirchlichen Bekenntnisbildung ist, daß sich die Bekenntnisformulierungen der Kirchen an ihrer eigenen Intention messen lassen müssen. Sie müssen sich darauf befragen lassen, inwieweit ihre dogmatischen Lehrformulierungen sich als Bedingungen wirklicher Glaubensverbundenheit des einzelnen Christen mit Jesus Christus erweisen lassen. Diese Frage ist um so dringender, als die verschiedenen Kirchen mit ihren untereinander kontroversen Lehrbekenntnissen sich auf einen und denselben Jesus Christus berufen und sich zu einem und demselben Jesus Christus bekennen wollen.

Eine solche Prüfung ist möglich, weil es das Neue Testament gibt. Die Evangelien und die sonstigen Dokumente der apostolischen Zeit erlauben nicht nur die Feststellung, was die Urchristenheit als Bedingung heilswirksamen Bekenntnisses zu Jesus angesehen hat — nämlich daß er als der Auferstandene, als der Herr, als der Christus, als ins Fleisch gekommen geglaubt wird. Sie gestatten auch eine Urteilsbildung darüber, was Jesus selbst gelehrt hat, in welchem Bedeutungszusammenhang sein Auftreten und seine Geschichte ursprünglich stehen und was im Hinblick darauf ein Bekenntnis zu Jesus beinhalten muß, um dem, was wir von Jesus wissen können, wirklich zu entsprechen und sich nicht unter dem Namen Jesu auf ganz andere Inhalte einzulassen.

Daß die Erkenntnis der Schrift zwar nicht völlig unabhängig, aber doch in hohem Grade selbständig ist gegenüber den kirchlichen Lehrbekenntnissen und Dogmen, darf heute als weithin anerkannt gelten: Die historisch-kritische Untersuchung der biblischen Schriften führt zwar keineswegs immer zu einhelligen Ergebnissen, folgt aber ihren eigenen methodischen Kriterien und macht dadurch ihre Selbständigkeit geltend gegenüber der dogmatischen Schriftauslegung der Kirchen in ihrem Lehramt und ihrer Bekenntnisbildung. Daran ändert auch die hermeneutische Bedingtheit der wissenschaftlichen Schriftauslegung beim einzelnen Ausleger durch sein jeweiliges Vorverständnis nichts: Die unterschiedlichen Vorverständnisse werden in der Diskussion der verschiedenen Auslegungen von der Sache her korrigiert, indem die alternativen Auslegungen an ihrer Kraft zur Erschließung der verschiedenen Aspekte des Textzusammenhangs gemessen werden.

Die Möglichkeit, die verschiedenen Formen konfessioneller Lehrbildung von der Schriftexegese her an ihrer gemeinsamen Sache selbst zu messen, nämlich durch ihre Intention, Bedingungen des Bekenntnisses zu Jesus Christus zu formulieren, hat nun aber nicht nur eine negativ kritische Relevanz für die Beurteilung kirchlicher Bekenntnisbildung. In diesem Fall dürfte die Dogmenbildung der Kirche nicht über die Aussagen der Schrift hinausgehen. Tatsächlich aber läßt sich der Inhalt kirchlicher Bekenntnisbildung nicht auf urchristliche Aussagen reduzieren, weil es in den Bekenntnisformulierungen der Kirche um die Bedingungen des Christusbekenntnisses in einer späteren Zeit, im Kontext ihrer Sprache und Problematik, geht. Hier wäre die stets hervorgehobene Bedeutung des Auftretens von Häresien als Anlaß zu Bekenntnis- oder Dogmenbildung genauer zu würdigen. Der jeweils aktuelle Bezug einer Bekenntnisformulierung auf eine bestimmte geschichtliche Situation rechtfertigt das Hinausgehen über biblische Aussagen, beschränkt allerdings zugleich auch den Geltungsanspruch der so entstehenden Formulierungen: Eine spätere Phase der Kirchengeschichte wird wieder durch eine andere Problemlage bestimmt sein, so daß die Bedingungen des Christusbekenntnisses wiederum anderer Formulierung bedürfen werden.

Wie aber läßt sich die Einheit der Sache, die Identität des Glaubensinhalts angesichts der Unterschiedlichkeit der Bekenntnisformulierungen verschiedener Epochen der Kirchengeschichte festhalten? Das ist nur so möglich, daß die jeweilige Gegenwart alle früheren Bekenntnisaussagen als Ausdruck der christlichen Grundintention deutet, sich zu Jesus Christus zu bekennen. Insofern kann und muß die personale Intention allen Christusbekenntnisses als hermeneutischer Schlüssel seiner Sachaussagen dienen. Nur so kann die sachliche Einheit der Bekenntnisaussagen aus verschiedenen Zeiten der Kirche erfaßt werden. Dabei kann die historische Relativität der jeweiligen Lehrformulierungen gewürdigt werden, ohne daß die Interpretation deshalb in einem historischen Relativismus steckenbleiben müßte.

In grundsätzlich ähnlicher Weise lassen sich nun auch die verschiedenen und in ihren Aussagen oft gegensätzlichen Lehrbekenntnisse der Konfessionskirchen behandeln. Die Aussagen dieser Bekenntnistexte sind auch dann, wenn sie zur Zeit ihrer Abfassung in ausschließenden Gegensätzen zueinander standen, einer produktiven Interpretation zugänglich, die die damaligen Kontrahenten *beide* im Licht ihrer Intention liest, Bedingungen zu formulieren, unter denen das Bekenntnis des Glaubens der Wirklichkeit Jesu Christi entspricht. Obwohl die gegensätzlichen Formulierungen solcher Bedingungen damals kontrovers waren, bezogen sie sich doch auf den Glauben an einen und denselben Jesus Christus. Man kann daher sehr wohl von der Annahme ausgehen, daß es beiden damaligen Kontrahenten — also etwa dem Luthertum des 16. Jahrhunderts und den Vätern von Trient, oder auch Lutheranern und Reformierten des 16. und 17. Jahrhunderts — letztlich um denselben Jesus Christus ging, wenn sie das auch damals angesichts der Differenz ihrer theologischen Perspektiven nicht zu erkennen vermochten. Im Lichte *gegenwärtiger* Christuserkenntnis läßt sich dann auch beschreiben, in welcher Weise es der einen und der anderen Seite damals um die Wirklichkeit Jesu Christi ging, die unserem heutigen Bewußtsein in der Perspektive gegenwärtiger Erfahrung aus den neutestamentlichen Texten deutlich wird. Eine solche produktive Interpretation der in der Überlieferung kontroversen Lehraussagen der Konfessionskirchen wird den Inhalt dieser Aussagen in der Form aufnehmen, wie er sich im Lichte heutigen exegetischen und historischen Wissens als Ausdruck des Christusbekenntnisses und als Feststellung der Bedingungen dafür verstehen läßt, daß das Bekenntnis des Glaubens der Wirklichkeit Jesu Christi entspricht. In dem Maße, wie sich dabei der intendierte Inhalt der verschiedenen Bekenntnisformulierungen als ein einziger, nämlich als mit der einen Wirklichkeit Jesu Christi verbunden erweist, werden die gegenseitigen Exkommunikationen der Vergangenheit überwindbar. Ein Bemühen um eine solche produktive Interpretation der beiderseitigen Lehrüberlieferung ohne Bruch mit deren positiven Intentionen liegt heute z. B. in der Leuenberger Konkordie vor, wenn auch die methodischen Voraussetzungen eines solchen Verfahrens dort noch nicht hinreichend geklärt sind. Seine Grundlage liegt m. E. in der Notwendigkeit, dogmatische Aussagen der Überlieferung als Bekenntnistexte zu lesen, d. h. von ihrer personalen Intention als Christusbekenntnis her, sie als Formulierung der Bedingungen sachgemäßen Bekennens beim Wort zu nehmen und die hermeneutische Unterstellung, daß es ihnen tatsächlich um die Sachgemäßheit des Christusbekenntnisses ging, als Auslegungsschlüssel für die Feststellung des verbindlichen Inhalts dieser Aussagen zu gebrauchen. Eine solche produktive Interpretation überschreitet den Fragehorizont der lediglich historisch, auf den damals intendierten Wortsinn gerichteten Hermeneutik. Sie ist vergleichbar der juristischen Hermeneutik, die einen Gesetzestext auf den durch ihn zu regelnden Sachverhalt hin auslegt und nicht nur nach den subjektiven Auffassungen des Gesetzgebers fragt. Sie hat herauszuarbeiten, daß und wie die Intention überlieferter Bekenntnisformulierungen auf das Christusbekenntnis über die zeitbedingte Gestalt der damaligen Formulierungen hinausführt.

5.

Es bleibt noch eine zweite Konsequenz aus der Feststellung zu ziehen, daß die lehrhaften Elemente der überlieferten Bekenntnisformulierungen wie auch gegenwärtigen Bekennens der personalen Intention des Christusbekenntnisses eingeordnet werden müssen, so daß ihre dienende Funktion für den Vollzug des Christusbekenntnisses gewahrt bleibt: Die Annahme einer dogmatischen Formulierung ist nicht gleichbedeutend mit dem persönlichen Bekenntnis zu Jesus Christus. Die Annahme einer Bekenntnisformulierung, in der eine Kirche ihr Verständnis von der Bedeutung Jesu zum Ausdruck gebracht hat, kann nicht mehr als einen Anhaltspunkt bilden für eine begründete Vermutung, daß jemand, der diese Formulierung annimmt, sich zu Jesus Christus bekennen will. Dieser Anhaltspunkt ist aber keineswegs in allen Fällen hinreichend. Das Urteil über die Echtheit des persönlichen Bekenntnisses ist letztlich ein geistliches, ein pastorales Urteil. Das gilt insbesondere für die Zulassung oder Ausschließung beim Mahl des Herrn: Exkommunikation ist ein geistliches, personal bezogenes Urteil, und es ist kaum zu vertreten, die Entscheidung über eine Exkommunikation generell nach dem Maßstab der Konformität oder der mangelnden Konformität mit einem approbierten Lehrbekenntnis zu fällen. Bei solchem Vorgehen bleibt völlig außer acht, daß die Annahme wie die Nichtannahme einer derartigen Formulierung sehr verschieden motiviert sein können. In vielen Fällen ist die Zustimmung zum Dogma der Kirchen kaum mehr als der Ausdruck eines Konformismus, der über das geistliche Engagement des einzelnen sehr wenig besagt. Andererseits steht außer Zweifel, daß häufig Lehrbekenntnisse bestimmter Kirchen von einzelnen Christen und von ganzen Gemeinschaften eben deshalb abgelehnt wurden, weil sie (zumindest vermeintlich) mit der Intention des Bekenntnisses zu Christus nicht vereinbar schienen. Dieser Sachverhalt ist nur aus der Geschichtlichkeit und damit auch Beschränktheit jeder Lehrformulierung verständlich, wenn man nicht an der Auffassung aus der Zeit der konfessionellen Kämpfe festhalten will, derzufolge alle Wahrheit nur auf einer Seite zu finden ist. Um die Erkenntnis der geschichtlichen Bedingtheit und Beschränktheit kirchlicher Lehrformulierungen kommt man aber, wie bereits hervorgehoben wurde, auch im Hinblick auf die Wandlungen der eigenen konfessionellen Tradition nicht herum, wenn man die Einheit in diesen Wandlungen sucht. Die Sache selbst – das, was in Jesus offenbar geworden ist – überschreitet die Zeitbedingtheit der jeweiligen Lehrformulierung. Andererseits aber haben auch der Glaube und das persönliche Christusbekenntnis eine Unbedingtheit, die die Vorläufigkeit der jeweiligen Gestalt der Glaubenserkenntnis und auch der kirchlichen Lehrformulierung überschreitet.

Welche Folgerungen ergeben sich aus diesen Erwägungen? Die Einheit der Kirche ist nicht in erster Linie Einheit der Lehre. Sie beruht hingegen auf dem *gemeinsamen Bekenntnis zu Jesus Christus.* Die Gemeinsamkeit dieses Bekenntnisses wird durch Unterschiede und sogar Gegensätze im Glaubensverständnis nicht notwendigerweise beeinträchtigt. Solche Gegensätze *können* betrachtet werden als gegensätzliche, aber darin auch einander korrigierende und ergänzende Ausdrucksformen letztlich *derselben* Glaubensintention. Sie können allerdings auch als Ausdruck eines Gegensatzes erscheinen, der das Bekenntnis zu Christus selbst berührt, nämlich als Ausdruck davon, daß der andere letztlich etwas ganz anderes meint als Jesus Christus. Ob das eine oder das andere der Fall ist, das ist letzten Endes Sache eines geistlichen Urteils über die Situation, in der solche Gegensätze auftreten. Bisher tolerierte Gegensätze des Glaubensverständnisses können in der Situation eines *status confessionis* als Gegensätze im Christusbekenntnis selbst erscheinen. Umgekehrt können aber auch Gegensätze, die einmal als Gegensätze im Christusbekenntnis selbst gegolten haben, aus der Sicht einer späteren Zeit diesen Stellenwert verlieren. Das ist heute nach dem Urteil der Verfasser der Leuenberger Konkordie der Fall im Hinblick auf die innerprotestantischen Spaltungen der Reformationszeit. Die unterschiedlichen und z. T. gegensätzlichen Lehrbildungen der lutherischen und reformierten Kirchen des 16. und frühen 17.

Jahrhunderts sind heute nur noch als Überlieferungselemente in einem veränderten Kontext kirchlichen Lebens und theologischer Problematik präsent. Daher läßt sich in einer Perspektive, die auf beiden Seiten die Intention des Bekenntnisses zu Jesus Christus anerkennt, sagen, daß die damaligen Gegensätze innerhalb der heutigen Gesamtsituation ihre kirchentrennende Bedeutung verloren haben. Ein solches Urteil braucht nicht vorauszusetzen, daß man über die damals strittigen Fragen bereits eine alle alten Differenzen überwindende, von allen Seiten als haltbar akzeptierte Lösung gefunden hätte. In dieser Hinsicht dürften die Konsensusformeln von Leuenberg einen höheren Grad von Übereinstimmung vermuten lassen, als er in der gegenwärtigen Sachdiskussion tatsächlich besteht. Entscheidend ist aber, ob im Rahmen der gegenwärtigen Gesamtsituation der kirchlichen und theologischen Problematik im Gegensatz zu der Urteilsbildung des 16. und 17. Jahrhunderts wechselseitig anerkannt werden kann, daß es den reformierten wie den lutherischen Kirchen in ihrer Lehrbildung um das Bekenntnis zu Jesus Christus geht und daß trotz der Gegensätze im Glaubensverständnis keine Abweichung davon vermutet werden muß. Dieses Urteil ist ein zwar durchaus der Begründung fähiges, aber in seinem Wesen geistliches Urteil, dessen definitiver Vollzug daher auch Sache der Kirchen und ihres Lehramtes, nicht Sache einzelner Theologen ist, so sehr es von der Theologie vorbereitet werden kann und soll. Im Lichte eines solchen geistlichen Urteils wird dann auch die produktive Interpretation einer konfessionell gespaltenen Vergangenheit allererst legitimiert, die auf beiden, damals ausschließend gegeneinandergetretenen Seiten zwar einseitige, aber darin auch einander ergänzende Ausprägungen des Bekenntnisses zu dem einen Herrn Jesus Christus herausarbeitet.

Reformation und Einheit der Kirche

Die Reformationsfeiern des 19. Jahrhunderts blickten auf die Reformation zurück als auf das Ereignis der Überwindung der mittelalterlichen Papstkirche und auf den Ursprung des neuzeitlichen Christentums. Man feierte die Wiederentdeckung des Evangeliums von der freien Gnade Gottes und die darin begründete Freiheit des individuellen Gewissens und Glaubens. Heute ist eine solche ungebrochene Verherrlichung der Reformation uns kaum noch möglich. Wir können nicht mehr wie der Protestantismus des 19. Jahrhunderts die römisch-katholische Kirche als ein Petrefakt des Mittelalters, als eine von der Geschichte prinzipiell überholte Form des Christentums betrachten. Die neue ökumenische Sensibilität unseres Jahrhunderts läßt uns deutlicher die Schatten wahrnehmen, die mit dem Licht der reformatorischen Erkenntnis verbunden sind. Es geht dabei um die ungewollten Folgen der Reformation, um die blutigen Religionskriege des 16. und 17. Jahrhunderts und um die Spaltung der abendländischen Christenheit, die definitiv wurde nach dem unentschiedenen Ausgang jenes erbitterten Ringens. Erst im Gefolge der Kirchenspaltung konnte und mußte sich eine von aller religiösen Bindung abgelöste Welt entwickeln, in der die Staatsräson in Verbindung mit wechselnden politischen Ideologien sich verselbständigte und ökonomische Tendenzen zu eigengesetzlichen Mächten wurden. Der gegenseitige Vernichtungskampf der „Religionsparteien" der Reformationszeit machte es unumgänglich, die Grundlagen des menschlichen Zusammenlebens neu zu begründen in der Weise, daß sie unabhängig blieben von den Gegensätzen der konfessionellen Auseinandersetzungen. Wenn heute die innere Gefährdung dieser säkularen Kulturwelt der Neuzeit deutlicher wird, so muß man auch darin noch die Spätfolgen der Kirchenspaltung erkennen. Die Ablösung der modernen Lebenswelt von den in die Privatsphäre verwiesenen Fragen der Religion läßt jene Lebenswelt als einen Koloß auf tönernen Füßen erscheinen, weil die Ordnung des menschlichen Zusammenlebens in zunehmendem Maße der Begründung in einem für alle verpflichtenden Sinnbewußtsein entbehren muß.

Wir können heute der Reformation nicht mehr gedenken, ohne die abendländische Kirchenspaltung und ihre Folgen bis hin zu der Problematik unserer gegenwärtigen säkularen Kultur mitzubedenken. Aber es handelt sich dabei um *ungewollte* Folgen der Reformation. Gerade durch diese ihre ungewollten Folgen ist die Reformation weltgeschichtlich so unvergleichlich folgenreich geworden. Dennoch lag den Reformatoren nichts ferner als die Abtrennung evangelischer Sonderkirchen von der einen katholischen Kirche. Das Entstehen eines besonderen evangelischen Kirchentums war eine Notlösung; denn das ursprüngliche Ziel der Reformation war die Reform der ganzen Kirche. Daran gemessen bringt die Entstehung besonderer evangelischer und reformierter Kirchen nicht das Gelingen, sondern das Scheitern der Reformation zum Ausdruck. Diesen Sachverhalt können sich die heutigen evangelischen Kirchen und ihre verantwortlichen Amtsträger gar nicht eindringlich genug vor Augen halten. Die Einsicht, daß die Existenz besonderer evangelischer Kirchen neben der römisch-katholischen Kirche nicht das Gelingen, sondern das Scheitern der Reformation bekundet, ist geeignet, vor der Selbstzufriedenheit zu bewahren, die so manches protestantische Reformationsgedenken der Vergangenheit charakterisiert.

Der Wille, an der Einheit der Kirche festzuhalten, kommt bei Luther vor allem in der Zeit bis 1520 zum Ausdruck. So bezeichnete er es noch 1519, zwei Jahre nach seinen Ablaßthesen, als einen „unentschuldbaren Vorwurf" gegen die böhmischen Hussiten, daß sie ein Schisma verursacht haben, indem sie sich der Autorität des Papstes ohne zwingenden Grund widersetzten. (WA 2,186) Noch 1520 will Luther dem Papst die Füße küssen, wenn er die Lehre von der Rechtfertigung, wie sie Luther in seinem Traktat von der Freiheit eines Christenmenschen zusammengefaßt hat, annehmen wollte. Ähnlich kann Luther sich noch 1531 äußern (WA 40/1, 181). Aber allerdings ging Luther nach der definitiven Ablehnung dieser Lehre, in der er als berufener Ausleger der Schrift die Mitte des Evangeliums entdeckt zu haben glaubte und an die er sich als Exeget in seinem Gewissen gebunden fühlte, mehr und mehr dazu über, im Papst den Feind des Evangeliums selbst zu sehen, den Antichristen, dessen Kennzeichen es nach 2. Thess. 2,4 ist, „sich über alles zu erheben, was Gott oder Gottesdienst genannt wird, so daß er sich in den Tempel Gottes setzt, indem er von sich vorgibt, er sei Gott". Wenn und insofern der Papst sich *gegen* das Evangelium, vor allem gegen den Artikel von der Rechtfertigung um Christi willen, ohne Verdienst durch den Glauben, stellt, treffen auf ihn diese Merkmale des Antichristen zu. Doch auch jetzt noch hat sich die Reformation nicht grundsätzlich gegen ein höchstes Amt in der Kirche ausgesprochen. In seinem bekannten Votum zu den Schmalkaldischen Artikeln 1537 hat Melanchthon vielmehr erklärt, daß dem Papst, „so er das Evangelium wollte zulassen, ... um des Friedens und der gemeinsamen Einigkeit willen ... seine Superiorität über die Bischöfe, die er *iure humano* hat, auch von uns zuzulassen und zu geben sei". Ähnlich hatte schon die Apologie zur Augsburger Konfession 1530 die Bereitschaft der Protestanten, sich der Jurisdiktion der Bischöfe zu unterwerfen, zum Ausdruck gebracht, immer unter dem Vorbehalt der Anerkennung der Rechtfertigungslehre. Hinsichtlich der Unterwerfung unter die bischöfliche Jurisdiktion kam noch hinzu die Bedingung der Aufnahme der inzwischen ordinierten evangelischen Prediger, deren Ordination als eine im Hinblick auf die Versorgung der in der Zwischenzeit entstandenen Gemeinden erfolgte Notmaßnahme gekennzeichnet wurde. Die weitgehende Bereitschaft der Protestanten, noch nach Jahrzehnten erbitterter Konflikte, sich in die episkopale Ordnung der mittelalterlichen Kirche einzufügen und sich dem Primat des Papstes zu unterwerfen, wenn dieser nur nicht zum Evangelium selbst in Widerspruch treten wollte, belegt eindrucksvoll den Willen der Reformation zur Bewahrung oder Wiederherstellung der Einheit der Kirche. Das Bild ließe sich ergänzen im Hinblick auf das nachdrückliche Bemühen der Reformatoren, ihre Übereinstimmung mit dem altkirchlichen Dogma zu unterstreichen, wie es in der feierlichen Wiederholung der altkirchlichen Bekenntnisse in der Augsburger Konfession zum Ausdruck kommt, sowie durch die Forderung der Protestanten nach einem allgemeinen Konzil zur Beilegung der Lehrstreitigkeiten und zur Behebung der Mißbräuche, auf die noch das Augsburger Bekenntnis den Gegensatz der Protestanten zur mittelalterlichen Kirche beschränkt sehen wollte. Angesichts all dieser Tatsachen, in denen sich das Bemühen der Reformation um Wahrung der Einheit der Kirche ausdrückt, läßt sich nicht bestreiten, daß es der Reformation um die Erneuerung der ganzen Christenheit aus dem Evangelium ging und nicht um die Schaffung von evangelischen Sonderkirchen. Dann aber wird die bereits als These vorausgeschickte Feststellung unumgänglich, daß die Entstehung gesonderter evangelischer Kirchen im 16. Jahrhundert und die damit verbundene abendländische Kirchenspaltung nicht das Gelingen der Reformation, sondern ihr Scheitern bedeuten. Zumindest ist die Reformation im 16. Jahrhundert unvollendet geblieben, und sie bleibt solange unvollendet, bis die Einheit einer aus dem Evangelium von Jesus Christus erneuerten wahrhaft katholischen Kirche wiederhergestellt sein wird. Dieser Sachverhalt hat sich im protestantischen Bewußtsein in

den Jahrhunderten nach der Reformation verdunkelt. Woran lag
das? Zunächst dürfte eine Übersteigerung der reformatorischen
Formel von der reinen Lehre, der *pura doctrina* als Grundlage der
wahren Kirche und ihrer Einheit dafür verantwortlich gewesen sein.
Der Altprotestantismus des späten 16. bis 18. Jahrhunderts verkannte die Schwierigkeiten einer eindeutigen Feststellung des Lehrinhalts der biblischen Schriften. Er sah weder die unterschiedlichen
Perspektiven der biblischen Schriften in ihrer jeweiligen Situations-
bedingtheit, noch die Zeitbedingtheit und individuelle Perspektivi-
tät in den späteren Auslegungen einschließlich der im Zeitalter der
Reformation selbst kontroversen Positionen. Daher konnte der Altprotestantismus sein Schriftverständnis als alleinigen Besitz der reinen Lehre des Evangeliums und die auf solchen Konsensus begründete Kirche als die allein wahre Kirche betrachten. Damit stellte
sich dann natürlich die Aufgabe der größeren Einheit mit allen
Christus bekennenden Kirchen nicht mehr. Es kam vielmehr zur
Kirchenspaltung auch innerhalb des Protestantismus selbst. Die Un-
haltbarkeit dieses altprotestantischen, exklusiven Begriffes der reinen Lehre wurde dann von der historisch-kritischen Schriftforschung der Neuzeit dargetan, aber von den kritischen Einsichten
her entwickelte sich — von Ansätzen wie etwa bei Schleiermacher
abgesehen — nicht so sehr ein differenzierteres Verständnis von
Kirche, als vielmehr jener protestantische Individualismus, der die
Institution der Kirche überhaupt für überholt hielt und ein allmäh-
liches Aufgehen der Kirche in einer christlich geprägten Kultur und
im sittlichen Staat erwartete. Auf diesem Boden ist verständlicher-
weise die kirchliche Einheit der Christenheit wiederum nicht als
drängendes Problem empfunden worden. Ebenso wenig ist das im
Bereich des romantischen Konfessionalismus der Fall gewesen, wo
es nur um die Erneuerung der eigenen kirchlichen Tradition ging.

Das neue Bewußtsein der ökumenischen Bewegung unseres Jahrhunderts von der Unverzichtbarkeit kirchlicher Einheit für den
Christen hat verschiedene Wurzeln. Das Bewußtsein gemeinsamer
Verantwortung der Christen für die großen sozialen Menschheits-
probleme unseres Jahrhunderts gehört dazu ebenso, wie die Erfahrung der Unerträglichkeit der christlichen Spaltungen insbesondere
auf dem Missionsfeld. Die Abschwächung der Exklusivität der konfessionellen Traditionen gab den Raum frei für ein neues Bewußtsein der Zusammengehörigkeit aller Christen durch ihre Gemeinschaft mit dem einen Herrn, der nicht nur der *gemeinsame Ursprung* aller christlichen Kirchen, sondern auch — über alle Spaltungen hinweg — ihre *gemeinsame Zukunft* ist. Und schließlich
hat sich, im Gegensatz zum Kulturprotestantismus, vielfach auch

auf dem Boden des reformatorischen Christentums ein wachsendes
Bewußtsein von der Bedeutung der Kirche für das Christsein des
einzelnen entwickelt. Daß das Christsein seine adäquate Verwirklichung in einer schon vorhandenen, christlich bestimmten Kulturwelt finden und die Kirche daher immer mehr in der sittlichen Lebensordnung des Staates aufgehen könnte, das ist eine Erwartung,
die angesichts der politischen Entwicklungen des 20. Jahrhunderts
immer weniger evident ist. Im gleichen Maße muß daher auch dem
Protestanten wieder die Kirche als die Lebensgestalt der christlichen
Offenbarung in dieser Welt und als Lebensraum für den Glauben
des einzelnen Christen erscheinen. Und damit stellt sich mit neuer
Dringlichkeit auch die Frage nach der kirchlichen Einheit der Christen, nach einer wahrhaft katholischen Kirche, in der die Zusammengehörigkeit aller Christen in ihrem Glauben an Christus ihren
adäquaten Ausdruck findet.

Eine solche, alle Christen in sich vereinende Kirche der Zukunft
kann nicht einfach identisch sein mit irgendeiner der heutigen Konfessionskirchen, die durch die Anathemata früherer Jahrhunderte
voneinander getrennt sind. Dennoch kann in den heute getrennten
Kirchen jene größere Katholizität der Kirche Christi bereits in Erscheinung treten, ebenso wie in jeder zum Gottesdienst versammelten Ortskirche die eine katholische Kirche sich manifestiert. Das geschieht überall da, wo im Glauben des einzelnen und im gottesdienstlichen Leben die Gemeinschaft aller Christen in Jesus Christus geglaubt und gefeiert wird. Muß man nicht sagen, daß überall
da die eine Kirche „subsistiert" in den heute noch getrennten Kirchen, wie es das Zweite Vatikanische Konzil von der römisch-katholischen Kirche gesagt hat? Aber solches In-Erscheinung-Treten der
einen Kirche Christi in unseren heute getrennten Kirchen muß uns
auch dazu drängen, dieser Gemeinschaft zu deutlicherem Ausdruck
zu verhelfen im Verhältnis der Kirchen zueinander. Die eine Kirche
Christi kann in den heute getrennten Kirchen nur in dem Maße in
Erscheinung treten, wie sie die Zugehörigkeit auch der anderen
christlichen Kirchen und Traditionen zu Christus theoretisch und
praktisch anzuerkennen vermögen. Dabei hat jede der konfessionellen Traditionen in der Christenheit ihren besonderen Beitrag zu leisten für die größere Katholizität einer künftigen, alle Christen vereinenden Gestalt der christlichen Kirche, — aber auch schon für
eine größere katholische Weite innerhalb jeder der heute getrennten Kirchen.

Worin besteht nun der besondere Beitrag der Reformation zu einer solchen neuen Katholizität oder Universalität des christlichen
Glaubens, wie sie unter unseren Augen allenthalben inmitten der

getrennten Kirchen aufbricht? Was ist das Erbe, das die reformatorischen Kirchen einzubringen haben in die Gemeinschaft aller Christen? Wir haben gesehen, daß eine solche Frage den Intentionen der Reformatoren so wenig fremd ist, daß es sich dabei vielmehr um die Frage nach der Vollendung der Reformation selbst handelt. Luther hat immer wieder das Anliegen der Reformation auf den Nenner eines einzigen Themas gebracht. Von dem Artikel von der Rechtfertigung „um Christi willen ... ohne Verdienst ... durch den Glauben" sagte er noch 1537, daß auf ihm „alles steht, was wir wider den Papst, den Teufel und die Welt lehren". Heute darf man wohl feststellen, daß diese lutherische Rechtfertigungslehre in der theologischen Diskussion nicht mehr als kirchentrennend gilt. Das ist das Ergebnis der Lebensarbeit von Joseph Lortz, sowie von einer ganzen Reihe von Untersuchungen wie der von Hans Küng über Karl Barth und von Otto H. Pesch über Luthers Rechtfertigungslehre. Gerade in der katholischen Lutherforschung hat sich heute weithin die Auffassung durchgesetzt, daß Luther zwar seine Gedanken in einer der scholastischen Tradition ungewohnten Denkform entwickelt hat, daß diese Gedanken aber in ihrer Substanz — obwohl sie damals aus einer traditionellen Perspektive mißverstanden werden konnten —, eine fundamentale christliche Wahrheit aussprechen. Es wäre zu wünschen, daß dieses Ergebnis der Forschung auch von seiten des Lehramtes der katholischen Kirche geprüft und gegebenenfalls bestätigt würde. Denn nach vielen Aussagen Luthers ist dieser Artikel der Rechtfertigung das einzige, was er auch gegen den Widerspruch des Papstes meinte festhalten zu müssen um seines an die Schrift gebundenen Gewissens willen. Wird diese Lehre als in ihrer Substanz katholisch beurteilt, dann entfällt damit der von ihrem Ursprung her entscheidende Grund für die Trennung der Reformationskirchen von der römisch-katholischen Kirche. Eine offizielle Bestätigung der katholischen Rechtgläubigkeit dieser Lehre Luthers müßte darum von sehr weitreichender Relevanz für das Verhältnis der reformatorischen Kirchen zu Rom sein.

Angesichts des heute weithin angenommenen theologischen Urteils über den substanziell katholischen Charakter der reformatorischen Zentrallehre von der Rechtfertigung allein durch den Glauben muß man sich der Frage stellen, ob denn die abendländische Kirchenspaltung mit all ihren Gewissensqualen, ihren Blutopfern, ihrem Glaubenseifer auf beiden Seiten und ihren leidvollen Konsequenzen in heutiger Sicht auf einem bloßen Mißverständnis beruht. Man wird diese Frage weder rundweg positiv, noch klar negativ entscheiden können. Mißverständnisse haben zweifellos eine große Rolle gespielt — so das Mißverständnis, daß die Werke der Liebe bedeutungslos wären für den, der sich zur Rechtfertigung allein aus Glauben bekennt. Die leidenschaftliche Natur des Reformators hat eine unbefangene Klärung solcher Mißverständnisse wohl auch nicht gerade erleichtert. Aber das eigentliche Problem liegt tiefer. Es besteht in der Tatsache, daß die hierarchische Autoritätsstruktur der mittelalterlichen Kirche so beschaffen war, daß Mißverständnisse im Zusammenhang mit einer offenen Kritik an heute auch auf katholischer Seite bedauerten kirchlichen Mißbräuchen und in Verbindung mit ungewohnten theologischen Formulierungen zu einer Kirchenspaltung führen konnten. Daß eine Verurteilung erfolgen konnte ohne sachgerechte Prüfung der verurteilten Sätze in ihrem eigenen Kontext, daß der Spielraum für die Pluralität theologischer Urteilsbildung so gering war, daß eine neue, aus der Schriftexegese erwachsene Form der Formulierung des Glaubensbewußtseins sofort als verdammenswert erscheinen und verdammt werden konnte, daß schließlich — wie in der Leipziger Disputation — die Diskussion auf die Frage nach der formalen Autorität von Papst und Konzil hinübergespielt wurde, statt bei der Frage nach dem Inhalt des Evangeliums, von dem her Luther argumentierte, zu bleiben, — genau darin liegt das Problem. Insofern ist die hierarchisch-autoritäre Struktur der mittelalterlichen Kirche der eigentliche Grund dafür geworden, daß eine an die eigene Erkenntnis des Evangeliums mit der Kraft des Wahrheitsgewissens gebundene Position wie die Luthers schließlich zur Kirchenspaltung führen konnte. Umgekehrt implizierte die Lehre von der Gerechtigkeit aus Glauben gegenüber dieser hierarchisch-autoritäten Struktur der mittelalterlichen Kirche eine Unmittelbarkeit des Glaubenden zu Gott, eine im Vertrauen auf Gott begründete Freiheit des einzelnen gegenüber jeder menschlichen Autorität, sei sie nun kirchlich oder politisch. Diese christliche Freiheit, die im Vertrauen auf Gott begründet ist, bildet den eigentlichen Kern des Rechtfertigungsglaubens, und die Rechtfertigungslehre ist nur die theologische Formulierung und Begründung dieser Freiheit. So hat es Luther selbst 1520 in seiner Schrift „Von der Freiheit eines Christenmenschen" dargetan. Dabei schließt die im Glauben begründete Unmittelbarkeit zu Gott, die dem Glaubenden solche unvergleichliche Freiheit gewährt, keineswegs menschliche Vermittlung und die dankbare Anerkennung solcher Vermittlung aus. Es handelt sich um keine unvermittelte Unmittelbarkeit zu Gott. Die öffentliche Verkündigung des Evangeliums und das mit solcher Verkündigung beauftragte kirchliche Amt sind nach Luther unentbehrliche Mittel für den Glauben des einzelnen und also für seine Unmittelbarkeit zu Gott im Bewußtsein seiner christlichen Freiheit. Von daher ist die Ehrerbietung verständlich, mit der Luther den Amtsträgern der Kirche zu begegnen bereit war, ohne Rücksicht auf ihre persönliche Würdigkeit, solange sie sich nur nicht gegen das Evangelium selbst stellten, dem sie dienen sollten. Das kirchliche Amt hat ja seinen Zweck nicht in sich selbst; es soll dem Evangelium und so dem Glauben der ihm anvertrauten Menschen dienen und ihnen so zur eigenen Unmittelbarkeit zu Gott verhelfen, statt sie in Unmündigkeit zu halten. So gehört die Unmittelbarkeit zu Gott mit menschlicher Vermittlung, die christliche Freiheit mit der Wahrnehmung des kirchlichen Amtes, sowie überhaupt mit dem gegenseitigen Eintreten der Glaubenden füreinander, auf das engste zusammen.

Dieser Gedanke der christlichen Freiheit bildet das wichtigste Erbe der Reformation, das die heutigen Reformationskirchen zu bewahren und als ihren besonderen Beitrag einzubringen haben in ein neues, gesamtchristliches Bewußtsein, das vielleicht einmal seinen Ausdruck in der umfassenderen Katholizität einer alle Christen vereinenden, für ihre unterschiedlichen Traditionen Raum bietenden Gestalt der Kirche finden wird. Die christliche Freiheit und nur was unzertrennlich mit ihr zusammenhängt im Erbe der Reformation ist wert, bewahrt und der ganzen Christenheit vermittelt zu werden. Vieles andere gehört zur zeitbedingten Gestalt der Reformation und ihrer Theologie. Dazu rechne ich vor allem die einseitige Konzentration auf eine dem neuzeitlichen Denken fremdgewordene Bußgesinnung, die die Reformation mit der spätmittelalterlichen Theologie und Kirche verband. Dazu gehört weiter − und eng mit solcher Bußgesinnung verknüpft − die spezifische Gestalt der Unterscheidung und Zuordnung von Gesetz und Evangelium, wie sie die lutherische Theologie entwickelt hat, die sich aber mit der heilsgeschichtlichen Abhebung der Zeit des Evangeliums von der des Gesetzes im Sinne der paulinischen Aussagen nicht deckt. Zu den zeitbedingten Elementen der Reformation rechne ich auch die politische Theologie Luthers, seine Lehre von den beiden Reichen, obwohl in ihr − wie auch in den zuvor genannten Punkten − Wahrheitsmomente von bleibender Bedeutung stecken. Zu den zeitbedingten Elementen der Reformation gehört ferner vieles an Luthers Polemik, seine Polemik gegen das Papsttum ebenso wie seine Polemik gegen die Messe: Obwohl in beiden Fällen solche Polemik berechtigt war, traf sie doch nach unserer heutigen Einsicht nicht den Kern − weder der katholischen Messe, noch der Notwendigkeit eines höchsten und universalen Amtes in der Kirche. Zeitbedingt ist schließlich auch Luthers Schriftverständnis und seine damit zusammenhängende Auffassung vom Verhältnis des Glaubens zum Worte Gottes: Nach der Epoche der historisch-kritischen Schriftforschung ist es uns nicht mehr möglich, so unmittelbar, wie es Luther noch konnte, in den Worten der Schrift das Wort Gottes selbst zu vernehmen. Dieser Überschätzung der Unmittelbarkeit der Autorität Gottes in der Schrift entspricht bei Luther — wir werden darauf noch zurückkommen — ein gewisses Maß an Unterschätzung der menschlichen Vermittlung der göttlichen Offenbarung. Grundsätzlich hat Luther die Notwendigkeit solcher menschlichen Vermittlung durch Verkündigung des Evangeliums allerdings sehr wohl erkannt. Er konnte nicht nur in der Geschichte der Kirche, sondern auch in der Schrift selbst das bloß Menschliche solcher Vermittlung kritisch betonen. Dennoch ist die ganze Tragweite der Tatsache, daß wir die Offenbarung Gottes nur durch menschliche Vermittlung haben, von Luther noch nicht erfaßt worden, und sie konnte in seiner Zeit wohl auch noch gar nicht überblickt werden. Umso wichtiger ist es, daß die zentrale reformatorische Entdeckung der christlichen Freiheit, die aus der Unmittelbarkeit des Glaubens zu Gott begründet ist, durch alle Erkenntnis der menschlichen Vermitteltheit des Glaubens nichts von ihrem Gewicht und ihrer entscheidenden Bedeutung verliert, solange es das Resultat und der Sinn aller solcher menschlichen Vermittlung bleibt, den Glaubenden in die Unmittelbarkeit der Glaubensbeziehung zu Gott zu bringen, die der Zuwendung Gottes zum Menschen in Jesus Christus entspricht.

Den besonderen Beitrag der aus der Reformation hervorgegangenen Kirchen für die Gesamtchristenheit erblicke ich in der Aufgabe, den Gedanken der christlichen Freiheit, dieses kostbarste Erbe der Reformation, zu bewahren, in seinen Voraussetzungen zu bedenken und in seinen Konsequenzen zu entfalten. Das gilt im Hinblick auf das Verhältnis des christlichen Glaubens zum gesellschaftlichen Leben, im Hinblick auf eine legitime Pluralität im Glaubensverständnis und auf die darin begründete Freiheit der Theologie, sowie nicht zuletzt auch im Hinblick auf die Gestalt des kirchlichen Amtes und auf die Verfassung des kirchlichen Lebens überhaupt. Dabei stellen sich heute auch die ökumenischen Aufgaben gerade von diesem Zentralthema der Reformation her in besonderer Dringlichkeit.

Der reformatorische Durchbruch des Gedankens der christlichen Freiheit ist in der Neuzeit zum geschichtlichen Ausgangspunkt der Entwicklung des neuzeitlichen Freiheitsbegriffs überhaupt geworden, zum Katalysator für die Formulierung der bürgerlichen Freiheiten, wie sie sich in der englischen Revolution des 17. Jahrhunderts und in den frühen amerikanischen Verfassungstexten vollzog. In der weiteren Entwicklung des neuzeitlichen Freiheitsbewußtseins aber sind die christlichen Grundlagen dieser Freiheit, wie sie im reformatorischen Gedanken der „christlichen Freiheit" lebendig waren, mehr oder weniger in Vergessenheit geraten. Das hatte seine Gründe, auf die ich hier nicht näher einzugehen brauche, und die letzten Endes mit den Folgen der Kirchenspaltung zusammenhängen dürften. Die Entfremdung von den Grundlagen des christlichen Freiheitsgedankens der Reformation hat jedoch dazu geführt, daß Freiheit zur leeren Form individuellen Beliebens geworden ist. Durch solche Inhaltslosigkeit aber muß der Gedanke der Freiheit selbst schließlich unglaubwürdig werden. Zwar vermag der liebevolle Blick so manches Christen in der pluralistischen Freiheit der Gegenwart immer noch die legitime Wirkung des christlichen Freiheitsgedankens der Reformation zu erblicken. Und in der Tat ist ohne den Umweg über Kirchenspaltung und Säkularisierung die im christlichen Glauben begründete Freiheit nun einmal nicht welthafte Wirklichkeit geworden. In Verbindung damit ist auch die Ablösung des Freiheitsgedankens von seinen religiösen Wurzeln erfolgt. Aber durch ihre bloß formale, inhaltslose Bestimmung ist die Freiheit nun gefährdet, in der Banalität individuellen Beliebens zu versinken und dadurch schließlich eine neue diktatorische Sinngebung für das gesellschaftliche Leben zu provozieren.

In dieser Situation erfordert die Aufgabe einer Bewahrung der christlichen Grundlagen der neuzeitlichen Freiheit eine neue Besinnung auf die christliche Kirche als den Lebensraum der christlichen Freiheit. Im politischen Leben selbst sind ja wegen der Trennung von Staat und Religion die Chancen gering, die christliche Begründung und Auffassung des Freiheitsgedankens in seiner Allgemeingültigkeit zur Geltung zu bringen. Die Aufgabe der Reformationskirchen in der Gegenwart kann daher nicht nur in der Bewahrung des reformatorischen Erbes als Lehrinhalt bestehen, sondern muß sich auch auf die Erneuerung der Elemente gemeinchristlicher, katholischer Kirchlichkeit in ihrem eigenen gottesdienstlichen Leben und in ihrer Verfassung erstrecken. Denn die christliche Freiheit, die aus dem Vertrauen auf die Zuwendung Gottes zu allen Menschen in Christus lebt, bedarf der Kirche als ihres eigensten Lebensraumes. Sie kann aber nur in der Gemeinschaft mit allen Christen und mit dem apostolischen Ursprung der Kirche ihre kirchliche Heimat finden. Der Glaube ist nicht ohne die Liebe. Der einzelne Christ kann seiner Gemeinschaft mit Jesus Christus nicht gewiß werden ohne die Gemeinschaft mit allen Christen und ohne die Zuwendung zur Menschheit insgesamt, die für den einzelnen nur als Glied der Gemeinschaft der Christen darstellbar ist. Ebenso wie die reformatorischen Kirchen mit dem Gedanken der christlichen Freiheit ihren besonderen Beitrag für die Gesamtchristenheit zu leisten haben, so haben sie auch den eigentümlichen Beitrag der anderen

Überlieferungen und Kirchen in ihr eigenes Leben zu integrieren. Nur so kann die Reformation vollendet werden durch Überwindung der ererbten Spaltungen in einer neuen ökumenischen und darum wahrhaft katholischen Kirche aller Christen.

In den ökumenischen Gesprächen der letzten Jahrzehnte, besonders aber seit dem Zweiten Vatikanischen Konzil, vollzieht sich für die Teilnehmer aus den Reformationskirchen weithin eine solche Aneignung gesamtchristlicher Elemente für das eigene kirchliche Bewußtsein. Das gilt vor allem für die Wiederentdeckung der zentralen Bedeutung der Eucharistie für das gottesdienstliche Leben aller christlichen Kirchen mit Ausnahme einiger reformatorischer Kirchen: Die ökumenischen Begegnungen unserer Zeit zeigen uns, daß hier eine Verarmung im Leben unserer reformatorischen Kirchen eingetreten ist, eine Verarmung, die die Reformatoren keineswegs gewollt haben, die sich aber durch den Gegensatz zur römischen Messe und infolge der Konzentration auf die Wortverkündigung in den evangelischen Kirchen entwickelt hat. Diese Verarmung des gottesdienstlichen Lebens müssen wir durch eine Erneuerung des Bewußtseins von der zentralen Bedeutung der Eucharistie für das Leben der Kirche überwinden. Nicht zufällig haben sich die ökumenischen Gespräche zwischen den Theologen der Reformationskirchen und Theologen der katholischen und orthodoxen Kirchen auf dieses Thema des Abendmahls und der Abendmahlsgemeinschaft konzentriert. Kommt doch im Abendmahl am sichtbarsten sowohl die gegenwärtige Trennung der Kirchen als auch der Widersinn solcher Trennung und in alledem das durch die christlichen Spaltungen zerrissene und entstellte Wesen der Kirche Christi zum Ausdruck. Von den Gesprächen über das Abendmahl hat sich der ökumenische Dialog dann während der letzten Jahre in einer Reihe von Ländern parallel auf die Fragen des kirchlichen Amtes verlagert. Und auch das ist nicht zufällig so; denn als der eigentliche Kernpunkt der Schwierigkeiten, die sich heute noch einer vollen Abendmahlsgemeinschaft entgegenstellen, erwies sich nach weitgehender Klärung der mit dem Abendmahl verbundenen dogmatischen Fragen der Zusammenhang der gottesdienstlichen Feier der Eucharistie mit der kirchlichen Gemeinschaft wie sie in den Ämterstrukturen der verschiedenen Kirchen und besonders in der Zuständigkeit bestimmter Amtsträger für den Vollzug der Eucharistie zum Ausdruck kommt. Die Gespräche haben sich daher auf das kirchliche Amt überhaupt und in letzter Zeit besonders auf das Bischofsamt und auf die Frage eines höchsten, für die Gesamtchristenheit zuständigen Amtes in der Kirche konzentriert.

Solche Fragen, die es mit der kirchlichen Vermittlung und Einbindung des Rechtfertigungsglaubens und der christlichen Freiheit des einzelnen zu tun haben, sind bei Luther und in der lutherischen Theologie der Reformationszeit nur in geringem Maße bedacht worden. Sicherlich hat Luther die Bedeutung des äußeren Wortes (verbum externum) und damit auch des Amtes der öffentlichen Evangeliumsverkündigung betont, sowie andererseits die Notwendigkeit der Gemeinschaft der Glaubenden untereinander als Konsequenz der Gemeinschaft eines jeden mit Christus, — Gedanken, die in den Sermonen von 1519 in engstem Zusammenhang mit dem Altarsakrament entwickelt worden sind. Aber weder Luther noch Melanchthon haben den Zusammenhang zwischen der Eucharistie, dem Amt des Bischofs und der Einheit der Kirche in das Zentrum ihrer Aussagen über die Kirche gerückt. Dafür ist vielleicht in erster Linie die Unmittelbarkeit der göttlichen Autorität im biblischen Wort und seiner Verkündigung verantwortlich, sowie das Verständnis des Wortes als Zuspruch an den einzelnen im Sinne der Bußfrömmigkeit. Auf der gleichen Linie dürfte wohl auch der individualistische Zug der reformatorischen Abendmahlsfrömmigkeit liegen, für die das Abendmahl in erster Linie als leibhafte Versicherung der vergebenden Zusage Christi an den einzelnen erscheint. Hier liegt wohl auch ein Ansatzpunkt für das spätere Zurücktreten des Abendmahls im evangelischen Gottesdienst. Und wie der ekklesiologische Bezug des Abendmahls, sein Zusammenhang mit der Einheit der Gemeinde und der Christenheit überhaupt, in den Hintergrund rückte, so auch die Funktion des Amtsträgers, des Bischofs, für die Einheit seiner Gemeinde im Lebenszusammenhang der ganzen Kirche. Im Zeichen der reformatorischen Worttheologie wurde das kirchliche Amt einseitig als Amt der öffentlichen Evangeliumsverkündigung gekennzeichnet, als Predigtamt. Die Aufgabe des Amtsträgers, für die Einheit der ihm anvertrauten Gemeinde zu sorgen, unterschiedliche Entwicklungen zu koordinieren, Spannungen auszugleichen und in seiner Person, in seinem Auftreten und Reden, diese Einheit seiner Gemeinde zur Darstellung zu bringen, — diese Aufgabe des Amtsträgers wurde zwar nicht verleugnet, aber nicht ausdrücklich als konstitutiv für den Auftrag des kirchlichen Amtes bedacht. Die Reformatoren bezeichneten die Pfarrer auch als Bischöfe, unter ausdrücklichem Rückgriff auf altkirchliche Verhältnisse, vor allem auf eine Nachricht des Kirchenvaters Hieronymus, wonach in der alten Kirche, besonders in Alexandrien, kein Wesensunterschied zwischen Priestern und Bischöfen bestand. Man wollte also an der episkopalen Struktur des kirchlichen Amtes festhalten. Die Reformatoren waren auch, wie schon erwähnt, bereit, übergeordnete kirchliche Ämter anzuerkennen, insbesondere die Zuständigkeit der zu regionalen Amtsträgern gewordenen Bischöfe der mittelalterlichen Kirche für die Ordination, obwohl man Notordinationen durch Priester ohne Mitwirkung dieser Bischöfe als regionale Amtsträger vornehmen mußte, um die entstandenen Gemeinden mit Predigern zu versorgen. Und ebenso wenig wie das regionale Amt der mittelalterlichen Bischöfe lehnten die Reformatoren grundsätzlich das universale Amt, die Superiorität des Papstes über die Bischöfe ab. Die damalige Streitfrage, ob diese Superiorität nun nach göttlichem oder nach menschlichem Recht besteht, braucht für die heutige Diskussion nicht mehr entscheidend zu sein, wenn man bedenkt, daß der sehr stark eingeschränkte Gebrauch des Begriffs „göttliches Recht" in der Reformation mit der Auffassung der Schrift als der einzigen Quelle göttlichen Rechtes zusammenhängt, daß aber andererseits die Notwendigkeit der Ausbildung des Bischofsamtes und auch einer höchsten Wahrnehmung des Amtes der Einheit in der Christenheit aus dem Wesen der Kirche selbst als der in der Gemeinschaft mit Christus begründeten Gemeinschaft der Christen untereinander herleitbar ist. Die Schranke der reformatorischen Aussagen liegt darin, daß ihnen eine eigentliche Theologie des Bischofsamtes oder des Pfarramtes im Zusammenhang mit der Frage der Einheit der Kirche fehlt, — im Hinblick auf die innere Struktur der Ortsgemeinde und ihres gottesdienstlichen Lebens einerseits, auf den Zusammenhang der Einzelgemeinde mit allen anderen Gemeinden und mit der ganzen von den Aposteln herkommenden Entwicklung der Kirche andererseits. Implizit sind diese Gesichtspunkte in den reformatorischen Aussagen über Kirche und Amt weitgehend enthalten, aber sie sind nicht ausdrücklich thematisch geworden. Die Augsburger Confession 1530 hat Fragen der Struktur des kirchlichen Amtes als Sache der äußerlichen Ordnung der Kirche, die durch ihr Wesen nicht vorgezeichnet ist, betrachtet. Es heißt darum in ihrem 7. Artikel, es genüge zur Einheit der Kirche, daß Übereinstimmung über die reine Lehre des Evangeliums und die rechte Verwaltung der Sakramente bestehe (satis est). Dazu hat der lutherische Bischof Harms kürzlich gesagt: „satis est" non satis est. In der Tat ist die Ordnung der Kirche insoweit nicht eine nebensächliche und äußerliche Sache als es bei ihr um die Sichtbarmachung der Einheit der Glaubenden in ihrer Verbundenheit mit Christus geht. Von dieser Einsicht her entwickelt sich im ökumenischen Dialog heute auf evangelischer Seite ein neues Verständnis für die Theologie des Bischofsamtes und der Eucharistie als Mitte der gottesdienstlichen Gemeinde. Aber auch in ihrem kirchlichen Leben sollten die evangelischen Gemeinden und Kirchen diese Elemente der katholischen Überlieferung der Christenheit stärker verwirklichen und zur Darstellung bringen, so wie andererseits in der katholischen Kirche heute auf allen Ebenen um die Durchdringung der eigenen Institutionen mit dem Gedanken der christlichen Freiheit gerungen wird.

Durch einen solchen Prozeß der Angleichung in den zentralen Elementen kirchlichen Lebens als Darstellung der in Christus begründeten Gemeinschaft der Glaubenden kommen wir am ehesten dem Augenblick näher, wo die gegenseitige Anerkennung unserer Kirchen als Gliedkirchen der einen Kirche Christi möglich wird. Erst dann wird die Kirche im Vollsinn „Zeichen und Werkzeug der Einheit der Menschheit" sein können, wie es das Zweite Vatikanische Konzil und mit ähnlichen Worten auch die Weltkirchenkonferenz von Uppsala 1968 gesagt haben. Zeichen und Werkzeug der Einheit der Menschheit — sacramentum unitatis — das kann die Kirche nicht in ihrer Gespaltenheit sein; das kann sie nur sein, wenn die Christen sich unbeschadet aller Verschiedenheit ihrer Überlieferungen doch zur gegenseitigen Anerkennung ihrer Verbundenheit in Christus bereit und so zur Gemeinschaft in ihm vereint finden. Damit würden sie das große Menschheitsproblem der Vereinbarkeit von Freiheit und Gemeinschaft für das Zusammenleben der Christen selber lösen, und damit würde sich die Gemeinschaft der Christen als exemplarisch für das Zusammenleben der ganzen Menschheit darstellen.

Ökumenisches Amtsverständnis

Zu den Intentionen des Memorandums
ökumenischer Universitätsinstitute[1] vom Frühjahr 1973

Die ökumenische Diskussion hat sich in den letzten Jahren in besonderem Maße auf die Fragen des Amtsverständnisses und auf Möglichkeiten einer gegenseitigen Anerkennung der kirchlichen Ämter auch schon vor einer vollen „organischen" Einheit der Kirche konzentriert. Die Tendenz zu solcher Konzentration ist weniger auf der Ebene des Ökumenischen Rates zu beobachten. Zwar ist auch hier seit den Konferenzen von Neu-Delhi 1961 und vor allem von Montreal 1963 die Diskussion der Amtsfrage im Rahmen der Kommission für Glauben und Kirchenverfassung neu aufgenommen worden. Aber andere Themen standen im Vordergrund, und die Kommissionsarbeit über das Amt ist bis heute nur zu Zwischenergebnissen gelangt. Dagegen sind seit 1970 Ergebnisse einer Reihe von bilateralen Gesprächen zwischen Reformationskirchen und römisch-katholischer Kirche über das Amt bekannt geworden, Ergebnisse, die in bemerkenswerter Weise konvergieren auf eine mögliche gegenseitige Anerkennung der kirchlichen Ämter hin. Neben solchen Gesprächen in den USA und in Frankreich ist besonders der sog. Maltabericht der evangelisch-lutherischen und römisch-katholischen Studienkommission 1971 hervorzuheben. In den Rahmen dieser Bemühungen gehört auch das Memorandum der deutschen ökumenischen Universitätsinstitute.

Der wichtigste aktuelle Ausgangspunkt dieser neuen Konzentration auf die Amtsproblematik ist wohl in der durch die Kirchen gehenden Bewegung in der Frage der Abendmahlsgemeinschaft zu suchen. Als Haupthindernis der Abendmahlsgemeinschaft gilt heute die fehlende gegenseitige Anerkennung der kirchlichen Ämter. In der Studie der Kommission des Ökumenischen Rates für Glauben und Kirchenverfassung heißt es dazu: „Jeder, der bei der Feier der Eucharistie diese schmerzliche Trennung erfahren hat, wird ganz natürlich dazu geführt, dieses Problem ernst zu nehmen..."[2]

---

[1] Vortrag am Institut für europäische Geschichte in Mainz am 16. 1. 1974.
[2] Löwen 1971, Beiheft 18/19 zur Ökumenischen Rundschau, 1971, 78.

Zu dieser existentiellen Motivation einer ökumenischen Beschäftigung mit der Theologie des Amtes kommen dann eine Reihe von weiteren Faktoren hinzu. Davon sind zwei besonders hervorzuheben: *einmal* die neugewonnene Einsicht bei der Konferenz von Neu-Delhi 1961, daß keine Form kirchlicher Einheit ohne Fortschritte in der Frage einer gegenseitigen Anerkennung der Ämter möglich ist, *zum andern* die Aussagen des Zweiten vatikanischen Konzils über die von Rom getrennten kirchlichen Gemeinschaften, Aussagen, die ein gewisses Maß an positiver Würdigung auch des Amtes in diesen Gemeinschaften einzuschließen scheinen und deren mögliche ökumenische Tragweite Gegenstand eingehender Diskussion geworden ist.

Unmittelbarer Ausgangspunkt der Arbeitsgemeinschaft der deutschen ökumenischen Universitätsinstitute, deren erstes Ergebnis das Ämtermemorandum ist, war, wie H. Fries kürzlich berichtet hat[3], die ständige Zusammenarbeit der beiden Münchner Institute, insbesondere ein 1970 veröffentlichter Bericht über die Ergebnisse eines gemeinsamen Seminars zum Thema „Das Amt in der Kirche"[4]. Bei einer Erörterung dieser Ergebnisse im Kreise der deutschen ökumenischen Universitätsinstitute zeichnete sich bald die Möglichkeit einer weitgehenden Übereinstimmung der verschiedenen Institute über die Grundzüge des Amtsverständnisses ab, und angesichts der zentralen Bedeutung der Amtsproblematik für die ökumenische Diskussion waren die Institute der Meinung, daß sie diese ihre Übereinstimmung einer weiteren theologischen und kirchlichen Öffentlichkeit zur Kenntnis bringen sollten. Das erschien als um so dringlicher, als im Zusammenhang mit Bestrebungen zur Interkommunion immer wieder, auch von amtlicher kirchlicher Seite, auf den fortbestehenden konfessionellen Gegensatz im Amtsverständnis wie auf eine in der Theologie allgemein anerkannte Tatsache hingewiesen wurde. Die weitgehende Annäherung im Verständnis des Amtes, die bei den Gesprächen der verschiedenen internationalen ökumenischen Studienkommissionen erzielt worden ist, war in Deutschland noch so gut wie gar nicht zur Kenntnis genommen worden. Die unabhängig voneinander begonnene, aber in den Ergebnissen konvergierende Urteilsbildung dieser Studienkommissionen ebenso wie die theologische Urteilsbildung der deutschen Institute selbst entsprach nicht der Annahme, daß die Theologie des kirchlichen Amtes einen harten Kern unüberwindlichen Gegensatzes insbesondere zwischen der römisch-katholischen und den reformatorischen Kirchen bilde, als ob hier nicht wie in anderen traditio-

---

[3] Catholica 27, 1973, 191.
[4] Una sancta 25, 1970, 107—115.

nellen Streitfragen, wie z. B. in der Rechtfertigungslehre, eine Verständigung theologisch in erreichbarer Nähe läge. Die ökumenischen Institute sahen sich zur Ausarbeitung und Veröffentlichung ihres Konsensus über das kirchliche Amt insbesondere auch darum genötigt, weil sie sich mit verantwortlich dafür fühlten, daß nicht einseitige Annahmen über vermeintlich auf seiten der Theologie bestehende unüberwindliche Hindernisse weitere Fortschritte der ökumenischen Verständigung zwischen den Kirchen bremsen.

Von diesem Ausgangspunkt her wird eine Eigenart des Ämtermemorandums verständlich, durch die es sich von den Berichten der verschiedenen ökumenischen Studienkommissionen unterscheidet: Das Memorandum versucht, den positiven Konsensus der beteiligten Institute in gemeinsamen Thesen zum Verständnis des kirchlichen Amtes auszusprechen. Das Memorandum enthält daher keine Beschreibung der unterschiedlichen konfessionellen Auffassungen vom Amt, wie sie sich in den Berichten der ökumenischen Studienkommissionen findet. Man hat eine derartige differenzierende Beschreibung vermißt[5], aber eine solche Kritik verkennt die Zielsetzung des Memorandums. Diese besteht in der Absicht, die Möglichkeit einer von evangelischen und katholischen Theologen gemeinsam zu vertretenden Theologie des kirchlichen Amtes exemplarisch zu erweisen. Bei solcher Zielsetzung kann die Beschreibung der bestehenden konfessionellen Differenzen nicht Selbstzweck sein. Diese Differenzen kommen nur insoweit zur Sprache als sie durch gemeinsame Formulierungen überwunden werden, die aber in Loyalität gegenüber dem dogmatischen Sinngehalt der beiderseitigen konfessionellen Traditionen verstanden sein wollen.

Aus dem Gesagten ergibt sich, was eigentlich selbstverständlich sein sollte, daß der in den Thesen des Memorandums formulierte Konsensus zunächst einmal nur den Konsensus der beteiligten Institute zum Ausdruck bringt. Er kann und soll Verhandlungen und Entscheidungen der zuständigen kirchlichen Instanzen weder ersetzen, noch präjudizieren. Er kann allenfalls der Vorbereitung solcher Verhandlungen und Entscheidungen dienen, indem er die Möglichkeit eines von evangelischen und katholischen Theologen gemeinsam verantworteten Verständnisses des kirchlichen Amtes dokumentiert.

Dabei will das Memorandum auch nicht eine inhaltlich vollständige Lehre vom Amt vortragen. Dazu würde eine eingehendere Behandlung der verschiedenen in der Geschichte der Kirche ausgebil-

---

5 So G. Gassmann in: Lutherische Monatshefte 1973, 195 ff., sowie KNA Nr. 20, 9. Mai 73. Gassmann weist mit Recht darauf hin, daß in einzelnen Vorstudien — im Unterschied zu den Thesen — Ansätze zu einer differenzierenden Beschreibung der „Einheit in der Vielfalt" vorliegen.

deten Formen des Amtes gehören, insbesondere des Bischofsamtes. Walter Kasper hat in seiner Besprechung des Memorandums[6] mit Recht auf die an dieser Stelle bestehende Lücke hingewiesen. Die bleibende Bedeutung des Bischofsamtes ist nicht explizit Thema des Memorandums, obwohl diese Frage sicherlich von großer ökumenischer Bedeutung ist. Ähnlich steht es mit dem Problem des päpstlichen Primates. Daß dieses Thema nicht behandelt wird, hat besonders Karl Rahner als Mangel empfunden[7]. Das Memorandum hat sich ganz auf die Frage nach der Besonderheit des ordinierten Amtes überhaupt beschränkt, ohne auf die dreifache Stufung des Amtes, sowie auf Bischofsamt und päpstlichen Primat thematisch einzugehen. Das schließt nicht aus, daß der spezifische Ansatz des Memorandums zum Verständnis des ordinierten Amtes überhaupt wichtige Konsequenzen auch für die Fragen des Bischofsamtes und eines höchsten Amtes in der Universalkirche impliziert. Davon wird noch zu reden sein.

Daß das Memorandum keine inhaltlich vollständige Lehre vom Amt vortragen will, ist auch im Hinblick auf seine pneumatologischen Aussagen zu betonen. Zwar wird das Amt nachdrücklich in den Zusammenhang der paulinischen Charismenlehre gestellt. Es wird hervorgehoben, daß jedes Glied der Kirche durch die Gabe des Geistes „in seinen besonderen Dienst gestellt" ist (These 9), daß die Berufung in die verschiedenen Dienste „in der Kraft des einen Geistes Jesu Christi" erfolgt (These 14), wie auch alle diese Dienste nach dem Neuen Testament „als Geistesgaben Gottes zum Dienst an den Gemeinden, d. h. als Charismen, verstanden worden" sind (These 8). Dementsprechend soll auch der besondere Dienst der Gemeindeleitung „im Geist Jesu Christi" erfolgen (These 12). Angesichts dieser Aussagen ist es erstaunlich, daß Karl Lehmann in seinen Bemerkungen zu These 15, obwohl auch dort der Begriff des Charismas wiederaufgenommen wird, beanstandet, daß die „Anrufung des Geistes und die Mitteilung der Geistesgabe für den kirchlichen Dienst" „weder an dieser noch an einer anderen Stelle ausdrücklich in den Thesen vorkommt"[8]. Richtig ist daran jedoch, daß die Anrufung des Geistes, die Epiklese, bei der Ordinationshandlung nicht ausdrücklich erörtert wird, obwohl sie auch in lutherischen Ordinationsformularen ihren Platz hat. Im Memorandum

---

[6] W. Kasper: Ökumenischer Konsens über das kirchliche Amt?, in: Stimmen der Zeit 191, 1973, 219–230, bes. 225 ff.

[7] K. Rahner: Vom Sinn und Auftrag des kirchlichen Amtes, in: FAZ vom 14. 2. 1973, S. 8.

[8] K. Lehmann: Ämteranerkennung und Ordinationsverständnis, in: Catholica 27, 1973, 248–262, Zitat 250.

konnte dieses Thema unberücksichtigt bleiben, weil einerseits die Geistbegabung des Amtsträgers zwischen katholischer und reformatorischer Theologie nicht strittig ist, wenn man von den mit der Lehre vom sakramentalen Charakter zusammenhängenden Fragen, die gesondert zur Sprache kommen, absieht. Andererseits sind die traditionellen Differenzen zwischen katholischem und reformatorischem Amtsverständnis nicht ohne weiteres von der Pneumatologie her überwindbar. Denn Gabe des Geistes ist nicht nur das ordinierte Amt, sondern das sind auch die übrigen Dienste in der Gemeinde. Die Frage nach der besonderen Eigentümlichkeit des ordinierten Amtes ist damit noch nicht beantwortet.

Gerade diese Frage steht nun im Mittelpunkt des Memorandums. Das ist wohl kaum unsachgemäß angesichts der Feststellung des Zweiten vatikanischen Konzils, daß das Priesteramt sich dem Wesen und nicht nur dem Grade nach vom allgemeinen Priestertum der Gläubigen unterscheide (Lumen gentium II, 10). Diese Feststellung bereitet für evangelisches Denken erhebliche Schwierigkeiten, weil sie den Amtsträger über die Gemeinschaft der Glaubenden hinauszuheben scheint, statt die Besonderheit seines Dienstes innerhalb dieser Gemeinschaft und in bezug auf sie zum Ausdruck zu bringen. Darum wohl hebt die Stellungnahme der Arnoldshainer Konferenz zum Memorandum der ökumenischen Institute hervor, der besondere Dienst des ordinierten Amtes unterscheide sich „dem Wesen nach" nicht von der Vollmacht, die der Kirche als ganzer gegeben ist (§ 4). Und der Vorsitzende der Arnoldshainer Konferenz, der Oldenburger Bischof Hans Heinrich Harms, schreibt in seinem Aufsatz über „Das Amt nach lutherischem Verständnis", das allgemeine Priestertum der Gläubigen und das Amt der Kirche seien „in ihrem Wesen gleich"[9]. Liegt hier mehr als ein terminologischer, nämlich auch ein sachlicher Gegensatz zur Formel des Zweiten vatikanischen Konzils vor? Jedenfalls muß die ökumenische Diskussion die auch in den lutherischen Kirchen gesehene Besonderheit des ordinierten Amtes schärfer herauszuarbeiten suchen. Daß es sich dabei nicht nur um einen graduellen Unterschied zu anderen Funktionen handelt, sondern um eine qualitative und wesentliche Eigentümlichkeit, braucht dann auf protestantischer Seite keinen Anstoß zu erregen, wenn ein solcher Wesensunterschied umgriffen bleibt vom Lebenszusammenhang der Gemeinschaft der Glaubenden. Die Verhältnisbestimmung zwischen allgemeinem Priestertum der Gläubigen und besonderem kirchlichen Amt ist also offenbar für eine ökumenische Verständigung zwischen katholischem und reformatorischem Amtsverständnis von besonderer Bedeutung. Sie wird

---

[9] Luther 44, 1973, 49–65, Zitat 53.

denn auch in These 15 des Memorandums und in der entsprechenden Vorstudie (191, 199 ff.) ausdrücklich behandelt. Auch in den übrigen Thesen des Memorandums ist diese Problematik gegenwärtig, jedoch in einer anderen Sprache, nämlich in derjenigen der paulinischen Charismenlehre. Diese Terminologie hat den Vorzug, daß sie das besondere kirchliche Amt nicht isoliert der allen Glaubenden gemeinsamen Teilhabe am Priestertum Christi gegenüberstellt, sondern neben andere, konkrete Dienste, die ebenso spezifische Geistesgaben sind wie das ordinierte Amt. Worin besteht nun aber dessen Besonderheit?

In seiner Antwort auf diese Frage verbindet das Memorandum eine „katholische" mit einer „protestantischen" Komponente: Es beschreibt das ordinierte Amt als Dienst oder Amt der *Leitung*, die aber in der „öffentlichen Wahrnehmung der gemeinsamen Sache" aller Christen (These 12), nämlich ihrer „Teilnahme an der Sendung Christi" besteht (These 15). Daß das ordinierte Amt als ein Amt der Gemeindeleitung bestimmt wird, klingt für protestantische Ohren ungewöhnlich. Die sonst recht wohlwollende Stellungnahme der Arnoldshainer Konferenz zum Memorandum der ökumenischen Institute hat denn auch beanstandet, daß das Memorandum „ganz selbstverständlich von der Aufgabe der Leitung der Gemeinde durch den oder die ordinierten Amtsträger" spreche (§ 3). Auf evangelischer Seite wird ja zumeist allein der Verkündigungsauftrag als konstitutiv für das kirchliche Amt betrachtet. Die Stellungnahme der Arnoldshainer Konferenz fährt daher fort: „Die Frage des Verhältnisses zwischen der Vollmacht der Verkündigung und der gemeinsam mit Nichttheologen ausgeübten Leitung bedarf weiterer Klärung."

Daß das Memorandum das kirchliche Amt nicht nur durch den Verkündigungsauftrag charakterisiert, sondern als Amt der Gemeindeleitung bestimmt und erst *innerhalb* dieser Bestimmung „die Verkündigung des Wortes zusammen mit dem Vollzug der Sakramente und dem tätigen Engagement in Gemeinde und Gesellschaft" als „grundlegend" hervorhebt (These 12), bedeutet eine Erweiterung des üblichen protestantischen Amtsverständnisses. Der Verkündigungsauftrag des Amtsträgers wird im protestantischen Denken oft so eng aufgefaßt, daß die Aufgabe der Gemeindeleitung daneben wie etwas anderes, Zusätzliches, erscheint. Die Ordnung der Gemeindeleitung kann dann als theologisch neutral betrachtet und reinen Zweckmäßigkeitsgesichtspunkten überlassen werden. Dennoch scheint es, daß die Aussagen der Augsburger Konfession von 1530 über das Amt die Funktion der Leitung stillschweigend und wie selbstverständlich mit dem Verkündigungsauftrag verbinden; denn dieser schließt nach CA 28 nicht nur den Auftrag zur Sündenvergebung und also die Schlüsselgewalt, sondern auch den Auftrag zur Beurteilung anderer Lehren und zur Anwendung der Kirchenzucht mit ein. Das sind Funktionen, die deutlich darauf zielen, die Einheit der Gemeinde in der Lehre des Evangeliums zu wahren oder wiederherzustellen. Sie gehören aber nicht im eigentlichen Sinne des Wortes zur Verkündigung. Sollen alle die hier angegebenen Funktionen zusammenfassend charakterisiert werden, so empfiehlt es sich, von der Verantwortung für die *Einheit* der durch die Verkündigung begründeten Gemeinde auf dem Boden der verkündigten Lehre als Aufgabe des Amtsträgers zu sprechen. Eben diese Aufgabe bezeichnet der Begriff der Leitung, wobei die Leitung durch die Funktionen der Integration und Repräsentation der Einheit der Gemeinde gekennzeichnet werden kann, wie das Münchner Seminarpapier von 1970 es beschrieb[10]. Das Memorandum (These 12) fügte die Begriffe „anregen" und „koordinieren" hinzu. Die Verantwortung für die Einheit der Gemeinde ist, wie die Erwägungen zu CA 28 zeigten, auf das engste mit dem Verkündigungsauftrag verbunden. Das schließt nicht aus, daß auch Nichtordinierte an der Leitung der Gemeinde beteiligt werden. Doch die Letztverantwortung für die Einheit der Gemeinde und insoweit auch für deren Leitung läßt sich vom Verkündigungsauftrag nicht trennen.

Die im Memorandum erfolgte Ausweitung des vorherrschenden protestantischen Amtsverständnisses auf die Verantwortung für die Einheit der Gemeinde könnte sich als wichtig für den Fortgang des ökumenischen Gesprächs über das Amt erweisen. Denn die Leitungsfunktion im Sinne der Sorge um die Einheit dürfte den Kern des historischen Bischofsamtes und seiner Entwicklung seit Ignatius von Antiochien bilden. Außerdem impliziert dieser Gesichtspunkt, daß es eines Dienstes der Einheit und also eines Leitungsamtes auf den verschiedenen Ebenen des kirchlichen Lebens bedarf, auf der örtlichen so gut wie auf der regionalen und schließlich auch auf der universalen Ebene. Das wird in These 12 des Memorandums ausdrücklich ausgesprochen. Auf allen Ebenen waltet die gleiche Logik im Sinne des von Erzbischof Benelli in Augsburg zitierten Wortes von Roger Schutz: „Wenn jede Ortsgemeinde einen Pfarrer braucht, der jene, die in Gefahr sind, sich zu zerstreuen, zur Einheit anhält, wenn jede Ortskirche in gleicher Weise einen Bischof, einen Vorsitzenden braucht, wie kann man dann hoffen, die Einheit der Kirche ohne einen universalen Hirten wiedererstehen zu sehen?"[11]

---

[10] Una sancta 25, 1970, III.   [11] Herderkorrespondenz 27, 1973, 384.

Der Ansatz des Memorandums der ökumenischen Universitätsinstitute beim Dienst der Leitung als zusammenfassendem Charakteristikum des kirchlichen Amtes öffnet also die Diskussion des Amtsverständnisses auch für die Fragen der konkreten Ämterstruktur und ihrer „hierarchischen" Ordnung. Obwohl die Fragen des Bischofsamtes und des päpstlichen Primates nicht ausdrücklich behandelt werden, hat der Einsatz des allgemeinen Amtsbegriffs beim Begriff der Leitung doch erhebliche Konsequenzen für eine Diskussion und Klärung auch dieser darüber hinausgehenden Fragen. Wenn man sich das vor Augen hält, erscheint es als sehr zweifelhaft, ob man mit der Glaubenskommission der deutschen katholischen Bischofskonferenz urteilen sollte, daß „der spezifisch katholische Ansatz im Memorandum ausgeklammert bleibt"[12], so daß es „nicht als vorwärtsführender Beitrag zur ökumenischen Frage betrachtet werden" könnte. Hat nicht Gottlob Hild doch tiefer gesehen, wenn er den katholischen Mitautoren des Memorandums bescheinigt, „daß sie sich mit den Thesen insgesamt ... durchaus im Rahmen katholischer Tradition und überlieferter Vorstellungen gehalten haben"[13]? Der Anschein, daß dem nicht so sei, entsteht offensichtlich in erster Linie wegen der Beschränkung des Memorandums auf den allgemeinen Begriff des ordinierten Amtes überhaupt ohne ausdrückliche Erörterung und Würdigung des historischen Bischofsamtes, der Unterscheidung von Bischöfen und Presbytern, der Problematik des päpstlichen Primats.

Diese Beschränkung erklärt sich aus der Auffassung, daß das Amt primär der ganzen Kirche in allen ihren Gliedern gegeben ist und erst sekundär zu besonderen und verschiedenartigen Ämtern ausdifferenziert wird. Das ist eine heute in der katholischen Theologie weit verbreitete Auffassung, die besonders von Karl Rahner im Rahmen seines Verständnisses der Kirche als Ursakrament entwikkelt worden ist. Sie hat auch in das Dekret des zweiten vatikanischen Konzils über Dienst und Leben der Priester Eingang gefunden, insofern dessen erstes Kapitel davon ausgeht, daß in Christus „alle Gläubigen zu einer heiligen und königlichen Priesterschaft" werden und es daher kein Glied gibt, „das nicht Anteil an der Sendung des ganzen Leibes hätte" (art. 2). Der Übergang zur Erörterung des besonderen Amtes erfolgt dann durch den paulinischen Gedanken der verschiedenen Dienste innerhalb des einen Leibes. Die Beziehung zwischen der dem ganzen Leibe zukommenden Sendung und der Verschiedenheit der Dienste ist auch für die Argu-

---

[12] Herderkorrespondenz 27, 1973, 159.
[13] Materialdienst des konfessionskundlichen Instituts in Bensheim, 24, 1973, 34.

18*

mentation des Memorandums grundlegend. Hier geht der Gedankengang aus vom Verkündigungsauftrag, der der Kirche insgesamt gegeben ist (These 6) und gelangt von da zum Erfordernis vielgestaltiger Dienste (These 8). These 9 betont, daß das Gebot der apostolischen Nachfolge „der Kirche als ganzer" gelte und erst insofern auch „jedem einzelnen Glied für den Dienst, in den es durch die Gabe des Geistes gestellt ist". Die Erörterung der Ordination in These 15 greift noch einmal darauf zurück, daß das Amt „mit der Sendung der Kirche als ganzer verbunden und als Teilnahme an der Sendung Christi zu verstehen ist". Der Gedankengang ist darin dem Eingangskapitel des Priesterdekrets des Zweiten vatikanischen Konzils weitgehend analog, wenn er auch den Verkündigungsauftrag stärker hervorhebt. Nur wird die apostolische Nachfolge nicht spezifisch auf die Bischöfe bezogen, die dann den Priestern Anteil an ihrem Dienstamt gegeben hätten. Die Zurückhaltung des Memorandums an dieser Stelle erklärt sich nicht nur aus einem weiteren, die Kirche in allen ihren Gliedern und vor allem im Hinblick auf ihren Glauben umfassenden Begriff von apostolischer Sukzession, sondern auch daraus, daß das idealtypische Bild des Konzils vom. Verhältnis von Aposteln, Bischöfen und Priestern den historischen Befund nicht ohne weiteres deckt: „... die Unterscheidung zwischen Bischöfen und Priestern setzte sich erst allmählich durch", stellt These 10 fest. Angesichts der schwierigen historischen Fragen, die hier zu erörtern sind, beschränkt sich das Memorandum auf die Feststellung einer speziellen Konkretisierung der der ganzen Kirche zukommenden apostolischen Nachfolge im „Dienst der Leitung". Daß die Wahl dieses Begriffs eine positive Würdigung der Entwicklung in der Kirche zur Ausbildung des Bischofsamtes impliziert, ohne sich auf die komplizierten historischen Fragen nach dem Verhältnis von Bischof und Presbyter in den Anfängen der Kirche[14] einzulassen, wurde schon hervorgehoben.

---

[14] Siehe dazu die Ausführungen von W. Kasper: Zur Frage der Anerkennung der Ämter in den lutherischen Kirchen, in: Theologische Quartalsschrift 151, 1971, 97–104, bes. 99 ff. Die Problematik war auch den Reformatoren geläufig und zwar besonders durch Hieronymus. So schreibt Melanchthon in seinem Traktat von Gewalt und Primat des Papstes unter ausdrücklicher Berufung auf Hieronymus, daß „Episcopi und Presbyteri nicht unterschieden sind, sondern daß alle Pfarrherren zugleich Bischöfe und Priester sind". (Die Bekenntnisschriften der evang.-luth. Kirche, 1952, 489 f. Zur ähnlichen Auffassung Luthers vgl. jetzt P. Manns: Amt und Eucharistie in der Theologie Martin Luthers, in: Amt und Eucharistie ed. P. Bläser, 1973, bes. 163 f. Anm. 176.) Der Unterschied zwischen ihnen sei „allein aus menschlicher Ordnung" gebräuchlich geworden. Das ist freilich für Melanchthon kein Grund, diese Unterscheidung von vornherein zu verwerfen. Vielmehr zitiert er Hieronymus weiter: „Daß aber einer allein erwählet wurd, der ander unter ihm habe, ist geschehen, daß man damit der Zerstreu-

Die Eigenart des Leitungsdienstes im Verhältnis zu der allen Gläubigen eröffneten Teilnahme an der Sendung Christi wird nun im Memorandum weiterhin durch den Begriff der *Öffentlichkeit* gekennzeichnet. Beim Leitungsamt handle es sich „auf lokaler, regionaler oder universaler Ebene", wie es ausdrücklich heißt, um „die öffentliche Wahrnehmung der gemeinsamen Sache" (These 12). Die Ordination „bevollmächtigt" daher „zur öffentlichen Wahrnehmung der einen Sendung Christi" (These 15). H. Mühlen hat darin mit Recht ein protestantisches Element erkannt[15]. Doch ergibt sich dieses Motiv nicht einfach „aus Luthers Auseinandersetzung mit der damaligen Papstkirche"[16]. Es ist nicht primär polemisch begründet, sondern erwächst aus der prinzipiellen Frage, worin angesichts des allgemeinen Priestertums aller Gläubigen, ihrer gemeinsamen Teilhabe am Priestertum Christi, noch das Besondere des kirchlichen Amtes bestehen kann. Es ist also nicht richtig, daß das Abheben auf die *öffentliche* Wahrnehmung der Sendung Christi und der Apostel, an der alle Gläubigen teilhaben, dem ordinierten Amt eine besondere Eigenart abspreche. Weil Mühlen das annimmt, kann er einen Gegensatz der „Öffentlichkeitsthese" zur paulinischen Charismenlehre behaupten, weil der letzteren zufolge der Geist mit der Unterschiedenheit der Geistesgaben „auch deren

ung wehret." Die Unterscheidung und Überordnung des Bischofsamtes gegenüber dem der Presbyter ist also zur *Wahrung der Einheit* der Kirche entstanden und wird insoweit in den lutherischen Bekenntnissen durchaus positiv beurteilt. Dieses Urteil ist entsprechend auf alle überörtlichen Leitungsämter auf regionaler wie auf universaler Ebene anzuwenden, also auch auf das Papsttum. In der Ausbildung dieser Ämter hat — so gesehen — ein Grundzug des kirchlichen Amtes überhaupt, nämlich die *Verantwortung für die Einheit der Gläubigen* seinen Ausdruck gefunden. Daher heißt es in den lutherischen Bekenntnisschriften nicht ohne Grund immer wieder, daß man „um der Liebe und Einigkeit willen" (Art. Schmalk. III, Bekenntnisschriften ed. cit. 457) das Ordinations- und Firmungsprivileg der Bischöfe respektieren wolle, ferner daß die Pfarrer und Kirchen den Bischöfen gehorsam sein sollen (CA 28), daß die Protestanten „zum höchsten geneigt sind, alte Kirchenordnung und der Bischöfe Regiment ... helfen zu erhalten, so die Bischöfe unsere Lehre dulden und unsere Priester annehmen wollten" (Apologie 14). Die im Wesen des besonderen Amtes überhaupt begründete Bedeutung der überörtlichen Leitungsämter für die Kirche muß auf evangelischer Seite wieder besser erkannt und gewürdigt werden. Es gilt einzusehen, daß ohne diese Ämter der sichtbaren Gestalt der Kirche etwas von der Einheit fehlt, die der christliche Glaube bekennt.

[15] H. Mühlen: Das mögliche Zentrum der Amtsfrage, in: Catholica 27, 1973, 329—358, hier 350, vgl. 336 ff. unter Berufung auf J. Aarts: Die Lehre Martin Luthers über das Amt der Kirche, Helsinki 1972 und H. Lieberg: Amt und Ordination bei Luther und Melanchthon, 1962. Luthers spätere Betonung einer besonderen Geistbegabung für das Amt steht zu dieser Öffentlichkeitsthese aber nicht, wie Mühlen anzunehmen scheint, in Gegensatz.

[16] So Mühlen 350.

inhaltliche Ungleichheit" wirkt[17]. Aber die besondere Eigenart des ordinierten Amtes, seine inhaltliche Verschiedenheit von anderen Geistesgaben und Diensten, besteht eben in der Vollmacht zur öffentlichen Wahrnehmung der allen Christen gemeinsamen Sache und damit auch in der Sorge um die Einheit der Christen in ihrem gemeinsamen Glauben und ihrer gemeinsamen Sendung. Das ist im Unterschied zu anderen Diensten eben der *besondere* Dienst und das *besondere* Charisma des kirchlichen Amtes. Sicherlich wirken auch die anderen Glieder der Kirche „in der Öffentlichkeit der gottesdienstlichen Zusammenkunft" mit; aber das bedeutet nicht, daß ihre besondere öffentliche Verantwortung in der Wahrnehmung des gemeinsam Christlichen als des alle Christen Vereinenden läge[18].

Worin suchen die Kritiker der „Öffentlichkeitsthese" die spezifische Eigenart des kirchlichen Amtes? Nach Mühlen besteht das „*Zentrum* des katholischen Amtsverständnisses" in der „Vermittlung des Heiles durch Menschen, in welcher Christus selbst das Heil der anderen wirkt"[19]. Daher begrüßt Mühlen die Formulierungen der Gruppe von Dombes, in denen der Amtsträger der Gemeinde gegenüber als Repräsentant Christi selbst gekennzeichnet wird[20]. Diesen Gedanken der Repräsentation Christi durch den Amtsträger gegenüber der Gemeinde vermißt auch L. Scheffczyk im Memorandum der Institute und stellt ihn der dort vermeintlich erfolgten Soziologisierung und Funktionalisierung des Amtes entgegen[21]. Mit dem Gedanken der Repräsentation Christi durch den Amtsträger gegenüber der Gemeinde folgen beide Autoren einer in der katholischen Theologie traditionellen Auffassung und auch den Aussagen des zweiten vatikanischen Konzils über die Teilhabe der Amtsträger am dreifachen Amte Christi. Diesen Aussagen braucht auch von

---

[17] Ebd. 352.
[18] Das gibt auch Mühlen 353 zu: „Natürlich ist es ein Unterschied, ob jemand öffentlich beauftragt ist zur „Wahrnehmung der gemeinsamen Sache", ob er also nicht nur vor der Gemeinde, sondern ausdrücklich auch in ihrem Namen spricht oder nicht." Das ist eben die These des Memorandums, und wenn Mühlen fortfährt, solche „öffentliche Beauftragung setzt einen besonderen Ruf voraus", so stimmt auch das völlig mit dem Memorandum überein. Wozu also die Polemik? Daß dieser Ruf „primär in organisatorischen Fähigkeiten bestehen" könnte, ist auch vom Memorandum nicht behauptet worden. Statt dessen wird von der Ordination als „Berufung in das Amt" gesprochen (These 15).
[19] Ebd. 343.   [20] Ebd. 353.
[21] L. Scheffczyk: Die Christuspräsentation als Wesensmoment des Priesteramtes, in: Catholica 27, 1973, 293–311. Scheffczyk weist allerdings darauf hin, daß E. Schlink in der Heidelberger Vorstudie zum Memorandum „diesen Gedanken aufnimmt" (297 Anm. 18). Er hätte auch auf These 7 des Memorandums selbst verweisen können, derzufolge die Apostel „als die Beauftragten Jesu Christi" den andern Gliedern „der Kirche gegenüber" standen.

evangelischer Seite nicht widersprochen zu werden[22]. Fraglich ist nur, ob der Gedanke der *repräsentatio Christi* bereits die *Eigenart* des ordinierten Amtes zu bezeichnen vermag. Wenn es richtig ist, daß alle Christen durch die Christusgemeinschaft des Glaubens an Christi Amt und Sendung teilhaben, dann folgt daraus, wie Luther einst schrieb, daß jeder dem anderen gleichsam ein Christus werde (unusquisque alteri Christus quidam fieri)[23]. Darin besteht also noch keine Besonderheit des ordinierten Amtes[24]. Würde die Repräsentation Christi gegenüber den Glaubenden *exklusiv* dem ordinierten Amt zugeschrieben, dann würde damit im Gegensatz zu den Aussagen auch des zweiten vatikanischen Konzils die Tatsache der Teilhabe jedes Glaubenden an der Sendung Christi verleugnet. Die Teilhabe an der Sendung Christi impliziert das Christus repräsentierende Eintreten für andere. Man mag nun fragen, ob nicht diese Funktion dem ordinierten Amt in einer besonderen, vom allgemeinen Priestertum der Gläubigen unterschiedenen Weise zukommen könnte. Das soll nicht bestritten werden. Es fragt sich nur, worin diese Besonderheit nun noch bestehen kann und was dabei das spezifizierende Prinzip ist. Ein solches muß zum Gedanken der Christusrepräsentation noch hinzukommen, um deren für das ordinierte Amt spezifische Gestalt hervortreten zu lassen. Eben das leistet nun nach Auffassung des Memorandums der Gesichtspunkt der Öffentlichkeit, der öffentlichen Wahrnehmung der allen Gläubigen gemeinsamen „Sache". Bei dieser „Sache" geht es ja um die Teilnahme der Glaubenden an der Sendung Christi (These 15). Eben diese gemeinsame Sache der Glaubenden wird durch den Amtsträger den Glaubenden *gegenüber* vertreten (These 7). *In diesem Sinne* kann man dann auch ohne irreführende monopolistische Assoziationen sagen, daß der Amtsträger den übrigen Gliedern der Kirche gegenüber in Vertretung Christi, *in persona Christi*, handle, wie es sinnfällig zum Ausdruck kommt, indem er den Vorsitz bei der Eucharistiefeier führt. Nun kommt die Formel, daß der Amtsträger *in per-*

---

[22] Anders P. E. Persson: Repräsentatio Christi. Der Amtsbegriff in der neueren röm.-katholischen Theologie, 1966, 176 f. Nach Persson wird erst durch die „Scheidung zwischen Göttlichem und Menschlichem im Heilswerk Christi", die eine menschliche cooperatio mit Gott ermöglicht, auch „die Vorstellung einer ‚repräsentatio' des Amtes Christi durch die Amtsträger der Kirche möglich" (176).
[23] WA 7, 66, 3 ff. Vgl. dazu Th. Steudle: Communio sanctorum beim frühen Martin Luther, Diss. Mainz 1966, 67 ff., 107 ff.
[24] Wie frühere Äußerungen katholischer Autoren (vgl. Persson 116 ff.), so berücksichtigt auch Mühlen 343 ff. nicht, daß die Beziehung „für andere" nicht erst der Christusrepräsentanz durch den Amtsträger eigen sein kann, da sie schon dem allgemeinen Priestertum aller Gläubigen zugerechnet werden muß.

sona Christi den übrigen Gliedern der Gemeinde gegenüber handle, im Memorandum freilich nicht vor. Es mag sein, daß die Verfasser des Memorandums sich manche Kritik hätten ersparen können, wenn sie diese Formulierung ausdrücklich aufgenommen hätten. Aber es kann doch wohl kein hinreichender Maßstab für die Orthodoxie eines ökumenischen Textes sein, ob er die der jeweiligen Seite vertrauten Wendungen enthält. Die Verfasser des Memorandums haben jedenfalls ihren Lesern und Beurteilern zugetraut, daß sie die Sache selbst auch in ungewohnter Formulierung zu erkennen vermöchten.

Das Amtsverständnis des Memorandums verbindet also den Gesichtspunkt der Leitung mit dem der Öffentlichkeit. Diese beiden Gesichtspunkte stehen nicht einfach äußerlich nebeneinander. Vielmehr ergibt sich Eigenart und Aufgabe der Leitung gerade aus der öffentlichen Wahrnehmung der *gemeinsamen* Sache gegenüber den übrigen Gliedern der Kirche. Diese gemeinsame Sache, den verkündigten Christus und seine Sendung den Gliedern der Kirche gegenüber als *ihre* gemeinsame Sache geltend zu machen, impliziert schon die Einigung der Kirche in ihrem Glauben und auf ihre Sendung hin, impliziert also Leitung. Deren Funktionen werden genauer entfaltet als *Anregung* der Gläubigen, sich dem Inhalt ihres Glaubens zu öffnen, ferner als *Koordination und Integration* der verschiedenen Gaben auf diese gemeinsame Sache des Glaubens hin. Insofern erweist sich das ordinierte Amt dann schließlich als *Repräsentation* der gemeinsamen Sache des Glaubens gegenüber den Glaubenden selbst und nach außen hin. Es ist nicht recht begreiflich, wieso man dieser Beschreibung eine „Soziologisierung" und „Funktionalisierung" des kirchlichen Amtes vorwerfen konnte, als ob es sich dabei um eine Einebnung seines spezifisch christlichen Gehaltes handeln würde[25]. Die Forderung, eine „*funktionale* Begründung" des kirchlichen Leitungsdienstes zu entwickeln[26], hat ja doch keinen irgendwie säkularistischen Sinn, sondern zielt ausdrücklich auf die Funktion des kirchenleitenden Amtes im sozialen Lebenszusammenhang der *Kirche*: Sie will „kirchlich-sozial" verstanden werden. Wenn hinzugefügt wird: „nicht primär sakramental-konsekratorisch" sei die Funktion des Leitungsdienstes zu verstehen, so ist ein solcher Vorbehalt gegenüber einer sakramentalistischen Engführung des Amtsverständnisses und einer entsprechenden Isolierung der Amtsträger im Bewußtsein der Kirche sicherlich nicht überflüssig. Im übrigen ist damit nichts gegen die Zuordnung des Amtes zum sakramentalen Leben der Kirche gesagt, zumal

---

[25] L. Scheffczyk a. a. O. 294 f.
[26] Reform und Anerkennung kirchlicher Ämter, 1973, 175.

wenn dieses im Sinne des neutestamentlichen, Christus und die Kirche zusammenschließenden Begriffs des Heilsmysteriums verstanden wird.

Die Thesen des Memorandums rücken die Frage nach dem sakramentalen Wesen des Amtes und der Ordination bewußt in den Hintergrund, weil der Ausdruck „Sakrament" im theologischen Sprachgebrauch sehr unterschiedlich verwendet wird. Es empfiehlt sich daher, sich zunächst über die Sache selbst zu verständigen und dann zu überlegen, ob und in welchem Sinne man dafür den Begriff Sakrament verwenden sollte. So ist es zu verstehen, wenn es in These 16 heißt, solche Benennung sei eine Frage der „Sprachregelung". Damit wird bewußt ein von Karl Rahner geprägter Begriff der Dogmenhermeneutik aufgenommen[27]. Er besagt zunächst, daß es sich um eine terminologische Frage handelt. Je nachdem ob man den Begriff des Sakramentes weiter gefaßt hat, konnte man die Ordination zu den Sakramenten rechnen oder nicht. Die eine oder andere Terminologie hat nun aber faktisch in den Kirchen kommunikativ verpflichtenden Charakter gewonnen. Das ist das zweite Moment im Begriff der Sprachregelung. Es ist daher nicht einfach gleichgültig und dem Belieben des einzelnen zu überlassen, ob und wie er den Begriff „Sakrament" verwendet. Dennoch bestehen bei der Anwendung des Sakramentsbegriffes heute unabweisbare Schwierigkeiten. Sie erheben sich nicht nur darum, weil es ja sein könnte, daß die Auffassung der betreffenden Handlungen selbst, also z. B. der Ordination weitgehend übereinstimmt und nur die Benennung als Sakrament strittig ist[28]. Vielmehr ist es heute außerdem auch schwierig, eine stichhaltige theologische Begründung für die eine oder andere der Auffassungen des Sakramentsbegriffs zu

---

[27] K. Rahner/K. Lehmann: Kerygma und Dogma, in: Mysterium Salutis I, 1965, bes. 693—696.
[28] K. Lehmann: Ämteranerkennung und Ordinationsverständnis, in: Catholica 27, 1973, 248—262, meint allerdings (bes. 254), daß in den Thesen des Memorandums im Hinblick auf die Ordination auch die Sache selbst nicht gewahrt sei, da die Thesen an der *Wirksamkeit* der Zeichenhandlung im Hinblick auf die verheißene Gnade vorbeigehen. Dabei dürfte es sich jedoch um ein Mißverständnis der These 15 handeln, die die Ordination als bevollmächtigende Berufung in das Amt beschreibt. Von diesem Duktus der These her dürfte das Verständnis des im letzten Satz gebrauchten Begriffs der Verheißung im Sinne *wirksamer* Verheißung sichergestellt sein. Es hätte sicherlich die Präzision der Formulierung erhöht, wenn der Begriff der wirksamen Verheißung hier auch ausdrücklich gebraucht worden wäre. Ebenso hätte die These die Begriffe Bevollmächtigung und Verheißung noch durch Bezugnahme auf die Bedeutung der Epiklese bei der Ordinationshandlung verdeutlichen können. Allerdings spricht die unmittelbar vorangehende These 14 bereits von einer „Berufung Gottes in der Kraft des einen Geistes Jesu Christi".

geben, die sich in der Reformationszeit gegenüberstanden. Weder
die mittelalterliche, auf Augustin zurückgehende Auffassung des
Sakramentes als von Gott begründete symbolische Handlung, noch
die engere Auffassung der Reformatoren, die eine Einsetzung durch
Jesus selbst als Bedingung für eine Anwendung des Sakramentsbegriffs forderten[29], lassen sich bis auf die Schrift zurückführen. Dort
wird zwar der Begriff *mysterion* gebraucht, aber in einem viel umfassenderen Sinne. So steht dieser Begriff Eph 3,4 ff. für den die
Heiden einbeziehenden göttlichen Heilsratschluß und Kol 1,27 für
die Einheit Christi und der Kirche im Heilsratschluß Gottes. Diese
Aussagen sind so gewichtig, daß man, wenn man den Begriff Sakrament heute verwendet, nicht über sie hinweggehen sollte, um
den Begriff von vornherein auf bestimmte institutionalisierte Handlungen einzuengen. Man muß vielmehr ausgehen von der geistlichen Wirklichkeit der Kirche in ihrer Gemeinschaft mit Christus.
Das ist neutestamentlich gesehen das Heilsmysterium, d. h. der Inhalt des Heilsratschlusses Gottes, der in der Endzeit offenbar wird.
In diesem Sinne ist der in der katholischen Theologie der Gegenwart entwickelten Auffassung der Kirche als Ursakrament zuzustimmen, wobei allerdings die Kirche nicht für sich, sondern in ihrer Gemeinschaft mit Christus zu sehen ist[30]. Ein solcher umfassender Begriff von der sakramentalen Wirklichkeit der Kirche schließt
nicht aus, „daß das Christusgeheimnis, das auch das Geheimnis der
Kirche ist, in bestimmten institutionellen zeichenhaften Handlungen in besonders bedeutsamer Weise konzentriert wird"[31]. In dieser

---

[29] K. Lehmann a. a. O. 251 meint seltsamerweise, hier liege ein „moderner Begriff von Sakrament vor", der „deutlich" auf meine persönliche Auffassung zurückgehe. Doch in den von ihm zitierten „Thesen zur Theologie der Kirche"
1970 wird ausdrücklich gesagt, daß man, wenn man den Sakramentsbegriff beibehalten wolle, auf den urchristlichen Sinn von *mysterion* zurückgehen müsse
(These 97). Ähnlich, nur noch positiver im Sinne einer so begründeten Beibehaltung des Sakramentsbegriffs äußert sich die Münchner Vorstudie zum Memorandum (Reform und Anerkennung kirchlicher Ämter, 1973, 199). Außerdem habe
ich mich in einem in Anwesenheit K. Lehmanns gehaltenen Vortrag mit der reformatorischen Verbindung der Einsetzung durch Jesus mit dem Sakramentsbegriff ausdrücklich kritisch auseinandergesetzt (Die Problematik der Abendmahlslehre in evangelischer Sicht, in: Evangelisch-katholische Abendmahlsgemeinschaft? 1971, 12 f.) Siehe in diesem Band S. 293–317.
[30] Reform und Anerkennung kirchlicher Ämter, 1973, 198.
[31] Ebd. 193. H. Mühlen (Catholica 27, 1973, 351) stellt dazu mit Recht die
Frage: „Warum ist diese Dimension in den ‚Thesen' nicht ausdrücklich thematisiert ...?" Daß sie in These 16 nur als eine Möglichkeit unter andern genannt
ist, erklärt sich einfach daraus, daß in den Thesen nur steht, was von allen Instituten akzeptiert wurde. Ebenso erklärt sich der ebenfalls Mühlens Verwunderung erregende Umstand, daß nach These 17 nur „manche" die Inanspruchnah-

Perspektive wäre dann auch die Frage zu erörtern, ob die Ordinationshandlung nicht sehr wohl als „Sakrament" in solchem Sinne
zu bezeichnen wäre, ohne daß dafür eine auf Jesus selbst zurückzu-
führende Einsetzung erforderlich wäre, wie sie die protestantische
Position des 16. Jahrhunderts gefordert hat.

Noch wichtiger als die Klärung dieser Frage scheint mir aber die
Verständigung über den Sinn der Ordination überhaupt zu sein.
Die bedeutsamste Aussage des Memorandums dazu dürfte die Feststellung von These 17 sein, daß sie „für den Ordinierten eine Inanspruchnahme der Ganzheit seiner Existenz" bedeute. Alle anderen
speziellen Aussagen über die Ordination berühren keine zwischen
lutherischer und katholischer Theologie strittigen Punkte[32]. Diese
konzentrieren sich auch tatsächlich auf den in These 17 angespro-
chenen Sachverhalt, daß die Ordination „Inanspruchnahme der
ganzen Existenz" des Ordinierten ist. Mit dieser Formulierung ist
der Sache nach die Intention der katholischen Lehre von einem
durch die Ordination mitgeteilten sakramentalen Charakter rezi-
piert, aber ohne die mißverständlichen und zum Teil abwegigen
Nebenbedeutungen, die sich mit dieser Lehre verbunden haben, als
begründe der sakramentale Charakter einen dem Laien gegenüber
höheren persönlichen Gnadenstand des Ordinierten. Weil unter
Ausschließung solcher Nebengedanken die Formel von der „Inanspruchnahme der ganzen Existenz" des Ordinierten das zentrale Interesse der Lehre vom sakramentalen Charakter trifft, ist es bedeutsam, daß diese Formulierung nicht nur von katholischen Theolo-

---

me der Ganzheit der Existenz des Ordinierten als „die religiöse Eigenart des
Amtes" bezeichnen.

[32] Daher konnte im Schlußsatz der These 15 eine von K. Lehmann (a. a. O.
250) mit Recht beanstandete Unklarheit in Kauf genommen werden, in der zum
Ausdruck kommt, daß die am Memorandum beteiligten Institute über das Verhältnis von Ordination und Amtscharisma keine volle Einigung erzielen konnten.
Dabei geht es insbesondere um die Frage, ob die Ordination eine von ihr selbst
zu unterscheidende, charismatische Berufung zum kirchlichen Amt voraussetzt,
oder ob sich diese Berufung durch den Akt der Ordination selbst vollzieht, oder
wie beide Gesichtspunkte zu verbinden sind. These 15 charakterisiert zwar die
Ordination selbst als Berufung, so daß dieser Gesichtspunkt im Vordergrund
steht, und der Schlußsatz hebt hervor, daß solche Berufung mit der Verheißung
des Amtscharismas verknüpft ist. Er läßt aber daneben für den Einzelfall auch
die Möglichkeit eines Verständnisses der Ordination als Bestätigung eines bereits
empfangenen Charismas offen. Eine *Begrenzung* der Ordination auf die Anerkennung eines bereits vorhandenen Charismas ist hier jedoch gerade vermieden.
Insofern trägt die These entgegen der Annahme von K. Lehmann (250) doch der
Bemerkung von E. Schlink 134 Anm. 10 des Bandes „Reform und Anerkennung
kirchlicher Ämter" Rechnung.

gen[33], sondern auch von amtlicher evangelischer Seite positiv aufgenommen worden ist, nämlich von der Arnoldshainer Konferenz der deutschen lutherischen und unierten Kirchen in ihrer Stellungnahme zum Memorandum vom Oktober 1973. Allerdings konnte sich die Arnoldshainer Konferenz noch nicht zu der Konsequenz des Memorandums (These 17) verstehen, „daß der Amtsträger nur einmal ordiniert wird". Für das Memorandum folgt aus der Inanspruchnahme der Ganzheit der Existenz analog zur Taufe die Einmaligkeit der Ordination. Die Stellungnahme der Arnoldshainer Konferenz dagegen meint, es scheine „das Wesen der Ordination als Inanspruchnahme der ganzen Existenz des Ordinierten nicht schon dann preisgegeben, wenn eine Kirche im Falle einer neuen Beauftragung nach Erlöschen des früheren Auftrages eine erneute Ordination vollziehen sollte". Der springende Punkt in der Formulierung des Memorandums ist jedoch, daß die Ordination als „Inanspruchnahme der ganzen Existenz" gegenüber aller *begrenzten Beauftragung*, der die *Investitur* in einem bestimmten Amtsbereich entspricht, einen unbegrenzten und unbedingten Charakter hat. Ordination und Investitur werden daher im Memorandum (These 22d) genau unterschieden. Die Stellungnahme der Arnoldshainer Konferenz läßt an diesem Punkt — wie übrigens auch mit ihrem Zweifel an der Unentbehrlichkeit der Handauflegung — etwas von den Schwierigkeiten erkennen, denen sich der theologische Konsens der sechs ökumenischen Institute auch auf evangelischer Seite noch gegenübersieht. Der innerprotestantischen Urteilsbildung über die Frage der Einmaligkeit der Ordination und über die damit zusammenhängende Unterscheidung zwischen Ordination und Investitur wird für den Fortgang des ökumenischen Gesprächs über das Amt besondere Bedeutung zukommen. Um so wichtiger ist die positive Aufnahme der Formel von der Ordination als Inanspruchnahme der Ganzheit der Existenz des Ordinierten. Sie kann sich als Ausgangspunkt für den notwendigen Klärungsprozeß erweisen.

Ist mit dem Memorandum der sechs Universitätsinstitute schon eine ökumenische Einigung über die gegenseitige Anerkennung der kirchlichen Ämter erfolgt? Das Memorandum stellt eine Einigung über die theologischen Voraussetzungen eines solchen Anerkennungsaktes zwischen den sechs Instituten dar, nicht mehr, aber auch nicht weniger. Nicht nur auf katholischer, sondern auch auf evangelischer Seite gibt es demgegenüber eine Vielzahl theologischer, aber auch kirchenamtlicher Stellungnahmen, die noch jenseits einer solchen Einigung stehen. Ihnen gegenüber kann das Me-

[33] W. Kasper, Ökumenischer Konsens über das kirchliche Amt?, in: Stimmen der Zeit 191, 1973, 219—230, bes. 224 f.

morandum nur eine Anfrage bedeuten, und diese hat ihren Zweck
vollauf erfüllt, wenn sie dazu beiträgt, daß die weitere Klärung der
Frage in der theologischen Diskussion und auch in offiziellen Verhandlungen der Kirchen, wie sie z. B. von der Arnoldshainer Konferenz gewünscht worden sind, in Gang kommt.

Das Abendmahl - Sakrament der Einheit

In steigendem Maße breitet sich in der Christenheit heute das Bewußtsein aus, daß die konfessionellen Gegensätze der Vergangenheit überholt sind. Im Horizont gegenwärtiger Erfahrung und angesichts der Aufgaben der Christen insgesamt in der heutigen Welt scheint es sowohl möglich als auch geboten, ein neues, von ererbten Kontroversen unbelastetes Verständnis des christlichen Glaubens zu gewinnen. In vielen Begegnungen von Christen, die aus konfessionell verschiedenen Traditionen kommen, wird eine neue Gemeinsamkeit erfahren. Der Ökumenismus ist längst über das Stadium hinausgewachsen, in dem ökumenische Kontakte vornehmlich als Sache von Theologen und Kirchenleitungen galten. Ökumenische Gesinnung verändert mehr und mehr das Bewußtsein der Gemeinden. Ein Drang zu christlicher Einheit, die vielfach als Bedingung glaubwürdigen Christseins überhaupt empfunden wird, ist zu einem der wichtigsten Ströme in der Frömmigkeit unserer Tage geworden.

Damit verbinden sich vielerorts Ungeduld und Unzufriedenheit mit dem gegenwärtigen Zustand der Kirchen und mit der oft enttäuschenden Langsamkeit ihrer Bewegung auf eine neue Einheit der Christenheit zu. Auch wenn es gute Gründe dafür geben mag, jede Übereilung zu vermeiden, die die Illusion der Einheit durch den Verzicht auf Gemeinsamkeit im Glaubensbewußtsein erkaufen möchte und damit zu neuen Spaltungen führen könnte, ist doch die gelebte Frömmigkeit heute vielfach schon viel weiter fortgeschritten im Bewußtsein des gemeinsamen Christlichen als die amtlichen Kirchen. Diese Ungleichmäßigkeit der Entwicklung hat selbst eine positive Bedeutung für den Prozeß der ökumenischen Einigung, weil die fortschreitende Entwicklung ökumenischer Lebensformen in den Gemeinden und ökumenischen Kreisen es den Kirchenleitungen ermöglicht, ihrerseits weitergehende Regelungen für die Gesamtkirchen in den Blick zu nehmen.

All das wird weithin auch von den Kirchenleitungen anerkannt. Dennoch kommt es zu besorgten oder sogar ablehnenden Reaktionen nicht nur katholischer, sondern auch protestantischer Kirchenleitungen, wo ökumenische Gruppen, die zu einem fortgeschrittenen Bewußtsein christlicher Gemeinsamkeit gelangt sind, sich dieser Erfahrung in gemeinsamen Eucharistiefeiern zu vergewissern suchen. Das hängt damit zusammen, daß die Abendmahlsgemeinschaft nach herkömmlicher Auffassung und Praxis Ausdruck und Besiegelung der vollen Kirchengemeinschaft ist, die sowohl Einheit in der Lehre als auch wechselseitige Anerkennung des Amtes einschließt. Da diese beiden Voraussetzungen im Verhältnis zwischen Katholiken und Protestanten, aber auch zwischen vielen protestantischen Kirchen, noch nicht gegeben sind, erscheinen gemeinsame Abendmahlsfeiern heute noch vielen verantwortlich denkenden Theologen und Amtsträgern als ungerechtfertigte und illusionäre Vorwegnahme einer Einheit, die noch nicht erreicht ist.

Die Skepsis gegenüber einer, wie man meint, voreiligen Abendmahlsgemeinschaft setzt voraus — und darin hat sie recht —, daß die Eucharistiefeier Zeichen der vollen Glaubensgemeinschaft der Kirche Christi ist. Aber die Einheit der Christen, die in ihr lebendig ist, hat ihren Grund in der Einheit der Glaubenden mit Christus. „Das Brot, das wir brechen, ist es nicht die Gemeinschaft mit dem Leibe Christi? Weil es nun ein Brot ist, darum sind wir, die vielen, ein Leib; denn wir sind alle des einen Brotes teilhaftig" (1. Kor. 10,16 f.). Die Gemeinschaft mit Christus durch die Teilhabe an seinem Leib ist der Grund für die Gemeinschaft der Christen im Leibe Christi. Daher ist die Eucharistie nicht nur Ausdruck und Zeichen schon bestehender kirchlicher Einheit, sondern auch die Quelle und Wurzel, aus der die Einheit der Christen lebt und immer wieder erneuert wird. Das spricht für die Meinung, daß die Abendmahlsgemeinschaft nicht erst am Ziel des Prozesses kirchlicher Einigung zu stehen braucht, sondern auch schon die gegenwärtige Kraft Christi für den Weg zu diesem Ziel sein kann.

In dieselbe Richtung weist die Tatsache, daß die Eucharistiefeier nicht nur der Vergangenheit zugewandt ist, indem sie des Todes Christi gedenkt, sondern eben damit zugleich im Zeichen der Hoffnung geschieht. Die neutestamentlichen Abendmahlsberichte bringen den Bezug auf die zukünftige Tischgemeinschaft im Gottesreich klar zum Ausdruck. In der Geschichte der Abendmahlslehre ist das viel zu wenig beachtet worden, wie heute fast allgemein zugestanden wird. Wenn aber bei der Eucharistie die künftige Gemeinschaft in der Gottesherrschaft jetzt schon gefeiert wird, wenn die Abendmahlsgemeinde der Wiederkunft des einen Herrn entgegenwartet, kann dann nicht auch die Einheit der Kirche bei der Eucharistie in der Weise der Hoffnung gegenwärtig sein und nicht nur in der Weise schon erreichter Einheit? Kann dann nicht gerade in der Feier des Abendmahls Christi die gemeinsame Hoffnung auf

ihn gegenwärtige Gemeinschaft begründen und stärken? In einem
Studiendokument der Kommission für Glauben und Kirchenverfassung beim Ökumenischen Rat der Kirchen, das im vergangenen
Jahr (1969) publiziert wurde, heißt es dazu: „In der Eucharistie gedenkt die Kirche nicht nur des Erlösungstodes Christi unter Pontius Pilatus, sondern blickt auch auf die endgültige Vollendung des Reiches
Gottes und weiß zu jeder Zeit an jedem Ort, wie sie zu Jesu Lebzei-
ten wußte, um einen Vorgeschmack dieser Wirklichkeit... Dieser
Vorgeschmack des Gottesreiches ruft die Menschheit zur Versöhnung und zu einem neuen Leben. Durch seine Dynamik schöpferischer Vorwegnahme überwindet es menschliche Ängste vor der Zukunft und befreit Menschen dazu, inmitten ständiger Veränderungen mutig zu handeln, um eine menschlichere Gemeinschaft aufzubauen." So könnte die zentrale christliche Bedeutung der Eucharistie und damit auch das Verständnis des Sakramentalen überhaupt
gerade in einer noch auf dem Wege zu ihrer endgültigen Einheit
und zur Einheit der Menschheit begriffenen Christenheit ganz neu
erfahren werden.

Der entscheidende Gesichtspunkt für die Diskussionen um die
Abendmahlsgemeinschaft dürfte sein, daß Jesus Christus selbst es
ist, der zur Teilnahme an seinem Tisch und damit zur leiblichen
Gemeinschaft mit sich einlädt. Diese Einladung richtet sich an die
Jünger Jesu, aber in ihr steckt doch auch etwas von der Vorbehalt-
losigkeit und Weite der Praxis Jesu in seiner Tischgemeinschaft mit
Zöllnern und Sündern, die eben durch solche Gemeinschaft mit ihm
verbunden wurden und darin Anteil erhielten an der Hoffnung der
Gottesherrschaft. Hat die Kirche ein Recht, diese Weite der Einladung Jesu durch zusätzliche Vorbedingungen für die Teilnahme am
Abendmahl Jesu einzuengen? Die Kirche ist, wie die Erklärung
amerikanischer Jesuitentheologen aus dem vergangenen Jahr zur
Abendmahlsfrage feststellt, „zwar die Verwalterin ... der Sakramente, nicht aber ihre Herrin; Herr des Sakramentes, Herr des heiligen Tisches als der Einladende, Spendende und Stiftende ist Jesus
Christus, Herr auch der Kirche und der Kirchen, über ihrer Verschiedenheit stehend und in sich deren Trennung schon überwin-
dend". Entsprechend der Tischgemeinschaft, die der irdische Jesus
gewährte, werden die Kirchen und ihre Priester, solange sie ihren
Dienst am Sakrament des Altares als Dienst am Stiftungswillen
Jesu verstehen, niemanden, der in der ernsten Absicht hinzutritt,
das Mahl Jesu Christi zu empfangen, von dieser Teilnahme ausschließen dürfen. Der Liturg wird bei der Zulassung allein darauf
zu achten haben, ob solcher ernste Wille bei den Hinzutretenden
besteht, beziehungsweise ob ein Umstand bekannt ist, der es un-

möglich macht, den ernsten Willen zur Gemeinschaft mit Jesus durch das von ihm eingesetzte Mahl bei dem Hinzutretenden vorauszusetzen. Von daher muß jede Beschränkung der Zulassung, so auch die Beschränkung auf getaufte Christen, gerechtfertigt werden, wenn sie zu Recht bestehen soll.

Die konfessionellen Unterschiede der Abendmahlslehre

In der Vergangenheit haben viele Kirchen ein solches Hindernis der Zulassung zum Abendmahl in den konfessionellen Unterschieden der Abendmahlslehre erblickt, und noch heute werden die Unterschiede in der Lehre vom Abendmahl immer wieder als Grund angeführt, weshalb Abendmahlsgemeinschaft zwischen Protestanten und Katholiken nicht möglich sei. Dazu ist einmal zu sagen, daß die traditionellen Lehrdifferenzen in den Fragen des Opfercharakters der Messe und der Wandlung der Elemente in der theologischen Diskussion der letzten Jahre erheblich an Schärfe verloren haben, und zweitens ist die Bedeutung von Lehrfragen und Lehrunterschieden für das Glaubensleben und für den sakramentalen Vollzug heute wohl überhaupt anders zu beurteilen als in früheren Perioden der Kirchengeschichte.

Was den ersten Punkt betrifft, stellt das Studiendokument der Kommission für Glauben und Kirchenverfassung zur theologischen Erörterung der letzten Jahre über die Fragen der Realpräsenz Christi und des eucharistischen Opfers sowie auch über die Bedeutung der Epiklese für die eucharistische Feier mit Recht fest: „Die wachsende Einheit auf dieser Ebene überrascht viele, die keine Kenntnis von den theologischen Entwicklungen haben. . ." Der Gegensatz der Reformationskirchen zur Transsubstantiationslehre ist heute durch die Einführung des Gedankens eines Bedeutungswandels (Transsignifikation), der *als solcher* als Veränderung der Sache selbst zu verstehen wäre, überholt. Andererseits hat sich die katholische Theologie von dem reformatorischen Vorwurf, daß die Messe als Opfer in irgendeiner Weise Wiederholung des einmaligen Opfers Christi sei und somit dessen Einmaligkeit verletze, in jüngster Zeit überzeugend gereinigt durch die Betonung der sakramentalen Repräsentation des ein für allemal von Christus Vollbrachten durch die eucharistische Liturgie. Da die Teilnahme des Glaubenden an Christus und an allem, was Christus gehört, ein zentrales Motiv protestantischen Glaubensverständnisses ist, wird es an dieser Stelle für den Protestanten schwer, nicht zuzugestehen, daß diese Teilnahme sich auch auf den Opfersinn des Todes Christi erstrecken kann — soweit nämlich der Tod Christi diesen Sinn hat. Allerdings läßt sich in der gesamten lateinischen Tradition eine gewisse einseitige Überbetonung des Opfercharakters des Todes Jesu im Sinne einer Gottes Zorn versöhnenden Leistung Jesu nicht verkennen. Aber das ist eine andere Frage, eine Differenz der Theologien, schwerlich ein kirchentrennender Gegensatz, zumal auch reformatorische Theologien dieses Verständnis des Opfers Jesu nicht selten geteilt haben.

Die Erkenntnis, daß eine Pluralität und sogar Gegensätzlichkeit theologischer Formulierungen die Einheit im Glauben nicht immer ausschließt, gewinnt heute mehr und mehr an Boden. Die theologischen Gegensätze der Reformationszeit zum Beispiel sind so sehr durch unterschiedliche Perspektiven und durch die Verschiedenheit der theologischen Sprache bedingt, daß es schwierig ist zu entscheiden, wo man aneinander vorbeigeredet hat und wo es sich um tiefere Gegensätze handelt. Die Einsicht in solche Beschränktheit der theologischen Perspektiven braucht den Theologen nicht zur Resignation zu veranlassen. Sie kann im Gegenteil zu einer neuen Würdigung der christlichen Überzeugung führen, daß die Wirklichkeit des Glaubenslebens und insbesondere auch die der eucharistischen Teilhabe an Christus durch keine theologische Reflexion voll erreicht wird. Die Bedeutung theologischer Formeln für den Glauben ist in der Vergangenheit oft überschätzt worden. Es dürfte eine der wichtigsten Aufgaben der Theologie in der Gegenwart sein, diese Überschätzung abzubauen, und zwar durch differenzierte theologische Erkenntnis — nicht etwa durch Verzicht auf Theologie. Worum es dabei geht, tritt in der eucharistischen Frömmigkeit so deutlich hervor wie wohl nirgends sonst im Leben der Kirche. Wer am Mahl Christi teilnimmt, läßt sich auf eine Gemeinschaft ein — sowohl mit Jesus als auch mit allen übrigen, die an diesem Mahl teilhaben —, deren Wirklichkeit menschlichem Begreifen weit voraus ist. Das kann in der Abendmahlsgemeinschaft von Christen aus unterschiedlichen Traditionen konfessionellen Selbstverständnisses besonders klar zu Bewußtsein kommen. Andererseits wird solche Erfahrung zum Ansporn werden, sich der erfahrenen Gemeinschaft auch im Glaubensverständnis deutlicher zu vergewissern.

Es bleibt das Problem des Amtes. Da nach traditioneller katholischer Auffassung nur ein ordnungsgemäß geweihter Priester die Eucharistie gültig vollziehen kann, ist früher den protestantischen Kirchen bestritten worden, daß — wie viele von ihnen glauben — in ihren Abendmahlsfeiern Christus wirklich gegenwärtig ist und die Kommunizierenden mit sich verbindet. Auf protestantischer Seite dagegen wird nicht bestritten, daß in der römischen Messe Christus wirklich gegenwärtig und von den Gläubigen empfangen wird. Mit dem zweiten Vaticanum ist jedoch auch die katholische Ablehnung des protestantischen Abendmahls durch eine — eingeschränkte — Anerkennung ersetzt worden. Damit ist eine Entwicklung angebahnt, die weiterdrängt. Wenn den protestantischen Kirchen der kirchliche Status nicht mehr rundweg bestritten wird, dann ergeben sich daraus Folgerungen auch für die Beurteilung der Ämter in diesen Kirchen.

Gegenseitige Anerkennung der kirchlichen Ämter

Die protestantische Begründung des Amtes vom allgemeinen Priestertum der Glaubenden und Getauften her und die in der katholischen Theologie an Gewicht gewinnende Auffassung, daß das Amt der Fortführung der apostolischen Sendung in erster Linie der Kirche als ganzer gegeben und dann erst in die einzelnen Ämter gegliedert ist, stehen einander sehr nahe, zumal ja auch der Protestant nicht zu bestreiten braucht, daß das öffentlich ausgeübte Amt nicht einfach identisch ist mit dem allgemeinen Priestertum aller Gläubigen. Da ferner auch die protestantischen Kirchen sich in der Nachfolge der Apostel und der Sendung der Apostel an die Welt verstehen — einer Sendung, die sowohl die Aufgabe der Verkündigung als auch die der Gemeindeleitung einschließt —, ist nicht recht einzusehen, weshalb es prinzipiell ausgeschlossen sein sollte, zu einem Prozeß fortschreitender gegenseitiger Anerkennung der beiderseitigen kirchlichen Ämter zu kommen. Dabei ist natürlich auch die Frage eines höchsten Amtes in der Christenheit nicht zu umgehen, ohne daß man hier schon auf eine einzige Auffassung eines solchen Amtes festgelegt zu sein braucht.

Für die Frage der Abendmahlsgemeinschaft ergibt sich daraus, daß eine sozusagen offizielle und reguläre Konzelebration der Eucharistie durch protestantische und katholische Geistliche nach einer von den Kirchen nicht nur geduldeten, sondern auch approbierten gemeinsamen Liturgie erst in einem weit fortgeschrittenen Stadium des Prozesses wachsender gegenseitiger Anerkennung der Kirchen möglich sein wird. Dagegen ist die sogenannte offene Kommunion, die Zulassung von Gliedern anderer Kirchen zur Abendmahlsfeier der eigenen Kirche, schon der gegenwärtigen Entwicklungsstufe im Verhältnis der Kirchen angemessen. Sie entspricht der Einladung des einen Herrn an alle seine Jünger, der jede Kirche in ihren besonderen Formen des Gottesdienstes zu dienen hat und die nicht behindert werden darf, angesichts einer Situation, in der den Gliedern anderer Kirchen nicht mehr bestritten wird, Jünger Jesu zu sein. Offene Kommunion wird bereits heute in begrenztem Umfang praktiziert und kirchlich geduldet.

19*

Ein nächster Schritt wäre die amtliche Vereinbarung der Kirchen über gegenseitige offene Kommunion, verbunden mit der generellen Erlaubnis für die eigenen Glieder, an den Abendmahlsfeiern der anderen Kirche teilzunehmen. Eine solche Vereinbarung, wie sie zwischen den protestantischen Kirchen in Deutschland besteht, kann heute auch im Verhältnis von Katholiken und Protestanten nicht mehr als unerreichbar gelten, zumal damit nicht die Anerkennung der Abendmahlsfeier der anderen Kirche als in jeder Hinsicht gleichwertig verbunden sein muß. Es gibt aber auch schon ökumenische Kreise und ganze Gemeinden, die sich zu gemeinsamer Feier der Eucharistie unter Mitwirkung von Geistlichen beider Seiten zusammenfinden; dabei erhebt sich natürlich die Frage einer gemeinsamen Liturgie, die durch Modifikation der gebräuchlichen Formen oder durch mehr oder weniger freie liturgische Ordnungen gelöst wird. Solche gemeinsamen Abendmahlsfeiern mit einer gemeinsamen Liturgie haben sicherlich einen irregulären Charakter. Sie leben aus dem Vorgriff auf eine Entwicklungsstufe ökumenischer Annäherung, die die Kirchen im ganzen noch nicht erreicht haben. Dennoch sollte man in solchen Feiern keinen Bruch der Solidarität mit der eigenen Kirche erblicken.

Die Einheit der Christen in der Glaubensteilhabe an ihrem einen Herrn, die hier eine irreguläre, noch nicht allgemeine Gestalt sucht, ist ja das Lebensprinzip auch einer jeden bestehenden Kirche. Darum sollten solche Feiern, soweit sie wahrhaft christliche Gesinnung bekunden, von den Kirchen geduldet werden. Sie sollten in ihnen ein alle Christen angehendes Zeichen der Zukunft des einen Herrn erkennen, der die Einheit aller seiner Jünger will, wie er in jeder Abendmahlsfeier gegenwärtig ist, um die Gläubigen durch sich selbst zu vereinen.

Die Problematik der Abendmahlslehre aus evangelischer Sicht

Ein Beitrag zum ökumenischen Gespräch
über das Abendmahl

Wie auf anderen Gebieten der Theologie, so haben auch in der Lehre vom Abendmahl oder von der Eucharistie die herkömmlichen konfessionellen Lehrgegensätze an Schärfe verloren. Man wird darin in erster Linie eine Wirkung des geschichtlichen Bewußtseins erblicken dürfen. Die Theologie kann sich heute den Problemen nicht mehr entziehen, die der geschichtliche Abstand der klassischen dogmatischen Formeln von den urchristlichen Auffassungen einerseits und von gegenwärtiger Wirklichkeitserfahrung andererseits aufwirft. Diese Probleme stellen sich jedoch bei der Abendmahlslehre in einer besonders zugespitzten Form: Das Abendmahl ist wie kein anderer Aspekt des kirchlichen Lebens auf die Stiftung durch den geschichtlichen Jesus begründet, und es ist daher in besonderem Maße verwundbar durch historische Kritik. Gerade bei den neutestamentlichen Abendmahlstexten aber hat die exegetische Forschung eine solche Disparatheit von Motiven aufgewiesen und ist von einer übereinstimmenden oder wenigstens konvergierenden Urteilsbildung auch in fundamentalen Punkten noch so weit entfernt, daß jeder, der aus der Schrift eine Antwort oder jedenfalls einen verläßlichen Hinweis für die Fragen nach Sinn und Ursprung des Abendmahls erwartet, desto mehr von Bestürzung und Ratlosigkeit erfaßt wird, je mehr er sich mit der exegetischen Diskussionslage vertraut macht. Weder für die ursprüngliche Gestalt der urchristlichen Mahlfeier noch für die Frage ihrer Herkunft von Jesus selbst zeichnet sich so etwas wie ein Konsensus der Forschung ab. Daraus ergibt sich für die Aufgabe einer theologischen Lehre vom Abendmahl eine höchst schwierige Lage, weil eben der Ursprung des Mahles bei Jesus selbst nicht nur ein äußerlicher, für seinen Inhalt und sein Wesen etwa auch zu vernachlässigender Umstand ist, sondern nach gemeinchristlichem Verständnis für das Wesen der Mahlfeier selbst konstitutiv ist.

I

Die schwierige historische Problematik der Abendmahlsüberlieferung könnte für den Versuch sprechen, einen gegenüber der exegetisch-historischen Frage selbständigen systematischen Zugang zur Lehre vom Abendmahl zu suchen. Ein Ansatzpunkt dafür bietet sich am ehesten im allgemeinen Begriff des Sakramentes an. In der Tat ist ja seit der Hochscholastik das Abendmahl im Rahmen der Sakramentenlehre erörtert worden. Auch die protestantische Dogmatik hat gewöhnlich eine Lehre von den Gnadenmitteln zum Ausgangspunkt genommen, in der das Verhältnis von Wort und Sakrament allgemein erörtert wurde, bevor die von den Reformationskirchen festgehaltenen Sakramente, Taufe und Abendmahl, im einzelnen behandelt wurden. Dieses Verfahren hat auch in der dogmatischen Arbeit dieses Jahrhunderts Nachfolge gefunden, so bei P. Althaus[1]. Überwiegend tritt jedoch in der evangelischen dogmatischen Literatur der Gegenwart der Sakramentsbegriff erst als nachträgliche Zusammenfassung der für sich zu begründenden Institutionen von Taufe und Abendmahl auf. So verfuhr schon das Augsburger Bekenntnis, das im Unterschied zu den Schwabacher Artikeln erst im Anschluß an die Taufe (Art. 9), das Abendmahl (Art. 10), sowie an Beichte und Buße (Art. 11 und 12) den Begriff des Sakramentes als „Zeichen" des „göttlichen Willens gegen uns" behandelt hat. Werner Elert, der zu Beginn seines Kapitels über das Abendmahl auf den Sakramentsbegriff eingeht, wendet sich ganz in diesem Sinne energisch dagegen, einen allgemeinen Sakramentsbegriff zum Ausgangspunkt für die Behandlung von Taufe und Abendmahl zu nehmen, weil dadurch die „Kontingenz der Tatsachen" dieser beiden liturgischen Handlungen nicht zu ihrem Recht komme[2]. In der Tat sollte nicht durch einen allgemeinen Sakramentsbegriff vorweg entschieden werden, „welche Bedeutung Handlungen wie Taufe und Abendmahl auf dem Boden des Evangeliums nach reformatorischem Verständnis überhaupt haben können"[3]. Nicht

---

[1] P. Althaus, Die christliche Wahrheit, 3. Aufl. 1952, 536 ff. W. Trillhaas, Dogmatik, 1962, 354 ff., behandelt den Begriff des Sakraments als Übergang zwischen den Abschnitten über Taufe und Abendmahl.

[2] W. Elert, Der christliche Glaube, 3. Aufl. 1956, 355 u. ff. Taufe und Abendmahl werden denn auch bei Elert systematisch verschieden eingeordnet; das Abendmahl wird mit dem Versöhnungswerk Christi verbunden (Kap. 13), während die Taufe erst im Zusammenhang mit der Kirche behandelt wird (Kap. 15). — Althaus selbst weist übrigens darauf hin, daß außer Schleiermacher, der den Sakramentsbegriff überhaupt eliminieren wollte, auch G. Thomasius, Luthardt, sowie A. Schlatter ihn erst nach Taufe und Abendmahl erörtert haben.

[3] So P. Althaus, a. a. O. 537.

erst protestantischer Schriftglaube, sondern die Überzeugung von der Einsetzung des Abendmahls durch Jesus selbst gebietet, von der Frage nach der Eigenart seiner ursprünglichen Gestalt und Bedeutung auszugehen. Dieser Sachlogik läßt sich auch angesichts der schwierigen exegetisch-historischen Problemlage nicht ausweichen.

Der Verzicht auf das Verfahren, der Erörterung des Abendmahls allgemeine Erwägungen über die Gnadenmittel und über das Verhältnis von Wort und Sakrament vorauszuschicken, bringt den Vorteil mit sich, daß die Abendmahlsdiskussion entlastet wird von den Kontroversen um Wesen und Zahl der Sakramente in *genere*. Es ist gerade für die ökumenische Diskussion wichtig, sich darüber im klaren zu sein, daß der Begriff des Sakramentes im technischen Sinne als zusammenfassende Bezeichnung einer Klasse von kirchlichen Handlungen auf einer gegenüber den einzelnen Handlungen nachträglichen Reflexion beruht, die sich auf das ihnen Gemeinsame richtet. Es ist dann nicht mehr entscheidend, ob man diesen Begriff des Sakramentes enger oder weiter faßt und je nachdem dann zu einer größeren oder geringeren Zahl von Sakramenten gelangt.

Die Reformation allerdings hat eine sehr enge Fassung des Sakramentsbegriffs für geboten gehalten. Das dürfte damit zusammenhängen, daß die Reformatoren sich mit ihrer Orientierung am göttlichen Wort zugleich gegen jede Dogmatisierung menschlicher Traditionen in der Kirche wendeten. Als Zeichen des göttlichen Willens gegen uns — und so als Sakrament — konnten ihnen nur solche Handlungen gelten, die Christus selbst eingesetzt hat. Doch gerade an dieser Stelle ergibt sich für das gegenwärtige Bewußtsein ein weiteres und letztes Argument gegen eine Grundlegung der Abendmahlslehre von einem allgemeinen Sakramentsbegriff her. Der Unterschied zwischen dem irdischen Jesus und dem Erhöhten, dessen Worte und Weisungen sich von den Traditionsbildungen der Gemeinde nicht so ohne weiteres trennen lassen, steht der heutigen Exegese schärfer vor Augen als der Reformation. Daher läßt sich im Hinblick auf Abendmahl und Taufe nicht mehr im gleichen Sinne von einer Einsetzung durch Jesus selbst sprechen. Die Taufe als kirchliche Handlung ist in der christlichen Überlieferung nirgends auf einen Auftrag des irdischen Jesus zurückgeführt worden. Erst eine Weisung des Erhöhten hat nach der urchristlichen Überlieferung das Taufhandeln der Kirche autorisiert, wenn auch der Vollzug der Taufe als Fortsetzung der Johannestaufe in der christlichen Gemeinde zweifellos in Erinnerung daran geschah, daß Jesus selbst sich von Johannes taufen ließ. Auch die Einsetzung des Abendmahls durch den irdischen Jesus ist umstritten, zumal was den Wiederholungsbefehl angeht. Aber beim Abendmahl und nur hier ist eine Einsetzung durch den irdischen Jesus im Unterschied zu späterer Gemeindebildung zumindest diskutabel. Anders als bei der Taufe führen die urchristlichen Abendmahlsüberlieferungen die Mahlfeier durchweg auf den irdischen Jesus selbst zurück, und die in diesem Punkte übereinstimmende Überlieferung ließe sich nur dann abweisen, wenn schwerwiegende Argumente historischer Kritik dazu zwingen sollten. Der Gedanke der Einsetzung, der bei den Reformatoren als entscheidendes Kriterium ihres allgemeinen Sakramentsbegriffs und seiner Beschränkung auf Taufe und Abendmahl wirksam war, stellt sich daher heute eher als ein specificum der Abendmahlsproblematik dar.

II

Bevor die Frage erörtert werden kann, ob es historisch gerechtfertigt ist, von einer „Einsetzung" des Abendmahls durch Jesus zu sprechen, muß der Sinn dieses Ausdrucks geklärt werden. Einige Theologen, wie Elert, glauben nur dann von einer Einsetzung des Abendmahls durch Jesus sprechen zu können, wenn nicht nur das letzte Mahl Jesu am Gründonnerstagabend in der von den Synoptikern berichteten Form tatsächlich stattgefunden hat, sondern auch der von Paulus überlieferte Wiederholungsbefehl auf Jesus zurückgeht und sein ausdrückliches Gebot wiedergibt[4]. Für Paul Althaus hingegen hängt der Gedanke der Einsetzung nicht am ausdrücklichen Wiederholungsbefehl, den er für einen paulinischen Zusatz hielt. Es genügte ihm, daß „das Wiederholungs-Wort ... in dem Sinngehalt des letzten Mahles Jesu begründet" ist und „insofern sachlich auf Jesus zurück" gehe[5]. Althaus ging sogar noch einen Schritt weiter. Er erklärte sich bereit, von einer Einsetzung „zwar nicht von Jesus, aber von dem lebendigen Christus" auch dann zu sprechen, wenn der Ursprung der Abendmahlsüberlieferung überhaupt erst in nachösterlicher Zeit liegt[6]. Dagegen müssen sich jedoch Bedenken erheben. Eine Einsetzung der Eucharistie durch den Auferstandenen würde zwar der Einsetzung der Taufe, wie sie bei Matthäus berichtet wird, entsprechen, wäre aber nicht identisch mit derjenigen Einsetzung, die alle neutestamentlichen Abendmahlstexte für die urchristliche Mahlfeier behauptet haben, indem sie diese auf den vorösterlichen Jesus zurückführten.

---

[4] W. Elert, a. a. O. 362: Wenn Christus den Wiederholungsauftrag „gar nicht erteilt hat", so „hört das Abendmahl auf, eine Stiftung Christi zu sein".

[5] P. Althaus, a. a. O. 566. Ähnlich urteilt Trillhaas in seiner Dogmatik, 367 f.

[6] P. Althaus, ebd. 568.

In diesem Punkt formuliert auch die erste der Arnoldshainer Thesen eigentümlich unbestimmt, wenn es heißt: „Das Abendmahl, das wir feiern, gründet in der Stiftung und im Befehl Jesu Christi, des für uns in den Tod gegebenen und auferstandenen Herrn." H. Gollwitzer sagt in seinem Kommentar dazu ausdrücklich, man habe die Frage nach der Historizität und dem Inhalt des letzten Mahles Jesu bei dieser Formulierung ausklammern wollen. Indem die Bekenntnisaussage von der Einsetzung durch Christus spreche, meine sie „damit nicht ein historisches Urteil, sondern — wie in all unserm Hören auf das Neue Testament — die Gewißheit, daß wir im neutestamentlichen Christuszeugnis durch das Zeugnis der Gemeinde hindurch Auftrag und Verheißung des Herrn der Kirche in seiner Einheit als des Irdischen und des Erhöhten vernehmen"[7]. So schön und theologisch gefüllt diese Erklärung auch klingt: Es fragt sich doch, worauf denn solche „Gewißheit" sich gründet, besonders was die dabei behauptete Einheit des Erhöhten mit dem irdischen Jesus angeht im Hinblick auf den Ursprung des Abendmahls. Daß dieser Ursprung es mit dem irdischen Jesus zu tun hat, darauf kann allerdings nicht ohne weiteres verzichtet werden, wenn von einer Einsetzung des Mahles durch Christus in einem den urchristlichen Abendmahlsüberlieferungen entsprechenden Sinne geredet werden soll. Dann aber läßt sich die historische Frage schwerlich so ohne weiteres ausklammern, wie Gollwitzer meint. P. Brunner hat der ersten Arnoldshainer These an dieser Stelle mit Recht „eine gewisse dogmatische Schwäche" attestiert, weil sie nicht die Nacht des Verrates als Ursprungssituation des Abendmahls nenne[8]. Andererseits können die Schwierigkeiten in der Frage der Historizität des letzten Mahles Jesu dogmatisch nicht übersprungen werden. Die Dogmatik wird gut daran tun, den Gedanken der Einsetzung des Abendmahls durch Jesus so weit zu fassen, daß die ungelösten historischen Fragen nach dem Hergang des letzten Mahles Jesu dadurch nicht präjudiziert werden, sondern offen bleiben. Doch auf eine Kontinuität der urchristlichen Mahlfeiern mit Jesus selbst so, daß jene als geschichtliche Ausbildung eines von Jesus selbst inaugurierten Kernbestandes verstehbar werden, wird man nicht verzichten können, so lange man sich nicht bereit findet, die Behauptung einer Einsetzung des Abendmahls durch Jesus aufzugeben.

[7] H. Gollwitzer in: Gespräch über das Abendmahl, EVA, Berlin 1959, 24.
[8] Ebd. 53.

III

Ein Zusammenhang der urchristlichen Abendmahlsüberlieferung und -praxis mit dem irdischen Auftreten Jesu läßt sich nun in der Tat nachweisen, und zwar ein Zusammenhang, der es erlaubt, von einer Einsetzung des Abendmahls durch Jesus zu reden, ohne dabei alles auf die in ihrer Historizität umstrittenen Vorgänge beim letzten Mahl Jesu zu bauen. Schon E. Lohmeyer hat die Abendmahlsüberlieferung mit den täglichen Mahlfeiern Jesu, die er sowohl mit seinen Jüngern als auch mit „Zöllnern und Sündern" hielt, sowie mit dem Gedanken eines eschatologischen Mahles als Sinnbild des künftigen Heils im Reiche Gottes verbunden. Dieser Gedanke ist gerade auch von solchen Forschern übernommen worden, die den Überlieferungen vom letzten Mahle Jesu skeptisch gegenüberstehen, wie von E. Schweizer und W. Marxsen. Wie in der Botschaft und im Handeln Jesu schon jetzt die kommende Gottesherrschaft gegenwärtig wurde, so ist auch in der Mahlgemeinschaft Jesu mit seinen Jüngern — aber auch mit „Zöllnern und Sündern" — das eschatologische Freudenmahl im Reiche Gottes schon antizipiert.

Auch die Verfasser der Arnoldshainer Thesen haben den Zusammenhang des Abendmahls und der urchristlichen Eucharistiefeier mit der Mahlpraxis Jesu im Blick gehabt. So ist auch für Gollwitzer die Stiftung des Abendmahls „gegenwärtige Ladung zur Tischgemeinschaft in Fortsetzung der Tischgemeinschaft mit den Jüngern, Zöllnern und Sündern (E. Lohmeyer), als gegenwärtige aber ist sie die Ladung des erhöhten Herrn, der sein Reich eingenommen hat, also Ladung zur Tischgemeinschaft des Reiches Gottes" (25). Allerdings unterscheidet Gollwitzer in dieser Formulierung die Stiftung des Abendmahls als „Fortsetzung" von der ihr vorausgehenden Tischgemeinschaft Jesu, und seltsamerweise wird dabei die Stiftung des Abendmahls mit der Erhöhung Jesu verbunden, im Gegensatz zur Intention der neutestamentlichen Berichte, die dem irdischen Jesus die Stiftung des Mahls zuschreiben. Außerdem hat die Einladung Jesu den Sinn einer „Ladung zur Tischgemeinschaft Gottes" nicht erst als „Ladung des erhöhten Herrn", sondern das gilt zweifellos schon für die Mahlfeier der irdischen Lebensgeschichte Jesu. Sicherlich ist die Gewißheit der Auferweckung und Erhöhung Jesu nicht ohne Einfluß auf Praxis und Sinn der urchristlichen Eucharistiefeiern geblieben. Vielmehr hat man das Mahl Jesu nun als Gemeinschaft mit dem Gekreuzigten, Auferstandenen und Wiederkommenden gefeiert. Aber das ändert doch nichts daran, daß die Stiftung des Mahls nach allen urchristlichen Überlieferungen in die Zeit des irdischen Wirkens des nun zur Rechten Gottes erhöhten

Herrn zurückgeht. Wenn man diesen Ausgangspunkt nicht in Beschränkung auf den Bericht vom letzten Mahl Jesu in den Blick faßt, sondern dessen Zusammenhang mit der gesamten vorösterlichen Mahlpraxis mitberücksichtigt, dann wird man mit P. Brunner „auch die Mahlgemeinschaft des Herrn mit seinen Jüngern *vor* der letzten Nacht als mahlstiftend in Ansatz" bringen[9], statt die Stiftung mit Gollwitzer erst dem Erhöhten zuzuschreiben. Die Arnoldshainer Thesen selbst haben den Zusammenhang des von der Überlieferung berichteten letzten Mahles Jesu mit seiner vorösterlichen Mahlpraxis im ganzen leider nicht für den dogmatischen Begriff der Einsetzung des Abendmahls fruchtbar gemacht. Wäre das geschehen, so hätte den historischen Schwierigkeiten in der Frage nach den Vorgängen des letzten Abends vor Jesu Verhaftung Rechnung getragen werden können, ohne den dogmatischen Gedanken der Einsetzung des Abendmahls zu entleeren, wie das im vorliegenden Text der These der Fall ist.

Soweit es sich aus den in der Überlieferung enthaltenen Andeutungen erkennen läßt, deckt sich der implizite Sinngehalt der vorösterlichen Mahlgemeinschaft Jesu weitgehend damit, was die neutestamentlichen Berichte über das letzte Mahl Jesu als explizite Sinndeutung dieses Mahles hervortreten lassen. Wie das Bekenntnis zu Jesus und zu seiner Botschaft die Teilhabe an der künftigen Gottesherrschaft verbürgt und jetzt schon gewährt, sofern die Gottesherrschaft im Auftreten und Wirken Jesu schon anbricht, so verbürgte und gewährte auch die Mahlgemeinschaft mit Jesus die Teilhabe am Freudenmahl der kommenden Gottesherrschaft. Auch die überlieferten Deuteworte des letzten Mahles Jesu, besonders das Brotwort, enthalten diese Sinnstruktur: Die Teilhabe an Jesus selbst, die durch Teilhabe an seinem Tisch vermittelt wird, gewährt „jetzt schon Anteil an der zukünftigen Gemeinschaft im Reiche Gottes", wie die erste Arnoldshainer These es formuliert und damit einen bedeutsamen neuen Gesichtspunkt in der Geschichte der protestantischen Abendmahlslehre artikuliert[10].

Über diesen Grundgedanken hinaus sprechen die Deuteworte in den Berichten von Jesu letztem Mahl vor allem eine Beziehung der Mahlhandlung auf den Tod Jesu aus, und zwar sowohl in der Ge-

---

[9] P. Brunner in: Gespräch über das Abendmahl, a. a. O. 53. Wenn Brunner jedoch fortfährt, daß „auf der andern Seite die Mahlgemeinschaft des Auferstandenen mit den Seinen in der Zeit seiner sichtbaren österlichen Erscheinungen zu den stiftenden Momenten wird hinzugenommen werden müssen", so wird eine Differenzierung im Sinne der obigen Ausführungen nötig: Die Ostererfahrungen konnten die geschehene Stiftung der eschatologischen Mahlgemeinschaft erneuern und bekräftigen, aber sie setzen diese damit auch schon voraus.

[10] So. P. Brunner, ebd. 54.

stalt des eschatologischen Wortes (Mk 14,25 parr.) als auch im Sühnemotiv der ὑπέϱ-Formeln (Mk 14,24 c parr.; 1. Kor 11,24 b) und
im paulinischen Anamnesismotiv (1. Kor 11,25 b), schließlich auch
in der bei Paulus und Markus unterschiedlich akzentuierten Verknüpfung des neuen Bundes mit dem Blut Jesu. Die Ursprünglich-
keit all dieser Motive ist strittig. Am wenigsten Einwendungen werden gegen das eschatologische Wort erhoben. Die ὑπέϱ-Formel er-
regt Bedenken, weil sie offenbar weder an das Brotwort noch an das
Kelchwort festgebunden ist, sondern bei Markus mit dem letzteren,
bei Paulus mit dem Brotwort verknüpft ist und ein sekundäres Weglassen kaum wahrscheinlich ist, wenn man von der Annahme ausgeht, daß das Sühnemotiv zum ursprünglichen Bestand, sei es des
Brotwortes oder des Kelchwortes, gehört hat. Doch auch das Kelchwort selbst, das vom (neuen) Bunde durch das Blut Jesu redet, ist
als sekundär beurteilt worden, und die Einordnung des Einset-
zungsberichtes in den Rahmen einer Passahmahlzeit, wie sie in den
synoptischen Evangelien vorliegt, aber zur johannäischen Leidens-
geschichte im Widerspruch steht, ist von der Forschung überwiegend kritisch beurteilt worden. Dennoch wird allein schon durch
das eschatologische Wort nahegelegt, daß Jesus selbst der Mahlgemeinschaft mit ihm eine Beziehung auf seinen Tod gegeben hat,
und das Sühnemotiv, die Deutung des Todes als Bundesopfer und
auch die typologische Beziehung auf das Passah lassen sich als sachlich begründete Entfaltung der dem Tode Jesu eigentümlichen Bedeutung würdigen, an der teilhat, wer durch das Mahl Gemeinschaft mit Jesus selbst hat. Es wird dann zu einer Frage von untergeordneter Bedeutung, ob Jesus selbst die eine oder andere Deutung
seines bevorstehenden Todes ausdrücklich formuliert hat. Entscheidend bleibt, daß die Einladung zur Mahlgemeinschaft mit ihm und
die damit verbundene Teilgabe am künftigen Heil — also im Sinne
lutherischer Tradition das Element der promissio — auf Jesus selbst
zurückgehen und daß die Mahlgemeinschaft mit ihm Teilhabe
auch an der Heilsbedeutung seines Todes vermittelt. Grundlegend
für die Frage, ob man von einer jedenfalls impliziten Einsetzung
der von der nachösterlichen Gemeinde gefeierten Eucharistie durch
Jesus selbst sprechen kann, ist weiter die Universalität der Einladung über den damaligen Jüngerkreis hinaus: Diese Universalität
der Einladung Jesu zur Mahlgemeinschaft mit ihm dokumentiert
sich in der Praxis des historischen Jesus, mit „Zöllnern und Sündern" Mahlgemeinschaft zu halten, und wird durch die auf anderem Wege begründete universale Heilsbedeutung seines Todes bekräftigt. Daher scheint es berechtigt, von einer Einsetzung des
Abendmahls durch Jesus selbst zu reden, wenn man sich dabei

nämlich gerade nicht beschränkt auf die Überlieferungen von Jesu letztem Mahl, sondern diese aus dem gesamten Zusammenhang des vorösterlichen Wirkens Jesu und insbesondere seiner alltäglichen Mahlpraxis würdigt.

IV

Ein an den exegetisch-historischen Forschungsergebnissen sich orientierendes Abendmahlsverständnis muß heute unausweichlich zu grundlegenden Änderungen der Perspektive gegenüber den traditionellen Lehraussagen und auch gegenüber den Fragestellungen der diesen Lehraussagen vorausgegangenen Auseinandersetzungen führen. Solche Änderungen betreffen alle konfessionellen Lehrtypen. Die Diskussion darüber kann sich daher nicht mehr in den Geleisen herkömmlicher Kontroverstheologie bewegen. Vielmehr sind alle christlichen Konfessionen vom Thema des Abendmahls her zu einer Neubesinnung über den eigentlichen Sinn der Eucharistie aufgerufen. Darin liegt die ökumenische Chance der in dieser Frage so schwierigen exegetischen Sachlage.

Die Auseinandersetzungen, aus denen das Transsubstantiationsdogma hervorging und später die lutherische Abendmahlslehre einerseits, die reformierten Lehrformen andererseits, sind aus heutiger Sicht geurteilt allzu einseitig an den sogenannten Elementen interessiert gewesen. Die augustinische Sakramentsdefinition (accedit verbum ad elementum, et fit sacramentum) legte der gesamten lateinischen Dogmengeschichte diese Verengung nahe, aber schon in der Formulierung des Kelchwortes bei Markus läßt sich eine in diese Richtung weisende Verschiebung des Akzentes von der personalen Gemeinschaft mit Jesus zur Teilhabe an seinem Leib und Blut als — wie Ignatius von Antiochien es dann klassisch ausdrückte (Eph 20,2) — φάρμακον ἀθανασίας beobachten. Dabei geriet in Vergessenheit, daß das Brotwort in seiner mutmaßlichen aramäischen Urform (guph) den Leib Jesu nicht in seiner materiellen Qualität für sich, sondern als das Selbst Jesu nannte und daß das Kelchwort in seiner von Paulus überlieferten Form auf den in Jesu Tod begründeten neuen Bund zielt und nicht unmittelbar auf den Genuß des Blutes Jesu — eine Vorstellung, die für Juden unvollziehbar sein mußte. Andererseits zeigt die neuere Diskussion des Abendmahlsthemas sowohl auf katholischer[11] als auch auf evangelischer

---

[11] Siehe dazu J. Powers, Eucharistie in neuer Sicht, 1968, 75 ff., sowie besonders Arbeiten von P. Schoonenberg, sowie E. Schillebeeckx, Die eucharistische Gegenwart, 2. Aufl. 1968, 68 f., 80 ff., 93.

Seite[12] das Bemühen, den personalen Charakter der durch das Herrenmahl gewährten Anteilhabe an Jesus stärker in den Mittelpunkt treten zu lassen. Wenn dabei betont wird, daß die Person Jesu als Inhalt der Abendmahlsgabe kein „leibloses, rein spirituelles Ich" ist, kein „von dem am Stamm des Kreuzes hängenden Leib und von dem dort vergossenen Blut getrenntes personales Selbst"[13], so entspricht das nur der Identität von Selbst und Leib in der mutmaßlich ursprünglichen aramäischen Sprachgestalt des Brotwortes. Die vierte Arnoldshainer These hat in diesem Sinne den personalen Charakter der Abendmahlsgabe betont, ihre Identität mit der Person Jesu selbst, und die fünfte These hat die entsprechenden Abgrenzungen sowohl gegen ein abstrakt spirituelles als auch gegen ein abstrakt dingliches Verständnis der Abendmahlsgabe im Sinne eines naturhaften oder übernatürlichen Stoffes formuliert. Hinzuzufügen bleibt nur, daß auch die Person Jesu nicht für sich isoliert die Heilsgabe ist, an der das Abendmahl Anteil gewährt, sondern in ihrer konkreten Wirklichkeit, nämlich in ihrer Beziehung zur kommenden Gottesherrschaft, der die Sendung Jesu galt, gesehen und angenommen werden muß. Anteil am kommenden Heil Gottes wird verbürgt durch die Gemeinschaft mit Jesus als ihrem Boten: Das erst ist der volle Begriff der Heilsgabe, um die es im Abendmahl geht. Die Arnoldshainer Thesen haben diesen eschatologischen Bezug in der ersten These klar ausgesprochen. In der für das Verständnis der Heilsgabe des Abendmahls entscheidenden vierten These jedoch ist er nicht erwähnt. Der Akzent liegt hier ganz auf der personalen Deutung der Teilhabe an Christi Leib und Blut. Das Verhältnis zwischen Teilhabe an Christus und Teilhabe am Heil der kommenden Gottesherrschaft wird daher in den Thesen nicht hinreichend geklärt.

Erfordert der personale Sinn der durch das Abendmahl gewährten Teilhabe an Jesus die Entschränkung der einseitigen Konzentration auf die „Elemente" im Verständnis der Abendmahlsgabe, so muß entsprechend auch die Isolierung der Abendmahlsgabe vom personalen Geschehen der Mahlfeier überwunden werden. In dieser Richtung haben die Arnoldshainer Thesen die ekklesiologische Bedeutung des Abendmahls als Begründung der Gemeinschaft des

---

[12] In der lutherischen Theologie ist seit Th. Harnack und A. v. Oettingen der personale Charakter der Abendmahlsgabe zunehmend betont worden, zuletzt besonders von P. Althaus, gegenüber einer anderen Richtung, die das Besondere der Abendmahlsgabe in Leib und Blut Christi als solchen suchte und im 19. Jahrhundert vor allem durch G. Thomasius repräsentiert war. Siehe dazu E. M. Skibbe, Das Proprium des Abendmahls, in: KuD 10, 1964, 78—112.

[13] P. Brunner, a. a. O. 63 f.

Leibes Christi zwischen denen, die die Gabe Jesu empfangen, hervorgehoben und damit ein in den protestantischen Abendmahlslehren oft vernachlässigtes, aber für das Urchristentum zentrales Bedeutungsmoment der Abendmahlsüberlieferung wiedergewonnen[14].

V

Die einseitig auf das Geschehen an den Elementen gerichtete Aufmerksamkeit der Tradition dürfte damit zusammenhängen, daß die Gegenwart Christi im Geschehen der Eucharistie von früh an im Sinne eines Epiphaniegeschehens, als Herabkommen der Leiblichkeit des erhöhten Herrn in Brot und Wein auf dem Altar aufgefaßt wurde. Die Gegenwart des Erhöhten wurde nicht immer in ihrer Vermittlung durch den anamnetischen Bezug der Mahlfeier zum Gekreuzigten, zum geschichtlichen Jesus, verstanden. Zwar wurde in keiner der konfessionellen Ausprägungen der Abendmahlslehre vergessen, daß der Erhöhte identisch ist mit dem am Kreuze Gestorbenen. In diesem Sinne behielt auch die Anamnese des Todes Jesu ihren Platz nicht nur in der eucharistischen Liturgie, sondern auch in der theologischen Reflexion. Aber die Frage nach der Gegenwart Christi in der Eucharistie wurde nicht in erster Linie als Frage nach der Teilhabe der Feiernden am geschichtlichen Jesus und am Geschehen seines Kreuzestodes entwickelt. Das Heilsinteresse dieser Frage richtete sich unmittelbar auf die Teilhabe an der verklärten Seinsweise des Erhöhten. Dementsprechend wurde die Gegenwart des Erhöhten nicht in ihrer Vermittlung durch die Teilhabe am geschichtlichen Jesus und an seinem Kreuz gedacht, sondern als unvermitteltes Gegenwärtigwerden vom Himmel her in den Elementen.

Man muß sagen, daß die katholische Lehre vom Opfercharakter der Eucharistie auf ihre Weise die Verbindung der Abendmahlsfeier mit dem Gekreuzigten deutlicher zum Ausdruck gebracht hat als die evangelischen Abendmahlsauffassungen, die infolge ihrer Kritik am Opfergedanken dazu neigten, in der Abendmahlsgabe nur noch die *Frucht* des Kreuzesopfers, die Austeilung (applicatio) des dort Erworbenen zu finden, aber nicht mehr eine Gegenwart des Gekreuzigten selbst und als solchen. Andererseits schließt der Gedanke einer liturgischen Repräsentation des Kreuzesopfers nicht schon von sich aus deren Verständnis als einer repräsentativen *Wiederholung* und wohl gar Ergänzung des einmal im Tode Jesu Geschehenen

---

[14] Siehe besonders These 6,2 f. und 7,2.

ein. Neben liturgiegeschichtlich bedingten Motiven[15] hat wohl auch die Auffassung der Gegenwart des Herrn in der Eucharistie als Epiphanie des Erhöhten auf dem Altar in Analogie und Parallele zum Inkarnationsgeschehen gerade dann derartige Deutungen begünstigt, wenn sie sich mit einem Verständnis der eucharistischen Feier als Repräsentation des Kreuzesopfers Jesu verband. Demgegenüber erscheint es als Verdienst der von Odo Casel ausgegangenen Neufassung des Repräsentationsgedankens, daß die eucharistische Gegenwart Christi selbst als Gegenwart des Gekreuzigten und nur so auch des Erhöhten gedacht worden ist, so daß nun auch dem protestantischen Verdacht, es handle sich beim eucharistischen Opfer doch irgendwie um eine Wiederholung und Ergänzung des einmaligen Opfers Christi auf Golgatha, überzeugend begegnet werden konnte. Dennoch bezeichnet das Hervortreten des Opfergedankens im Eucharistieverständnis neben der einseitigen Konzentration auf die Elemente und dem ebenso einseitigen Verständnis der eucharistischen Gegenwart Christi vom Erhöhten her einen dritten Aspekt der Verengung der Eucharistielehre gegenüber den Ursprüngen des Abendmahls. Die Auswirkungen auch dieser Verengung der Abendmahlsthematik sind übrigens keineswegs nur in der katholischen, sondern ebenso in der protestantischen Lehrtradition zu finden.

VI

Bekanntlich bezeichnet nicht die Transsubstantiationslehre, sondern das Verständnis der Eucharistie als Opferhandlung der Kirche — und zwar nicht nur als Dankopfer, sondern als Sühnopfer — den eigentlichen Gegensatz zwischen lutherischer und katholischer Abendmahlsauffassung. In seiner Kritik an der römischen Messe wandte sich Luther vor allem gegen die Vorstellung, die er nicht nur in der Theologie, sondern auch in der Liturgie des Meßkanons zu finden meinte, daß das Opfer Christi noch einer Ergänzung fähig und bedürftig sein könnte. Wegen dieses Anspruchs rückte für

---

[15] Siehe zu diesem Aspekt H. Ch. Seraphim, Von der Darbringung des Leibes Christi in der Messe. Studien zur Auslegungsgeschichte des römischen Meßkanons und Erwägungen zur Meßopferlehre, Diss. München 1970 (masch.), wo die Vorstellung von einer sakramentalen Darbringung Christi durch den Priester als Ergebnis der Konzentration des Wandlungsvorgangs auf die Rezitation der Einsetzungsworte dargestellt wird: Durch die Konzentration der Wandlung auf die Einsetzungsworte erst wird ein Verständnis der Opferterminologie in den nachfolgenden Gebeten im Sinne einer Darbringung des sakramental gegenwärtigen Christus nahegelegt.

Luther das Meßopfer an die Seite der Werkgerechtigkeit, ja konnte als deren dichteste Ausdrucksform erscheinen. Man wird wohl kaum bestreiten können, daß im 16. Jahrhundert Anlaß für derartige Vorwürfe bestand, wenn nicht in der Meßliturgie selbst, so doch zumindest in ihrer damaligen theologischen Interpretation. Doch das kann uns hier nicht beschäftigen. Die heutige katholische Lehre von der Eucharistie und vom eucharistischen Opfer wird jedenfalls in ihrer Gesamtheit durch derartige Vorwürfe oder Verdächtigungen nicht mehr getroffen[16], wenn auch hier und da noch Vorstellungen begegnen, die den Gedanken einer Ergänzung des Opfers Christi durch seine Repräsentation im Meßopfer nahelegen könnten[17]. Der Gedanke der Repräsentation, der seit Odo Casel von katholischen Theologen entwickelt wird, geht sicherlich hinaus über den einer bloßen Zueignung (applicatio) der Wirkungen des einmaligen Versöhnungsgeschehens; er bezeichnet vielmehr ein Gegenwärtigwerden dieses Geschehens selbst in der Kulthandlung. Darin liegt nicht notwendig der Gedanke einer Wiederholung oder Ergänzung; eine solche Auffassung ist vielmehr durch die Selbstgegenwart des Kreuzesopfers eigentlich ausgeschlossen: Wiederholende Repräsentation ist nicht Wiederholung auf der Ebene des historisch einmaligen Geschehens. Daran ändert sich auch durch das Verständnis des eucharistischen Opfers als Sühnopfer nichts. Denn wenn das Kreuz Christi den Charakter eines Sühnopfers hatte und wenn in der Eucharistie das historische Versöhnungsgeschehen selbst und nicht nur eine erhöhte Leiblichkeit Christi gegenwärtig wird, dann wird die Eucharistiefeier auch sakramentale Partizipation am Sühnopfer Christi sein, insofern und insoweit das Versöhnungsgeschehen als Sühnopfer richtig beschrieben ist. Auf diesen Punkt ist sogleich zurückzukommen. Hier soll zunächst nur festgestellt werden, daß das evangelische Mißtrauen gegen jedes Verständnis des Abendmahls als Sühnopfer unbegründet ist, wenn es dabei wirklich nur um die Selbstgegenwart des gekreuzigten Christus geht — unter der Voraussetzung, daß das Kreuz Christi mit Recht als Sühnopfer verstanden wird. Es ist nicht gerechtfertigt, an dieser Stelle nun doch wieder in die alten Vorwürfe gegen die römisch-katholische Abendmahlstheologie zurückzufallen und

---

[16] Das wird heute auch auf evangelischer Seite erkannt, wie etwa bei A. Buchrucker, Die Repräsentation des Opfers Christi im Abendmahl in der gegenwärtigen katholischen Theologie, in: KuD 13, 1967, 273—296, bes. 278 ff.

[17] Siehe dazu K. H. Bieritz, Oblatio Ecclesiae, in: ThLZ 94, 1969, 241—251, bes. 249 f. Besonders wichtig: H.-J. Schulz, Christusverkündigung und kirchlicher Opfervollzug nach den Anamnesetexten der eucharistischen Hochgebete, in: Christuszeugnis der Kirche (Festschrift Bischof Hengsbach), hrsg. von P. W. Scheele und G. Schneider, 1970, 93—128.

sich auf die Begriffe der Applikation und des Dankopfers zurückzu-
ziehen[18]: Diese Begrenzung ist sinnvoll, wo gesagt werden soll, was
die gottesdienstliche Feier des Abendmahls *für sich selbst* bedeuten
kann, nicht aber im Hinblick auf die Selbstgegenwart Christi im
Abendmahl. Hier leuchtet vielmehr E. Iserlohs Feststellung ein,
daß die Messe „ein Sühnopfer nicht trotz, sondern wegen ihrer
Einheit mit dem Opfer auf Golgatha" sei[19]. Vorausgesetzt ist dabei
immer, daß der Weg Jesu ans Kreuz tatsächlich als Sühnopfer zu
verstehen ist. In dieser christologischen Voraussetzung stimmten
nun aber die Reformatoren mit der in der lateinischen Kirche herrschenden Auffassung durchaus überein; ging es ihnen doch erklär-
termaßen um die Vollgenugsamkeit eben des Opfers Christi. Unter
diesen Voraussetzungen ist die Ablehnung der Auffassung des Al-
tarsakramentes als Sühnopfer einerseits aus der Frontstellung gegen
das Opfer Christi ergänzende sakramentale Opferhandlungen verständlich, andererseits daraus zu erklären, daß die Gegenwart Christi primär als Gegenwart des Erhöhten, nicht aber des geschichtlichen Jesus oder des Kreuzesgeschehens selbst gedacht wurde. Den
letzteren Umstand wird man allerdings kaum zu den vorbildlichen
Zügen der reformatorischen Abendmahlslehren, sondern eher zu ihren Schranken rechnen müssen. Wenn, wie vielfach auch in heutigen evangelischen Stellungnahmen[20], der Kreuzestod Jesu in erster
Linie als Sühnopfer verstanden wird und die Einsetzungsworte auf
den Opfertod Jesu bezogen werden müssen, wird man gegen ein
Verständnis der Präsenz Christi im Abendmahl von daher — und
also auch gegen eine Teilnahme der Mahlfeier an der Bedeutung
seines Todes als Sühnopfer — schwerlich durchschlagende theologische Einwände erheben können.

---

[18] So Buchrucker a.a.O. 294 f. im Anschluß an R. Prenter, KuD 1, 1955, 53.

[19] E. Iserloh, Abendmahl und Opfer, 1960, 103. Vgl. dazu auch die Ausführungen von M. Thurian, Eucharistie, 1963, 216 ff. (zu Pierre du Moulin), 229 f.

[20] Dafür sei hier nur auf die Rolle des Opferbegriffs in den Bonner und Heidelberger Formeln aus der Vorbereitungszeit der Arnoldshainer Thesen verwiesen (zitiert bei P. Brunner in: Gespräch über das Abendmahl, a.a.O. 59 f.). Was
W. Averbeck (Der Opfercharakter des Abendmahls in der neueren evangelischen
Theologie, 1966, bes. 787, über den christologischen Hintergrund des konfessionellen Gegensatzes in der Frage des Opfercharakters des Abendmahls sagt, bedarf
insofern einer Korrektur, als nicht die unterschiedliche („latreutische" bzw. „so-
terische") Einschätzung der Bedeutung der Menschheit Jesu im Kreuzesgesche-
hen — die sicherlich auch zu beachten ist — bei der Ablehnung der Messe im
Sinne des Opfers entscheidend ist, sondern die protestantische Weigerung, in
diesem Punkte eine Partizipation der Glaubenden bzw. der Kirche an Christus
gelten zu lassen. Dabei gerät die reformatorische Position ihrerseits hier in innere
Widersprüche, da besonders Luther ja ansonsten die volle Teilhabe der Glaubenden an Christus durch den Glauben entschieden betont hat.

Jene Voraussetzung aber, die die Reformatoren mit der lateinischen Tradition in Christologie und Abendmahlslehre teilten, bedarf zumindest einer Differenzierung im Lichte der heute zugänglichen exegetischen Forschungsergebnisse. Wenn auch die Auffassung des Kreuzes Christi als Opfer sicherlich zu den im Neuen Testament vorliegenden Deutungen seines Todes zu rechnen ist, so ist sie doch nicht die einzige Auslegung dieses Geschehens, schon gar nicht in der spezifischen Vorstellungsweise der späteren Theologie von einem durch Jesus als Mensch dargebrachten, Gott versöhnenden Opfer, und darüber hinaus ist die Gemeinschaft mit Jesus, die die Eucharistie vermittelt, auch nicht isoliert auf seinen Tod zu beziehen. Die Einseitigkeit, mit der die Tradition die christologische Basis des Abendmahls und die Begründung seiner Heilsgabe in dem extrem dyotheletisch, als Sühnopfer Jesu an den dreieinigen Gott, verstandenen Kreuzestod gesucht hat, bedarf der Entschränkung im Sinne einer wahrhaft katholischen Würdigung der Pluralität der Motive, die den christologischen Hintergrund des Abendmahlsgeschehens bilden.

So betonen heute viele Exegeten, daß der Sühnegedanke, wie ihn die Einsetzungsworte aussprechen, indem sie von dem „für uns" (bzw. „für viele") gegebenen Leib Christi und von seinem „für uns" vergossenen Blut reden, nicht ohne weiteres den Gedanken eines Sühn*opfers* impliziert[21]. Der Sühnegedanke der Hyper-Formel und der Gedanke des durch das Blut Jesu begründeten neuen Bundes (Paulus) bzw. die Bezeichnung des Blutes Jesu als Bundesblut sind nicht ohne weiteres homogen. Aber schon die Auffassung, daß das Kelchwort in der uns vorliegenden Gestalt ein Verständnis des Todes Jesu als Bundesopfer — das als solches also noch nicht Sühnopfer ist — voraussetze, ist mit ernsthaften Gründen bestritten worden, weil nämlich die Wendung vom Vergießen des Blutes einfach gewaltsamen Tod bezeichne und keine Opferterminologie sei[22]. Das Kelchwort besagt dann in seiner paulinischen Fassung einfach, daß der neue Bund im gewaltsamen Tode Jesu begründet sei. Auch die von J. Jeremias vertretene Deutung des letzten Mahles Jesu als Passahmahl und die damit verbundene Vermutung, daß Jesus sich

---

[21] So hat E. Lohse den stellvertretenden Sühnetod des Märtyrers und des Gerechten vom Opfer im rituellen Sinne unterschieden (Märtyrer und Gottesknecht, 1955, 126). Erst der von ihm als hellenistischer Zusatz beurteilte Bundesgedanke (124) ließ den Tod Jesu als das Opfer verstehen, das den Bund in Kraft setzt (126).

[22] So E. Lohmeyer, Vom urchristlichen Abendmahl, in: Theologische Rundschau 9, 1937, 189, im Zusammenhang seiner Kritik an Jeremias' Deutung des Blutes als Passahblut. Vgl. auch H. Patsch, Abendmahl und historischer Jesus, Stuttgart 1972, 86 f.

20*

selbst als das Passahlamm des neuen Bundes verstanden habe, ist
heftig umstritten, zumal Paulus zwar einmal Jesus unser Passahlamm nennt (1. Kor 5,7), aber ohne Bezugnahme auf das Abendmahl, wie auch umgekehrt im Abendmahlskapitel desselben Briefes
ein solcher Bezug fehlt. Außerdem ist J. Jeremias der Nachweis
nicht gelungen, daß das Passahblut sühnende Kraft habe. Der Gedanke des Sühnopfers ist also auch auf diesem Wege nicht als der
ursprüngliche Sinn des Kelchwortes zu begründen. Einige Forscher
wie Lietzmann und Bultmann haben die Sühneformel überhaupt
als sekundär beurteilt, weil sie offenbar weder mit dem Brotwort
noch mit dem Kelchwort fest verbunden war, sondern nach Markus
nur beim Kelchwort (14,24), nach Paulus nur beim Brotwort (1. Kor
11,24) begegnet und ein Weglassen der Formel aus einem Tradi-
tionsstück, mit dem sie von Anfang an fest verbunden gewesen
wäre, kaum vorstellbar ist. Im Hinblick auf diesen exegetischen
Sachverhalt ist es nicht zu rechtfertigen, die Abendmahlsgabe primär als Zuwendung des Sühnopfers Jesu zu verstehen oder die Gegenwart Jesu primär als Gegenwart des als Sühnopfer verstandenen
Kreuzesgeschehens zu denken. Auf sehr viel gesicherterem Boden
befindet sich die Abendmahlslehre, wenn sie den geschichtlichen
Jesus, an dem das Mahl Anteil gibt, in erster Linie als den Boten
der kommenden Gottesherrschaft versteht, der durch die in seinem
Mahl gewährte Gemeinschaft mit ihm selbst die künftige Teilhabe
am Heil der Gottesherrschaft verbürgt, so daß diese selbst — und
damit übrigens auch die Vergebung der Sünden — im zeichenhaften Vollzug der Mahlfeier schon Gegenwart gewinnt. Dieser Ausgangspunkt liegt noch durchaus diesseits jeder Opferthematik. Nun
ist aber die Gemeinschaft mit Jesus weiter als Gemeinschaft mit
dem Gekreuzigten zu verstehen und darum auch als Teilhabe an
der Bedeutung seines Kreuzestodes. Sofern nun die Bedeutung des
Todes Jesu im Urchristentum treffend als ein Sterben für uns und
im Bilde eines Opfers ausgelegt worden ist, besteht gar kein Grund
zu bestreiten, daß die durch das Abendmahl gewährte Gemeinschaft mit Jesus selbst auch die Teilhabe an seinem Sterben und an
dessen Bedeutung miteinschließt. Dabei wird jedoch die ganze Breite der neutestamentlichen Zeugnisse von der Bedeutung des Todes
Jesu zu berücksichtigen sein, wobei Motive wie die Opfervorstellung
zu verbinden sind mit dem Gedanken, daß Gott Jesus dahingege-
ben habe: Schon dadurch ist eine einseitig dyotheletische Auffassung des Todes Jesu als einer Darbringung, bei der Gott nur Emp-
fangender wäre, ausgeschlossen. Vor allem aber muß die Teilnahme
der gegenwärtigen Abendmahlsfeier am Opfersinn des Sterbens
Jesu im Zusammenhang der durch das Abendmahl gewährten Ge-

meinschaft mit Jesus und seinem Wege überhaupt gesehen werden, statt isoliert das Eucharistieverständnis zu bestimmen. Der Verdacht läßt sich schwer von der Hand weisen, daß der Opfergedanke in der Tradition nicht zuletzt deshalb so einseitig in den Vordergrund getreten sein könnte, weil der christliche Liturg sich früh in allzu enger Parallele zum alten Bund als Priester verstehen lernte. Mit der Überwindung der hier geschehenen Verengung des Abendmahlsverständnisses könnte der kontroverstheologische Antagonismus, der sich so lange in diesem Thema festgebissen hat, der Vergangenheit angehören.

VII

In den bisherigen Erwägungen wurde vorausgesetzt, daß das Abendmahl Teilhabe an dem geschichtlichen Jesus selbst vermittle — eine Teilhabe und Gemeinschaft, für die die Bezeichnung als eine leibliche nur ein schwaches Wort ist, da sie ja die Genossen dieses Mahles über den Zerfall ihres eigenen sterblichen Leibes hinaus mit Jesus verbinden soll, damit sie in ihm Anteil gewinnen an dem neuen Leben, das an ihm schon erschienen ist. Aber wie ist solche Gemeinschaft mit einer geschichtlichen Person eines längst vergangenen Zeitalter als Wirklichkeit zu verstehen? Damit erhebt sich die Frage, wie die Gegenwart Christi im Abendmahl zu denken ist.

Bei der Erörterung der Abendmahlslehre in der evangelischen — speziell in der lutherischen — Dogmatik der Gegenwart wird diese Frage oft übergangen. Man zieht sich gern zurück auf die in den Einsetzungsworten liegende Verheißung Christi und beurteilt die Frage nach dem „Wie" seiner Gegenwart im Abendmahl als mehr oder weniger überflüssig[23]. Solche Auskunft kann jedoch nur unter Voraussetzung eines formalen Autoritätsglaubens im Hinblick auf das biblische „Wort" im allgemeinen und auf die Einsetzungsworte im besonderen befriedigen — eines Autoritätsglaubens, dessen Fragwürdigkeit heute weithin erkannt wird. Hält man diesen Boden nicht für tragfähig, dann wird die Frage unumgänglich, wie denn das, was die Einsetzungsworte als Verheißung aussprechen,

---

[23] So W. Elert, der a. a. O. 382 sogar die Realpräsenz selbst einen bloßen „Hilfsgedanken" nennen kann. P. Althaus, a. a. O. 581, nennt es eine „Verletzung des Evangeliums", daß die römische Kirche „eine metaphysische Theorie des Wunders der Realpräsenz, und zwar eine solche, die mit der aristotelischen Philosophie steht und fällt, zum Dogma der Kirche erklärt" habe. Daß dies der Fall ist, wird jedoch von den meisten katholischen Äußerungen zum Dogma der Transsubstantiation heute bestritten (vgl. nur E. Schillebeeckx, a. a. O.).

für uns Wirklichkeit sein kann — wie es in Verbindung treten kann zu einem uns zugänglichen Verständnis von Wirklichkeit überhaupt. Eine Antwort auf diese Frage haben die alten Theorien der Realpräsenz unter den Bedingungen der Wirklichkeitserfahrung jeweils ihrer Zeit zu geben versucht. Das gilt für die Konsubstantiations- und Ubiquitätslehre Luthers ebenso wie für die Transsubstantiationslehre der Hochscholastik. Es handelt sich bei solchen Theorien also keineswegs um überflüssige und vorwitzig das Geheimnis verletzende Spekulationen, sondern um die unausweichliche Reflexion auf den Wirklichkeitssinn der verheißenen Präsenz Christi. Damit ist nicht gesagt, daß solche Reflexion die Verheißung des einladenden Herrn, die in den Einsetzungsworten — ob nun von ihm selbst oder von der Auslegung der apostolischen Gemeinde — artikuliert ist, etwa ausschöpfen könnte. Die Verheißung der Realpräsenz Jesu Christi selbst liegt allen Theorien davon voraus. Aber die theoretische Reflexion wird dadurch nicht überflüssig, sondern muß mit Schillebeeckx[24] als unerläßlich anerkannt werden, wenn das Verheißene als Wirklichkeit verstanden werden soll.

Von keiner der überlieferten Theorien der Realpräsenz wird man heute sagen können, daß sie das eucharistische Geheimnis in befriedigender Weise theoretisch formuliert habe. Dabei geht es nicht nur um Adaptation der traditionellen Formeln an die veränderten Bedingungen gegenwärtigen Denkens. Man muß vielmehr erkennen, daß die gegensätzlichen Formulierungen der Gegenwart Christi im Abendmahl aus der Zeit der abendländischen Konfessionstrennung schon für diese Zeit einseitig und problematisch blieben und gerade dadurch Anlaß zum Streit gegeben haben. Das gilt sicherlich auch für den Gedanken der Transsubstantiation. Die ökumenische, aber auch die eigentlich dogmatische Problematik dieses Gedankens kommt noch nicht in den Blick, wenn man ihn für ein vergangenes Zeitalter, das in den Denkformen der aristotelischen Philosophie dachte, als schlechthin gültigen Ausdruck für die Gegenwart Christi im Abendmahl ansieht, so daß erst in der veränderten Situation der Moderne eine neue Formulierung nötig wird[25]. Der Gedanke einer Transsubstantiation konnte gerade auf aristotelischem Boden als philosophisch widersinnig erscheinen und darum durch eine symbolische Deutung oder — wie bei Luther — durch Ubiquitätslehre

---

[24] Die eucharistische Gegenwart, a. a. O. 97 f.

[25] An diesem Punkt erscheint mir die Deutung, die Schillebeeckx der Theologiegeschichte gibt, noch als zu einseitig, weil sie nur an dem relativen, historischen Recht der tridentinischen Formulierungen interessiert ist und dem relativen, historischen Recht der reformatorischen Gegenpositionen keine Rechnung trägt.

und Konsubstantiation ersetzt werden, wenn man nämlich nicht bereit war, den Widersinn einer Änderung der Substanz ohne Wechsel der Akzidentien als Wunder zu verehren. Erst in der jüngsten Entwicklung der katholischen Eucharistielehre ist der Gedanke der Transsubstantiation im Begriff, diesen Schein des Widersinnigen zu verlieren, nämlich durch seine Verbindung mit dem Phänomen einer Transsignifikation. Dieser von dem reformierten Theologen F. Leenhardt vorbereitete, dann besonders auf katholischer Seite weiterentwickelte Gedanke geht aus von einer Reflexion auf die Bedeutungsbezüge, in denen der Mensch Wirklichkeit erfährt, und von ihren Wandlungen. Die natürlichen Gegebenheiten, mit denen wir umgehen, empfangen neue Bedeutungen im jeweiligen Sinnzusammenhang menschlichen Verhaltens, in das sie eingehen. Ein Brief ist nicht nur ein Stück Papier, sondern Träger einer Botschaft im Prozeß der Interkommunikation der Menschen. Das Sein der Dinge aber ist nicht etwas von ihren Bedeutungsbezügen Ablösbares, sondern die einem Ding oder Ereignis wahrhaft eigene oder zukommende Bedeutung besagt, was das Ding oder Ereignis eigentlich ist. Das aber läuft darauf hinaus, daß der Begriff der Substanz von dem der Bedeutung her neu bestimmt wird, denn Substanz ist ja nichts anderes als τὸ τὶ ἦν εἶναι, also dasjenige, was etwas als dieses etwas ist. Gehört also das Wesen oder die Substanz mit der Bedeutung zusammen, so ist Substanz nicht mehr wie für Aristoteles das unveränderlich allem Wechsel Zugrundeliegende, sondern ist selbst in einen Prozeß hineingerissen; denn was Ereignisse und Dinge letzten Endes bedeuten, das steht noch nicht endgültig fest. Jedes Ereignis und jeder Gegenstand sind von sich her noch offen, in neue Bedeutungsbezüge einzutreten, aus denen ihre eigene Bedeutung sich neu bestimmt. Transsubstantiation ist damit aus einem Widersinn zu einem normalen Strukturmoment im Prozeß des Wandels menschlicher Wirklichkeitserfahrung geworden. Ein solcher Bedeutungswandel findet nun auch statt, wenn die Speisen des Mahles, zu dem Jesus lädt, zu Zeichen und Mitteln der Gemeinschaft mit ihm und damit auch mit der Zukunft Gottes werden. Dieser Bedeutungswandel von Brot und Wein zu Elementen der Teilhabe an Jesus selbst in allem, was er ist, hat aber nicht nur vorübergehenden Charakter. Der an diesem Brot und Wein vorgehende Bedeutungswandel ist nicht mehr überholbar durch andere Bedeutungserfahrungen, die das Wesen dieses Brotes und dieses Weines modifizieren könnten, sondern dieser Bedeutungswandel hat unüberholbaren, eschatologischen Sinn, Endgültigkeit, und bezeichnet daher das endgültige Wesen desjenigen Brotes und Weines, das oder der als Speise dient in der Mahlgemeinschaft, zu der Jesus lädt[26]. Eine solche Interpretation der Transsubstantiation als Transsignifikation und umgekehrt[27] dürfte die beste heute erreichbare Theorie der Realpräsenz sein. Sie bringt das Verständnis der Gegenwart Christi in der Eucharistie um einen vielleicht entscheidenden Schritt über die alten Aporien des Transsubstantiationsbegriffs, der Konsubstantiationslehre und der symbolischen Deutung des Abendmahls hinaus und bewahrt zugleich die Wahrheitsmomente aller dieser Deutungen in sich auf:

Die symbolische Deutung des Abendmahls hatte darin ihr Recht, daß sie das Mahl und seine Elemente als Zeichen der Gemeinschaft mit Jesus Christus verstehen wollte. Sie hatte Unrecht darin, daß sie den Zeichencharakter des Mahles für unvereinbar mit realer und wesentlicher Gegenwart des Bezeichneten hielt. Das liegt vielleicht

[26] Die definitive Identität des Wesens, die der traditionelle Substanzbegriff zum Ausdruck bringt, kann im Rahmen einer geschichtlichen Perspektive der Wirklichkeit in ihrer unbegrenzten Wandelbarkeit nur unter dem Gesichtspunkt der Endgültigkeit dessen, was sich in den Prozessen der Veränderung herausstellt, zur Sprache kommen. Ein Bedeutungswandel, der ein bloßes verschwindendes Moment in diesem Flusse bleibt, da er durch weitere Bedeutungswandlungen überholt wird, erreicht demgegenüber noch nicht die Definitivität des Wesens. Ohne den Gedanken einer im Prozeß des Bedeutungswandels sich herausstellenden endgültigen Bedeutung der Sache bleibt daher der alte Dualismus zwischen Zeichen und Sache bestehen. Erst die endgültige, eschatologische Bedeutung hat die definitive Wahrheit, die der aristotelische Begriff der Substanz auf seine Weise im Blick hatte. Erst gegenüber der Endgültigkeit des Bedeutungswandels, der mit der Segnung von Brot und Wein im Abendmahl verbunden ist, wird das Mißtrauen gegenstandslos, das dem Begriff der Transsignifikation entgegengebracht worden ist.

[27] Die Ausführungen von Schillebeeckx bleiben dagegen bei einem Dualismus von Transsubstantiation und Transsignifikation stehen. Obwohl die ganze Anlage seines Buches über „Die eucharistische Gegenwart" hinausläuft auf eine neue Deutung der Transsubstantiation durch den Begriff der Transsignifikation, und obwohl seine Ausführungen den entscheidenden Punkt treffen, daß das Wesen oder die Substanz der Dinge unserer Wahrnehmung „stets voraus" ist (86) und sich nur im Wandel erfahrener Bedeutung enthüllt, urteilt er schließlich doch im Unterschied zu Schoonenberg, daß „die eucharistische Transsignifikation nicht mit der Transsubstantiation identisch ist", wenn sie auch „innerlich mit ihr zusammenhängt" (101). Die Differenz und die „metaphysische Priorität" der Transsubstantiation, die bei der Transsignifikation schon vorausgesetzt sein soll (102), wird zurückgeführt auf die Unterscheidung zwischen Sein und Erscheinung. Dagegen ist zu fragen, ob die Differenz zwischen Sein (oder Wesen) und Erscheinung nicht selbst im geschichtlichen Prozeß menschlicher Bedeutungserfahrung ihren Ort hat und auf den Unterschied zwischen vorläufiger und endgültiger Bedeutung des in unserer Erfahrung Wahrgenommenen zurückgeht, so daß die Frage des Wesens zu einem Thema der Eschatologie wird und die endgültige Bedeutung mit dem Wesen oder Sein der Dinge und Ereignisse koinzidiert. Vgl. dazu meinen Artikel: Erscheinung als Ankunft des Zukünftigen, in: Studia Philosophica 26, 1966, 192—207, jetzt in: Theologie und Reich Gottes, 1971, 79 ff.

außer der unzureichenden Formulierung der Gegenposition in der damaligen Theologie auch daran, daß man zwischen Symbol und Zeichen nicht unterschied. Aber nicht jedes Zeichen ist schon Symbol. Das wird besonders deutlich da, wo ein und dasselbe sowohl Zeichen als auch in anderer Hinsicht Symbol ist. So sind die Abendmahlselemente nicht nur Zeichen für die Gemeinschaft mit Jesus Christus im Vollzug des Mahlgeschehens, sondern auch — obwohl sicherlich sekundär — als Symbole gedeutet worden, nämlich als Symbole für die Trennung von Leib und Blut im gewaltsamen Sterben Jesu. Dieses Symbol ist als solches unterschieden von dem, was es darstellt, während die Bezeichnung von Brot und Wein als Leib und Blut Christi nicht nur etwas darstellt, sondern diesen Speisen den Sinn gibt, daß sich durch sie Christus selbst mit uns verbindet. Dieser Zeichensinn von Brot und Wein ist für das Abendmahlsgeschehen fundamental und nicht zu verwechseln mit symbolischen Deutungen, die sich an ihn anhängen können. Wird das beachtet, so braucht man nicht mehr wegen des Zeichencharakters von Brot und Wein die reale Gegenwart Christi im Mahlgeschehen zu bestreiten, die gerade das durch die sakramentalen Zeichen Bezeichnete ist.

Die lutherische Konsubstantiationstheorie hatte darin recht, daß Brot und Wein durch die Konsekration nicht einfach aufhören zu sein, was sie vorher waren, sondern aufgenommen werden in die Teilhabe am Sein des gegenwärtigen Christus. Dieses Aufgenommenwerden konnte in der damaligen Diskussionslage im Gedanken der Transsubstantiation nicht ausgedrückt werden, wie das heute durch deren Deutung als Transsignifikation möglich ist. Von der heutigen Situation her muß man trotzdem urteilen, daß Luther zu Unrecht den Begriff der Transsubstantiation schlechthin als unsinnig ablehnte: Er hätte statt dessen den Begriff der Substanz selbst so verändern können, wie das die heutige Transsignifikationstheorie tut. Aber eine solche Forderung läuft vielleicht auf eine anachronistische Verkennung der zeitbedingten Schranken jedes Denken hinaus[28].

Die nötige Änderung des aristotelischen Substanzbegriffs ist damals auch dort nicht geleistet worden, wo man die eucharistische

---

[28] Eher schon wäre die Einsicht zu erwarten gewesen, daß auf dem Boden genuin aristotelischen Denkens eine Konsubstantiation ebenso unsinnig ist wie eine Transsubstantiation, weil sie das Axiom *omne ens est unum* verletzt: Etwas kann nicht zugleich es selbst und ein anderes sein. Erst für Hegel wurde eben dies zur Wahrheit des „Etwas" selbst, aber nun eben auch nicht im Sinne ruhigen Zusammenbestehens, sondern als Übergehen in das Gegenteil — und damit sind wir der Sache nach schon auf dem Wege einer als Transsignifikation gedachten Transsubstantiation.

Gegenwart Christi als Transsubstantiation formulierte. Daher wird man den damaligen Widerspruch gegen die Formel des Dogmas nicht einfach als unwahr behandeln dürfen, obwohl diese Formel im Lichte heutigen Verständnisses als zutreffend erscheint, ungeachtet ihrer unzureichenden Explikation durch die scholastische Theologie. Außerdem beschrieb der Ausdruck Transsubstantiation im Sinne des christlichen Aristotelismus das Abendmahlsgeschehen nur nach Art eines Naturvorgangs. Die konstitutive Bedeutung personaler Vollzüge wie der — sei es explizit, sei es implizit — in der Einladung beschlossenen Verheißung Jesu einerseits und ihrer vertrauensvollen Annahme andererseits, also des Glaubens, für das Mahlgeschehen blieb außerhalb des Gedankens der Transsubstantiation, wie er damals gedacht wurde. Erst die Deutung der Transsubstantiation als Transsignifikation vermag diese Dimension von Verheißung und Glaube mit einzuschließen; denn die Transsignifikation der Elemente geht aus von der Einladung Jesu und wird ratifiziert durch den der Einladung Jesu folgenden Glauben an ihn als an den Bevollmächtigten Gottes. Erst durch den Begriff der Transsignifikation finden damit die entscheidenden Bezugspunkte des Lutherschen Abendmahlsverständnisses Raum im Gedanken der Transsubstantiation.

Mit dieser Ausweitung des Begriffs muß sich auch ein neues Verständnis der Weise, wie solche Transsubstantiation durch Transsignifikation bewirkt wird, verbinden. Liegt solches Bewirken in der Vollmacht des Liturgen? Aber der Liturg vermittelt ja nur die Einladung Christi selbst. Das geht aus den Einsetzungsworten als Worten Christi ganz eindeutig hervor, gerade auch dann, wenn die als Rede Christi überlieferten Einsetzungsworte faktisch Momente enthalten, die erst die Deutung der Kirche explizit formuliert hat. Die Transsignifikation geht also aus von den Worten Jesu, und zwar des geschichtlichen Jesus. Von ihm ergeht die Einladung zur Gemeinschaft des Mahles mit ihm. Aber der geschichtliche Jesus ist für die nachösterliche Gemeinde nicht nur Gegenstand erinnernden Gedenkens, sondern zugleich zufolge der Osterbotschaft der erhöhte Herr. Die Einladung des geschichtlichen Jesus gewinnt ihr gegenwärtiges Gewicht durch diese Tatsache. Weil der Einladende jetzt der erhöhte Herr ist, darum ist ihm zuzutrauen, daß geschieht, was er verheißt, — daß nämlich die Gemeinschaft mit ihm die Teilhabe am Reiche Gottes verbürgt, also an der Herrlichkeit, die schon jetzt die Wirklichkeit des Erhöhten ist. In diesem Sinne ist die Identität des einladenden geschichtlichen Jesus mit dem erhöhten Herrn fundamental für das Fortwirken der Einladung Jesu und für den gegenwärtigen Vollzug des Abendmahls, fundamental auch dafür, daß die Transsignifikation der Elemente im Ergehen der Einladung zum Mahl den Sinn der Endgültigkeit hat und so die definitive Bedeutung und darum die „Substanz" des Mahles und seiner Speisen namhaft macht. Unbeschadet dessen ist die Gemeinschaft, die das Mahl vermittelt, in erster Linie Gemeinschaft mit dem geschichtlichen Jesus, mit seiner Sendung und seinem Kreuz, Anamnese, und nur so in noch verborgener Weise auch Teilhabe an der Herrlichkeit dessen, der zu einem unvergänglichen Leben zur Rechten Gottes erhöht ist.

VIII

Angesichts der Bedeutung des transsignifizierenden Wortes für die Präsenz Christi im Vollzug des Abendmahls erhebt sich abschließend die Frage nach der Eigenart (dem proprium) des Abendmahls gegenüber der Wortverkündigung. Eröffnen nicht auch das Bekenntnis zu Jesus und der Glaube an ihn auf Grund der Christusverkündigung dieselbe Gemeinschaft mit ihm, die über Sünde und Tod hinwegträgt zur Teilhabe am Leben Gottes selbst?

Die lutherische Dogmatik des 19. Jahrhunderts hat dieser Frage nach dem „proprium" des Abendmahls erhebliche Aufmerksamkeit gewidmet[29]. Schien doch das Abendmahl entwertet zu werden, wenn der Christ durch die Teilnahme daran keiner anderen Gabe teilhaftig wird als er sie durch den Glauben an das Wort der Verkündigung auch sonst empfängt. Vor allem Thomasius hat das Besondere des Abendmahls darin gesucht, daß es Christi verherrlichte menschliche Natur mitteile zur Nahrung des durch die Taufe erneuerten inneren Menschen. Diese auch von Vilmar, Rocholl u. a. geteilte Auffassung, die in der Gegenwart noch bei Sommerlath und in seiner Kritik der Arnoldshainer Thesen nachwirkt, ist besonders von Philippi und H. Schultz als unbiblisch bekämpft worden. Heute hat sich die damals von Theodosius Harnack und v. Oettingen entwickelte Auffassung durchgesetzt, daß jedes Gnadenmittel die eine und ganze Gnade vermittelt, im Hinblick auf die Heils*gabe* also kein Unterschied besteht, sondern nur im *Modus* der Vermittlung. Diese in unserem Jahrhundert besonders energisch von Paul Althaus[30] verfochtene Lösung verbindet sich mit der Tendenz, die Unablösbarkeit des Leibes und Blutes Christi von der Einheit seiner lebendigen Person zu betonen. Auch in die Arnoldshainer Thesen hat diese Auffassung Eingang gefunden, nämlich in die zweite These, ohne daß jedoch gesagt wird, worin die Besonderheit des

---

[29] Siehe dazu E. M. Skibbe, a. a. O.
[30] P. Althaus, a. a. O. 582 ff., bes. 587 f.

Abendmahls als Gnadenmittel gegenüber den anderen „Weisen", in denen „Christus uns die Gaben des rettenden Evangeliums zueignet", eigentlich besteht. In der theologischen Diskussion, soweit sie die Besonderheit des Abendmahls nicht in der Heilsgabe selbst, sondern in der Weise ihrer Vermittlung gesucht hat, sind drei Eigentümlichkeiten des Abendmahls als Gnadenmittel besonders herausgearbeitet worden:

a) die persönliche Zueignung der Heilsgabe im Unterschied zur Allgemeinheit der öffentlichen Verkündigung (so schon Philippi),

b) der mündliche Empfang (manducatio oralis) und also die eigentümlich sinnenhafte, leibliche Aneignung der mit der Person Christi identischen Heilsgabe (v. Oettingen),

c) mit beidem verbunden der Trost für den hinsichtlich seiner Heilsteilhabe Angefochtenen, den das Abendmahl *persönlich* und mit der Unbezweifelbarkeit leibhafter Erfahrung seiner Teilhabe an Christus versichert (v. Oettingen).

Diese Gesichtspunkte zur Bestimmung der Eigentümlichkeit des Abendmahls haben den Vorzug, auf der Beobachtung bestimmter Züge des konkreten Vollzuges des Mahlgeschehens zu beruhen. Diese gleichsam phänomenologische Charakteristik seiner Besonderheit als Gnadenmittel bedarf jedoch der Ausweitung und Vertiefung. Sie ist zu eng und einseitig auf das Interesse der individuellen Heilsvergewisserung zentriert. Diese und mit ihr das lutherische Motiv des Anfechtungstrostes, das im Vordergrund zu stehen pflegt, wo lutherische Theologen sich der Frage nach dem Eigentümlichen des Abendmahls zuwenden, bleibt ein zentrales Motiv der Abendmahlsfrömmigkeit. Aber die subjektive Heilsvergewisserung muß sich verbinden mit der notwendigen Würdigung der kirchlichen Bedeutung der Mahlfeier, die die Gemeinschaft der Kirche in ihrer Begründung durch die Gemeinschaft der Glaubenden mit Christus in Erscheinung treten läßt. Im gemeinsamen Empfang des Abendmahls und in der gemeinsamen liturgischen Anamnese seiner Stiftung wird unmittelbar anschaulich, was die Existenz von Kirche überhaupt begründet. Dabei hat auch die manducatio oralis in ihrer Bedeutung für die individuelle Heilsvergewisserung zugleich einen ekklesialen Bezug: Der mündliche Empfang des Brotes und Weines, die der Liturg mit den Worten Christi gesegnet hat, bedeutet für den einzelnen, daß er des Heils teilhaftig wird durch einen Akt, der als ein leibliches Tun die nie schon abgeschlossene Verstehensproblematik überschreitet, die durch die Verkündigung provoziert wird, und sich handelnd engagiert in der Geheimnistiefe der Wirklichkeit Christi, mit der sein Verstehen nicht zu Ende kommt. Eben diese bisher weniger beachtete subjektive Seite der Mündlichkeit des Heilsempfangs im Abendmahl hat nun auch eine unmittelbar kirchliche Relevanz. Wie der einzelne, so hat auch die Gemeinschaft der gläubig Empfangenden im Abendmahl an einer Heilswirklichkeit Anteil, die sie über alles gegenwärtige Verstehen hinaus verbindet — mit Christus und so auch untereinander. So sehr es eines anfänglichen Verstehens bedarf, damit die Teilnahme am Abendmahl überhaupt als solche erfahren werden kann, so sehr drängt sich gerade hier die Vorläufigkeit des Glaubensverstehens gegenüber der Sinntiefe der Heilswirklichkeit auf, auf die der einzelne sich dennoch einläßt und in der er mit anderen Gemeinschaft hat. So ist auch die Wirklichkeit kirchlicher Gemeinschaft theologischem Verstehen stets schon voraus. Für eine Christenheit, die aus einer Geschichte herkommt, in der auf allen Seiten Lehrgegensätze hinsichtlich ihrer kirchlichen Bedeutung auch darum oft überschätzt worden sind, weil es in der Theologie selbst an der Helligkeit jener Reflexion fehlte, die zum präzisen Bewußtsein von der Vorläufigkeit theologischer Formeln führt, kann diese Einsicht befreiend wirken. Sie kann befreien auch zu einer neuen Wahrnehmung der Bedeutsamkeit des Abendmahlsgeschehens. Etwas davon dürfte lebendig sein in dem Drang zur Interkommunion, der heute in so vielen christlichen Gemeinschaften wächst. Wo die konfessionellen Gegensätze in der Abendmahlslehre wie in der Lehre vom Amt und in sonstigen Fragen des christlichen Heilsverständnisses als bloße Gegensätze theologischen Verstehens — und noch dazu von heute in vieler Hinsicht problematisch gewordenen Verstehensweisen — empfunden werden, da kann das Abendmahl als Vollzug einer die Vorläufigkeit alles Verstehens übersteigenden Gemeinschaft, die als Gemeinschaft mit Jesus Christus zugleich kirchliche Gemeinschaft begründet und darstellt, eine kirchliche Aktualität ganz neuer Art gewinnen, eine Aktualität im Sinne ökumenischer Katholizität. Die historisch verfestigten konfessionellen Differenzen zwischen den Großkirchen können gewiß nicht einfach übersprungen werden, ohne daß der christliche Glaube in seiner sprachlichen und institutionellen Prägung konturlos wird. Darum ist es nötig, Geduld und langen Atem zu behalten für den langwierigen Prozeß wachsender gegenseitiger Annäherung und Anerkennung und Verflechtung. Aber wenn irgendwo, dann kann im Abendmahl, bei dem der eine Herr der einen Kirche gegenwärtig ist und die Teilnehmer zu seiner Gemeinde verbindet, das Ziel dieses Prozesses der Einigung der Christen als schon gegenwärtig erfahren werden und als wirksam, damit der Prozeß des Zusammenwachsens der Kirchen nicht stagniert.

Einheit der Kirche und Einheit
der Menschheit

1.

Die Kommission des Ökumenischen Rates der Kirchen für Glauben und Kirchenverfassung (Faith and Order) stellte sich 1967 in Bristol die Frage, welches die Funktion der Kirche sei „angesichts des Einigungsplanes Gottes für die Welt? Welche Beziehung besteht zwischen der Suche nach der Einheit der Kirchen untereinander und der Hoffnung auf die Einheit der Menschheit?" Ein Jahr danach gab die Vollversammlung des Ökumenischen Rates in Uppsala den Anstoß zu einem eingehenderen Studium dieses Themas. Als erstes Ergebnis erschien 1970 das Studiendokument: „Einheit der Kirche — Einheit der Menschheit."[1] 1971 stand das Thema dann im Mittelpunkt der Tagung von „Glauben und Kirchenverfassung" in Löwen[2].

Die Entwicklung dieser Diskussion, bei der es um das Selbstverständnis nicht zuletzt auch der ökumenischen Bewegung geht, drängte darauf, über die Beschäftigung der Kirchen mit sich selbst hinauszufinden und die Frage nach der Einheit der Christen mit ihrem Dienst für die Einigung der Menschheit zu verbinden[3]. Die sozialethischen Fragestellungen und Bestrebungen der Bewegung „Kirche und Gesellschaft" sollten in das theologische Selbstverständnis der Kirche aufgenommen werden. Doch dagegen erhoben sich bald Bedenken, ob eine solche säkularanthropologische und sozialethische Orientierung des Selbstverständnisses der ökumenischen Bewegung nicht das eigentliche Wesen der Kirche verfehlt, der kirchlichen Einheit eher abträglich als förderlich wäre[4]. Bei vielen

---

[1] Ökumenische Rundschau 19, 1970, 82 ff.

[2] K. Raiser (ed.) Löwen 1971, Studienberichte und Dokumente der Kommission für Glauben und Kirchenverfassung, Beih. z. Ökumenischen Rundschau 18/19, 1971.

[3] Siehe dazu die Ausführungen von E. Lange: Die ökumenische Utopie, oder: Was bewegt die ökumenische Bewegung? Am Beispiel Löwen 1971: Menscheneinheit — Kircheneinheit, 1972, 106 ff., 126 ff., 140 f.

[4] Siehe die Ausführungen von J. Meyendorff in Löwen über die Reaktion der

Christen entstand eine „große Sorge . . ., daß ihre Kirche durch ein Weiterfortschreiten des ökumenischen Engagements die Substanz des Glaubens verliert"[5].

Derartige Sorgen müssen sehr ernst genommen werden. Es gibt zweifellos einen theologisch oberflächlichen sozialethischen Enthusiasmus, dem das sozialethische Engagement zum Ersatz der verunsicherten Glaubenssubstanz wird. Durch solche Einstellungen aber wird Mißtrauen geschaffen, ein Mißtrauen, das den Fortgang der christlichen Einigungsbewegung erschwert und verzögert. Damit würde auch die Initialzündung ausbleiben, die die Einigung der christlichen Kirchen für die Gemeinschaft der Menschen inmitten aller Unterschiede und Gegensätze bedeuten könnte. Der wichtigste Beitrag der Christen für die Einigung der Menschheit wäre zweifellos die Wiedergewinnung ihrer eigenen Einheit, und der Weg dazu führt über die gegenseitige Anerkennung im Glauben, die ihren Ausdruck im Vollzug der sakramentalen Gemeinschaft finden muß.

Allerdings ist die Kirche nicht Selbstzweck. In ihr manifestiert sich schon jetzt die künftige Gemeinschaft des Gottesreiches, das die ganze Menschheit umfassen soll, und zwar eine erneuerte Menschheit, die durch das Gericht Gottes hindurchgegangen ist; denn die Gemeinschaft der Menschheit ist nur realisierbar durch die Überwindung des Bösen in ihrer Mitte, durch das Gericht Gottes über das Böse. Die Kirche ist dazu berufen, schon jetzt, wie die Vollversammlung des Ökumenischen Rates 1968 in Uppsala gesagt hat, „Zeichen der künftigen Einheit der Menschheit" zu sein. Diese Erklärung stimmt in bedeutsamer Weise mit der des Zweiten Vatikanischen Konzils fünf Jahre zuvor im Einleitungskapitel seiner dogmatischen Konstitution über die Kirche überein, wonach die Kirche in Christus „gleichsam das Sakrament, nämlich Zeichen und Werkzeug für die innigste Vereinigung mit Gott wie für die Einheit der ganzen Menschheit" ist. Daß die Kirche Sakrament, also *wirksames* Zeichen der gemeinsamen Zukunft der Menschheit im Reiche Gottes ist, weist hinaus über die falsche Alternative, die in den Diskussionen nach Uppsala auftrat, ob nämlich die künftige Einheit der Menschheit nur als Tun Gottes verheißen und von den Menschen lediglich zu empfangen sei oder ob es Auftrag der Kirche sei, diese Einheit auch herbeizuführen: Sie herbeizuführen, steht nicht in den

---

orthodoxen Kirchen auf die seit 1963 sich anbahnende Akzentverschiebung von der Theologie auf eine säkulare Anthropologie (Einheit der Kirche — Einheit der Menschheit, Ökumenische Rundschau 21, 1972, 160 ff., bes. 162).

[5] So E. Schlink: Die Bedeutung von „Faith and Order" für die ökumenische Bewegung in Deutschland und die Evangelische Kirche in Deutschland, in: Ökumenische Rundschau 21, 1972, 145 ff., bes. 148.

Händen der Menschen, aber auf sie hinzuwirken, das folgt aus dem sakramentalen Charakter der Kirche als eines *wirksamen* Zeichens dieser zukünftigen Bestimmung der Menschheit. In ihrem Zeichencharakter liegt, daß die Kirche sich nicht als Selbstzweck verstehen kann, sondern auf die Zukunft des Reiches Gottes unter den Menschen gerichtet ist[6]. Die Hoffnung auf das Reich Gottes aber hat die Einheit der Menschheit, nämlich die Gemeinschaft der Menschen in Frieden und Gerechtigkeit zum Inhalt. Als wirksames Zeichen dieser Hoffnung dient darum die Kirche, gerade wenn sie ihrem göttlichen Ursprung und Wesen treu ist, dem Frieden und der Gerechtigkeit unter den Menschen.

Wirksames Zeichen der künftigen Einheit der Menschheit kann die Kirche nur dann sein, wenn sie selbst eins ist. Im gegenwärtigen Zustand der Zerrissenheit der Kirchen und angesichts der für die Erwartungen der Welt so enttäuschenden, mühseligen Langsamkeit der Prozesse ökumenischer Annäherung der getrennten Kirchen, erfüllt die Kirche in der heutigen Menschheit gerade nicht, noch nicht, die Funktion eines solchen Zeichens, sondern spiegelt durch ihre eigene Zerrissenheit die Spaltungen der Welt. Dabei ist die Einheit der Kirche nicht nur ein christlich wünschenswertes Ziel, ohne dessen Realisierung Kirche aber schließlich auch bestehen kann. Es hat zwar den Anschein, daß die Kirchen ganz komfortabel existieren in ihren bisherigen Lebensformen und es mit der Einheit nicht sonderlich eilig haben. Doch diesem Anschein muß entgegnet werden, daß ohne die Einheit der Christen keine Kirche im vollen Sinne Kirche ist. Keine der bestehenden Partikularkirchen ist heute identisch mit der einen Kirche Christi. Mögen die orthodoxen Kirchen und die Römisch-katholische Kirche die protestantischen Kirchen auch mit Recht als defekte, unvollständige Realisierungen des Wesens von Kirche beurteilen: Wenn sie überhaupt die protestantischen Christen als Christen anerkennen und ihren Gemeinschaften einen doch irgendwie kirchlichen Charakter, wenn auch in defekter Gestalt, zubilligen, muß dann nicht auch für sie selbst ihre eigene Kirche noch defekt sein, solange sie nicht die sichtbare Einheit aller Christen verwirklicht hat?

Wenn ohne die Einheit der Christen Kirche im Vollsinne gar nicht realisiert ist, dann bedeutet das, daß es in den ökumenischen Diskussionen und Aktivitäten um ein vollständiges Gestaltwerden von Kirche überhaupt in unserer gegenwärtigen Welt geht, um die Gestaltwerdung derjenigen Kirche, von der sowohl das Zweite Vatikanische Konzil, als auch die Kirchenversammlung von Uppsala ge-

---

[6] Vgl. Lumen Gentium I art. 5.

sprochen haben. Die Gestaltwerdung, das Sichtbarwerden dieser geglaubten Kirche in der gegenwärtigen Christenheit ist aber nur in der Pluralität der vorhandenen christlichen Gemeinschaften möglich, und zwar durch gegenseitige Anerkennung dieser unterschiedlichen Gemeinschaften, die dann auch neue Ausdrucksformen ihrer Verbundenheit entwickeln werden.

Christliche Einigung ist heute nicht möglich als Überwindung der Pluralität christlicher Kirchen und theologischer Traditionen mit dem Ziel einer neuen Uniformität in Lehre und Kirchenverfassung. Daß solche Uniformität nicht erreichbar ist, bildet nicht etwa einen Mangel der ökumenischen Situation. Im Gegenteil: Gerade darin liegt die Chance ökumenischer Verständigung der Christenheit. Würde die Gesamtchristenheit heute eine Einheitskirche mit streng einheitlicher Lehre, uniformer hierarchischer Verfassung und Einheitsliturgie bilden, dann würde sie zum Trauma aller nichtchristlichen Religionen und Weltanschauungen werden. Sie würde nach außen hin im gleichen Maße exklusiv sein wie sie nach innen uniform wäre. Das bedeutet, daß eine solche Kirche ebensowenig wie die des Mittelalters zum Zeichen für die Einheit der Menschheit werden könnte. Die repressiven Begleiterscheinungen der Uniformität würden das Bild der Kirche von neuem entstellen. Dagegen eine Einheit der Christen durch wechselseitige Anerkennung in Glaube und Liebe bei fortbestehenden Unterschieden in Lehre und Kirchenverfassung aus wechselseitiger Erkenntnis der Vorläufigkeit der eigenen Glaubenserkenntnis und Kirchenordnung, — eine solche Einheit der Christen brauchte sich auch gegen die anderen Religionen nicht exklusiv abzuschließen. Im Wissen um die Vorläufigkeit der eigenen Einsicht und Lebensform wird der Christ auch Menschen, die aus nichtchristlichen Überlieferungen leben, in dem Bewußtsein begegnen, daß ihr Leben auf dasselbe göttliche Geheimnis bezogen sein kann, dem der Glaube der Christen gilt. Das braucht in keiner Weise die Leidenschaft für die Wahrheit des eigenen Glaubens zu beeinträchtigen. Wenn uns Christen in Jesus Christus das endgültige, „eschatologische" Kriterium Gottes für Nähe oder Ferne jedes Menschen zur Zukunft Gottes gegeben ist, so bedeutet das doch keineswegs, daß alle Menschen, die Christus einmal als die Seinen anerkennen wird, Christen werden müßten. Auch in Menschen, die sich selbst nicht zu Christus bekennen, werden Glaube und Liebe der Christen die Zeichen der Zugehörigkeit zu der von Jesus verkündeten Zukunft Gottes und damit auch zu Jesus selbst entdecken. Doch wo das nicht der Fall ist, sollte der Christ hinreichend darüber belehrt sein, daß nach der Botschaft des Neuen Testaments nicht wir, sondern der wiederkommende Christus selbst entscheiden wird, wessen Leben und Verhalten der von ihm verkündeten Norm des Gottesreichs gemäß war.

Die Erkenntnis, daß zu Christus und zu dem von ihm verkündeten Reich gehören kann, wer sich aus den einen oder anderen Gründen nicht zu ihm bekennt, während viele „Christen" des künftigen Reiches Gottes nicht teilhaftig sein werden, weil ihr faktisches Leben der Botschaft Jesu nicht entspricht, — diese Erkenntnis hätte schon seit Anbeginn der christlichen Geschichte alle christliche Unduldsamkeit ausschließen sollen. Jedenfalls aber ermöglicht sie heute ein unbefangeneres Verhältnis zu den Menschen, die aus anderen religiösen Überlieferungen leben. Sie ermöglicht die unbefangene Anerkennung der Tatsache, daß es auch in diesen anderen Überlieferungen um die künftige Einheit der Menschheit geht und daß auch die anderen Religionen einen Beitrag dazu leisten können. Sogar die Einsicht, daß die Realisierung der Bestimmung der Menschheit zur Einheit durch Frieden und Gerechtigkeit abhängig ist von ihrer Vereinigung mit Gott, kann Christen und Nichtchristen gemeinsam sein. Diese grundlegende Einsicht über die Bedeutung des religiösen Themas für die Einigung der Menschheit kann trotz bestehender Gegensätze im Gottesverständnis und in den Formen der Gottesverehrung wachsen; sie kann zum Ausgangspunkt von Prozessen der Annäherung auch im Gottesverständnis selbst werden, und solche Annäherungen haben sich teilweise ja schon ergeben aus den Wechselbeziehungen zwischen christlichen und außerchristlichen religiösen Traditionen.

Bei alledem besteht ein unübersehbarer Unterschied zwischen der ökumenischen Einigung der Christenheit und den Bemühungen um ökumenische Verständigung mit den außerchristlichen Religionen: Während es im innerchristlichen Dialog um die Gestaltwerdung der Einheit des Christusglaubens über alle Differenzen des Glaubensverständnisses und der kirchlichen Ordnung hinweg geht, wird der Dialog mit anderen Religionen jedenfalls unter den gegenwärtigen Bedingungen nicht in derselben Weise zu einer Einheit des Bekenntnisses in einem und demselben Kriterium gemeinsamen Glaubens führen. Dennoch gibt es auch hier, und zwar in unterschiedlichem Maße bei den verschiedenen Religionen, Gemeinsamkeiten zu entdecken, deren Erkenntnis das künftige Verhältnis zwischen Christen und Nichtchristen grundlegend verändern kann. Nur im Rahmen einer solchen Entwicklung, die den Religionshaß der Vergangenheit überwindet, ohne dabei die christliche Identität zu opfern, kann eine wiedervereinigte christliche Kirche zum Zeichen und Werkzeug der Einheit der Menschheit werden. Dabei hält die alte christliche Tugend der Demut, das Wissen um den Abstand der eigenen Erkenntnis und Lebensform von der Fülle des Geheimnisses der Zukunft Gottes, den Schlüssel sowohl zu einer neuen Erfahrung der Einheit im Glauben unter den Christen, als auch zur Verständigung mit den Menschen, die aus nichtchristlichen religiösen Traditionen kommen.

2.

Ist die „ökumenische Utopie" eine Illusion? Sind die Einheit der Kirche und die Einheit der Menschheit Ideen, an denen nur ein die Wirklichkeit überfliegender Idealismus sich zu berauschen vermag und die gerade darum dem ungestörten Fortbestand von ihnen sehr verschiedener Formen der gesellschaftlichen und kirchlichen Wirklichkeit dienen?

Die reale Situation der Menschheit ist gekennzeichnet durch Konkurrenz und Interessenkonflikte, durch Übermut der Sieger und der Herrschenden, durch Ressentiment der Benachteiligten, gewaltsame Befreiung und neue Unterdrückung. Die Menschheit ist zerspalten in das Widereinander von Stämmen, von Völkern und Rassen. Der Nationalismus mag in Teilen der Welt heute als einigende Kraft zur Überwindung der Partikularität von Stammesrivalitäten und Kasteninteressen unerläßlich sein. Aus den leidvollen Erfahrungen Europas wäre aber die Lehre zu ziehen, daß um so tiefere Spaltungen zwischen den Nationen seine Folge sind. Vom Nationalismus führt kein gerader Weg zur Einigung der Menschheit, es sei denn der alte, immer wieder in Abstürzen endende Weg der Bildung imperialer Macht, ihrer Ausdehnung und Sicherung durch Unterdrückung, Kolonialismus und Krieg.

Solche Gegensätze trennen nicht nur die Völker, sondern auch innerhalb der Völker und Staaten stehen sich Herrschende und Beherrschte gegenüber. Das ist in den sozialistischen Ländern nicht anders als in traditionellen Monarchien oder in den Demokratien des Westens, mag es auch in den letzteren gemildert sein durch Vorkehrungen für Machtkontrolle und geregelten Machtwechsel. Um die Einheit der Gesellschaft zu sichern gegen die zentrifugalen Tendenzen der Eigeninteressen von Individuen und Gruppen, bedarf es überall der Gewalt, der lautlosen Gewalt der Verhältnisse und des Konformitätsdrucks, aber auch, wo diese nicht ausreicht, der brutalen Gewalt der Staatsmacht.

Dennoch gibt es in der heutigen Welt einen wachsenden Zwang zur Einheit: Die moderne Entwicklung von Wirtschaft, Verkehr und Nachrichtenübermittlung hat zu einer ständig zunehmenden Verflechtung geographisch weit auseinanderliegender Gebiete ge-

führt. Sie hat die gegenseitige Abhängigkeit der Menschen und
Völker in früher unbekanntem Ausmaß gesteigert. Die Entwicklung der Kriegstechnik hat einen Zwang zum Frieden zumindest
unter den größten und technologisch fortgeschrittensten Mächten
bewirkt, weil der volle Einsatz der Vernichtungswaffen zur Selbst-
zerstörung führen würde. Allerdings bleibt dieser Zustand labil genug und schließt die „begrenzten Konflikte" nicht aus, die für die
betroffenen Völker nicht weniger grausam, sondern oft grausamer
sind als die meisten früheren Kriege.

Die Zunahme der gegenseitigen Abhängigkeit zwischen den
Menschen und Völkern bedeutet noch nicht ein höheres Maß .an
Gemeinschaft, an Frieden im tieferen Sinne der Völkerfreundschaft
und an Gerechtigkeit in allseitig ohne Zwang anerkannten Verhält-
nissen des Zusammenlebens. Die zunehmende Enge der Bevölkerung und die Verdichtung des Netzes technischer und organisatori-
scher Interdependenz vermehrt eher die Agressivität oder veranlaßt
die Menschen zumindest zum Rückzug in private Freiräume und
also zur Gleichgültigkeit gegeneinander. Aber die Überbeanspru-
chung der Privatsphäre erzeugt das Gefühl der Sinnlosigkeit, und
der Widerspruch zwischen ihrer vermeintlichen Freiheit von sozialen Verpflichtungen und der faktischen Beeinträchtigung anderer
durch den Gebrauch solcher Freiheit erzwingt ihre Einengung
durch die Gesellschaft. Nur die Entwicklung eines Gemeinschafts-
sinnes wechselseitiger Anerkennung und Rücksichtnahme kann
über solche Aporien hinausführen. Die Zunahme der Interdependenz im menschlichen Zusammenleben bringt steigenden Druck
hervor, und je unerträglicher dieser Druck wird, um so notwendiger
wird es, Lösungen im Sinne einer Gemeinschaftsbildung für die
aufgetretenen Probleme zu finden. Nur in diesem Sinne bietet die
zunehmende Interdependenz Chancen für eine wachsende Einheit
oder Gemeinschaft der Menschheit.

Bei dem schwierigen Schritt vom Druck zunehmender Interdependenz zu seiner Lösung durch neue Formen menschlicher Gemeinschaft sollte man von den Religionen Hilfe erwarten können,
zumindest Inspiration. Viele religiöse Überlieferungen haben ein
Bewußtsein von der Zusammengehörigkeit der Menschen entwikkelt und Leitbilder sozialer Tugenden vor den Menschen aufgerich-
tet. Zugleich aber haben sich die Religionen vielfach kompromit-
tiert, wenn infolge ihrer Verbindung mit den herrschenden Schich-
ten und der Legitimierung bestehender Zustände durch sie die religiösen Impulse zur Humanisierung der Lebensverhältnisse nicht
mehr artikuliert oder kraftlos wurden. Schlimmer noch wirkte sich
der religiöse Fanatismus aus, die Zerrissenheit und gegenseitige

Verdammung der Religionen bis hin zu Verfolgungen und Religionskriegen, wofür im Umkreis des Christentums die Judenverfolgungen und die Kreuzzüge schauerliche Beispiele bieten. Auch innerhalb der großen Religionsgemeinschaften kam es zu konfessionellen Spaltungen, deren Parteien sich vielfach mit noch gesteigerter Intoleranz bekämpften, wie es besonders die europäischen Religionskriege im Gefolge der Kirchenspaltung des 16. Jahrhunderts zeigen, deren bis heute nachwirkende Folgen sich gar nicht überschätzen lassen.

Die Gegensätze der Religionssysteme konnten solange noch erträglich scheinen, wie sie nur an den Rändern religiös homogener Kulturen auftraten oder wie man, — so im Christentum und besonders im Protestantismus des 19. Jahrhunderts, — einer Christianisierung der Welt bei Marginalisierung der übrigen Religionen in Verbindung mit der Kolonialherrschaft der europäischen Mächte entgegensah. Heute erkennt man die Unaufhebbarkeit des religiösen Pluralismus sowohl im Verhältnis zu den außerchristlichen Religionen als auch innerhalb des Christentums selbst: Der Protestantismus kann die römisch-katholischen und orthodoxen Kirchen nicht mehr als zum Absterben verurteilte Relikte einer überholten Epoche beurteilen, und der Katholizismus kann die christliche Einheit nicht mehr von einer Rückkehr der Protestanten nach Rom erwarten.

Durch die Ausbreitung des mit der industriellen Technik verbundenen europäischen Säkularismus entsteht heute weltweit eine Situation, wie sie sich in Europa als Ergebnis der Konfessionskriege des 16. und 17. Jahrhunderts herausgebildet hat: Die politische Einheit der Gesellschaft in Gestalt der Staaten konnte damals nur durch Ausklammerung der religiösen Differenzen bewahrt werden, obwohl man noch glaubte, daß die politische Einheit der Gesellschaft einer einheitlichen religiösen Grundlage bedürfe. Das führte zur Ausbildung einer von den christlichen Konfessionen unterschiedenen *civil religion*, andererseits aber zur Privatisierung der Religion in ihren strittigen konfessionellen Ausprägungen. Vielleicht wäre die Privatisierung der Religion nicht so leicht möglich gewesen, wenn dieser Schritt nicht aus dem religiösen Bewußtsein selbst, jedenfalls im Protestantismus, sich hätte rechtfertigen lassen, nämlich als Konsequenz der reformatorischen Glaubensfreiheit. Der öffentliche Einfluß der Religion wurde durch ihre Privatisierung nicht gebrochen, sondern machte sich auf dem Wege über die subjektive Gesinnung der einzelnen Bürger weiterhin geltend, insofern seine religiöse Gesinnung ihn zur Überordnung des in ihrer Perspektive erfaßten Gemeinwohls über partikulare Interessen motivieren konnte. Dennoch hat die Privatisierung der Religion gegenüber der Einheit der politischen wie auch der ökonomischen Organisation der Gesellschaft zu einer Schwächung des religiösen Bewußtseins geführt, weil die Privatisierung der religiösen Überzeugung sie zugleich als unverbindlich und willkürlich erscheinen läßt. Am ehesten dürften dieser Lage die konservativen Ausprägungen der religiösen Traditionen gewachsen sein, die ihr Wahrheitsbewußtsein abgesondert halten von der Reflexion auf die gesellschaftlichen Bedingungen des eigenen Glaubens. Andererseits wird durch die konservativen Glaubensformen, nämlich durch ihre Gegensätze untereinander, die Notwendigkeit der religiösen Neutralität von Staat und Gesellschaft zementiert. Die Liberalisierung der religiösen Traditionen dagegen wird, zumal wenn sie sich nicht mehr positiv mit dem Wahrheitsverständnis der Wissenschaft verbinden kann, durch das Bewußtsein ihrer eigenen Subjektivität gebrochen. Beides trägt bei zur gegenwärtigen Ohnmacht des religiösen Bewußtseins gegenüber der Aufgabe, den Prozeß der Einigung der Menschheit, die Meisterung der Probleme wachsender Interdependenz durch neue Gemeinschaftsbildung, so voranzutreiben, wie es den besten Impulsen sowohl des christlichen Glaubens als auch anderer Glaubenstraditionen entspricht und wie es eigentlich von den Religionen mit Recht erwartet wird.

3.

Die Klärung der religionssoziologischen Frage nach der Funktion der Religion für die Einheit der Gesellschaft ist grundlegend für die Frage nach dem möglichen Beitrag der Religion zur Einigung der Menschheit. Denn die Einigung der Menschheit kann sich nur als Veränderung im Verhältnis der Staaten zueinander vollziehen, die wiederum von der inneren Entwicklung ihrer Gesellschaftssysteme abhängig ist. Wären religiöse Überzeugungen ihrer Natur nach bloße Privatsache, so könnten sie auf diesen Prozeß gar keinen Einfluß nehmen, jedenfalls nicht im Sinne seiner sachgerechten Entwicklung. Doch ihrem Wesen nach ist Religion gerade nicht Privatsache. Das geht schon daraus hervor, daß das religiöse Reden von Gott intersubjektive Gültigkeit beanspruchen muß, weil Gott nicht Gott, die alles bestimmende Wirklichkeit, wäre, wenn er nur der Gott des ihn Bekennenden wäre. Erst der Kontrast mit dem Anspruch der Religion auf intersubjektive Verbindlichkeit bringt die Eigentümlichkeit des Phänomens ihrer Privatisierung in der politischen Entwicklung der Neuzeit und seine Problematik in den Blick. Die moderne Religionssoziologie erkennt seit Durkheim die gesellschaftliche Funktion der Religion darin, daß sie das Wertsystem,

das das gesellschaftliche Leben im ganzen fundiert, oder den Sinnzusammenhang, in dessen Rahmen sich das gesellschaftliche Leben
insgesamt vollzieht, thematisiert und zugleich als gesellschaftliches
Subsystem repräsentiert[7]. Noch in der mittelalterlichen Gesellschaft,
also auf einer vergleichsweise hohen Stufe der Ausdifferenzierung
der verschiedenen Teilsysteme der Gesellschaft[8], hat die christliche
Religion das Selbstverständnis der Gesellschaft im ganzen für alle
ihre Teilsysteme bestimmt. Die Begründung der Einheit der Gesellschaft auf die Einheit des Glaubens verband sich allerdings schon
im byzantinischen Reich und noch im christlichen Mittelalter mit
jener dogmatischen Intoleranz, die zugleich die entscheidende
Schwäche des mittelalterlichen Systems ausmachte, an der es zerbrechen sollte. Dieser Mangel widerlegt jedoch nicht die fundamentale Annahme, daß die Einheit der Gesellschaft und ihrer politischen Ordnung religiöser Begründung bedarf[9]. Es gehört kaum zu
den Errungenschaften, sondern vielmehr zur bis heute ungelösten
Problematik der modernen bürgerlichen Gesellschaft, daß sie sich
nach dem Ende der Konfessionskriege des 16. und 17. Jahrhunderts,
um sich von der in wechselseitige Zerstörungswut ausgearteten dogmatischen Intoleranz der streitenden Religionsparteien zu befreien,
als religiös neutral definieren mußte. Das Problematische dieses
Schrittes, der im 17. Jahrhundert teilweise zu einer Lebensnotwen-
digkeit politischer Ordnung überhaupt geworden war, liegt darin,
daß eine .Gesellschaft, wenn die oben erwähnte religionssoziologische Annahme zutrifft, gar nicht religiös neutral sein kann: Das bedeutet, daß es sich bei der These religiöser Neutralität der Gesamtgesellschaft und ihrer politischen Ordnung um eine Selbsttäuschung der modernen Gesellschaft handelt. Diese ist zwar aus ihrer
geschichtlichen Entstehungssituation verständlich, die gebieterisch
die Privatisierung der religiösen Bekenntnisse forderte. Dennoch ist

---

[7] Die Ausbildung der Religion als gesellschaftliches Subsystem betont N. Luhmann (Religiöse Dogmatik und gesellschaftliche Evolution, in: Dahm/Luh-
mann/Stoodt: Religion — System und Sozialisation, 1972, 20 ff.) gegen Auffassungen wie die von Malinowski und Durkheim (vgl. 25), die Religion mit der
Gesellschaft selbst ineinssetzen, hält aber dennoch an der von diesen Autoren,
wie auch etwa von Th. Luckmann, Das Problem der Religion in der modernen
Gesellschaft, 1963, 34 ff., vertretenen These fest, daß Religion die „universale
Sinnhaftigkeit menschlich-gesellschaftlichen Daseins" (Luckmann 36) zum Thema habe (vgl. Luhmann 22).

[8] Der Prozeß solcher Differenzierung erklärt nach Luhmann a. a. O. 21, 28 ff.
„das historische Schicksal von Religion" (21), die Veränderungen ihrer gesamtgesellschaftlichen Funktion. Die Bedeutung kontingenter historischer Ereignisse, wie
der Reformation und ihrer politischen Folgen, für die Entwicklung der modernen Gesellschaft dürfte in dieser Konstruktion allerdings unterschätzt sein.

[9] Vgl. dazu E. Voegelin, Die neue Wissenschaft des Politischen 1959, 81 ff.

die Täuschung über die tatsächlichen Voraussetzungen, auf denen die Einheit des gesellschaftlichen Lebens beruht, nicht ungefährlich. Sie dürfte die Wucherungen der *civil religion*, insbesondere des Nationalismus, in der Geschichte der Neuzeit ebenso ermöglicht haben wie die Hypertrophie der ökonomischen Interessen im modernen Kapitalismus, während in den sozialistischen Ländern der Marxismus die religionssoziologische Funktion der Begründung der Sinneinheit des gesellschaftlichen Lebens übernommen hat.

Die Unentbehrlichkeit der religiösen Thematik für das gesellschaftliche Leben[10] beruht darauf, daß die Gegensätze zwischen Individuum und Gesellschaft auf der Ebene der ökonomischen und politischen Ordnung der Gesellschaft nicht aufhebbar sind. Wären diese Gegensätze auf dieser Ebene aufhebbar, ließe sich also der Widerstreit zwischen Individuum und Gesellschaft durch politische und ökonomische Veränderungen aus der Welt schaffen und so die Humanität des Menschen gesellschaftlich realisieren, wie Marx meinte, dann würde Religion für die Gesellschaft in der Tat überflüssig, wie er es vorausgesagt hat. Aber es scheint so, daß der Gegensatz zwischen Individuum und Gesellschaft nicht politisch oder ökonomisch, sondern eben nur religiös überwindbar ist. Wenn die Rechtfertigung politischer Ordnung überhaupt in der Differenz zwischen dem Gesamtinteresse der Gesellschaft und den Sonderinteressen der Individuen und Gruppen begründet ist und in der Notwendigkeit, dem Gesamtinteresse gegenüber den Sonderinteressen Geltung zu verschaffen, so kann doch das Gesamtinteresse wieder nur von bestimmten Individuen oder Eliten gegenüber den übrigen Individuen und Gruppen vertreten und durchgesetzt werden. Es verbindet sich daher unvermeidlich mit den Eigeninteressen jener herrschenden Individuen und Eliten, gleichgültig, ob eine monarchische oder aristokratische, eine bürgerlich-demokratische oder sozialistische Staatsform besteht: Solange das Gesamtinteresse der Gesellschaft, das Gemeinwohl, durch einige Individuen gegen den Rest der Gesellschaft durchgesetzt werden muß, findet Herrschaft statt und bestehen Gegensätze von Herrschenden und Beherrschten, wie immer das politische System sonst konstruiert sein mag. Solche Herrschaft ist aber nur unter der Bedingung erträglich, daß die herrschenden Individuen ihre Herrschaft in Bindung an eine ihnen wie allen anderen Mitgliedern der Gesellschaft vorgegebene, nicht ihrer Willkür unterworfene „Wahrheit" ausüben oder zumindest den Glauben zu erwecken und zu erhalten vermögen, daß dem so

[10] Auf ihre Unentbehrlichkeit für das individuelle Leben, die mit der psychologischen Identitätsproblematik verknüpft ist, kann hier nicht weiter eingegangen werden.

sei. Bei der Bindung der Herrschenden an eine ihnen vorgegebene „Wahrheit" kann es sich nicht nur um die Bindung an die Gesetze handeln, weil diese der menschlichen Gesetzgebung unterliegen, also — auch bei bestehender Gewaltentrennung — der Willkür der Herrschenden selten völlig entzogen sind und außerdem für ihre Formulierung selbst auf Maßstäbe, Werte, Sinnannahmen angewiesen sind, die die Gesetzgebungsprozesse leiten.

Es kann sich bei jener „Wahrheit", auf die Herrschaft sich für ihre Legitimation berufen muß, auch nicht um wissenschaftliche Wahrheit im Sinne der positiven Wissenschaften handeln, da diese nicht die Sinntotalität der gesellschaftlichen Lebenswirklichkeit umfaßt. Das ist vielmehr die Funktion der Religion, und aus diesem Grunde muß Herrschaft, um sich zu legitimieren und sich der Loyalität der Beherrschten zu versichern, religiöse Glaubenswahrheiten voraussetzen, an die sie sich bindet, um sich durch sie zu legitimieren. Auch die säkularen Staaten der Neuzeit konnten sich dieser Notwendigkeit nicht entziehen. Die Privatisierung der konfessionellen Ausprägungen des Christentums hatte lediglich zur Folge, daß der Staat seine religiöse Legitimationsbasis in der „natürlichen Religion" suchte, wie das noch heute die meisten Verfassungen erkennen lassen, oder aber in Konzeptionen, die wegen des Prinzips der religiösen Neutralität des Staates überhaupt nicht mehr als religiös oder als Religionsersatz — was sie faktisch waren — zu Bewußtsein kamen: so die verschiedenen Formen der *civil religion*, die Idee der Volkssouveränität, der Nationalismus, die Weltanschauungen. Die Problematik aller dieser Ersatzbildungen liegt darin begründet, daß ihren Inhalten echte Transzendenz fehlt und sie daher schon ihrer Natur nach und nicht erst durch Mißbrauch ideologisch sind: Das Volk ist nirgends souverän, denn überall liegt die Herrschaft faktisch in den Händen einer elitären Minderheit; die Nation existiert nur in der Gesamtheit ihrer Individuen, die erst durch die herrschenden Eliten zur Einheit integriert wird; die Weltanschauungen wären dem Willen der Herrschenden nur dann übergeordnet, wenn sie tatsächlich „wissenschaftlichen" Charakter hätten und ihre behauptete Wissenschaftlichkeit nicht vielmehr umgekehrt nur der Selbstdarstellung der Herrschenden im Sinne einer Bindung an eine ihnen vorgegebene Wahrheit diente. Indem jedoch vielfach auch die Träger der Herrschaft selbst tatsächlich glauben, daß der Volkswille, die Nation, die jeweilige Weltanschauung ihnen vorgegebene und normative Instanzen von universeller Reichweite darstellen, wird jenen Größen faktisch religiöse Funktion und ein religiöser Nimbus beigelegt. Die Privatisierung der religiösen Bekenntnisse in der Neuzeit hat also nicht zur religiösen Neutralität des Staates geführt, sondern nur dazu, daß unter diesem Vorwand andere Gegebenheiten die für die Sinneinheit des gesellschaftlichen Lebens konstitutive Funktion der Religion übernahmen, wobei deren Verhältnis zu den herkömmlichen, jetzt konfessionalisierten und damit privatisierten Formen religiöser Überlieferung sehr unterschiedlich geregelt werden konnte: Die Bindung der Volkssouveränität an Grundsätze natürlicher Religion und damit an gewisse den christlichen Konfessionen jenseits ihrer Gegensätze gemeinsame Elemente steht dem christlichen Glauben natürlich sehr viel näher als der Nationalismus oder die Weltanschauungen des Faschismus oder des Marxismus. Allerdings hat sich erwiesen, daß eine Idee der Volkssouveränität der Ergänzung sei es — wie in ihren Anfängen — durch den theokratischen Calvinsimus, sei es durch Nationalismus, Liberalismus oder andere politische Weltanschauungen bedarf, um das Sinnverständnis einer Gesellschaft konkret normieren zu können.

Für die politische Geschichte der Neuzeit ist es charakteristisch, daß die Tatsache der Herrschaftsordnung als solche zum zentralen Gegenstand der Gesellschaftskritik geworden ist. Diese Tatsache dürfte eng damit zusammenhängen, daß einerseits die religiöse Rechtfertigung von Herrschaft durch ihre Bindung an eine ihr überlegene Wahrheit infolge der Privatisierung der Religion entmächtigt worden ist, andererseits aber die verschiedenen Formen politischen Religionsersatzes durch ihren Mangel an Transzendenz, an Unabhängigkeit vom Willen der Herrschenden, eine solche Bindung der Herrschaft an eine ihren Trägern ebenso wie allen andern Gliedern der Gesellschaft vorgegebene Norm auf die Dauer nicht glaubhaft machen konnten. Dadurch erscheint Herrschaft als nackte Repression der großen Mehrheit der Individuen durch einige von ihnen, die durch Zufall, Gunst der Umstände und Intrigen, aber ohne tieferes Recht in den Besitz der Herrschaft gekommen sind. Solche Herrschaft aber ist unerträglich. Daher muß unter derartigen Umständen die Tatsache, daß Herrschaft im Sinne der Wahrnehmung der gesamtgesellschaftlichen Aufgaben durch einige Individuen unvermeidlich ist, verschleiert werden durch Ideologien, die Herrschaftsverhältnisse als nicht bestehend behaupten und eben dadurch entlarvende Kritik herausfordern. Indem diese das Element der Täuschung in solchen Ideologien aufdeckt, mobilisiert sie moralische Entrüstung, die zum Umsturz des Bestehenden drängt, weil sie ebenfalls der Illusion huldigt, Herrschaft von Menschen über Menschen sei im Prinzip überwindbar. Realisierbar aber ist allenfalls die Bindung von Herrschaft an ihr übergeordnete Normen. Eben das ist die Funktion der Religion im Gesellschaftssystem. Um

die Aporien der neuzeitlichen Herrschaftsproblematik, die schlechte
Alternative von ideologischer Verblendung und Selbstverblendung
einerseits und die selbst noch in solcher Verblendung befangene
Empörung der Entlarver andererseits zu überwinden, dazu wäre
eine Neubestimmung und Erneuerung der Rolle der Religion in der
Gesellschaft erforderlich, die ihrer so oder so fundamentalen Funktion Rechnung trägt, ohne in den Dogmatismus und die Intoleranz
einander bis aufs Blut bekämpfender Konfessionen zurückzufallen,
aus deren Überwindung die politische Welt der Neuzeit hervorgegangen ist.

4.

Erst die ökumenische Bewegung unseres Jahrhunderts hat innerhalb des Christentums ein Selbstverständnis seiner möglichen *kirchlichen* Einheit ohne konfessionelle Uniformität angebahnt. Einheit
im Glauben erscheint als möglich ohne Lehrkonsens im traditionellen Sinne. Natürlich ist die Behauptung, daß Einheit im Glauben
und Gegensätze im Glaubensverständnis einander nicht ausschließen müssen, selbst wieder eine Lehraussage. Aber weder diese noch
irgendeine andere Lehraussage ist heute noch als identisch mit der
endgültigen Gestalt der Glaubenswahrheit anzusehen. Dem steht
die entscheidende Einsicht in die Vorläufigkeit aller theologischen
Formulierung im Wege. Diese Einsicht, die sich theologisch aus
dem eschatologischen Bewußtsein der christlichen Überlieferung
motiviert, aus dem Wissen um den Abstand des gegenwärtigen
Christen, des *homo viator*, von der Endvollendung, begründet die
Möglichkeit, auch andere Formen des Glaubensverständnisses anzuerkennen als Ausdruck des Bemühens um dieselbe Glaubenswahrheit, der die eigene Glaubensformulierung gilt. Solche Anerkennung ist allerdings kaum möglich ohne beiderseitige Bestrebungen
nach gemeinsamer Formulierung des gemeinsam Geglaubten. Sie
geht jedoch solcher gemeinsamen Formulierung voraus in dem Bewußtsein, daß das Ringen um sie vor dem Ende unserer Zeit und
Geschichte zu keinem definitiven Abschluß kommen und jede Einigung nur ein Zwischenergebnis sein wird.

Eine Einigung der getrennten Kirchen auf eine gegenseitige Anerkennung der Einheit des Glaubens inmitten einer fortbestehenden
Pluralität unterschiedlicher und jeweils beschränkter Perspektiven
des Glaubensverständnisses und kirchlicher Lebensformen erscheint
heute nicht mehr als ausgeschlossen. Es dürfte für keine christliche
Konfession unüberwindliche Schwierigkeiten geben, die eigene
Überlieferung in diesem Sinne zu interpretieren, ohne ihrer eigent-

lichen Substanz untreu zu werden. Durch die Erweiterung des Blickes über die Enge eigener Glaubensformulierungen hinaus wird die volle katholische Weite gerade auch der eigenen Glaubenstradition in neuer Weise erschlossen. Die wechselseitige Anerkennung im Glauben, die Aufnahme der vollen Kirchengemeinschaft wird dann auch die Ausbildung neuer institutioneller Organe der Einheit der Christenheit in der Pluralität ihrer fortbestehenden Traditionen und Sondergemeinschaften ermöglichen.

Der Prozeß der ökumenischen Annäherung der Christenheit ist im Begriff, zum erstenmal seit der abendländischen Kirchenspaltung des 16. Jahrhunderts die Voraussetzungen einer Revision der Privatisierung der Religion zu schaffen, die die Ausgangssituation für die politische Entwicklung der Neuzeit gebildet hat und den politischen Auswirkungen der religiösen Traditionen auf eine künftige Einheit der Menschheit hin scheinbar unübersteigbare Schranken setzt. Eine solche Revision kann nicht Rückkehr zu einer konfessionellen Bindung der Gesellschaft bedeuten, so wenig wie eine ökumenische Einigung der Christenheit durch wechselseitige Anerkennung in der Pluralität ihrer Traditionen eine Rückkehr zu Dogmenzwang und religiöser Intoleranz bedeutet. Der Zwang, die Pluralität in der faktischen Situation des Christentums — wie ja auch zunehmend in den einzelnen Konfessionskirchen selbst — zu akzeptieren, garantiert dafür, daß das Prinzip der Religionsfreiheit Grundlage jeder denkbaren christlichen Einigung und so auch des Selbstverständnisses jeder künftigen Gestalt der Gesamtchristenheit sein wird. Damit aber verändert sich auch das Verhältnis des Christentums zu den außerchristlichen religiösen Überlieferungen. Wenn sich auch nach dieser Seite hin der ökumenische Prozeß in anderen Formen vollziehen muß, läßt sich doch ein Zustand vorhersehen, in dem die Religionen sich nicht mehr exklusiv gegeneinander verhalten und durch Überwindung ihrer Zersplitterung, wenn auch mit verschiedenen Verdichtungszentren, sich deutlicher als heute als Gewissen der Menschheit zu artikulieren vermögen.

Das erste Anliegen der ökumenischen Bewegung der Kirchen muß die Einigung der Christenheit bleiben, weil Kirche nirgends voll realisiert ist, wenn sie nicht als eine einzige und allgemeine Kirche besteht, die in den lokalen und regionalen Kirchen in Erscheinung tritt. Aber die christliche ökumenische Bewegung kann diese ihre eigenste Aufgabe nicht lösen, ohne damit zugleich ein Modell zu schaffen für die Vereinbarkeit von Einheit und Pluralität auch im Verhältnis zu anderen Religionen und im Bereich der politischen Welt. Nicht nur durch christliche Stellungnahmen zu den jeweils aktuellen Problemen der säkularen Gesellschaft, sondern

mehr noch und entscheidend durch die Bewältigung ihrer ureige-
nen Probleme der kirchlichen Einigung kann die ökumenische Bewegung ein Faktor für die Einigung der Menschheit sein.

Orte der Erstveröffentlichung

Zur Theologie des Rechts, aus: Zeitschrift für Evangelische Ethik 7, 1963, 1–23

Die Krise des Ethischen und die Theologie, aus: Theologische Literaturzeitung 87, 1962, 7–16

Antwort an G. Ebeling, aus: Zeitschrift für Theologie und Kirche 70, 1973, 448–462

Die Begründung der Ethik bei Ernst Troeltsch, bisher unveröffentlicht

Luthers Lehre von den zwei Reichen, aus: Gottesreich und Menschenreich, Regensburg 1972, 73–96

Christlicher Glaube und Gesellschaft, aus: Gesellschaft ohne Christentum? Hrg. Ulrich Hommes, Düsseldorf 1974, 109–123

Nation und Menschheit, aus: Monatsschrift f. Pastoraltheologie 54, 1965, 333–347

Der Friede Gottes und der Weltfriede, aus: Frieden. Vorlesungen auf dem 13. Deutschen Evangelischen Kirchentag Hannover 1967, Berlin 1967, 45–62

Zukunft und Einheit der Menschheit, aus: Evangelische Theologie 32, 1972, 384–402

Christentum ohne Kirche?, bisher unveröffentlicht

Einheit der Kirche als Glaubenswirklichkeit und als ökumenisches Ziel, aus: Una Sancta 30, 1975, 216–222

Was bedeutet es für die getrennten Kirchen, sich auf eine gemeinsame Vergangenheit zu beziehen?, bisher unveröffentlicht

Die Bedeutung der Eschatologie für das Verständnis der Apostolizität und Katholizität der Kirche, aus: „Katholizität und Apostolizität", Beiheft 2 zu Kerygma und Dogma, 1971, 92–109

Konfessionen und Einheit der Christen, aus: Ökumenische Rundschau 22, 1973, 297–308

Reformation und Einheit der Kirche, aus: Evangelische Kommentare 1975, 587–593

Ökumenisches Amtsverständnis, aus: Catholica 28, 1974, 140–156

Das Abendmahl – Sakrament der Einheit, aus: Christen wollen das eine Abendmahl, Mainz 1971, 29–39

Die Problematik der Abendmahlslehre aus evangelischer Sicht, aus: Evangelisch-katholische Abendmahlsgemeinschaft?, 1971, 9–45

Einheit der Kirche und Einheit der Menschheit, aus: Um Einheit und Heil der Menschheit, hrg. J. R. Nelson und W. Pannenberg, 1973, 7–21

Joachim Track
Sprachkritische Untersuchungen zum christlichen Reden von Gott

(Forschungen zur systematischen und ökumenischen Theologie, Band 37)
337 Seiten, kartoniert

Gegenwärtiges christliches Reden von Gott äußert sich in einer oft verwirrenden Fülle von Vorschlägen, aber es fehlen grundlegende sprachkritische Untersuchungen der religiösen und theologischen Sprache. Die vorliegende Arbeit stellt sich dieser Aufgabe im Dialog mit der analytischen Philosophie und auf dem Hintergrund der intensiven Diskussion um die religiöse Sprache im angelsächsischen Bereich. Die Arbeit bietet eine kritische Einführung in die analytische Philosophie und den bisherigen Gang der Diskussion um die Eigenart der religiösen Sprache.

Koloman Micskey
Die Axiom-Syntax des evangelisch-dogmatischen Denkens

Strukturanalysen des Denkprozesses und des Wahrheitsbegriffs in den Wissenschaftstheorien (Prolegomena) zeitgenössischer systematischer Theologen. (Forschungen zur system. und ökumen. Theol. Bd. 35.)
162 Seiten, kartoniert

Die Arbeit will zeigen, wie in der Vielfalt protestantisch systematisch-theologischer Wissenschaftstheorien unseres Jahrhunderts auf der Ebene der theorieerzeugenden fachspezifischen Denk- und Sprachkompetenz die strukturale Einheit der evangelischen Religion und der diese Religion an das neuzeitliche Wirklichkeitsbewußtsein vermittelnden systematischen Theologie wirksam ist.
Die Arbeit sieht die Struktur der fachspezifischen generativen Denkkompetenz analog zu der den Satzbau erzeugenden Dimension der allgemeinen Sprachkompetenz, d. h. als »generative Syntax«, in der axiomatisch wirksame Denkpole (»funktionale Axiome«, daher der Name Axiomsyntax«) in ihrer gegenseitigen Spannung den fachspezifischen Denkprozeß generieren.

Anders Jeffner
Kriterien christlicher Glaubenslehre

Eine prinzipielle Untersuchung heutiger protestantischer Dogmatik im deutschen Sprachbereich.
Etwa 135 Seiten, kartoniert

Die Arbeit bietet eine Untersuchung der Argumentationsmethoden, die in der aktuellen deutschsprachigen Theologie angewandt werden. Sie gründet sich in erster Linie auf das, was heutige theologische Lehrer an Universitäten in dogmatischen Fragen tatsächlich zur Sprache bringen, und sie nimmt erst in zweiter Linie deren allgemeine Erklärungen darüber auf, was in der Theologie getan werden könne und getan werden solle. Jeffner präzisiert und analysiert die vorliegenden Analysationsmethoden, so daß man deren Anwendbarkeit und Reichweite beurteilen kann. An Hand von Auszügen von neueren deutschen Dogmatiken werden typische Argumentationsweisen untersucht und wird die Frage nach den Kriterien für theologische Aussagen gestellt.

Vandenhoeck & Ruprecht · Göttingen und Zürich